교육심리학

EDUCATIONAL

교육심리학

안영진 · 장희선 공저

PSYCHOLOGY

동문사

PREFACE

교육심리학은 교육학을 전공하는 학생뿐만 아니라 교직을 이수하는 학생들 그리고 교육대학원생들이 들어야 할 교직과목 중의 하나이고, 학교현장에서 학생들을 가르치는 교사를 비롯하여 교육에 관심이 많은 사람들에게도 필요한 교과이다.

교육심리학은 심리학을 교육에 적용한 응용과학이면서, 교육의 목적을 보다 효과적으로 달성할 수 있는 방법을 연구하는 학문이다. 대학에서 30여 년간 학생들을 지도하고, 연구하면서 교육심리학이라는 교과목을 통해 학생들이 교육현장에 대해 고민하고, 학습자를 고려한 수업에 대해 생각해 보길 바랐다. 그렇기 때문에 책을 집필하면서 교육현상에 내재해 있는 심리적 요인을 체계적으로 연구하고, 이론이 교육현장에서 실제적으로 활용될 수 있는 방안을 찾아 볼 수 있도록 안내하며, 교육적 시사점을 생각해 볼 수 있도록 노력하였다.

이 책은 Robert E. Slavin의 "Educational Psychology; Theory and Practice" 제10판(2012), David R. Shaffer & Katherine Kipp의 "Developmental Psychology; Childhood and Adolescence, International Edition 9th Edition"(2014) 이외의 각종 최신 국내외 논문의 이론들을 참고하여 집필하였다.

이 책의 내용을 장별로 소개하면 다음과 같다. 1장은 교육심리학의 소개로 교육심리학의 역사적 배경, 교육심리학의 탐구, 교육심리학의 최근 동향 등으로 구성되어 있다. 2장은 심리학의 기초이며 인간을 이해하는 데 기본이 된다는 발달의 중요성, 영유아발달의 논쟁들 및 발달연구와 이론의 교육적 적용 등을 다루었으며, 3장은 인지발달에 대해 역사적인 인지 이론의 발달부터 피아제, 비고츠키에 이르는 인지발달 이론을 다루었다. 4장은 성격 및 사회성 발달을 심리성적·심리사회적·생태학적 입장에서 다루었고, 5장은 인간의 도덕성 발달에 관해 이론적으로 살펴보았다. 6장은 행동주의 입장에서 학습이 무엇인지 규명하고, 학자에 따른 행동주의학습 이론을 살펴보았다.

7장은 인지 이론에서 출발한 학습 이론인 정보처리학습이 무엇인지를 살펴보고, 이를 수업에 적용하는 방안을 고찰하였다. 8장은 다양한 교수-학습 이론을 바탕으로 한 수업 모형과 교수방법 이론을 제시하였으며, 9장에서는 동기에 따른 효과적인 교수에 대한 방법을 제시하였다. 10장에서는 인간의 지능과 창의성을 살펴보고, 기존의 지능과 창의성에 대한 새로운 접근을 제시해 보았다. 11장은 생활 지도 및 상담으로 구성하여 교육심리의 이론을 현실에 반영하기 위한 방안을 제시하는 데 주안점을 두었다. 마지막으로 12장에서는 교육현장에서 교육의 결과를 보다 정확하게 측정, 평가하는 단계로 교육 평가를 제시하여 교수학습의 효과를 높이는 방안으로 교육 평가의 중요성을 다루었다.

또한 각 장마다 중요한 개념과 이해를 도모할 '생각해 볼 문제'를 만들어 다시 한 번 복습하게 하여 교육 효과를 높이고자 하였다.

오랜 시간 교직에 있었던 경험을 한 권의 책에 고스란히 담아내는 것이 욕심일 수도 있겠으나, 많은 예비교사와 교육심리에 관심이 있는 사람들에게 조금이라도 도움이 되기를 진심으로 바란다. 함께 집필한 장희선 박사께서도 고생 많으셨고, 막상 출판하려고 하니 미흡한 점이 많아 아쉬운 마음이 더욱 크다.

바쁜 일정에도 흔쾌히 출판을 허락해 주신 동문사 이중수 사장님과 편집부에 감사를 드린다. 특히 항상 버팀목이 되어 주는 가족과 나를 아껴 주는 모든 분들께 감사의 마음을 전한다.

2018년 가을을 기다리며
행원동산에서 대표 저자 안영진

CONTENTS

Chapter 5 도덕성 발달

Chapter 6 행동주의학습 이론과 사회학습 이론

Chapter 7 정보처리학습 이론

Chapter 8 교수–학습 이론

Chapter 9 동기 이론과 효과적인 교수

Chapter 10 지능과 창의성

지 능

창의성

Chapter 11 생활 지도 및 상담

Chapter 12 평 가

Chapter

1 교육심리학의 탐구

교육심리학의 이론과 연구는 단순히 인간 행동에 대한 이해에 머물지 않고, 그 이해를 바탕으로 교육의 효과성과 목적 달성을 위한 다양한 연구에 기여하고 있다. 따라서 교육심리학의 탐구는 다양한 학문적 범위와 영역에서 학생들의 학습활동이나 바람직한 행동발달에 도움을 주고자 한다. 이 장에서는 교육이란 무엇인지, 교육학과 심리학이 어떤 점에서 다른 지 살펴보고, 교육심리학의 역사를 개관하면서 교육심리학의 성격을 알아본다. 그리고 교육심리학의 학문적 역할을 제시하며, 마지막으로 교육심리학의 주요 연구방법에 대하여 알아 볼 것이다.

1 교육심리학의 역사적 배경

교육은 그 시대의 사회가 요구하는 인간다운 행동특성과 능력을 지닌 인간으로 성장시키는 것이다. 그렇기 때문에 인간다운 행동특성, 인간 행동(overt behavior & covert behavior)의 변화, 즉 바람직한 방향으로의 변화를 위한 '교육'은 의도와 계획을 갖는다. 교육학(pedagogy)은 가르치고 배우는 과정을 통하여 인간을 완성해 가는 실천적인 학문이다. 심리학(psychology)은 정신적인 과정(process)과 행동(behavior)을 연구하는 과학적인 학문이다. 그러나 교육심리학이 하나의 독립된 학문으로 발전하기까지 교육학과 심리학의 다양한 철학적 배경과 여러 학문의 이론이 기초가 되었다(Walberg & Haertal, 1992).

이 장에서는 교육심리학의 성립과 발전에 대한 관점들을 고찰해 보면서 교육심리학을 자세히 설명하고자 한다. 교육심리학은 19세기 말에 여러 학자에 의해서 발전되었는데 그중 중요한 세 학자의 견해를 살펴보자.

Will James는 "talks to teachers"라는 주제로 여러 번 강연했다. 그 강연은 심리학적인 관점에서 어린이들을 가르치는 법에 관한 것이었는데, 그는 특히 교실에서의 배움과 가르침을 연구하면서 교육의 질을 높이는 것에 대해 강조하였다. 또 그는 수업의 난이도를 학생의 지식보다 조금 더 높게 잡는 것이 학생들의 생각을 펼치는 데 도움을 준다고 주장했다.

James가 첫 번째로 교육심리학의 기반을 닦았다면 John Dewey가 두 번째라 해도 과언이 아닐 정도로 Dewey는 초기 교육심리학에 지대한 영향을 끼쳤다. 그는 첫 번째로 교육심리학 실험실을 만들기도 했다. Dewey의 교육목표는 세 가지로 정리할 수 있다.

첫째, 어린이들은 조용히 앉아서 배우기보다 움직이고, 활동하면서 배울 때 가장 빠르게 배운다고 주장했다.

둘째, 그는 어린이들의 적응능력을 강조하면서 과목에 국한된 교육이 아닌 어떻게 사고하는지에 관한 교육이나 교실 밖 세상에 적응하는 교육도 함께 실시해야 한다고 주장했다.

Will James

John Dewey

E.L. Thorndike

셋째, 어린이들이 경쟁적인 교육을 받을 의무가 있다고 주장했다. 이 사상은 19세기 말에나 실질적으로 실행되었다.

E.L. Thorndike은 평가(assessment)와 측정(measurement)의 중요성을 강조했고, 교육의 바탕이 되는 무엇인가에 관한 중요성을 처음으로 강조했다. 그는 특히 교육심리학은 특정한 기반을 갖는 측정에 집중되어야 한다고 주장했다.

교육심리학을 '교육현상의 과학적 연구'와 '아동의 과학적 연구'라는 커다란 움직임으로부터 교육심리학의 발전방향을 살펴보자(민영순, 1994).

1) 교육현상의 과학적 연구

19세기초 독일의 Herbart(1776~1841)가 교육 목적을 윤리학에서 그리고 교육 방법을 심리학에서 구하려 했던 것이 심리학을 교육에 응용하는 움직임의 첫 출발이 되었다. 그러나 그의 심리학에 대한 견해는 과학적 연구를 배제하고 실험이 불가능한 경험 과학으로 보는 형이상학적 심리학이었다. 이같이 심리학과 윤리학을 교육학의 기초학이라고 주장한 그의 심리주의 교육 학설 체계를 이어받은 그 후의 Herbart 학파는 교육현상의 과학적 연구에 심리학적 방법을 적용시켰다.

Herbart의 제자인 Strumpell(1812~1899)이 저술한 『심리학적 교육학』(1880)은 교육심리학에 관한 최초의 문헌으로까지 불려졌으나, 그도 Herbart의 견해를 벗어나지 못했기 때문에 과학적인 교육심리학의 기초를 구축했다고는 보기 어렵다. 그 후 독일의 Wundt(1832~1920)에 의한 실험심리학의 발흥을 기반으로

『실험교육입문강의』(1907~1912) 3권을 발간한 Wundt의 제자 Meumann(1862~1915)도 '아동으로부터'라는 입장으로 그의 저서에서 취급한 영역이 있었고, 이 영역 또한 교육현상의 심리학적 연구에 크게 기여한 바 있다.

2) 아동의 과학적 연구

아동에 관한 과학적 연구는 중세의 강제 교육으로부터 아동의 해방을 부르짖고 아동의 자연성(개성) 존중을 주장한 인문주의자들의 자연주의적·경험주의적 교육론은 Comenius(1592~1670)를 비롯하여 Rousseau(1712~1778)와 Pestalozzi(1746~1827)의 교육실천으로 구현되었다.

Rousseau는 어린이의 천성을 중시하여 후세에 영원히 남을 교육 소설 『에밀(Emil)』(1762)을 발간하였다. 특히 Pestalozzi의 3년 6개월 된 자기 아들의 성장 과정에 대한 기록(1774)은 획기적인 것이었다. 이것이 아동 발달에 관한 최초의 과학적 기록인 동시에 '일기법(日記法)'의 시초가 되었다. 이어서 1787년 독일 의사인 Tedemann도 자기 아들의 신체적·심리적 행동을 관찰·기록하여 『아동의 정신력의 발달에 관한 관찰』을 발간하였는데, 이것이 아동 연구에 있어서 전기법(biographical method)의 시초가 되었다.

그 후, Fröbel의 저서인 『인간 교육』(1826)과 Taine의 언어 형태(speech pattern)의 발달을 중심으로 한 『유아의 발달』(1876), 그리고 Darwin의 『한 유아의 전기적 기록』(1877)이 각각 발간되었다. 특히 Darwin의 진화론(theory of evolution)은 인간의 심리적 과정을 이해하기 위해 동물의 행동을 관찰할 필요가 있다는 근거를 마련하였고, 동시에 동물 실험을 통한 인간 심리연구의 터전이 마련되는 계기가 되었다.

미국에서는 Hall(1844~1924)이 중심이 되어 아동연구운동(child study movement)이 활발한 움직임을 보였고, 과학적인 아동 연구의 성과로부터 교육심리학의 주요한 내용을 구성해 교육심리학의 발달에 크게 공헌하였다. 또 그는 1883년에 최초로 질문지법을 사용해 보스톤에 있는 초등학교 신입생의 관념 내용을 조사하고, 그 결과로 『입학한 아동의 관념 내용(Contents of Children's Minds on Entering School)』을 발간했다. 이것이 오늘날 각종 연구에서 널리 사용되고 있는 질문지법의 시초가 되었다. 또한 그는 아동연구운동을 출발점으로 세계적인 운동으로 발전시켰으며, 1893년에 전국아동연구협회(National Association for Child Study)를 조직하게 되었다.

그 후 세계 각국에서도 아동에 관한 과학적 연구가 계속되었다. 19세기 말에는 정기적으로 심리학과 교육학에 관한 잡지가 발행되어 아동에 대한 연구성과가 증가했을 뿐 아니라 정상아 외에 장애아, 부적응아에 대해서까지 관심이 확대되었다.

이상과 같은 아동에 관한 과학적 연구의 발달은 교육현상의 과학적 연구와 밀접하게 결합되어 교육심리학의 성립을 촉진시키기에 이르렀다. 그밖에도 Galton(1822~1911)의 『유전과 천재』, 『인간 능력의 발달 연구』와 Cattell(1860~1944)과 Binet(1857~1911)이 펴낸 『이상아의 지적 수준 진단을 위한 새로운 방법』 등, 유전자 지능의 측정과 개인차에 대한 과학적 연구, 그리고 실험적 검사법의 고안은 교육심리학 성립에 커다란 힘이 되었다.

기능주의 심리학자인 James의 지도와 Galton의 영향을 받은 Thorndike(1874~1949)는 인간성의 탐구에 통계적 방법을 도입하여 실험적 연구를 시작함으로써 최초로 현대 교육심리학의 체계를 수립하였다. 또한 그는 3권의 『교육심리학』(1913~1914)을 발간하여 1권에서는 인간의 생득적 성질, 2권에서는 학습 심리, 3권에서는 정신 작업과 피로 및 개인차와 그 요인을 취급하였다. 그의 이러한 이론 체계는 교육심리학의 기초가 되었으며, 후에 많은 교육심리학자들이 이를 답습하였다.

Thorndike 이후 교육심리학은 현저하게 발전되어 새로운 교육 사상을 불러일으켰다. 이같이 새로운 교육 풍조를 일으키면서 공헌한 교육심리학은 주로 미국의 Skinner, Gates, Cronbach 등에 의해 수립되었다. 여기에서 이들이 주장한 최근의 교육심리학 입장을 살펴보면 다음과 같다. Gates(1950)는 교육심리학이란 일반 심리학이 단순한 응용 이상으로 독자적인 영역과 방법을 갖는다고 평가하였다. 또 그는 『교육심리학』에서 일반심리학이 취급치 않는 독자적인 연구 영역의 필요성을 지적하고 있다. 즉, 일반적 학설 및 원리가 갖고 있는 실제적인 교육적 의미와 그것을 실천함으로써 생기는 결과들에서 나타나는 논리적 의미들을 알아내고 배우도록 노력해야 된다고 하였다.

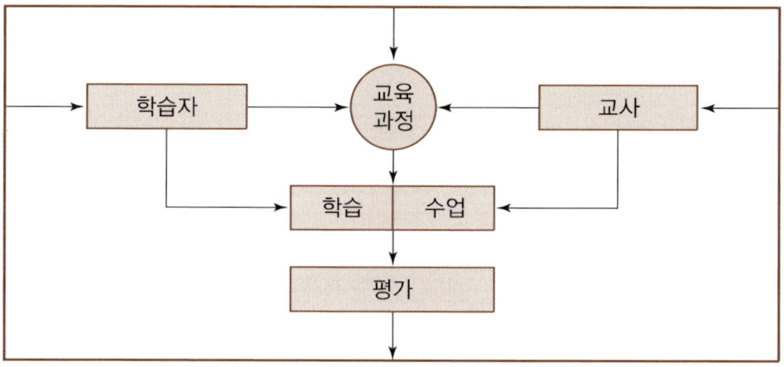

그림 1.1 교육심리학의 학문적 구조 모형

Cronbach(1954)는 교육심리학이란 순수한 학문으로만 다룰 것이 아니라 실제 학교 교육 문제에 관한 실천적인 학문이 되어야 함을 강조하고 있다. 따라서 그는 교육심리학의 내용으로서 구비해야 할 성질로, 첫째는 학교의 많은 문제에 대해서 적절해야 하고, 둘째는 과학적인 조사 연구에 기초를 두어야 하고, 셋째는 개인 행동에 대해서 옳게 나아가게 하는 데 통합적이어야 하며, 넷째는 실제적인 예시와 더불어 명확해야 한다는 것을 강조하였다.

2 교육심리학 탐구

1) 교육심리학의 정의

오늘날 교육심리학(educational psychology)을 정의하기에는 쉽지 않다. 그러나 Thorndike에 의해 학문으로 정립된 초기에 좁은 의미에서 교육심리학은 학습 현상에 대한 연구에서 얻은 지식을 적용하여 교육의 핵심 문제, 즉 가르치고 배우는 교수(teaching) – 학습(learning) 문제를 해결하려는 학문이라고 보았다. 그러나 넓은 의미에서 교육심리학(educational psychology)은 교육의 시기와 방법을 심리학적 측면에서 연구하여 교육실천에 필요한 지식과 기술을 제공함으로써 교육을 효과적으로 운영시키는 것을 목적으로 하는 학문이다.

교육심리학은 누적된 지식, 지혜 그리고 모든 교사가 교육현장에서 부딪치는 매일 매일의 문제를 현명하게 해결하기 위해 가지고 있어야 하는 실천적 이론이다(Robert E. Slavin, 2003). 즉, 교육과 심리학의 통합 그 이상으로 교육과 관련하여 일어나고 있는 여러 가지 문제를 심리학적인 방법으로 연구하고 그 결과를 실제에 적용하여 자라나는 어린이들, 더 나아가 지적 성장이 가능한 모든 인간을 바람직한 인간으로 키울 수 있도록 하는 교육적·기술적·과학적 방법을 추구하는 학문이다. 그렇기 때문에 교육심리학은 종래에 흔히 인식되었던 것과 같은 단순한 응용심리학이 아니라 언제나, 어디서나 일어날 가능성이 있는 문제들을 교육적인 방향에서 심리학적 방법으로 처리해 나가려는 학문이라고 할 수 있다(Gates et al., 1950).

Grow(1948)에 의하면 "교육심리학이란 개인이 출생으로부터 성장할 때까지의 발달 가운데서 진행되는 학습 경험을 기술하고 설명하는 과학적 심리학"으로, 또 Skinner(1958)는 "교육심리학이란 교수와 학습을 다루는 심리학의 한 분야"로, 그리고 Stephens(1951)은 "교육심리학이란 교육적인 성장과 발달을 체계적으로 연구하는 학문"이라고 정의하였다. 그밖에도 많은 학자는 "교육심리학이란 심리학으로부터 얻은 지식을 교실 활동에 적용하는 학문" 또는 "교실과 학교의 생활을 연구하기 위해 심리학적 방법을 응용하는 학문"이라고 정의하고 있다(Clifford, 1984). 이같이 교육심리학에 대한 학자들의 정의는 모두 개인의 학습 경험이나 성장·발달을 체계적으로 연구하여 심리학적인 사실이나 법칙을 밝히고 교육에 기여할 수 있도록 뒷받침하는 학문임을 뜻하고 있다.

최근에는 교육심리학이라 하면, 교육이 일어나는 대표적 상황인 학교에서 교사는 가르치고 학생은 배우는 교수와 학습에 대한 심리학적 연구를 일컫는다. 이때 교사가 가르치는 상황은 교실 안일 수도 있고, 교실 밖일 수도 있다. 또한 가르치는 내용도 지식, 정서, 사회성, 운동기능뿐 아니라 행동방식까지 포함한다. 따라서 교육심리학은 교수-학습 과정에 대한 심리학적 탐구뿐 아니라 생활 지도(guidance)에도 관심을 갖는다고 볼 수 있다. 따라서 교육심리학자들은 교수-학습 과정에 대한 이해와 이러한 과정을 개선하기 위한 여러 가지 방법의 개발에 관심을 갖고, 여러 학문 분야에서 획득한 지식을 응용도 하고 새로운 지식을 창출하기도 한다. 그들은 인간 행동에 대해 관심을 보이는 심리학자들처럼 일상생활에서 일어나는 행동을 관찰하고 새로운 경험을 부여하며, 계속해서 일어나는 행동과 그 행동의 변화를 평가하고 있다. 그러므로 교육심리학의 본질과 임무는 교사에게 실제에 맞고, 실천력 있는 개념과 방안을 제공해 주어야 한다(임창재, 2005).

하나의 학문 영역으로서의 이론과 연구 방법, 그리고 기술을 가진 독립적인 학문으로 이해되고 있는 교육심리학(Woolfolk, 1990)은 심리학의 원리를 단순히 교육에 적용하는 수준을 넘어 교육 현장에서 인간 행동을 기술하고 교육적 경험의 결과로 개인에게 어떠한 변화가 일어날 수 있으며, 실제로 어떠한 변화가 나타나는가를 설명하고자 한다.

2) 효과적인 교수방법을 위한 교육현장에서의 교육심리학

교육의 복잡성과 그룹 내에서의 개개인의 능력차 때문에 효율적인 가르침은 한 가지 방법으로는 모두를 만족할만한 결과가 나오기 힘들다. 모두를 만족시키기 위해서는 두 가지 방법이 필요하다(Santrock, 2004). 첫 번째는 전문적인 지식과 가르치는 기술이 필요하고, 두 번째는 학생과 의사소통할 수 있도록 동기를 부여할 수 있는 능력이다.

(1) 전문적인 지식과 가르치는 기술

효율적으로 가르칠 수 있는 교사가 되기 위해 갖추어야 할 요건은 다음과 같다.

- 주제에 관한 좋은 방향을 제시할 수 있어야 하고(have a good command) 확고한 교육의 기술이 기초가 되어야 한다.
- 효율적인 계획을 토대로 확고한 목표를 세울 줄도 알아야 한다.
- 학생들을 끌고 갈 수 있는 능력이 뒷받침되어야 한다.
- 다른 문화의 뿌리를 가지고 있는 학생들과도 효율적으로 대화를 할 수 있어야 한다.
- 난이도의 설정과 교실 내에서의 기술의 사용에 대해 확실히 이해하고 있어야 한다.

① 교과내용에 대한 지식

내용지식, 즉 가르칠 과목에 대한 지식이 있어야 한다(Staub & Stern, 2002). 즉, 교과에 대한 유동적이고 확고한 지식을 가지고 있어야만 효율적으로 지식을 전달할 수 있는 것이다. 이것은 물론 사실, 용어, 또는 기본적인 개념만을 알고 있다고 되는 일이 아니다. 알고 있는 지식들을 설명하는 방법에 관한 지식, 그리고 절차와 방법을 어떻게 보여주고 설명하는가에 관한 지식이 필요하다(Leinhardt, 1987; Marison, Hewson, Tabachnick & Blmker, 1999). 더 나아가 다른 지식과도 연결시킬줄 알아야 한다. 더욱이 자신의 지식을 방어할 줄 알아야 하고 지식에 대한 확고한 믿음도 있어야 한다.

② 교수전략

효과적인 교사는 교육학지식, 즉 교수방법에 대한 전략적 지식도 필요하다(Schulman, 2000). 일반적으로 교육학 지식이란 학생의 동기를 향상시키는 방법, 교실에서 학생을 관리하는 방법, 평가를 계획하고 시행하는 방법 등을 포함한다. 구성주의에서는 개인마다 이해와 지식을 적극적으로 구성한다는 것을 강조하여 학생들이 직접 발견하고 깨우치고 생각하고 서로를 도와가며 배워 나가는 교육을 하는 것이다. 하지만 전통적인 교육자들은 학생들을 좀 더 통제하고 싶어 하고 구성주의적 교사가 나아갈 방향을 좀 더 제시해야 한다고 주장한다.

③ 목표 제시 및 수업 계획 능력

구성주의적 관점을 가지고 있는 교사나 전통적인 성향을 띠는 교사가 준비 없이 수업에 임하지는 않는다. 그들은 항상 높은 목표를 갖고 학생들이 그 목표에 다다를 수 있도록 아낌없이 많은 시간을 계획을 세우는 데 쏟는다. 수업을 즐겁게 만들거나 도전적이게 만드는 건 어떻게 계획하느냐에 달렸기 때문이다.

④ 학급경영 능력

수업을 이끌어나가는 능력 또한 효율적인 교사가 되기 위해서 빼놓을 수 없는 자질 중의 하나이다. 그 능력이란 모든 학생을 하나의 길로 이끌어 나갈 수 있어야 하고 학생을 정해 놓은 목표에만 집중시킬 수 있어야 한다. 가장 좋은 수업을 만들기 위해서는 교실에서의 규칙과 수업진행, 교실 내 활동과 버릇없게 구는 아이들을 위한 그들만의 기술 내용이 필요하다.

(2) 학생들을 동기화할 수 있는 능력

효과적인 교사는 학생들에게 배움의 동기를 부여할 수 있는 기술을 가져야 한다. 교육심리학자들은 세상의 이치를 학생들이 직접 보게 하는 것(real world learning opportunity)이야말로 동기부여의 가장 좋은 방법이라고 주장한다. 그리고 그들은 또 학생들에게 동기화할 수 있는 방법 중에는 학생들이 직접 자신의 관심 분야와 관련된 무엇인가를 직접 선택하게 하는 것이라고 주장한다.

① 의사소통의 기술

교사에게 없어서는 안 될 중요한 기술 중의 하나가 바로 학생들의 눈높이에서 듣고, 말하며 언어적 의사소통의 벽을 넘어서는 기술과 갈등을 건설적으로 해결하는 기술이다. 의사소통의 기술은 가르칠 때뿐만 아니라 부모와 상호작용할 때도 중요한 역할을 한다. 효율적인 교사는 학생이나 부모에게 일방적으로 이야기하는 것보다 같이 이야기하는 효과적인 의사소통 기술을 사용한다.

② 반성적 교수법

전문적 교사가 되기 위해서는 교사는 자신의 지식, 태도, 실천, 결과를 지속적으로 검토할 필요가 있다. 이렇게 자신의 교수방법에 대해 스스로 질문하고 답을 찾으려고 하는 과정을 반성적 교수법(reflective teaching)이라고 한다. Schon(1987, 1991)이 행위 중 반성(reflection-in-action)은 어떤 기대하지 않았거나 일상적이지 않은 무엇을 직면할 때 특히 중요하다. 예를 들어 교실에서 평상시에는 행동이 바른 한 아동이 갑자기 화를 내거나 고함을 지르고, 물건을 집어 던지고, 다른 학생을 때리는 상황에서 교사는 학생을 제지시키고 다른 장소로 가도록 하지만 그 학생은 진정되지 않는다. 결국 부모에게 연락해서 그 아동을 집으로 데리고 가게 한다. 이러한 교수법이 적절했는지 혹은 더 나은 해결방법이 없었는지 생각하고 기록해 두는 과정을 반성적 교수 과정이라고 할 수 있다.

3) 교육심리학의 연구영역과 연구 방법

(1) 교육심리학의 연구 영역

교육심리학의 연구 영역은 대단히 광범위하며, 교육적으로 문제가 되는 인간 행동의 모든 영역을 다룬다. Blair와 Nelson이 1840년과 1850년 사이에 미국에서 출간된 17종의 교육심리학의 내용에 대해 조사한 것을 보면 그 주된 영역으로 성장과 발달, 학습, 성격과 적응, 측정과 평가 등 네 분야를 들고 있다. 또 이상로 외(1961)도 교육심리학의 주된 내용을 발달, 학습, 측정과 평가, 성격과 적응 등으로 나누고, 그중에서 특히 학습에 해당하는 분야에 많은 비중을 두고 있다. 그리고 Gates(1958)는 성장과 발달, 학습, 성격과 적응, 측정과 평가, 교수와 지도 등 다섯 분야로 나누었다. 그러나 생활 지도를 따로 나누어 학습과 관련지으면서 심리의 교과를 취급하였고, 성격과 적응에서는 정신 위생의 문제와 교사의 문제를 다루고 있다. 그밖의 교육심리학자들도 교육심리학의 영역 구분에 대해서는 거의 비슷하게 나누고 있다. 이같이 교육심리학이 취급하는 대상 자체는 근본적으로 같으나, 다만 서술하는 방법의 차이와 어느 면에 더 중점을 두느냐 하는 점에 차이가 있다.

표 1.1 교육심리학에서 다루는 내용의 시대적 변화

구분	1926~1956	1956~1975	1975~1983	1983~현재
교육심리학 교재에 포함된 주 내용	• 검사와 측정 • 교과목 관련 심리학 • 학습 • 교수방법 • 두뇌 생리학 • 유전과 본능	• 학습(행동주의) • 검사와 측정 • 발달 • 동기 • 사회적 및 정서적 문제들	• 학습 • 발달 • 개인차 • 동기 • 검사와 평가 (grading)	• 학습 • 발달 • 개인 및 집단 차 • 동기 및 학습관리 • 교수법 • 평가 (assessment)
변화된 내용	능력심리학(faculty psychology)과 형식적 훈련의 내용이 삭제되었음	교과목과 두뇌생리학에 관한 내용이 줄어듦. 성격, 상담, 발달 관련 내용이 늘어남	정신건강, 성격, 적응 심리, 사회적 및 정서적 문제, 통계에 대한 내용이 줄어듦. 학급 관리, 특수아에 대한 내용이 늘어남	검사, 지능에 관한 내용이 줄어듦. 다양성, 구서주의, 교과목에 관한 심리학 내용이 늘어남

출처: 윤길근 외(2008). p.17.

Seifert(1991)는 교육심리학이란 학습이 발생하는 기제를 탐구하고 그러한 연구들이 실제적으로 학습에 도움을 줄 수 있는 방법에 대해 연구하는 학문이라고 정의하면서, 이를 위해 학습자의 특성과 발달을 다양한 개인차를 가진 학습자의 능력을 조화시키는 방법 그리고 학습에 대한 평가 등을 다루어야 한다고 설명한다. 또한 이신동(1994)의 연구에 의하면 최근 교육심리학에서 증가를 보이는 주제들은 교육 환경, 인지 능력, 수업 매체, 조작적 교육 목표, 교육 평가 등으로 분석되었다(임규혁, 1996).

이상에서 언급한 교육심리학의 영역에 대한 연구들을 종합해 보면, 그 주된 영역을 다음과 같은 내용으로 구별하여 설명할 수 있다.

① 발달 영역

교육이란 교육자가 피교육자로 하여금 인간으로서의 바람직한 성장과 발달을 완성시키는 것이기 때문에 발달은 인간 형성의 과정이라고도 할 수 있다. 그러므로 유아심리학, 아동심리학, 청년심리학, 발달심리학 등과 같이 발달하는 과정의 이론과 실제 및 단계 등을 다루는 영역이 필요하다. 예를 들어 피교육자의 지적 능력의 발달 정도, 정서적 독립심의 발달 정도, 운동 기능의 발달 정도 등 모든 면에서 성숙할 때까지를 대상으로 하여, 교육 목적에 따라 바람직한 발달을 성숙할 때까지를 대상으로 하여, 교육 목적에 따라 바람직한 발달을 조성한다는 가치적 관점에 그 무게를 두고, 인간 형성의 주체적 조작에 입각해서 다루어져야 한다. 따라서 교육은 개인적 수준에서 개인의 가능성을 개발시키고, 보다 합리적이고 능률적인 사회 행동을 학습시키는 데 목적이 있으므로 개인의 발달 과정과 그 원리에 관한 건전하고 폭넓은 지식은 필요 불가결한 것이다.

② 학습 영역

가치관의 변화든 행동의 변화든 교육의 직접 목적은 바람직한 방향으로 인간의 변화를 추구한다. 이 변화를 위한 의도적 노력, 즉 교육의 핵심을 이루는 활동은 교수-학습이며, 이것은 인간 학습의 심리학적 과정에 관한 지식을 토대로 계획되고 실천된다. 아무리 유익한 지식을 교수하고자 해도 만일 학습 과정이나 학습 이론에 적합하지 않은 경우 교수 효과에 영향을 줄 수 있기 때문이다. 따라서 교육의 효과를 최대화하기 위해서는 학습 방법과 학습 이론에 대한 기초적인 지식이 필요하다.

③ 수업 영역

가르치고 배우는 일은 교육에서 가장 중요한 일이라고 할 수 있다. 교사의 교수 방법에 따라 학생의 생활에 많은 영향을 미치게 된다. 다양한 교수 계획, 교수 목표, 교수 방법 등에 대한 탐구를 통한 효과적인 교수법에 대한 이해는 교육을 통한 학습자의 발달을 위하여 필요할 것이다. 또한 수업 과정이란 학습자가 주의 집중하고 스스로 탐구심을 갖게 하는 것이 필요하다. 교사는 학생의 학습 동기를 최대화시키는 데 도움을 주어야 하는데, 이를 위한 수업 계획과 교수 방법을 체계적으로 조직하는 것이 쉬운 일은 아니다. 따라서 학습자의 동기에 관련된 문제들과 동기 이론의 고찰을 통하여 효과적인 수업 전략을 위한 방략을 모색해 보아야 한다.

④ 지능과 개인차 영역

지능과 창의성은 개인의 발달에서 중요한 영역이다. 학교에서 고려해야 할 학생들의 개인차는 매우 다양한 영역에서 나타나는데, 그 중에서도 가장 중요한 변인으로 고려하는 것이 지능이다. 서로 다른 지능을 갖고 있는 학생들을 조화롭게 수업 장면에 참여시키기 위하여 교사의 책임은 무거울 수밖에 없다. 또한 최근 들어 지능의 한 영역으로 창의성에 대한 논의가 활발해지고 있으며, 학교 현장에서 창의성의 계발은 교육의 또 하나의 과제가 되었다. 지능과 창의성에 대한 이론적 고찰을 통하여 학교 교육에서 학생들의 개인적 능력 발달과 개인차에 대한 문제들을 생각해 보는 것이 필요하다.

⑤ 생활 지도 및 상담 영역

오늘날의 아동과 청년은 과거 그 어느 때보다도 격심한 사회 변동을 겪고 있다. 이를테면, 급속한 경제 성장과 산업 구조의 변동, 매스미디어의 발전과 그 교육적 기능의 변화 그리고 도덕적 윤리적 생활 방식의 변화 등을 지적할 수 있다. 이와 같이 급변하는 사회 속에서 아동과 청년으로 하여금 현명하게 대응하고, 현실적으로 당면하는 여러 문제를 적절히 해결해 나가도록 하며, 동시에 자기 실현(self-realization)과 자기 지향(self-direction)이 이루어지도록 지도하는 것이 중요하다.

⑥ 교육 평가 영역

교육이 의도하고 있는 목표를 어느 정도 달성했느냐를 측정하고 평가하는 문제는 어떤 형태로든지 평가 활동을 내포하고 있다. 이러한 면에서 교육 효과 또는 학습 효과의 측정과 평가, 즉 교육 평가에 관련된 기술적인 이론과 실제를 다루는 영역이 필요하다. 이러한 측정과 평가의 결과를 참고하는 데서 보다 나은 교육 방법의 개선이 이루어진다.

(2) 교육심리학의 연구 방법

교육심리학에서 우리가 배우는 내용을 알게 된 방법은 무엇일까? 다른 과학 분야와 마찬가지로 지식은 여러 원천에서 나온다. 교육심리학의 내용은 어디까지나 사실에 기초를 둔 기술이며 설명이어야 한다. 대상 그 자체에 대한 사실에 근거를 두지 않고 관념적으로 취급하고, 그 방법 및 결과를 사변적으로만 기술한 것이라면 그것은 철학 내지는 철학에 유사한 학문이 되고 만다. 그러므로 교육심리학의 연구 방법은 사실을 추출해 내어 그 사실을 객관적으로 조작할 수 있는 과학적인 방법이 기초가 되어야 한다. 교육심리학의 연구 방법이란 교육의 현상에 관련된 요인들과 그 요인들 간의 관계를 기술, 설명, 예언, 통제하는 과학적 방법을 총칭하여 사용하는 말이다.

연구의 형태는 연구목적을 기준으로 기초연구와 응용연구로 분류된다. 기초연구(basic research)는 이론을 개발하고 발전시키는 데 주안점을 둔 연구를 지칭한다. 그러므로 기초연구는 연구 결과의 사회적 유용성에는 그다지 관심을 갖지 않는다. 이에 반해 응용연구(applied research)는 실제문제를 해결하기 위해 이론을 적용하거나 이론의 유용성을 검증하려는 연구를 말한다.

최근에는 교육연구의 형태를 접근방식을 기준으로 양적 연구, 질적 연구, 혼합연구 방법으로 분류하고 있다. 양적 연구(quantitative research)는 수량화할 수 있는 자료를 수집, 분석하는 데 주안점을 두는 연구접근을 말한다. 양적 연구는 객관적인 실재가 존재한다고 가정하는 실증주의에 근거하고 있으며, 자연의 법칙은 안정성이 있고, 예측할 수 있으며, 과학적인 방법으로 발견할 수 있다고 본다. 양적 연구에 속하는 것은 실험연구, 준실험연구, 사후연구, 상관연구, 기술연구가 있다. 질적 연구(qualitative research)는 자연스러운 상황에서 관찰, 면접, 문헌분석과 같은 방법으로 서술적 자료를 수집하는 데 주안점을 두는 연구접근이다. 자연 법칙이 안정성 있고 예측 가능하다고 가정하는 양적 연구의 실증주의와는 달리 질적 연구는 관점이나 맥락에 따라 의미가 다르다는 상대주의 관점에 근거하고 있다. 질적 연구의 형태로 전기적 연구, 현상학적 연구, 근거이론, 사례연구, 문화기술적 연구, 역사적 연구가 있다.

양적 연구 방법과 질적 연구 방법 사이에는 장단점이 있다. 질적 연구는 새로운 사회현상을 '탐색'하거나 새로운 이론을 '개발'할 때는 도움이 되지만 대표성과 객관성 문제가 존재한다. 양적 연구는 이론을 검증할 때 객관적인 방법이지만 선행연구가 부족해 변인을 충분히 파악할 수 없는 상황에서는 모형을 수립하기 힘들다. 이때 개별적으로 취합된 정성적, 정량적 자료들을 자료분석 단계나 해석단계에서 결합시키는 혼합연구 방법론(mixed research methods)을 이용할 수 있다. 혼합연구 방법에는 삼각화 설계, 내재적 설계, 순차적 혼합방법이 있다.

그러나 어느 연구 방법을 수행하거나 연구 자료를 수집하기 위한 방법으로는 관찰법, 실험법, 질문법, 면접법, 평정법, 사회성 측정법, 자서전법, 투사적 방법, 사례연구법 등의 자료 수집 또는 처리 절차를 활용하게 된다.

① 관찰법

우리가 인간 행동을 연구하기 위하여 사용하는 가장 기본적인 방법으로 사람을 관찰하거나 그 사람에게 질문하는 방법이 있다. 그러나 상호작용의 속도나 정도, 계속적인 변화와 연속적인 현상, 감수성이나 언어 표현 등을 자료로 수집하고자 할 때 그것은 질문에 의해서는 불가능하며 관찰에 의존할 수밖에 없다(황정규, 1984). 관찰법(observation)은 인간 행동을 이해하기 위한 기초적인 방법으로 피험자의 연령에 제한을 받지 않는다는 점에서 유아, 아동, 청년, 성인에 이르기까지 어떤 피험자에게도 적용할 수 있는 방법이다. 관찰법은 관찰자 자신이 사실의 방법을 직접 관찰하고 기록해 두었다가 자료로 활용하는 특징을 가지며, 가장 오랜 전통을 지닌 연구 방법이다.

관찰을 할 때는 관찰 계획을 사전에 면밀하게 수립하는 것이 매우 중요하다. 관찰 계획을 성공적으로 이끌 수 있는 필수 조건은 다음과 같다.

- 관찰할 대상을 결정하고 이 대상에 필요한 어떤 특별한 조건을 선택하고 배치한다.
- 관찰 기간 또는 관찰과 관찰 사이의 간격과 횟수를 결정한다.
- 관찰자의 위치와 피험자에게 미칠 영향을 고려한다.
- 관찰하려는 활동이나 행동 단위를 정의하고 관찰의 범위(예를 들면, 개인 또는 집단)를 결정한다.
- 관찰의 기록 형식과 관찰의 해석을 정확하게 한다.

② 실험법

실험법(experimental method)은 통제된 관찰법으로 학생에 의해서 사전에 면밀하게 짜여진 조작을 필요로 한다는 점에서 단순한 관찰과는 구별된다. 다시 말하면 학생은 실제로 한 개의 계획적·인위적인 특수한 변인, 즉 자극적인 독립 변인(independent variable)을 찾고, 이를 통제하고 조작함으로써 다른 변인, 즉 반응인 종속 변인(dependent variable)들 중에서 어떤 것이 어떻게 변화하는가를 명확히 분석·관찰한다. 즉, 실험법은 피험자를 실험 집단과 통제 집단으로 나누어 실험하여 비교하는 방법이다.

실험은 독립 변인과 종속 변인 간의 관계를 평가하기 위해서 한 개 또는 그 이상의 독립 변인이 변화되고 외재 변인들이 통제되는 하나의 구성된 관찰이다. 그 주요 목적은 한 개 또는 그 이상의 외재 변인들에 의해서 생긴 종속 변인상의 변화인 실험 오차를 감소시키려는 것이다.

③ 면접법

질문지법은 종이 위에 연필로 응답하는 간접적인 방법인데 반하여, 면접법(interview method)은 면접 대상과 마주한 대면 상황하에서 이야기를 나누면서 필요한 자료를 모을 수 있는 방법으로 직접 일대일로 문답하는 형식을 취하므로, 특히 상담 지도의 중요한 부분을 이루고 있다. 이 방법에는 단순히 피면접자로부터 어떤 정보의 획득이나 자료 수집을 목적으로 이루어지는 조사 면접(inventory interview)과 면접 과정에서 진단과 치료적·교육적 가치를 중요시하는 상담 면접(counseling interview) 등이 있다.

상담 면접의 기본적인 조건인 이해와 수용으로, 자유롭고 충분한 의사소통이 이루어져야 한다. 이런 조건이 보장되어 있을 때 상담 면접은 피면접자의 통찰력을 도와줌과 동시에 피면접자로 하여금 자기 실현(self-realization), 자기 지향(self-direction)이 가능하다. 따라서 면접자와 피면접자 사이에는 어떤 내용이든지 털어놓고 말할 수 있는 심리적인 거리를 최소한으로 하는 신뢰로운 인간 관계, 즉 라포(rapport)의 형성이 중요하다. 그리고 이 방법으로 효과를 거두기 위해서는 피면접자가 정신적 압박감이나 경계심을 갖지 않도록 필요한 사항에 대해서 자연스럽고 올바르게 질문하고 대답할 수 있는 분위기가 이루어져야 한다.

④ 평정법

평정법(rating method)은 개인의 어떤 행동 특성에 관한 의견을 조직적·객관적으로 수집하는 방법이다. 즉, 어떤 행동 특성을 일정한 기준에 따라 판단하도록 되어 있는 측정 도구로서 논리적 측면, 사회적 측면, 가치적 측면의 행동 특성을 측정함에 있어서 보다 엄밀하고 신뢰로운 방법이다. 평정법은 오랜 역사를 가지고 있으며, 정신물리학(psychophysics)에서 독립된 학문으로 특수화되면서 발달되어 왔다. 처음에는 주로 미적 가치에 관한 문제에만 국한하였으나, 현재에는 대중성, 보편성, 간편성 때문에 응용심리학, 사회심리학의 분야에까지 널리 이용되고 있다. 평정법은 서열법, 평정척도법 등이 있다.

⑤ 사회성 측정법

사회성 측정법(sociometric method)은 엄밀한 의미로는 평정법이라 할 수 없지만, 제한된 집단 내에서는 개개인의 상대적 위치를 포착하는 점으로 보아 평정법의 일종이라고 할 수 있다. 이 방법은 미국의 Moreno(1953)가 주창한 것인데, 집단을 구성하는 집단 구성원 상호 간의 거리를 포착하려는 것이었다.

즉, 인간 관계를 중심으로 집단의 성질, 구조, 역동성, 상호작용의 관계를 객관적으로 파악하는 방법이다. 사회성 측정법은 학급 장면에서 집단이 몇 개의 하위 집단으로 분리되어 있는가, 집단 형성의 요인은 무엇인가, 또 개개의 학생이 집단 내에서 어떠한 위치에 있는가, 그리고 그 이유는 무엇인가 등의 연구에 도움을 주는 방법이다.

학급은 학생에게 있어서 학습의 장(場)인 동시에 생활의 장이며, 성격 발달에 있어서 대단히 중요한 의미를 갖고 있다. 이러한 집단의 관계를 사회성 측정법은 예리하게 또 객관적으로 측정하려는 방법이며, 그러한 기능으로 해서 경험적 접근에 관심을 갖는 교육 및 심리학에서는 중요한 도구로 널리 사용되고 있다.

⑥ 자서전법

자서전법(autobiographical method)은 학생 자신의 과거 생활이나 행동 과정을 스스로 서술하도록 하는 방법이다. 따라서 이 방법은 관찰자가 학생의 생활을 관찰하거나 서술하는 것이 아니라 학생 스스로가 그것을 서술한다는 데서 전 기법과 차이가 있다. 다시 말하면 학생 개인으로 하여금 그동안 자신이 성장하고 경험한 과정을 일기와 같은 형태로 쓰게 하거나 그렇지 않으면 학생으로 하여금 되도록 많은 사실을 있는 그대로 자세히 자연스럽게 표현시키는 방법이다.

이러한 표현 과정에서 학생 개개인의 자발적 활동, 능력 정도, 흥미 등의 경향을 알 수 있으며, 더 나아가 인생에 대한 고민, 동경, 고독감, 인생관과 가치관, 기타 통합된 사고와 태도 등을 알 수 있다. 특히 아동과 청년의 내면적 생활의 연구에 도움이 되는 방법이다. 예를 들어, 흥미, 이상, 인생관, 가치관의 형성과 변천 등의 내면적 특성을 파악할 수 있으며, 또한 성격의 발달 과정을 알 수 있게 된다. 한편 문학가나 위인들이 쓴 작품 중에는 그 작가 자신의 아동기와 청년기에 체험한 사실에 대한 기술이 많아 이것을 아동과 청년 연구의 간접적인 자료로 이용할 수 있으므로 이 방법은 매우 가치가 높은 방법이다.

⑦ 투사적 방법

Frank(1948)는 "투사적 방법(projective techniques)의 본질적인 특징은 학생들로 하여금 그들의 개인적 세계와 성격의 단면들을 여러 모로 표현시키는 데 있다"고 하였다. 이때의 투사(projection)란 피험자가 자신의 성격을 제시된 자극에 대한 그의 상상 속에 투입시킨다는 의미이다. 그러므로 상상 속에 투사된 성격을 찾는 것이 투사적 방법이다. 또 그에 의하면, 인간은 개인적 성격을 가지고 끊임없이 물리적·문화적·사회적 환경 내에서 활동할 뿐만 아니라 이것을 창조하고 자기 자신의 개인적 세계를 형성하여 그 속에서 살고 있는 것이다. 따라서 성격은 하나의 역동적 과정이며, 계속해서 그 개인적 세계를 창조·유지하고 또한 옹호하는 역할을 나타낸다고 할 수 있다.

투사적 방법은 신축성과 보편성이 있는 성격 측정 도구로서 창의적이고 발전 가능성이 있는 방법이지만 실시, 채점, 해석의 정확성에 결함이 많다. 이 방법에 해당하는 검사는 상당히 많으나 일반적으로 알려진 대표적인 검사로는 연상검사(association test), 문장완성검사(Sentence Completion Test, SCT), 로렌츠바이 그림좌절검사(Rosenzweig picture frustration test), 로흐샤 잉크반점검사(Rorschach ink-blot test), 주제통각검사(Thematic Apperception Test, TAT) 등이 있다.

⑧ 사례연구법

사례연구(case study)는 최근에 많이 쓰여지고 있는 방법으로, 한 가지 사실이나 상황에 관련된 측면을 여러 각도에서 포괄적으로 다루는 것이라 하겠다. 이는 사례분석(case analysis)이라고도 한다. 이 방법은 개인의 적응 곤란이 원인이라고 생각되는 현재 상황과 관련되는 여러 종류의 항목을 조사해서 그가 가지고 있는 문제의 원인을 진단하고 그에 따른 적절한 치료 방법을 찾는다.

사례연구법은 행동에 관한 가설들의 중요한 원천이 될 수 있으며, 임상 치료에 대한 새로운 접근을 시험해 볼 수 있는 방법이다. 사례연구법이 인과적 결론을 내리는 데 사용될 때 또는 해석이나 자료의 수집상에서의 편향이 확인되어 있지 않을 때는 문제가 생길 수 있다. 사례연구법은 또한 일반화 가능성, 즉 어떤 단일 개체의 연구 결과를 기초로 어떻게 일반화시킬 것인가의 문제를 갖고 있다. 또 사례연구는 살아 있는 사람만을 연구대상으로 삼지 않는다. 어떤 사람의 작품, 자서전, 일기, 생활기록 등도 분석 및 연구의 대상이 된다. 이와 같이 교육심리의 연구 방법은 매우 다양하다(Hilgard, Atkinson & Atkinson, 1978).

표 1.2 기본 연구 방법들의 강점과 제한점

방법	강점	제한점
자기보고법		
면접법과 질문지법	많은 정보를 얻기에 상대적으로 빠른 방법; 표준화된 형식으로 연구자들은 각기 다른 피험자들에 의해 얻어진 자료를 직접적으로 비교할 수 있다.	수집된 자료는 부정확하거나 정직한 자료가 아닐 수 있으며 응답자의 다양한 언어능력과 질문이해능력을 반영할 수 있다.
임상법	피험자들을 독특한 개인으로 대하는 융통성 있는 방법; 피험자가 질문의 의미를 이해할 수 있도록 도와줄 수 있다.	모두 동일하게 처리되지 않은 참여자들에게서 얻은 결론은 믿을 수 없다. 융통성 있는 조사는 부분적으로 피험자 반응에 대한 연구자의 주관적인 해석에 의존한다. 언어능력이 높은 피험자들에게만 사용할 수 있다.
체계적 관찰		
자연관찰	자연환경에서 실제로 발생하는 행동을 관찰할 수 있다.	관찰된 행동이 관찰자의 존재에 의해 영향을 받을 수 있다. 이례적이거나 바람직하지 않은 행동을 관찰시기 동안에 관찰하기 어렵다.
구조화된 관찰	모든 아이에게 관찰하고자 하는 행동을 수행할 기회를 제공하는 표준화된 환경이 주어진다. 빈번하지 않거나 사회적으로 바람직하지 않은 행동을 관찰할 수 있는 좋은 방법이다.	관찰은 아이들이 자연환경에서 행동하는 방식을 항상 얻을 수는 없다.
사례연구	개개인의 피험자에 대한 추론과 결론을 이끌어낼 때 많은 자료를 고려하는 매우 광범위한 연구 방법이다.	수집된 자료는 종종 사례마다 다르고 정확하거나 정직하지 않을 수 있다. 개인적 사례를 통해 이끌어낸 결론은 주관적이고 다른 사람들에게 적용할 수 없다.
기술민족학	짧은 관찰연구나 면접연구에서 가능한 것보다 더 풍부한 문화적 신념, 가치, 전통에 대한 기술을 제공한다.	결론이 연구자의 가치와 이론적 입장에 의해 왜곡될 수 있다. 결과는 연구집단과 연구세팅 밖으로 일반화될 수 없다.
심리생리학적 방법	발달의 생리적 기초를 알아내고 언어로 보고할 수 없는 영아와 걸음마기 유아의 지각, 사고, 정서를 확인하는 데 유용하다.	피험자가 무엇을 감지하고 혹은 느꼈는지를 정확하게 나타내지 못한다. 연구된 것 이외에 많은 요소가 비슷한 생리적 반응을 만들어 낼 수 있다.

⑨ 실행연구

실행연구(action research)는 기술연구의 특별한 유형으로 교사가 교실이나 학교에서 수행하는 연구이다(A.P. Johnson, 2009; Mills, 2007; Stringer, 2008).

실행연구에서는 교사나 교장이 새로운 교수방법이나 학교 조직 전략을 시험해 보고, 그것이 어떻게 작용하는가에 대한 정보를 수집하고, 이 정보를 다른 사람에게 전달한다. 교육자들 자신이 실험에 관계하기 때문에 다른 유형의 연구에서 추구하는 객관성이 부족하지만, 외부인에 의한 연구에서는 볼 수 없는 제일선에 있는 경험이 풍부한 교사나 행정가가 가지고 있는 깊은 통찰력을 제공할 수 있다.

3 교육심리학의 최근 동향

인공지능 시대, 4차 산업혁명의 도래를 예견하며 문명사적 전환기로 회자되는 오늘날은 인간의 지능에 대해 전승된 관념을 비판적·건설적으로 성찰하고, 그에 부합하는 교육의 방향을 재정립할 때이다.

2016년 다보스 세계경제포럼에서의 발표와 무엇보다 우리 앞에서 생생하게 펼쳐졌던 알파고 충격으로 인해 변화의 필요성에 대한 인식은 급속히 확산되었다. 이전까지는 인공지능, 로봇과 같은 첨단 과학·공학기술의 사회문화적 영향이란 과학영화의 상상 속에서 가능한 일이지, 현실 세계에서는 요원한 일로 여겨졌다. 물론 온라인 게임 산업의 급속한 성장으로 컴퓨터와 인간의 대결은 그리 드문 일은 아니었지만, 비교적 인간의 독특한 지적 능력의 영역으로 여겼던 바둑에서 기계의 승리가 영화 아닌 현실이 된 실제 상황은 더없이 놀라운 사건이었다. 이후로 우리사회는 인공지능의 발달이 가져올 산업 부문의 변동, 인간 삶의 변화, 이에 대비해야 하는 교육의 혁신에 대해 다각적인 관심을 가지게 되었다. 특히 연일 방송매체에서 10년, 20년 후의 직업세계의 추이를 전망하는 뉴스는 급격한 변화를 준비하기 위해 새로운 인재 양성과 교육의 과제가 막중하다는 심각한 메시지를 전한다.

이러한 추세에 따라 전 세계 교육계에서 미래사회에 대비한 교육의 제도적·실천적 변화에 대해 다양한 관심과 논의가 모아지고 있다. 그 한 예로, 한국교육철학학회를 포함하여 국내의 여러 학술단체에서 현대 기술문명의 영향으로 인한 교육적 변화가 중요한 탐구 주제로 부상하고 있다. 미국교육철학회의 2017년 3월 연례학술대회에서도 '포스트휴머니즘 시대에 인간성의 이해'를 대주제로 인공지능, 로봇공학, 과학과 사회정치사상의 급진적 전환에 따른 '인간과 비인간(the non-human) 사이에 흐려진 경계'의 문제를 다루었다.

현재 전개되는 담론들의 다양한 스펙트럼의 한 축에는 경제 산업 부문의 관심을 반영하여 인공지능 시대에 잘 적응하도록 교육의 과제를 재정립하여 변화를 선도해 가야 한다는 입장이 있다. 한편 교육철학 분야에서는 디지털 기술문명의 발달로 심화되는 '인간의 기계화와 자기소외' 문제, '존재론적 위기'를 통찰하고 한결 더 적극적으로 인간교육의 본래적 가치를 회복해야 한다는 소리가 높다(정영근, 2016; 고요한, 2016). 그런데 이러한 논의들이 교육의 방향 전환에 실효성 있게 기여하기 위해서는, 인공지능 기술의 발전 및 기계와 인간의 지능에 대한 생각의 변화에 담긴 가능성과 한계를 더욱 구체적으로 연구되어야 한다.

교육심리 연구자들과 심리학자들은 인간의 '마음'이 놀라운 계산 능력(computable ability)과 발산적 능력(emergent ability)을 가지고 있다는 사실을 인정했다. 이런 인지심리학의 영향은 교육심리학의 연구 패러다임을 근본적으로 바꾸어놓았다고 할 수 있다(김언주 외, 2000). 그러나 교육심리학자들의 연구 기틀이 된 인지심리학이 그 한계를 보이기 시작하고 있다. 즉, 인지심리학을 대표할 수 있다 해도 과언이 아닌 학습과 기억에 대한 정보처리적 접근 방식이 설명의 한계를 보이고 있다. 인간의 학습은 논리 체계만으로는 설명될 수 없는 부분이 많이 있다. 이미 널리 알려진 것이지만 인공지능(AI)에 대한 연구는 벽에 부딪혀 조금도 진전의 기미를 보이지 않고 있다. 그러므로 인간의 학습에 대한 연구는 더 이상 표상적 접근(representational approach) 혹은 소프트웨어적 접근을 지양하고 신경생리적 접근 혹은 하드웨어적 접근을 해야 한다는 목소리가 높다(이신동, 1996).

교육심리학이 응용 분야만의 학문이기보다 교육 현장의 심리학적 현상을 과학적으로 연구하는 기초 학문으로 공인받기 위해서는 교육심리학자들의 연구 과제 및 영역의 독자성과 전문성의 교육 효과에 대한 기여도가 높아야 할 것이다. 이러한 사회변화에 따라 교육심리학이 나아가야 할 방향을 학자들은 다음과 같이 제시하고 있다.

1) 아동 발달에서 전생애적 발달에 대한 관심

인간 발달에 대한 연구가 종래에는 주로 아동 중심으로 이루어졌으며, 1960년 이후 Piaget의 발달 이론은 발달심리학자들이나 교육심리학자들의 관심의 대상이 되었다. Piaget의 이론을 검증한 결과 발달 단계의 보편성에 문제가 제기되기도 하였다. 예컨대, 보존 개념은 구체적 조작기에 나타나기보다는 전조작기에 나타난다는 것이다. 그리고 그가 관심을 가졌던 인지 과정은 논리수학적 정신 과정에 한정되어 대인 관계에서 일어나는 문제해결능력은 설명할 수가 없다는 것이다. 또한 형식적 조작기 이후에도 후기형식적 조작이 일어난다는 것이다. 예를 들면, Commons 등(1989)은 후기 형식적 조작기가 계속 발견된다는 연구 결과를 제시한 바가 있다. 이러한 입장은 최근 발달 연구의 장을 개척하고 있는 평생 발달적, 맥락적 관점에 의해서 지지를 받고 있다. 따라서 교육심리학은 '학교 안에 있는 어린 아동을 위한 교육'에서 '학교 밖에 있는 나이 든 어른들을 위한 교육'에도 관심을 가져야 한다는 것이다.

평생주기(life cycle)적 시각에서 본 심리 발달 과정의 해명이 교육심리학의 연구 과제가 된 것은 그리 오래된 일이 아니다. 오늘의 평생 발달적 심리학의 연구의 발전의 배경에는 장수화와 핵가족화에 동반하는 평생주기의 변화, 가치관이나 삶의 스타일의 다양화라고 하는 시대적, 사회적 변화가 있다고 생각할 수 있다(박아청, 1998). 오늘날에는 집행 유예적인 인간은 청년기 뿐만 아니라 성인기 초기로부터 중년기에 이르기까지 확대되고 있고 있으며, 자기다운 삶의 모습이나 정체감(identity)의 모색은 성인기 사람들에게도 공통 과제 의식이 되어 있다. 이러한 현상은 종래의 성인에 대한 인식 변화를 요구하고 있으며, 성인기에 보여지는 심리적 변화도 발달적 견해에서 보아야 할 필요성이 있음을 시사한다.

2) 인지학습 이론에 대한 방향 확대

인지 이론에 근거한 교수 이론은 지식을 적극적으로 구성하고, 저장하고, 전이하도록 하는 교수 절차를 명백히 하는 것이다. 따라서 각 교과목 내용을 심리학의 인지 이론, 메타인지 과정, 학습 방략 등과 관련시켜 이해하고 교수방법을 제시한다. 그러나 현재 수준의 인지 이론의 가정은 사고가 개체 내에 있어 외부 세계와 관련이 없다는 사실, 사고의 자원이 개인 일상생활의 경험의 결과나 천부의 재질로서, 보편적 개념 역량이기보다는 단순한 요소들로부터 축적된 지식이나 기능이라는 점이다(이성진, 1996).

Greene(1989)는 학습이나 인지는 개인의 머리 속에서 일어나는 것이라기보다는 사회적 맥락에 뿌리를 내리고 있으며, 언어적·문화적 관습이 만들어내는 것이며, 여러 다른 상황에 있는 개인 간의 상호작용 속에서 일어난다고 본다. 후기 Piaget학파도 일치된 관점을 보이고 있다. 후기 Piaget학파 학자들은 특정 인지영역에서의 지식 습득을 촉진하거나 방해하는 특정한 요건이 있다고 믿는다(Inagaki, 1992). 영역-특정적 인지구조는 생득적으로 타고나며 아동이 주변 환경과 상호작용하면서 성장·발달하게 되므로, 풍부한 경험을 한 인지영역에서의 사고는 더욱 발달한다(Howe & Jones, 1993).

그러므로 종전의 인지학습 이론은 인지 원리가 범내용적·범차원적이라고 가정하는 데 반해, 최근의 인지에 대한 접근은 각 영역별로 그 나름의 특유의 지적 구조와 사고 방식을 요구하고 있다는 점을 강조하고 있음을 알 수 있다.

3) 교수-학습에 대한 질적 심화 및 효율성 강조

교수-학습은 교육심리학의 주된 관심사이므로 이론적·실증적 연구의 성과가 많음에도 불구하고 수업의 효율성과 효과성은 교육심리학자들에게는 여전히 고민이 많은 과제로 남아 있다. 만약 학교 교육의 성과가 기대치 이하로 떨어졌을 때, 그것이 교육 과정으로 생긴 문제인지, 교육 환경의 문제인지에 대한 이론적·실증적 검토가 있어야 한다. 그럼에도 불구하고 이러한 문제에 대한 점검이 부족하다.

예컨대, 아직도 현장에서는 많은 학습자가 학습 부진의 굴레 속에서 벗어나지 못하고 있다는 속설에 대해서도 그 원인이 교사의 교수능력 부족에 기인한 것인지, 아니면 학습자들의 노력 부족에 있는지, 교육 과정 운영상 진도 때문에 일어난 문제인지에 대한 명백한 증거가 보이지 않는다는 것이다. 이러한 교수-학습 과정에서 야기되는 문제에 대한 분명한 실증적 증거를 교육심리학은 제시해야 할 임무가 있다(진위교, 1998; Gage & Berliner, 1998).

4) 학습 동기 이론에 대한 구체적인 증거 제시

교육이란 무엇보다도 학습자의 학습에 대한 동기 없이는 달성될 수 없는 것임을 생각할 때 학습 동기 이론에 대한 구체적인 증거를 제시하는 것이 교육심리학에 부과된 주요한 임무라고 할 수 있다. 그런데 지금까지 일반화된 것으로 간주된 사실도 현장 경험에서 의문시되는 경우가 흔히 있다.

예를 들면, 부모나 교사가 만족하면 칭찬을 해 주고, 기대에 어긋나면 힐책하거나 모른 체 하는 행동주의의 강화 이론은 보편화된 사실이지만, 경우에 따라서는 그 효과에 회의를 표시하는 연구도 적지 않다. 그러므로 학습에 대한 동기를 인지 과정으로 설명하려는 시도가 전개되고 있다(박아청, 1987b; 정종진, 1996).

그리고 학습자가 자신의 성취 행위를 타인과 비교하는 가운데 자신의 유능성을 보존하려는 의도와 노력에 관심을 갖는 것에 대한 연구, 또는 학습자 자신의 성공과 실패의 원인을 어디에 두는가에 관심을 갖고 있는 귀인 이론 등에 대한 연구는 학습 동기에 대한 보다 구체적인 연구가 필요함을 말해 준다. 따라서 교육심리학은 학습자의 동기와 같은 것에 대한 실증적인 연구를 할 필요가 있다.

5) 신경생물학적 이해 관심 증가

인간의 심리현상에 대해 생물학적 접근방법을 택한 것이 신경생물학(neuro-biology)이다. 심리학에서는 이를 생리심리학이라 한다. 생리심리학은 인간의 행동과 정신 작용을 두뇌와 신경계 안의 신경세포들 사이에서 일어나는 생리학적 과정으로 설명하려는 접근 방법이다. 예를 들면, 영어 단어나 수학 공식과 같은 어떤 새로운 과제를 학습할 때 뇌의 어떤 부분에서 변화가 일어나는가 또는 두뇌의 어떤 부위에 전기 자극을 주면 기쁨, 슬픔, 공포 또는 분노와 같은 정서 반응을 얻을 수 있는가 등을 실험을 통해 연구한다. 따라서 이는 가장 자연과학적인 접근방법이라 할 수 있다.

Kovlik과 Olsen(2007)은 주제중심통합 수업(integrated thematic instruction) 모델에서 위협부재, 의미 있는 내용, 선택원, 학습을 촉진하기 위한 활동, 풍요로운 환경, 적절한 시간, 협동, 즉각적인 피드백, 적용 수준의 숙달의 9개 뇌 기반 요소들을 확인했다. 이와 같은 뇌기반 수업 모델에서 제시하는 원리들은 구성주의 원리들과 매우 비슷하게 나타났으며, 학습자 중심이고 경험적이다.

최근 들어 뇌 구조와 심리가 인지 발달이나 학습, 사회성을 촉진하게 어떻게 특별한 기능을 하고 있는지 기능적 자기공명영상(fMRI)나 EEG와 같은 의학적 탐색으로 밝혀지고 있다. 예를 들어, Shywitz와 연구진(2004)은 기능적 자기공명영상을 통해 교육을 받은 아이들의 뇌 변화를 극적으로 입증하였다. 또한 주의력결핍과잉행동장애(ADHA)가 있는 아동과 성인은 아닌 사람들에 비해 전두엽, 기저핵(basal ganglia), 소뇌가 더 작다는 것을 밝혀내었으며, 이 영역들은 행동의 자기 조절, 통합, 그리고 운동행동의 통제를 담당한다는 것(Hallahan & Kauffman, 2006)을 밝혔다.

생각해 볼 문제

1 교사가 교육심리학을 연구해야 하는 이유는 무엇이라고 생각하는가?

2 유치원과 학교 현장에서 다양한 현상과 문제점들을 해결하기 위해서 교육심리학 이론이 갖는 의미와 역할에 대하여 설명하시오.

3 다음과 같은 교육 문제를 연구하려고 할 때, 적절한 연구 방법은 무엇일지 결정하고, 구체적으로 연구를 계획하시오.
   a. 취학 전 아동의 놀이에 대한 연구
   b. 안정적 애착아의 성격적 특성이 학령기 아동의 리더십과 관계가 있는가?
   c. 전형적인 언어적 유형이 학생의 수용 태도에 영향을 미치는가?
   d. 교사의 언어적 유형이 학생의 수용 태도에 영향을 미치는가?

4 분야별 기초 연구와 실험 연구 간의 차이점은 무엇인가? 각각 장점과 단점을 비교하시오.

5 최근 교육심리학의 연구 동향 중 하나의 주제를 선정하여 자료를 수집하여 정리하시오.

Chapter 2 발달

교육심리학의 다양한 분야 중에서 인간발달에 대한 연구는 교육의 효과를 위한 아동의 이해와 인간의 행동을 이해하기 위한 인간의 성장과 변화를 설명하는 데 그 초점을 두고 있다.

이 장에서는 인간발달에 유전 또는 환경의 영향을 더 많이 받는가에 대한 전통적인 문제를 포함하여 인간의 성장과 변화의 실체를 이해, 설명, 적용하려는 다양한 발달 이론을 살펴볼 것이다.

1 왜 인간발달연구가 중요한가?

1) 발달의 의의

"태내 수정이 이루어진 순간부터 사망할 때까지 전 생애에 걸쳐 모든 연령에서 진행되는 인간의 변화"를 발달(development)이라고 한다(Woolfolk, 1990). 즉, 발달(development)이란 시간의 흐름에 따라 모든 연령에서의 인간 변화이기에 여기에서의 변화는 모두 진보적인 것을 뜻하는 것은 아니며 감소, 퇴화, 쇠퇴 등과 같은 퇴행적 변화를 포함하고, 양적인 변화뿐 아니라 질적인 변화도 포함한다.

발달은 순서적으로 오랜 기간을 통해 나타나는 변화로 개체가 가지고 태어나는 선천적인 여러 요인인 유전(heredity)과 후천적 영향인 환경(environment)의 상호작용 결과이다. 그렇기 때문에 변화의 원인 측면에서 보면 발달은 선천적인 요인에 의해 행동이 변화되는 성숙(maturation)과 경험이나 연습에 의해 행동이 변화되는 학습(learning)을 포괄하는 개념이다.

Hurlock(1955)은 발달 영역을 크기의 변화, 비율의 변화, 새로운 특징의 획득, 낡은 특징의 소멸 등으로 나누고, 이들이 서로 작용해서 일어나는 과정을 발달이라고 하였다.

첫째, 크기의 변화(changes in size)에는 신장, 체중, 흉위 등의 증대와 심장, 폐, 위, 내장 등 여러 기관 구조의 확대, 어휘, 추리, 사고, 지각 및 기억 등 지적 능력의 증대가 포함된다.

둘째, 비율의 변화(changes in proportion)로서 우리 나라의 경우 예로 들면 신생아 체중이 약 3kg이고 1년만 되면 약 3배로 증대한다. 신장의 경우도 50cm 정도에서 출발하여 체중과 거의 같은 비율로 다음의 그림 2.1과 같이 성인과 비슷하게 발달한다. 비율의 변화는 정신적 발달에서도 볼 수 있다. 즉 유아기의 자기 중심적 언어가 점차 줄어들고 사회 중심적 언어를 확대시켜 간다거나 자기 신변에 대한 관심이 줄고 이웃, 학교, 지역사회 등으로 점차 관심이 확대되어 가는 변화처럼 관심의 정도에도 차이가 생긴다.

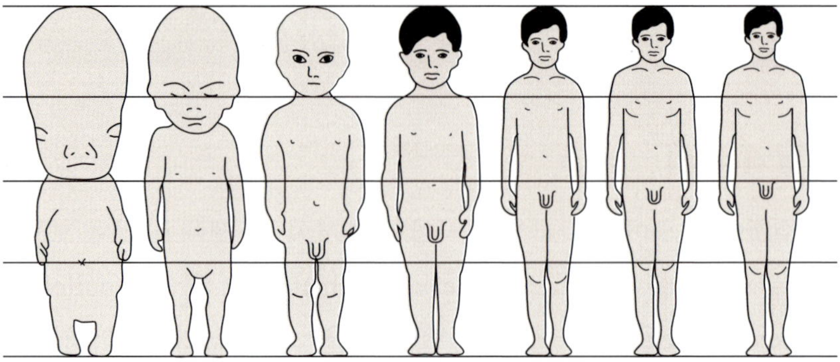

그림 2.1 태아에서 성인기까지의 신체적 균형

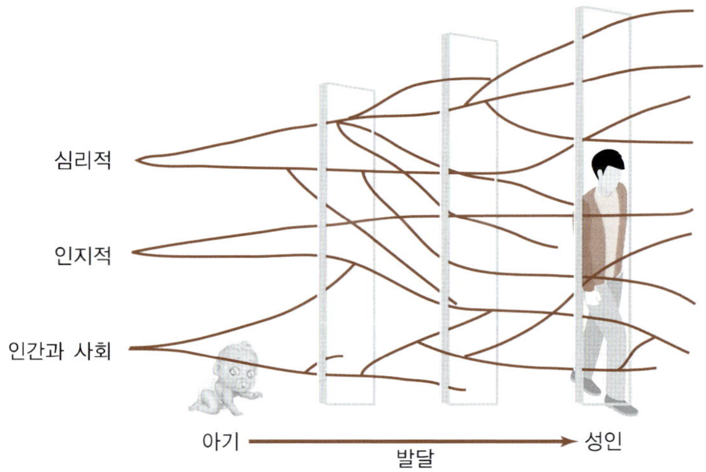

출처: Berk, L.E.(Ed.). (2009). Child development(8th ed). Boston: Pearson.

그림 2.2 발달의 역동적 체계 관점

셋째, 새로운 특징의 획득(acquisition of new features)으로서 발달이 계속됨에 따라 새로운 신체적·정신적 특징을 가지게 된다. 이것은 학습 혹은 성숙에 의해서 이루어진다. 즉 새로운 신체적 특징의 획득은 청년기에 신체적·성적 발달의 완성과 함께 끝나게 되지만, 새로운 정신적 특징은 지속적으로 발달하며, 대부분이 학습의 결과로 획득된다.

넷째, 낡은 특징의 소멸(disappearance of old features)로서 발달이 진행됨에 따라 신체적·정신적 특징은 소용없기 때문에 소멸되기도 한다. 예를 들면, 다윈 반사(Darwin reflex), 바빈스키 반사(Babinski reflex), 모로 반사(Moro reflex) 등은 신생아기가 지나면 소멸된다든가, 젖니(乳齒)를 갈게 된다는가, 유·유아어(乳·幼兒語)가 없어져 가는 것을 그 예로 들 수 있다.

최근에는 성인기, 노년기에 일어나는 감퇴적 변화도 한 인간의 생애 전체에서 중요한 의미를 갖는다는 견해와 함께 성인기도 의미 있는 변화를 관찰할 수 있다는 연구 결과와 성인기의 지적·성격적 변화 및 노화 연구를 중요시하는 전생애 발달심리학의 개념이 널리 받아들여지고 있다.

인간 발달에 대한 다양한 연구는 사회문제의 해결, 교육과정의 개발, 정책 수립 결정 등에 적용될 수 있다. 특히 교육심리학의 다양한 분야 중에서 인간 발달에 대한 연구는 인간의 행동을 이해하기 위한 인간의 성장과 변화를 설명하고, 교육의 효과를 높일 수 있는 방안에 그 초점을 둔다(임규혁 외, 2007). 따라서 발달에 대한 이론과 연구들은 교육의 주체인 인간에 대한 폭넓고 다양한 이해를 제시함으로써 보다 바람직한 교육 내용을 구성하고 교육 효과를 극대화하는 데 그 목적이 있다(임규혁, 1996).

2) 발달의 원리

발달의 원리는 개체의 성장과 발달을 체계적으로 관찰함으로써 개괄할 수 있다. 발달의 원리나 법칙에 관해서는 학자 간에 다소의 견해 차이가 있으나, 이 같은 차이는 발달 자체에 대한 견해의 차이라기보다는 분리의 차이가 더 큰 원인이 되고 있다.

McConnell(1974)의 분류는 발달의 원리를 이해하기 위해서 보다 도움이 된다. 그는 '발달'이란 말을 사용하지 않고, '성장'이라는 용어를 썼으나 반드시 신체적인 면만을 뜻하지는 않았다. 그가 말하는 성장은 넓은 의미의 발달을 상징한다. 발달의 중요한 원리를 요약하면 다음과 같다.

(1) 발달의 상관성

발달은 개체와 환경과의 상호작용 과정이며 결과이다. 이것은 개체와 개체를 둘러싼 환경과의 상호작용 및 그것을 포함한 전체 체제의 기능과 구조의 변화를 말한다. 개체의 발달은 단순히 유전적인 요인만으로 또는 환경적인 영향만으로는 이루어지지 않는다. 즉, 발달이란 개체의 내부적인 힘과 생활 환경의 힘 등이 서로 작용하여 하나의 새로운 체제로 달성되는 과정이다.

(2) 발달의 분화성

발달은 분화와 통합에 의한 구조화의 과정이다. 처음에는 모든 행동이 미분화되어 전체적인 반응을 하지만 특수한 반응과 부분 반응으로 분화되며 동시에 몇 개의 반응이 통합되어 새로운 체제가 형성된다. 이것은 하나의 행동이 독자적으로 발달되지 않고 여러 가지 요인이 통합적으로 이루어짐을 의미한다. 신체의 발생적 변화가 신체 각 부분의 분화인 동시에 각 부분 간의 기능화·조직화이다. 이와 같이 행동에 있어서도 그 발달 분화는 동시에 조직화 내지 통합화된다.

(3) 발달의 연속성

발달은 연속적 과정이다. 개체의 일생은 변화의 연속이며, 이 변화는 수태 시에 생명의 싹이 움트는 순간부터 시작되는 연속적 과정이다. 단일한 세포인 수정란은 수백만의 세포가 형성될 때까지 세포 분열이 일어나며, 발달이 진행되는 과정에서 새로운 세포들은 신경, 골격, 근육, 순환 계통 등 각종 신체 구조로 분화하며 고도의 특수한 기능으로 발달한다. 전 생애를 거쳐 연속적으로 변화하는 인간은 반드시 과거와의 연결을 가지고 변화·발달한다.

(4) 발달의 순서성

발달에는 일정한 순서와 방향이 있다. 모든 태아에게 있어서 머리, 몸, 팔, 다리, 생식기 그리고 내장 기관들은 거의 같은 시기에 일정한 순서에 의해 발달한다. 예를 들어, 태아들은 손을 움직이기 전에 머리를 돌리는 운동부터 시작한다.

이와 같이 운동능력은 정해진 순서에 따라 발달한다. 또한 발달이 진행되는 순서와 방향에는 두－미의 방향(cephalo-caudal direction; head to foot), 중심－말초의 방향(proximal－distal direction; central to peripheral), 전체 운동－특수 운동(mass-specific direction; whole to part)의 기본적인 원리가 있다.

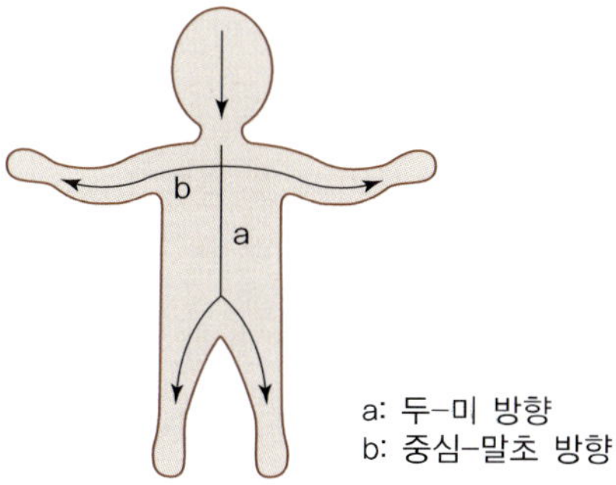

출처: Goodenough(1931).

그림 2.3 신체 및 운동 발달의 방향

(5) 발달의 개별성

발달 속도에는 개인차가 있다. 개인은 누구나 출생 당시부터 개인차를 가지고 있으며, 이로 말미암아 성장과 발달의 모습이나 속도에 차이를 가져오게 된다. 남녀 간의 차이는 물론 동성 간에도 차이가 있다. 흔히 말하는 조숙(早熟), 만숙(晩熟)이란 말은 주로 정신적인 기능에서의 개인차이지만 가끔 신체적인 면에 적용되기도 한다.

(6) 발달의 주기성

발달의 속도는 불규칙적이다. 발달이 연속적이라고 할지라도 항상 순조롭고 점진적이지는 않다. 신체의 발달과 정신의 기능이 급격히 증가하는 시기가 있다. 예를 들면, 발달 과정에 있어 비약·전진하는 기간과 때로는 중지되는 듯한 기간을 볼 수 있다.

발달 과정에 있어서 개체의 행동과 생리학적 기능은 앞에서도 언급한 바와 같이 어느 시기에 이를 때 비로소 급격히 발달하며, 이때는 환경 요인에 의해 크게 영향을 받는다. 이와 같이 환경의 영향을 가장 크게 받는 시기를 결정적 시기(critical period) 또는 민감기(sensitive period)라고 한다. 다시 말해 결정적 시기에는 외부의 영향에 의해 정상적 발달이 장애를 일으킬 가능성이 커진다. 예를 들면, 말을 현저하게 배울 시기에 제대로 배우지 못하면 그 이후에는 언어 습득이 매우 어려워진다.

Lorenz(1961)는 갓 태어난 오리새끼가 출생 후 초기의 특정 시기 동안 Lorenz 자신에게 노출된 후 어미오리를 무시한 채 Lorenz 뒤를 따라다님을 발견하였다. 즉, 애착의 결정적 시기에 노출된 Lorenz에 대해 애착(attachment)을 각인(imprinting)하게 된 것이다. 각인이란 조류의 추종 행동 반사와 같이 학습되지 않은 반응으로 결정적 시기 동안에 일어나는 것인데, 만일 결정적 시기 이전이나 이후에 그 대상에 노출되면 애착은 형성되지 않으며, 일단 결정적 시기가 경과하면 다른 대상에게 애착하도록 유도하는 것이 거의 불가능해진다고 보았다.

2 영유아발달의 논쟁들

발달 중인 사람들은 무엇과 같은가? 발달을 일어나게 하는 것은 무엇인가? 발달은 어떠한 과정을 따르는가? 발달 이론들이 동의하지 못하고 있는 세 가지 중요한 쟁점들을 살펴보자.

1) 유전 대 환경

(1) 유전 요인

유전(heredity)이란 본래 생물학적인 것을 의미한다. 유전에 관한 생물학은 19세기 후반부터 시작된 것으로 Mendel의 공적이 크다. Mendel은 실험의 결과에서 우열의 법칙(law of dominance), 독립의 법칙(law of independence), 분리의 법칙(law of segregation) 등의 유전 법칙을 발견했다. 그러나 이것은 현대 유전학의 연구 결과에 의하면, 모든 생물에 적용될 수 있는 법칙은 아니어서 많은 수정을 받고 있다.

지능이 어느 정도로 유전되느냐 하는 문제는 일란성 쌍생아(identical twins)와 이란성 쌍생아(fraternal twins) 간의 지능검사 결과에서 어느 정도 밝혀졌다. 지능에 있어서 유전적 요소가 같을수록 지능도 비슷함을 발견할 수 있다.

즉, 같은 부모에서 출생한 형제의 지능지수는 상관계수가 .50 혹은 .60으로 상당한 유사성이 있다. 형제보다도 더 유전 요소가 같으면 더 많은 유사성이 있을 것이라고 추측할 수 있는데, 그 예로 쌍생아(twins)의 경우를 들 수 있다. 이란성 쌍생아와 일란성 쌍생아는 다른 형제들보다 더 유사성이 많으며, 그 중에서 일란성 쌍생아가 이란성 쌍생아보다 지능에 있어 훨씬 유사하다고 하는 것을 말해 준다.

이 관계는 신체의 특성에 있어서도 성립하는 것이어서 다음 표 2.1과 같은 상관계수를 보여주고 있다.

표 2.1 쌍생아의 유사성 상관계수표

구분	일란성 쌍생아	이란성 쌍생아	형제 간
신장	0.93~0.95	0.50~0.65	0.50
I.Q.	0.91	0.63~0.70	0.50~0.60

(2) 환경 요인

인간이 개성을 갖게 되는 것이 앞서 언급한 유전의 영향만은 결코 아니다. 인간이 유전적으로 훌륭하게 타고났다 해도 그가 자라나는 물질적·문화적 환경이 좋지 못하면 그 사람의 잠재 능력(potentiality)을 최대한으로 발달시키지 못한다. 인간의 성장·발달에 있어서 인간을 둘러싸고 있는 환경의 영향이란 매우 중요하다. 따라서 환경은 '개체가 수정이 되었을 때부터 죽을 때까지 그가 받는 자극의 총화' 또는 '인간의 유전인자 이외에 그 사람에게 영향을 주는 모든 것'이라고 정의한다. 그러므로 환경이 얼마나 광범위하고 포괄적인가 하는 것을 알 수 있다. 일반적으로 환경은 자연적 환경, 사회적 환경 등으로 구분하고 있으나, 출생 이전의 태내 환경까지 연구하는 것도 중요하다.

(3) 유전과 환경의 관계

왜 인간에게는 개인차가 있는가, 이 개인차가 생기는 원인은 무엇인가, 이와 같은 문제의 규명은 이론적으로 대단히 중요하며, 개인차의 원인 및 지도에 대한 지식은 교육에서 무시 못할 중요한 것이다. 같은 종류의 씨앗 두 개를 같은 조건으로 재배해도 서로 다른 모양으로 자라는데, 하물며 역동적인 인간에 있어서 환경 또는 그 외의 변화가 개인에게 미치는 영향은 부정할 수 없는 사실이다.

개인차의 원인은 확실히 개체를 발생시킨 유전적 배경과 자라는 환경 조건의 차이에서 온다고 하겠다. 이같이 유전적 요인과 환경적 요인이 다 같이 발달에 커다란 영향을 미친다는 것은 이미 널리 알려진 사실이다. 유전적 요인과 환경적 요인을 독자적인 개별 요인으로 따로 떼어 그 각자가 개체를 규정한다고는 볼 수 없다. 즉 개체의 발생은 그 최초로부터 유전과 환경의 체제속에서 이루어지며, 개체의 발달은 유전과 환경의 역동적인 상호작용에 의하여 형성된다.

Gottschaldt는 유전과 환경의 관계를 그림 2.4와 같이 표시하고 있다. 즉 2개의 삼각형 중 삼각형 EUP는 유전의 힘을, 3각형 EUQ는 환경의 힘을 나타내고 있으며, O를 중심점으로 하며 유전과 환경이 작용하는 힘의 강약을 표시하였다. XO=OY일 경우는 두 힘이 동일하다는 뜻이고, E점에서는 유전의 힘이 강하고 반대로 U점에서는 환경의 힘이 강하게 작용한다는 뜻이다.

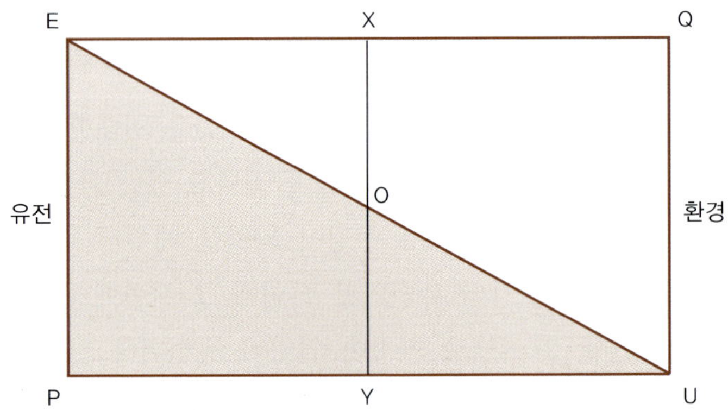

출처: Gottschaldt, K(2004).

그림 2.4 유전과 환경과의 관계

이와 같이 유전과 환경은 서로 상보적으로 상호작용하고 있다. 유전적 경향은 환경을 통해서만 찾아질 수 있으며, 환경은 처음 난자와 정자가 수정되었을 때부터 한 개체의 유전적 경향을 발달시켜 주고 있다. 유전은 하나의 개체가 발달될 수 있는 한계를 정하여 주며, 환경은 이와 같이 정해진 한계 내에서 실제로 일어날 수 있는 발달을 결정해 준다. 다시 말하면 각 개인은 서로 서로 다른 유전 형질과 주위 환경의 역동적인 변화 속에서 그들 나름으로의 발달을 하고 있는 것이다. 오늘날 대부분의 발달심리학자들(Bee & Boyd, 2010; Berk, 2009; Cook & Cook, 2007)은 유전과 환경이 조화를 이루면서 발달에 영향을 미치며, 생물학적 요인들은 신체 발달과 같은 측면에 강하게 영향을 미치고 환경적인 요인들은 도덕성 발달과 같이 또 다른 측면에 강한 역할을 하며 작용한다고 믿는다.

2) 능동 대 수동

이론적 논쟁의 또 다른 주제는 능동/수동 문제(active/passive issue)이다. 어린이들은 사회적 대리인(agent)이 자신들을 어떻게 다룰 것인가를 주로 결정하는 호기심 많고 능동적인 존재인가? 아니면 사회가 도장을 찍는 수동적인 영혼인가? 이 서로 반대되는 관점이 시사하는 바를 생각해 보자. 만약 우리가 어린이들이 매우 순응적이라는－문자 그대로 자신들을 양육한 사람들 마음대로 되어서－것을 보여 줄 수 있다면, 아마도 보다 덜 생산적이라고 밝혀진 사람들은 자신들의 감독관을 부정행위로 고발하는 일이 정당화될 수 있다. 실제로 문제를 가진 미국의 한 젊은이가 자신의 부모를 상대로 이 논리를 사용하여 부정행위로 소송을 했다. 아마도 당신은 부모측 변호사가 제시한 방어가 무엇인지 예상할 수 있을 것이다. 재판부는 부모가 자신의 자녀를 올바로 키우기 위해서 많은 책략을 시도했으나 자녀가 그 책략들 중 어느 것에 대해서도 좋은 반응을 보이지 않았다고 주장했다. 그것은 자신의 부모가 자기를 어떻게 다룰 것인가를 결정하는 데 이 젊은이가 능동적인 역할을 했고 자신의 양육환경을 조성하는 데 큰 책임이 있음을 시사한다.

이 관점들 중 어느 것이 더 합리적으로 생각되는가? 그것에 대해 생각해 보라. 이론적 논쟁에 대한 이 주제와 다른 주제에 대해서 당신의 관점을 말할 기회가 곧 있을 것이다.

3) 발달의 연속성 대 비연속성

잠시 동안 발달적 변화에 대해 생각해 보자. 당신은 우리가 경험한 발달적 변화가 매우 점진적으로 일어난다고 생각하는가? 아니면 이러한 변화들이 오히려 급진적이라고 말하겠는가?

이러한 연속성/비연속성 문제(continuity/discontinuity issue)의 한쪽에 인간 발달을 급작스러운 변화가 없는 점진적이고 연속적으로 일어나는 부가적 과정(additive process)으로 보는 연속성 이론가들이 있다. 그들은 그림 2.5(a)에서와 같은 완만한 성장곡선으로 발달적 변화를 나타낸다. 이와 반대로 비연속성 이론가들은 성숙에 이르는 길이 일련의 급속한 변화로 이루어진다고 기술한다. 이 각각의 급속한 변화는 아동이 향상된 새로운 기능수준으로 올라가게 해 준다. 이러한 수준들, 또는 단계들은 그림 2.5(b)에서의 비연속적인 성장곡선의 단계로 나타난다.

연속성/비연속성 문제의 두 번째 측면은 발달적 변화가 원래 양적인가 또는 질적인가에 대한 것이다. 양적 변화(quantitive changes)는 정도(degree)에서의 변화이다. 예를 들어, 아동들은 해가 갈수록 점점 더 커지고 점점 더 빨라지며, 자신을 둘러싼 세상에 대한 지식을 더 많이 획득하게 된다. 이와 반대로, 질적 변화(qualitative changes)는 어렸을 때와는 어떤 측면에서 기본적으로 다르게 만드는 종류(kind)에서의 변화이다. 올챙이에서 개구리로의 변형이 질적 변화이다. 비슷한 예로, 말을 잘 못하는 영아는 말을 잘하는 학령전 아동과 질적으로 다르다. 그리고 성적으로 성숙한 청소년은 아직 사춘기에 도달하지 않은 급우와는 기본적으로 다르다. 연속성 이론가들은 일반적으로 발달적 변화가 원래 기본적으로 양적이라고 생각하는 반면에, 비연속성 이론가들은 발달을 일련의 질적 변화로 기술하려고 한다.

실제로, 비연속성 이론가들은 인간은 발달 단계(developmental stages)를 거쳐나가며, 각 발달 단계는 서로 구별되는 생의 기간이며 특정한 능력, 정서, 동기, 행동의 세트가 하나의 응집된 패턴을 이루는 특징을 보인다고 주장한다.

흥미로운 것은 사회들은 연속성/비연속성 문제에서 서로 다른 입장을 취한다. 예를 들어, 일부 태평양의 극동 문화에는 성인을 기술하는 데는 사용하지 않는 영아의 특질을 나타내는 단어들이 있으며, 이 문화에서는 지능이나 분노와 같은 성인용 용어들을 영아의 특성을 기술하는 데 절대로 사용하지 않는다(Kagan, 1991). 이러한 문화에서 살고 있는 사람들은 성격 발달을 비연속적인 것으로 보며, 영아를 어른과 기본적으로 너무 다르기 때문에 어른과 동일한 성격차원에서 판단할 수 없는 존재로 취급한다.

이와 반대로, 북미와 북부유럽 사람들은 성격 발달을 연속적인 과정으로 보며 아기의 기질에서 성인성격의 씨앗을 찾으려는 경향이 많다.

그런데, 이것들은 이론들이 서로 다른 방식으로 해결하고 있는 중요한 발달 논쟁들이다.

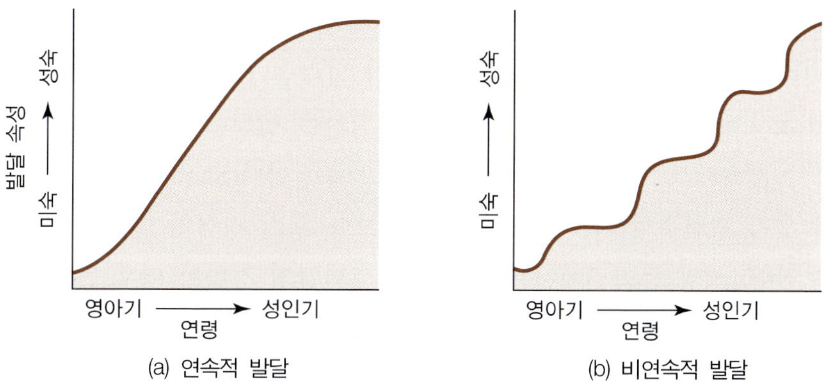

출처: 송길연 외(2013). p.45.

그림 2.5 연속성 이론과 비연속성(단계) 이론이 기술하는 발달과정

4) 규준 대 개인차

모든 인간발달은 인정한 순서를 따른다. 유전적으로 프로그래밍된 순서대로 발달이 일어나는데, 만 1세경에 걷기 시작하고, 만 2세경에는 말을 하기 시작한다. 이처럼 특정발달이 이루어지는 평균 연령을 규준(norm)이라 한다. 규준은 다수의 영아를 관찰하여 얻은 자료를 토대로 세워진다. 이는 특정 시간에 어떠한 발달과업을 이루어야 하는지에 대한 지침을 제공해 주기 때문에 중요하다. 그러나 발달 속도와 시기에 있어서 개인차가 있다. 개인차는 두 가지 측면

이 있다. 하나는 한 사람과 다른 사람의 발달이 서로 같지 않다는 개인 간 차이(inter-individual difference)이고, 다른 하나는 한 사람 내의 발달에서도 각 측면의 발달이 서로 같지 않다는 개인 내 차이(intra-individual difference)이다. 예를 들어, 신체발달의 경우 연령은 같은데 키가 먼저 큰 학생과 나중에 큰 학생이 있는 것은 개인 간 차이이고, 한 학생의 경우 신체발달에 비해 언어나 사회성 발달이 느리거나 빠른 것을 개인 내 차이라고 할 수 있다.

5) 초기 경험 대 후기 경험

사람들은 흔히 영아기 동안의 경험이 이후 삶에 큰 영향을 준다고 생각한다. 실제로 태어난 후 1~2년 동안은 얼마나 충분한 영향을 섭취하고 애정을 받는지에 따라 이후 아동의 건강과 지능, 정서가 달라진다(Bowlby, 1989; Scroufe, Egland & Carlaon, 1999). 후기 경험주의자들은 발달은 생의 초기뿐 아니라 시시각각 계속해서 영향을 받아 일어난다고 주장한다(Santrock, 2003; 2006). 따라서 후기 경험주의자는 생의 초기 경험보다 후기 경험이 발달에 더 중요하다고 보았다. 서양 문화권에서는 주로 생후 5년간의 경험이 이후 발달에 큰 영향을 미친다고 본다. 그러나 동양문화권에서는 약 6~7세의 경험이 초기 경험보다 더 중요하다고 생각한다(Chan, 1963; Lamb & Sternberg, 1992; Santrock, 2006 재인용).

3 발달과업

발달과업(developmental task)은 Havighurst(1952)가 최초로 제안한 개념으로, 자신이 위치하고 있는 발달 단계에서 마땅히 달성해야 할 과업을 뜻한다. 이것은 개인이 환경에 적응하는 데 요구되는 기술이나 능력으로서 만약 한 단계에서 발달과업의 성취가 만족스럽지 못하면 다음 단계의 발달은 지장을 받게 된다. 이렇게 발달과업은 모든 연령대의 사람에게 특정한 시기에 기대되는 과업이다. 발달과업은 질서와 계열성을 가지고 있으며, 인간의 생물학적 발달과 직접적으로 관련되고, 일부는 사회가 요구하는 특정한 규범에 의해 결정되며, 일부는 스스로가 달성해야 할 과업으로 선정된다. 각 단계의 발달과업을 살펴보면 다음과 같다.

1) 영아기와 유아기(3~6세)의 발달과업

- 보행을 학습한다.
- 단단한 음식을 먹는 것을 학습한다.
- 말하기를 학습한다.
- 배설통제를 학습한다.
- 성차를 알고 성예절을 학습한다.
- 생리적인 안정을 유지한다.
- 사회적·물리적 현실에 관한 단순개념을 형성한다.
- 부모, 형제자매, 다른 사람과 정서적 관계를 맺는 것을 학습한다.
- 옳고 그름을 판단하는 것을 배우며 양심이 발달한다.

2) 학령기(6~12세)의 발달과업

- 보통의 놀이에 필요한 신체적 기술을 학습한다.
- 성장하는 유기체로서 자기 자신에 대한 건전한 태도를 형성한다.
- 또래아이들과 사귀는 법을 배운다.
- 적절한 성역할을 학습한다.
- 읽기, 쓰기, 셈하기의 기본 기술을 익힌다.
- 일상생활에 필요한 개념을 학습한다.
- 양심, 도덕, 가치체계가 발달한다.
- 사회집단과 제도에 대한 태도가 발달한다.

3) 학령기(12세, 13~18세)의 발달과업

- 자기의 체격을 인정하고 자기의 성역할을 수용한다.
- 동성이나 이성의 친구와 새로운 관계를 형성한다.
- 부모와 다른 성인으로부터 정서적으로 독립한다.
- 경제적 독립의 필요성을 느낀다.
- 직업을 선택하고 준비를 한다.
- 유능한 시민으로서 갖추어야 할 지적 기능과 개념을 획득한다.
- 사회적으로 책임 있는 행동을 원하고 이를 실천한다.
- 결혼과 가정생활을 준비한다.
- 적절한 과학적 세계관에 맞추어 가치체계를 형성한다.

4) 성인 초기(18~35세)의 발달과업

- 배우자를 선택한다.
- 배우자와 함께 생활하는 방법을 배운다.
- 가정을 꾸민다.
- 자녀를 양육한다.
- 가정을 관리한다.
- 직업생활을 시작한다.
- 시민의 의무를 완수한다.
- 마음 맞는 사람들과 사회적 집단을 형성한다.

5) 성인 중기(35~60세)의 발달과업

- 시민으로서 의무와 사회적 의무를 완수한다.
- 경제적 표준생활을 확립하고 유지한다.
- 10대의 자녀들을 책임 있고 행복한 성인이 되도록 선도한다.
- 여가시간을 활용할 줄 안다.
- 배우자와의 인간적인 관계를 유지한다.

• 중년기의 생리적 변화를 인정하고 그것에 적응한다.
• 노년기의 부모에게 적응한다.

6) 성인 후기(60세 이후)의 발달과업

• 신체적 힘과 건강이 쇠퇴하는 것에 적응한다.
• 은퇴와 수입 감소에 적응한다.
• 배우자의 사망에 적응한다.
• 동년배와 유대관계를 다시 수립한다.
• 사회적·시민적 의무를 수행한다.
• 생활에 적합한 물리적 환경을 조성한다.

생각해 볼 문제

1 발달을 규정하는 유전과 환경의 입장에서 유치원 현장에서 조기교육은 필요한지 논의하시오.

2 인간발달연구가 왜 중요한지에 대해 논의하시오.

3 아동발달연구에서 지켜야 할 윤리에 대하여 토론하시오.

Chapter

3 인지발달

인지(cognition)란 정보를 지각하고 이를 이해하는 것과 관련된 정신적 활동이며, 인지발달(cognitive development)은 연령이 증가함에 따라 정신적 활동이 이전보다 정교해지고 복잡해지는 것을 말한다. 이 장에서는 인지심리학, 형태주의 심리학 등 인지 이론의 발달과정을 살펴보고, Piaget의 인지발달 이론과 Vygotsky의 사회문화적 인지발달 이론과 교육적 시사점, 학문적 기여와 비판점 등에 관해 살펴보고자 한다.

1 인지주의 학습 이론의 발달

학습의 과정과 지식의 구조를 설명하는 또 하나의 시각은 인지주의적인 입장이다. 지식을 구조화하는 데 환경적 조건(자극)과 관찰 가능한 행동(반응) 간의 최적의 연합에 초점을 맞추었던 행동주의와는 달리 인지주의는 인간 내부에서 일어나는 인지적 과정, 즉 사물을 인식하고 해석하고 기억하는 방법 등을 강조해 왔다.

인지주의 학습 이론은 1950년대 이후부터 많은 관심을 받기 시작했지만, 학습에 대한 인지주의적인 관점은 이미 19세기 후반 독일의 W. Wundt에게서 시작되었다. Wundt와 연구진은 내성주의자(introspectionist)라고 불렸는데, 이는 그들이 인간의 인지(cognition)를 연구하면서 피험자로 하여금 주의 깊고 체계적으로 자신의 생각을 기술하고 기록하게 하는 방법을 사용하였기 때문이다. 이처럼 학습이 일어나는 데 학습자 내부에서 진행되는 인지 과정의 중요성을 강조하는 관점은 학습자의 외부 환경조건이 학습이 일어나는 데 결정적이라고 생각하는 행동주의자들의 가정과는 다른 접근이었다(Borich & Tobari, 1995).

그러나 초기의 인지이론은 학습을 설명하는 데 그다지 큰 영향을 미치지 못하였다. 왜냐하면 기본적으로 인지이론을 증명할 수 있는 정밀한 연구도구가 부족하였기 때문이었다. 인지에 대한 그들의 연구는 학습이 일어난 순간에 무엇을 생각하고 느끼고 의식하였는지를 피험자 스스로가 주관적으로 기술하는 자기보고(self-reports)에 의존하였다. 그러나 이러한 연구 방법은 모든 측정방법에 기본적으로 내재되어야 하는 신뢰도와 타당도가 부족하다는 행동주의자들의 거센 비판을 받았다(Watson, 1926; Thorndike, 1913; Skinner,1953). 이 때문에 인지심리학은 1950년대까지 실질적으로 큰 영향을 미치지 못하였다.

그러나 제2차 세계대전을 거치면서 인지심리학은 재조명되기 시작하였다. 세계대전 중 심리학자들은 숙련된 레이더 조작수가 모니터에 나타난 물체를 놓치는 이유라든가 경험 많은 비행사가 특별한 이유없이 비행 중에 서로 충돌하는 이유와 같은 문제에 관심을 갖기 시작하였다. 이러한 문제들은 그때까지 주류를 이루었던 행동주의 심리학으로는 설명되지 않았기 때문이었다. 또한 심리학

이외의 분야에서도 행동주의 원리를 비판하는 움직임이 나타났는데, 언어학자인 N. Chomsky(1957)의 언어학습과정에서 행동주의의 설명이 부적절하다는 비판은 심리학 이외의 분야에서 행동주의 심리학이 심각한 도전을 받고 있음을 보여주는 대표적인 예라 할 수 있다. 그리고 세계대전 중에 독일에서 미국으로 대거 망명한 형태주의 심리학자들이 보여준 인간의 지각(perception)에 대한 새로운 시각과 언어가 학습되는 과정을 연구하던 언어학습 심리자들의 연구 결과에 의해서도 자극과 반응의 결합으로는 인간의 학습을 완전히 설명할 수 없으며, 새로운 관점이 필요하다는 것이 더욱 강하게 제기되었다.

인지주의는 사람들이 환경을 어떻게 지각하고, 해석하고, 기억하고, 회상하는지에 대해 관심을 갖는 접근이다. 많은 학자가 인간만이 갖는 "정신세계"를 탐구하고자 했고, 그 출발점이 인지주의학습 이론이다. 인지 발달학자인 Piaget와 Vygotsky가 인지주의학습 이론의 발달에 기여하였다. 인지학습 이론은 학습 이론은 우선 독일에서 시작된 형태주의 심리학과 W. Köhler의 통찰설 그리고 그 영향을 받은 Tolman의 기호형태설이 있고 이후 Anderson(1987)의 정보처리이론에 영향을 주었다.

2 형태주의 심리학

형태주의 심리학(gestalt psychology)은 인간이 정보를 받아들이는 과정과 그것이 학습되고 기억되는 과정에 관심을 갖는다. 구체적으로 형태주의 심리학자들은 인간의 감각기관을 통해 들어오는 정보의 형태를 인지하고 해석하는 인간의 지각에 대한 문제에 가장 큰 관심을 가지고 있다. 이는 문제 상황을 인식하고 정보를 조직하는 인간의 내면과정을 강조하는 것으로 다른 관점이라고 이해할 수 있다. 인간이 문제를 지각하는 방식에 대한 형태심리학의 기본적인 관점은 다음과 같다.

- 우리가 무언가를 경험할 때 종종 실제 존재하는 사실과는 다르게 받아들이게 된다는 것이다. 이는 M. Wetheimr(1959)의 파이현상(phi Phenomenon)으로 잘 알려져 있는데, 두 개의 불빛이 번갈아서 꺼졌다켜졌다를 반복할 때 마치 불빛이 움직이고 있다고 착각하는 것이 좋은 예다. 이처럼 형태주의 심리학은 우리가 경험하고 있는 것이 때로는 경험의 본질과는 상당히 다를 수 있다는 것을 보여주고 있다.
- 전체는 단순히 부분의 합이 아닌 그 이상을 의미한다는 것이 형태주의의 또 다른 입장이다(Goetz, Alexander & Ash, 1992). 이러한 주장은 인간 행동을 가장 단순한 요소로 작게 나누어서 설명하려는 행동주의의 환원주의(reductionism)에 반대하는 것으로(Boring, 1950; Bower & Hilgard, 1981), 형태주의 학자들은 복잡한 현상을 단순한 요소로 분해하는 것이 현상에 대한 전체적인 모습을 왜곡하게 된다고 주장한다. 그림 3.1은 모퉁이가 빠져나간 세 개의 검은 원과 세 개의 꺾인 실선으로 구성되어 있다. 이와 같은 여섯 개의 요소가 그림과 같이 배열되었을 때, 그림의 가운데 부분에 실제적으로 존재하지 않는 새로운 삼각형이 나타나게 된다. 이 삼각형은 여섯 개의 요소를 각각 떼어 놓고 보았을 때는 발견할 수 없으며, 배경과 그림이 특정한 형식으로 합성되었을 때 비로소 존재하게 된다(Goetz, Alexander & Ash, 1992).

그림 3.1 부분과 전체의 관계

- 인간은 자신의 경험을 나름의 방식으로 구조화하고 조직화한다. 앞서 언급한 파이현상 역시 두 개의 반짝이는 빛을 한 개의 움직이는 빛으로 구

조화하는 인간의 인지 속성을 설명한다고 할 것이다. 또한 그림 3.2는 우리가 경험하는 정보들이 어떤 식으로 조직화되는지를 잘 보여주고 있다. 위의 그림은 양 끝에 한 개의 직선이 있고 가운데에는 네 쌍의 두 직선이 있는 것으로 파악될 것이다. 그림 3.2를 보면 위의 그림과 똑같은 정보가 다섯 개의 사각형을 이루는 요소로 사용되고 있다고 인지하게 된다. 두 그림은 정확하게 동일한 정보를 포함하고 있지만 정보가 조직화되는 방식은 정보를 경험하는 상황에 따라 매우 상이하게 될 수 있다.

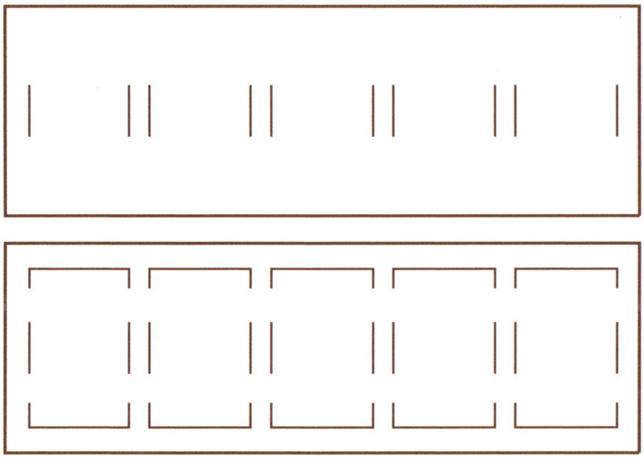

그림 3.2 **정보의 조직화**

이처럼 형태주의자 학자들은 인간의 감각기관을 통해 들어오는 정보의 형태를 인지하고 해석하는 인간의 지각에 대한 문제에 관심을 가지고 있으며, 지각된 정보가 구조화되고 조직화되는 원리를 밝히고자 한다. 결국, 형태주의 심리학자들은 문제해결의 핵심을 문제의 조직 혹은 구성에 관한 것으로 이해하고 있다(Wertheimer, 1959).

W. Köller(1925)가 제안한 통찰 이론(insight theory)과 K. Lewin(1942)의 장 이론(field theory)은 이러한 형태주의 심리학의 입장을 잘 보여주고 있다. Köller(1925)는 바나나를 높은 곳에 매달고 나무막대와 상자들을 놓아둔 후 침팬지의 행동을 관찰하였다. 침팬지는 바나나를 따기 위해 손을 뻗치거나 발돋움을 하는 등 애를 쓰지만 이내 바나나를 딸 수 없다는 것을 깨닫게 된다. 그래서 침팬지는 잠시 행동을 멈추고 방 안을 살핀 후 상자들을 쌓고, 그 위

에 올라가 나무막대를 이용하여 바나나를 땄다. 이러한 실험 결과는 학습이 계속적인 시행착오의 결과라고 생각하는 행동주의의 입장과는 달리, 문제해결의 과정은 통찰적 전략의 사용을 통해 이루어진다는 사실을 보여준다. 즉, 학습에서의 문제해결에서 문제를 전체 장면에서 지각하는 의식현상의 중요성을 보여주는 것이다.

1) Köhler의 통찰학습(insight learning) 이론

Köhler의 통찰학습 이론에서 통찰(insight)이란 문제상황에서 갑자기 문제해결이 이루어지는 현상이다. Köhler(1917)는 침팬지의 문제해결능력을 알아보는 실험을 하였다. 침팬지가 우리에 들어 있고, 침팬지의 손이 닿지 않는 우리 천장에 바나나가 달려 있다.

바나나를 따려 해도 손이 미치지 않자 침팬지는 우리 주변에 있는 막대기 두 개를 끈으로 이어 바나나를 따려 하지만 역시 손이 미치지 못한다. 그러자 갑자기 우리 안에 있는 통을 딛고 올라서서 막대기로 바나나를 따게 된다.

Köhler에 의하면 이러한 문제해결은 침팬지가 인지적 요소들을 새롭고 유목적인 전체로 재구성하는 능력에 의존하는 것이며, 침팬지도 사람처럼 분명히 사고를 하는 것 같다는 것이다. Köhler는 통찰이란 시행착오적인 무작위적인 반응이 아니고 급속하게 해결책에 도달하는 것이라 했다. 이러한 통찰에 도달함으로써 쉽게 문제를 해결하고 '아! 이젠 알았다'와 같은 절정경험을 맛보게 된다(이러한 Köhler의 실험을 '아하'실험(Aha Experiment)이라 부르기도 한다). 그리고 동물이나 인간이 기계적인 반복훈련이 아니라 통찰에 의한 학습내용은 거의 망각하지 않게 된다고 Köhler는 주장한다. 통찰학습 장면에서 동물은 임의적으로 자극과 반응을 연합한 것이 아니라 부분의 요소들은 유의미한 전체로 관련 짓고, 의미 있는 인지구조를 형성한 것이다.

통찰학습과 시행착오적 학습은 상황에 따라 각각 또는 함께 일어난다. 앞의 Köhler의 실험에서 본 바와 같이, 침팬지가 처음에는 바나나를 먹기 위해 손을 뻗어 보기도 하고, 막대기를 사용해 보기도 하는 시행착오적 행동을 보였다. 최종적으로 침팬지는 주어진 상황에 대해 통찰을 통해 막대기를 연결한 다음 상자위에 올라가 바나나를 땄다. 하나의 문제를 해결하는 과정 속에 시행착오와 통찰이 모두 존재하였다. 이처럼 인간의 학습도 때에 따라서는 시행착오적으로, 때에 따라서는 통찰에 의해 이루어진다고 보는 것이 타당하다. 만일 학습능력에 비해 과제가 무척 어려울 때는 통찰이 일어날 수 없으며, 학습능력에 대해 학습문제가 조금 어려운 정도일 때는 기능적으로는 시행착오가 일어남과 동시에 어느 정도의 시간이 경과한 후 통찰을 통해 문제를 해결하게 된다. 한편 학습능력에 비해 과제가 쉬울 때는 시행착오와 통찰이 비슷하게 일어나 즉시 문제가 해결된다(김제한, 1999).

이러한 통찰학습의 특징을 살펴보면 다음과 같다(안범희, 1993; 김제한, 1999).

첫째, 통찰은 문제 상황의 배열에 의존한다. 과거에 유사한 문제 장면을 해결한 경험이 있는지도 통찰에 중요하지만, 경험이 있다고 반드시 통찰이 일어나는 것은 아니다. 문제해결에 필요한 요소들이 잘 정리되어 있어서 요소들 간의 관계를 쉽게 지각할 수 있을 때 통찰이 보다 잘 일어날 것이다. 예를 들어, 앞의 침팬지 실험에서 바나나, 막대기, 상자가 우리 안 이곳저곳에 흩어져 있는 경우보다 같은 쪽에 모여 있는 경우 문제를 더 쉽게 푼다.

둘째, 일단 통찰에 의해 문제가 해결되면 차후 반복이 가능하다. 침팬지가 통찰을 통해 바나나를 손에 넣기 위해 막대와 상자를 사용했다면, 다음번에도 즉각적으로 막대나 상자를 찾게 될 것이다.

셋째, 통찰에 의해 달성된 해결방법은 새로운 장면에도 적용될 수 있다. 통찰에 의해 학습된 것은 특정한 기능이 아니라 수단과 목적 간의 인지적 관계이다. 따라서 한 수단은 다른 장면에서 다른 도구로 대치될 수 있을 것이다. 예를 들면, 천장에 매달려 있는 바나나를 따기 위해 막대기나 상자를 사용해 본 침팬지는 높은 곳에 올라가 있는 물건을 꺼낼 때도 그와 같은 도구를 사용하게 될 것이다.

한편, Lewin(1942)은 인간의 행동을 개인과 환경의 함수관계로 설명한다. 그는 행동이란 개인이 경험하는 심리적 사실에 영향을 받으며, 심리적 사실은 개인의 전체적 상황으로서의 생활공간(life space)을 이룬다고 보았다. 이러한 생활공간은 개인의 심리적 사실이 변화하면 전체적으로 재배치되는 특성을 갖는다. 또한 그는 행동의 원인은 계속하여 역동적으로 변화하는데, 이러한 현상을 심리적 장(psychological field)이라고 하였다. 장이론에서의 학습이란 개인이 지각하는 외부의 장과 개인의 내적·개인적 영역의 심리적 장의 관계에서 이루어지는 인지구조의 성립 또는 변화라고 할 수 있다.

형태주의 심리학은 현재까지 인지 심리학에 큰 영향을 마치고 있으며, 지각에 대한 최근의 많은 연구는 조직화에 대한 형태주의 심리학을 보다 명료하게 하려는 노력으로 이해할 수 있다(Robertson, 1986).

2) Lewin의 장 이론(field theory)

장 이론(인지적 장 심리학, cognitive field psychology)은 Kurt Lewin에 의해서 이루어진 이론이다. Lewin에 의하면 학습과정의 첫 단계로서의 인지는 분석적으로 이루어지는 것이 아니고 전체적 장(field)의 관계로 이루어진다는 것이다. 장이란 인지가 일어날 때 그 사람에게 심리적으로 영향을 준 전체적 상황이라는 뜻이다. 장이론에서 중요한 것은 장에 있는 어떤 것도 분리해서 존재하지 않는다는 것이다.

형태주의 심리학자들은 장의 개념을 여러 가지 수준에서 사용한다. 형태 그 자체를 장이라고 생각할 수도 있고, 인지된 환경을 장이라고 생각할 수도 있고, 사람 자신을 역동적인 상호 관련체제의 장이라고 생각할 수 있다. 형태주의 심리학자들은 사람에게 일어난 모든 것은 그에 관한 다른 어떤 것에도 영향을 준다고 생각한다.

예컨대, 어떤 사람이 발톱이 아프거나 위경련이 일어나면 세계는 이전과 다르게 보인다. 인간의 행동은 객관적인 세계의 실재 자체보다도 그 세계를 보는 자신의 주관에 의해서 결정된다. 인간은 마음이라는 색 안경을 끼고서 객관세계를 보고 있다는 것이다. 물리적인 세계 안에 실재하는 것이 있다고 하더라도 우리가 그것을 의식하지 않는 한 우리의 행동에는 아무런 효과를 미치지 못한다. 또한 형태주의 심리학자들은 총체를 항상 강조하고 개별적인 부분은 강조하지 않는다.

Lewin은 학습을 생활공간(life space)이 보다 고도로 분화하면서 장의 인지구조가 변화하는 것으로 보았다. 그는 행동에 대한 공식으로 $B = f(P \cdot E)$를 제시했는데, 여기서 B는 행동(vehavior)이며, P는 개인(person), E는 환경(environment)을 의미한다. 이 공식을 놓고 보면 인간의 행동은 개인과 환경의 상호작용에 의해서 나타나는 것이다. 그렇기 때문에 장이론에서 학습이란 개인이 지각하는 외부의 장(환경)과 내적·개인적 영역의 심리적 장(개인)의 관계에서 나타나는 인지구조의 성립 또는 변화라고 할 수 있다(임규혁·임웅, 2007).

한편, 기억 속에서 항목들은 의미의 맥락에 따라 서로 관련되어 있다. 그 맥락을 잡을 수 있는 단서가 있어야 정보를 인출할 수 있다. 예를 들어, 어떤 사람을 지나칠 때 그가 매우 친숙하지만 그가 누구인지 그를 어떻게 알게 되었는지 도무지 생각이 나지 않는 경우가 있다. 이 예에서 그 사람에 대한 정보를 인출하게 한 단서는 아마도 영화 속 전경일 것이다. 이전에 이 영화 속 전경과 유사한 상황에서 그 사람에 대한 정보를 부호화했을 것이다. 이렇게 인출하는 상황이 부호화의 상황과 유사할 때 정보를 인출하는 단서를 쉽게 찾을 수 있다. 술에 취해 한 행동을 망각했을 때 다시 그만큼 취해 그 상황이 되면 그 망각했던 행동을 다시 기억해 내게 되는 것과 같다. 이를 장 의존적 기억(field independent memory)이라고 한다. 장의존적 기억은 상황을 비슷하게 했을 때 기억을 잘 하는 것으로 학습상황과 동일한 상황을 만들면 잊은 줄 알았던 정보도 잘 인출한다는 의미에서 장기 기억의 영속성을 재차 확인해 준다고 할 수 있다.

3 Piaget의 인지발달 이론

1) Piaget는 인지발달을 어떻게 바라보는가?

스위스에서 1896년에 태어난 발달심리학자인 J. Piaget는 미국의 B.F. Skinner와 동시대의 학자였다. Piaget는 인간을 외부환경에 수동적으로 반응하는 존재로 보는 당시의 행동주의 심리학과는 달리 인간의 잠재 가능성을 토대로 인간을 환경에 능동적으로 반응하는 존재로 보았다. 그는 최초의 지능검사를 개발한 Binet 연구소의 연구원으로 일하면서 아동이 지능검사에서 오답한 문항 내용에 관심을 갖고 사고과정을 분석해 본 결과, 아동사고의 논리적 구조가 성인과 본질적으로 차이가 있음을 발견하였다.

Piaget는 인간의 사고, 추리, 문제해결, 지식과 같은 정신능력이 왜 그리고 어떻게 시간이 경과함에 따라 변화하는지에 대한 인지과정과 이러한 과정의 발달에 관해 탐구했으며, 그는 발달에 대한 비중을 아동의 환경과의 적극적인 상호작용과 조절 능력에 크게 두고 있다(DeVries, 2008; Wadsworth, 2004).

Piaget의 이론은 인지 단계 이론(cognitive-stage theory)이라고도 하며 인간의 지적 발달을 규명하기 위하여 인간의 사고기능을 연구한다. 아동 사고의 발달에 관한 Piaget의 생각은 논리적 사고는 일련의 단계를 거쳐 발달한다는 Baldwin의 점성 이론(epigenetic theory)에 의해 큰 영향을 받았다. 점성 이론에서 발달은 일련의 단계를 거쳐서 이루어지므로 이전 단계의 행동은 이후의 발달을 위한 기초가 된다는 것이다.

Piaget의 이론은 그의 공동연구자였던 부인과 함께 세 아이들을 주의 깊게 관찰하는 것에 바탕을 두고, 자연적·체계적 관찰과 질문을 이용하여 아동의 사고를 추적하는 임상법을 통해 인지발달 이론을 체계화하였다(문은식 외, 2007).

(1) 도식

Piaget는 모든 아동은 환경과 상호작용하고 환경을 이해하려는 타고난 경향을 가진다고 믿었다. 그는 인식 구조로써 정보를 조직화하고 처리하는 기본적인 방식에 대해 언급했다. Piaget(1963)는 인지 발달을 적응과정으로서 조직(각각의 감각들을 구조 속으로 변형시키고 결합하는 것)과 순응(동화, 조절, 평형화의 과정)의 과정이라고 보았다.

그는 인지 발달이 도식(schema)에 기초하여 이루어지며, 도식으로 이루어진 인지구조는 안정성을 추구하면서 동시에 새로운 자극에 새로운 도식을 추구하며 발전해 간다고 하였다(문은식 외, 2007).

아동에게 있어 아동과 어른이 세상에 있는 사물들을 처리하는 데 사용하는 행동이나 사고의 경향을 도식(scheme)이라 한다. 도식은 세상에 대해 파악하고 대처하는 데 사용된다. 각각의 도식은 모든 사물과 사건을 같은 방식으로 다룬다. 예를 들면, 대부분의 아동은 물건을 가지고 소리나게 할 수 있다는 것을 발견한다. 아동들의 관찰은 물건에 관한 어떤 것을 알게 해 준다. 아기들은 또한 그것을 물고, 빨고 던져봄으로써 물체에 관해 배운다. 물체와 상호작용하는 이런 접근이 도식이다.

(2) 동화와 조절

Piaget에 따르면 적응(adaptation)이란 동화와 조절에 의하여 환경에 대한 반응으로 도식을 조정하는 과정이다. 동화(assimilation)는 존재하는 도식에 관한 새로운 물건이나 사건을 이해하는 과정이다. 아동에게 전에 본 적은 없지만 있던 것과 비슷한 작은 물체를 주면 그들은 쥐고 물고 치고 할 것이다. 달리 말하면 아동들은 이미 존재하는 도식을 처음 보는 물체에 관해 배우는 데 이용하려고 노력할 것이다.

그러나 아동들은 어떤 경우에는 새로운 정보나 경험에 비추어 존재하던 도식을 수정하는데, 이 과정을 조절(accommodation)이라 부른다. 예를 들면, 작은 물건에 대해 바닥에 두드리는 도식을 가진 어린 아동에게 달걀을 준다면 달걀을 가지고 어떤 행동을 할지 자명하다. 그러나 아동이 가지고 있는 두드리는 도식에 어떤 일이 일어났을지는 정확하지 않다. 아동은 달걀을 바닥에 두드린 것 때문에 달걀이 깨질 것이라는 결과를 몰랐으므로, 도식을 변화시킬 것이다. 나중에 아동은 어떤 물체는 강하게, 다른 물체는 부드럽게 두드릴 것이다.

달걀을 바닥에 두드린 아동은 존재하던 도식과 다른 생활을 조절해야만 한다. 즉, 달걀을 조심스럽게 다루어야 한다는 것을 깨닫게 될 것이다. Piaget 이론에서는 이것은 이해한 것과 직면한 것 사이에서 불안정과 불균형의 상태를 야기한다. 사람들은 자연적으로 불안정을 야기한 자극에 집중하고 새로운 도식을 발달시키거나 균형이 될 때까지 옛것을 적응하는 것을 통해 그런 불균형을 줄이려고 노력한다. 이 균형을 만드는 과정을 평형(equilibration)이라고 한다. Piaget에 따르면 학습은 이 과정에 의존한다. 평형이 흔들리면 아동들은 성장·발달할 기회를 갖는다. 이러한 과정을 통해 마침내 질적으로 새로운 사고 방식이 나타나고 아동들은 새로운 발달 단계로 전진한다. Piaget는 신체적 경험과 환경 조작이 발전적인 변화가 일어나는데 결정적이라고 믿는다. 그러나 그는 또한 동료들과의 사회적 상호작용, 특히 토론과 논쟁은 생각을 명확히 하고 논리적으로 하는 데 도움이 될 것이라고 믿는다(Chinn & Bremer).

대표적인 구성주의(constructivism)이론인 Piaget의 발달 이론에 의하면 인지 발달이란 아동들이 스스로 겪은 경험과의 상호작용을 통해 현실에 대한 이해와 의미체계를 적극적으로 형성해 나가는 과정이라고 본다(Berk, 2006; Cook & Cook, 2007; Wadswoth, 2004). 이와 같은 관점에 의하면 아동들은 새로운 정보에 대해 계속적으로 동화, 조절함으로써 지식을 능동적으로 구성해 나간다는 것이다.

표 3.1 Piaget의 지식 구성 기제

	Piaget 개념	정의	사례
	평형	개인의 도식과 경험 간의 조화	새 외에 날아다니는 것을 본 적이 없는 걸음마기 유아는 나는 모든 대상을 "새"라고 생각한다.
출발	동화	현존하는 도식에 근거하여 새로운 경험에 적응하려는 시도	하늘에서 비행기를 본 아동은 그것을 새라고 부른다.
↓ 종결	조절	새로운 경험을 더 분명히 설명하기 위해 현존하는 도식의 변경	새로운 새가 털도 없고 날개를 펄럭이지도 않는다는 것에 주목하여 갈등 혹은 불균형을 경험한다. 그것은 새가 아니라고 결론짓고 그것에 대해 새로운 이름을 만들어낸다. 성공적인 조절은 평형을 이루게 한다(잠시 동안은).
	조직	현존하는 도식을 새롭고 더욱 복잡한 구조로 재정리	한 개의 상위 범주(날아다니는 대상)와 두 개의 하위 범주(새와 비행기)를 구성하는 위계적 도식 종결을 형성한다.

출처: 강란해(2008). p.93.

(3) Piaget의 인지발달 단계

Piaget의 발달 이론은 아동이 그들의 경험과 상호작용을 통해 의미 체계와 현실 이해를 구축하는 과정에 따른 인식의 발전에 관한 관점인 구성주의를 나타낸다. 이 관점에서 아동은 새로운 정보를 동화·조절의 과정을 통해서 지식을 만들어 간다(Anderson, 1989). Piaget는 아동의 인지 발달을 감각운동기, 전조작기, 구체적 조작기, 형식적 조작기의 4단계로 나누었다. 각 인지 발달 단계는 서서히 계속적으로 발달하는 것으로 어느 단계에서도 몇 단계를 뛰어넘어 발전하는 도약이란 없다. 인지 발달은 인지구조의 계속적인 질적 변화의 과정이며 서로 명확하게 단계마다 구분된다. 낮은 단계에서 높은 단계로 올라갈 때 낮은 단계의 인지구조는 높은 단계의 인지구조 속으로 흡수되고 통합되며, 각 단계마다 인지기능의 수준은 확연히 다르다. 개인차가 있을 수 있으나, 단계의 순서는 변함이 없다는 것이 특징이다(문은식 외, 2007).

표 3.2 Piaget의 인지 발달 단계

대략의 연령	단계	경험표상의 주된 도식과 방법	중요한 발달
출생~2세	감각 운동기	환경을 탐색하고 환경을 이해하기 위해서 영아는 감각운동능력을 사용한다. 출생 시 영아는 세상에 적응하기 위한 선천적 반사만을 가지고 있다. 영아는 감각운동기 말경에 복잡한 감각운동 협응이 존재함을 배운다.	영아들은 "자기(self)"와 "타인(others)"에 대한 원시적 감각을 획득하며, 사물들이 자기들의 시야에서 벗어나 있을 때도 계속 존재함을 배운다. 그리고 행동적 도식을 내면화해서 심상이나 정신적 도식을 만들기 시작한다.
2~7세	전조작기	아동은 환경의 다양한 측면을 나타내고 이해하는 데 상징적 표현(심상과 언어)을 사용한다. 아동은 겉으로 보이는 방식에 따라서 사물과 사건에 반응한다. 사고는 자기중심적인데 이것은 아동들이 모든 사람이 자기가 보는 방식과 같은 방식으로 세상을 본다고 생각하는 것을 뜻한다.	아동은 놀이 활동에서 상상력이 풍부해진다. 그들은 다른 사람들은 항상 자기가 하는 것처럼 세상을 지각하는 것은 아닐 수 있음을 점차로 인정하기 시작한다.
7~11세	구체적 조작기	아동은 인지조작(논리적 사고의 구성요소인 정신적 활동)을 획득하고 사용한다.	아동은 외양에 더 이상 속지 않는다. 인지조작에 의지해서 아동들은 일상세계의 사물과 사상들 간의 관계를 이해한다. 아동은 타인의 행동과 행동이 발생하는 상황의 관찰을 통해서 동기를 추론하는 데 더 능숙해진다.
11세 이상	형식적 조작기	청소년의 인지조작은 그들이 조작에 대한 조작(사고에 대한 사고)을 허용하는 방식으로 재조직화된다. 사고는 체계적이고 추상적이다.	논리적 사고는 더 이상 구체적이고 관찰 가능한 것에 한정되지 않는다. 청소년은 가설적 문제에 대한 생각을 즐기며 그 결과로 보다 더 이상주의적이 된다. 그들은 여러 개의 가능한 문제해결 방법을 생각하고 정확한 답을 찾는 것을 가능하게 해 주는 체계적인 연역적 사고가 가능하다.

출처: 송길연 외(2000). p.59.

① 감각운동기(출생~2세)

첫 단계는 감각운동기(sensorimotor period)로 이 단계에서 영아나 유아는 그들의 감각이나 운동 기술을 사용해 자신의 주위 환경을 탐색한다. Piaget는 모든 아동이 환경과 상호작용하고 이해하는 경향을 가지고 태어났다고 믿었다. 극적인 변화는 감각운동기를 통해 아동이 발달하는 것과 함께 이루어진다. 본질적으로 모든 아동은 반사(reflexes)라 불리는 타고난 행동이 있다. 신생아의 입술을 만지면 아기는 빨기 시작하고, 아기의 손바닥에 손가락을 놓으면 아기는 그것을 꼭 쥔다. 이런 행동은 타고난 생물적인 것이고, 아기의 첫 번째 도식이 형성된다. 아기는 곧 이런 반응을 더 흥미 있고 의도적인 행동을 생산하기 위해 사용하는 것을 배운다. 이것은 우연적인 학습이나 보다 의도적인 시행 착오로 학습을 통해 배운다.

표 3.3 감각 기관의 지적 발달

감각운동 하위 단계	전형적인 적응 행동	대상 영속성	모방	놀이
반사 단계 (0~1개월)	선천적 반사	없음	없음	없음
제1차 순환 반응 (1~4개월)	자신의 신체와 관련된 기본 동작	없음	기본적인 모방 능력 향상	도식 자체를 놀이로서 사용하기 시작
제2차 순환 반응 (4~8개월)	외부 세계의 탐색과 관련된 행동	부분적으로 가려진 물건 찾는 능력	모델에 대한 모방행동(단, 영아의 행동 목록은 제한적)	이전 단계와 동일
제2차 순환 반응의 협응기 (8~12개월)	목적 지향적 행동에서 목표 행동과 수단 행동을 결합시킴	최초에 숨겨진 장소에서 숨은 물건 찾는 능력	흔히 수행하는 모방 행동과는 약간 다름	목적 지향 행동에서 수단 행동을 놀이화
제3차 순환 반응 (12~18개월)	다양한 방법으로 사물의 속성 탐색	숨겨진 장난감의 위치를 계열적으로 탐색	모델이 친숙하지 않은 행동 모방	다양하고 반복적이지 않은 감각 운동 놀이
정신적 결합기 (18개월 2세)	감각 운동 대상과 사건의 내적 표상	비가시적 위치와 관련해서 숨긴 물체 찾기 능력 향상	지연 모방	최초의 가상놀이 출현

출처: Berk(1991).

Piaget에 따르면 감각운동기의 말기에서 유아는 그들의 초기 시행 착오 접근에서 보다 계획적인 문제해결 접근으로 발전하게 된다. 처음으로 유아는 일반적으로 사건과 사물을 느낄 수 있다. 우리가 '사고'라고 말하는 것이 나타난다. 이것은 유아들이 생각하고, 행동을 계획할 수 있다는 것을 의미하므로 조용한 발전이다. 예를 들어, 2세 유아는 엄마가 부엌에서 저녁 준비하는 것을 본다. 유아는 의자가 어디 있는지 알고 더 좋은 자리에서 볼 수 있도록 요구할 것이다. 유아는 이 해결까지 주저하지 않는다. 대신에 문제에 대해 생각하고 가능한 해결책을 찾아내고 해결하려 하고 실제로 행동으로 옮긴다. 또 감각운동기는 대상 영속성(object permanence)이 발달한다. 2세 유아는 사물이 보이지 않아도 존재한다는 것을 이해한다. 일단 유아가 사물이 보이지 않아도 존재한다는 것을 깨달으면 자신들의 마음 속에 그 형상을 나타내기 위해 상징 기호를 사용하기 시작한다.

② 전조작기(2~7세)

감각운동기에서는 물리적으로 조작된 사물에 의해 세상을 배우고 이해할 수 있는 반면, 전조작기 단계의 아동은 사물에 대해 생각하는 더 큰 능력을 가지고 있고 정신적인 기호를 사용할 수 있다. 전조작기(preoperation period)의 아동들의 언어의 개념은 놀랄 만한 속도로 발달한다. 그러나 그들 사고의 대부분은 기초적인 것에 머무른다. Piaget가 아동기 초기에 발견한 가장 중요한 것 중의 하나는 보존(conservation)의 원리가 부족하다는 것이다. 예를 들어, 전조작기 유아 앞에서 우유를 길고 좁은 비커에서 짧고 넓은 비커로 부었을 때 유아는 긴 유리잔의 우유가 더 많다고 믿는다. 유아는 하나의 관점에만 집중하고 다른 것은 무시하기 때문에 우유의 양이 같다는 것을 알 수 없다. 또 유사한 예로, 전조작기 유아는 4등분한 샌드위치가 더 많다거나 압축된 블록보다 펼쳐져 있는 것이 더 많다고 믿는다. 심지어 블록의 수가 같다는 것을 보여준 후에도 그렇게 믿는다. 전조작기적 사고의 여러 관점은 보존에 관한 착오를 설명하는 데 도움을 준다. 그 중 하나의 특징은 집중이다.

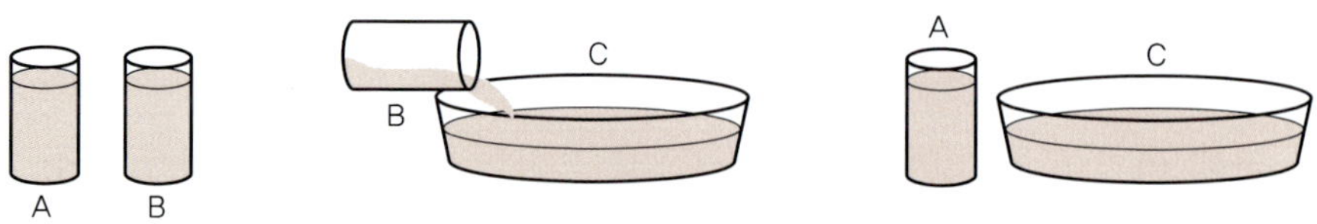

그림 3.3 **높이에 초점을 맞추고 있는 유아**

그림 3.3에서 보면 유아는 우유를 붓고 나서 C의 비커에 담긴 것이 더 적은 우유라고 말할 것이다. 왜냐하면 넓이는 무시하고 우유의 높이에만 집중했기 때문이다.

그림 3.4에서 유아는 그것의 밀도 혹은 눈금은 무시한 채 블록의 길이에만 집중한다.

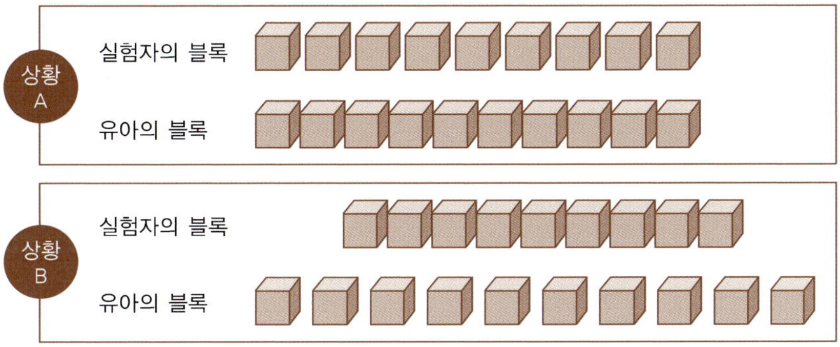

그림 3.4 **블록의 길이에 집중한 유아**

또한 미취학 아동의 사고의 특징 중의 하나는 가역성(reversibility)이 없다는 것이다. 가역성은 Piaget에 따르면 아주 중요한 사고의 관점이다. 그것은 생각의 방향을 바꾸어 출발점으로 돌아올 수 있는 능력을 의미한다. 예를 들어 성인이면 7+5=12이면 12−5=7이라는 것을 안다. 7개의 물건에 5개의 물건을 더하고 그러고 나서 5개를 가져간다면 7개가 남는다는 것을 안다. 만약 전조작기 유아가 이런 식으로 사고할 수 있다면 우유 붓기의 과정도 역으로 생각할 수 있고, 다시 긴 비커에 우유를 담으면 그 양은 변하지 않는다는 것을 깨닫게 될 것이다.

전조작기 유아의 다른 특징은 상태에 초점을 맞추는 것이다. 우유 실험에서 우유는 한쪽 비커에서 다른 비커로 옮겨졌다. 미취학 아동은 이 과정을 무시하고 단지 처음과 끝의 상태에만 초점을 맞춘다. 그것은 마치 성인들이 보는 영화 대신에 일련의 정지된 한 장면을 보는 것과 같다(Philli, 1975). 만약 우유를 부을 때 눈을 감고 있었다고 하면, 선입견이 아동의 사고에 어떤 방해가 되는지 이해할 수 있을 것이다. 어떤 일이 일어났는지 잘 알지 못하면 짧고 넓은 비커 안에 있는 우유에 대한 인지와 길고 좁은 비커 안에 있는 우유의 기억만 남는다.

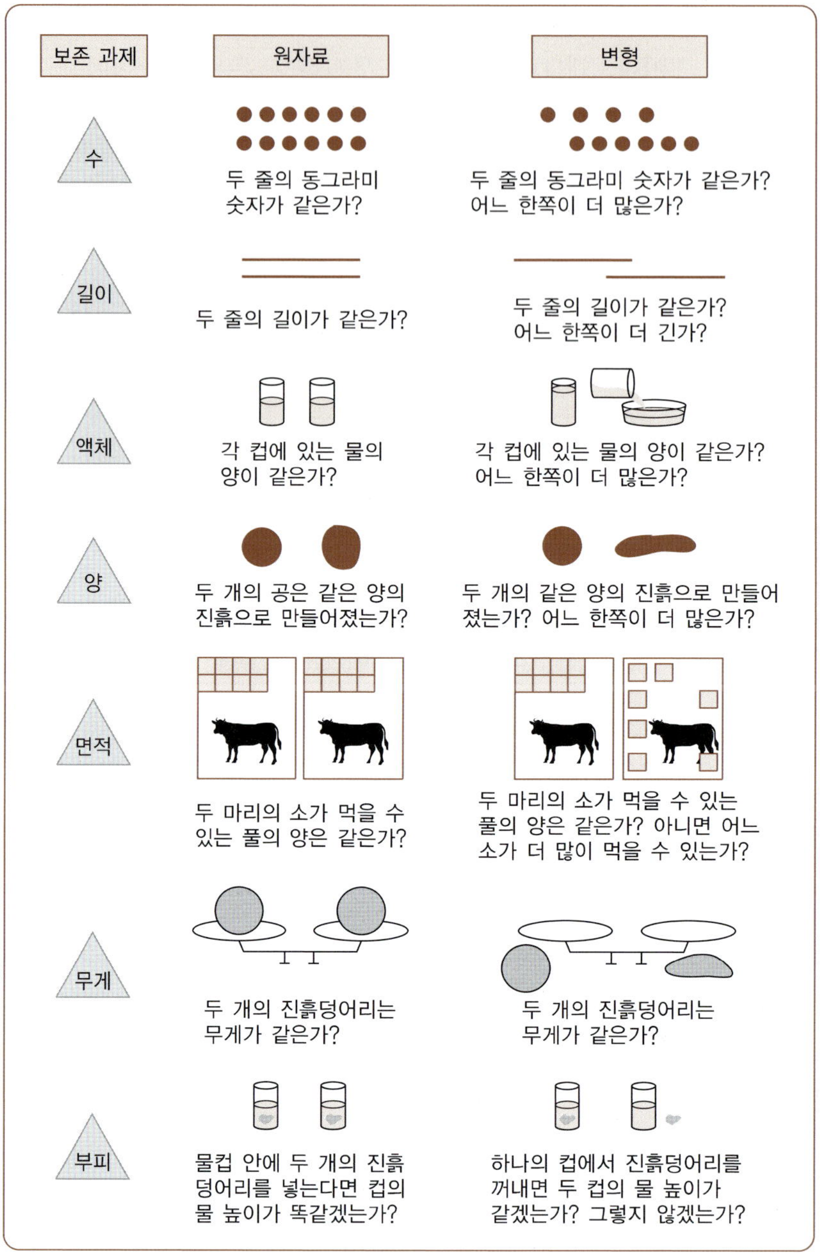

출처: Berk(1994).

그림 3.5 Piaget의 보존 과제

또한 전조작기 사고는 자아 중심적이다. 이 단계에 있는 유아들은 모든 사람이 자신들이 보는 것처럼 세상을 본다고 믿는다. Piaget와 Inhelder도 세 개의 산 실험에서 유아가 자신의 건너편에 있는 인형에게 보이는 전망이 현재 자신이 있는 위치에서 보이는 전망과 같다고 생각하는 오류를 많이 범한다고 지적하면서 이는 자기 중심적으로 공간을 파악하여 생긴 결과라고 했다.

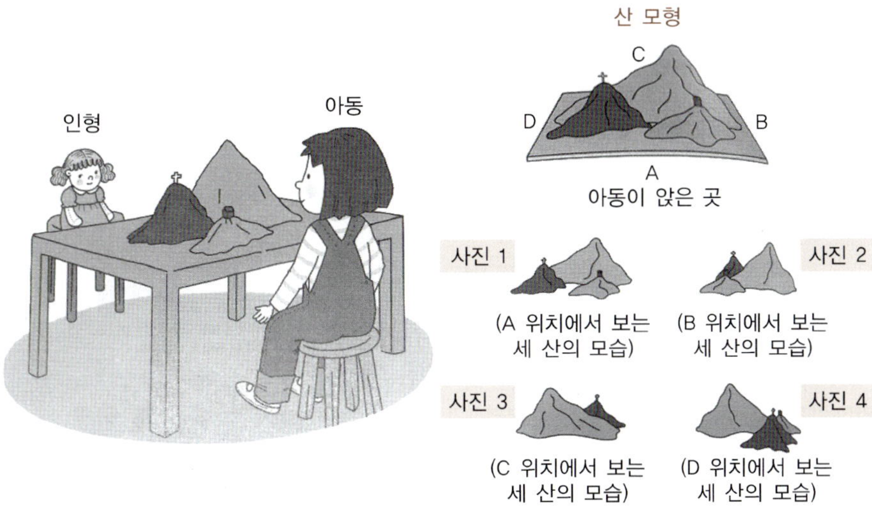

출처: Santrock(2014).

그림 3.6 세 산 과제(The Three Mountains Task)

아동기에 접어들면서 점차 공간적 관계를 파악할 수 있게 되는데 3세에는 위·아래·높다·길다 등의 개념을 이해하고, 4세가 되면 정상·뒤·얕다·깊다 등의 공간 관계를 나타내는 용어를 이해할 수 있다. 즉, 자신의 신체를 중심으로 3·4세경에는 상·하 방향을 지시할 수 있고 전·후 방향은 7·8세 정도가 되어야 정확하게 지시할 수 있다. 그러나 상대방의 입장에서 좌·우를 변별하는 것은 10~11세경에 이르러서야 가능하다.

③ 구체적 조작기(7~11세)

이 단계의 특징은 사회성이 발달하고 논리력·추리력을 갖게 되며 요인과의 관계를 인지하는 능력이 발달되며 물건을 분류하고 정리하기 시작한다. 수·무게·부피·면적 등의 보존 개념이 형성되고 분석과 통합·조작의 가역성(reversibility)을 알게 되며 사고는 직접 지각하고 손으로 만질 수 있는 구체적 사물에만 한정된다.

표 3.4 구체적 조작기와 형식적 조작기의 특징 비교

개념	전조작기 사고	구체적 조작기 사고
자아중심성	유아는 타인이 자신의 입장을 똑같다고 생각한다.	아동은 자아중심적으로 반응할 수 있으나 타인의 입장이 다양한 측면을 가졌음을 더 잘 깨닫게 된다.
물활론	스스로 움직이는 친숙하지 않은 대상이 생명이 있다고 가정하는 경향이 있다.	생명에 대한 생물학적 근거를 더욱 잘 알게 되어 무생물에 대해 더 이상 생명이 있다고 생각하지 않는다.
인과성	인과성에 대해 제한적으로 알고 있다. 가끔 연관된 두 개 사건 중 하나가 나머지 다른 것의 원인이 된다고 가정하는 전도적 추론을 보인다.	인과적 원리에 대해 더욱 잘 이해하게 된다(비록 인과성에 대한 이런 지식이 청소년기와 그 이후까지도 계속 발달되어 가는 것이지만).
사고/중심화에 근거한 지각	지각적 외양에 근거해 판단하고 상황에 대한 단일한 측면에 초점을 두고 문제를 해결한다.	현혹시키는 외양을 무시할 수 있고 상황에 대한 여러 측면을 고려하여 문제를 해결한다(보상).
가역성/비가역성	목격한 행동을 정신적으로 되돌릴 수 없다. 대상이나 상황이 변하기 전의 상태로 되돌려 생각할 수 없다.	목격했던 변화를 정신적으로 무효화시킬 수 있으며 상황이 얼마나 변했는지를 고려할 수 있다.
논리적 추론에 대한 Piaget식 검사에서의 수행	자아중심성과 지각에 근거한 중심화된 추론 때문에 보존과제를 실패하고 범주화된 대상을 유목과 하위유목으로 잘 분류시키지 못하며 높이나 길이와 같은 양적 차원에 따라 대상을 정신적으로 서열화시키지 못한다.	자아중심성의 감소와 가역적인 인지적 조작이 가능해지면서 여러 차원에 근거하여 대상을 정확히 분류시키고 양적 차원에 따라 대상을 정신적으로 서열화시킬 수 있다. 이제는 대상이 보이는 방식보다는 필연적으로 존재해야만 하는 방식인 논리에 근거하여 결론 내린다.

출처: 송길연 외 공역(2014). (David R. Shaffer, Katherine Kipp, 2014, Developmental Psychology: Childhood and adolescence) p.245s.

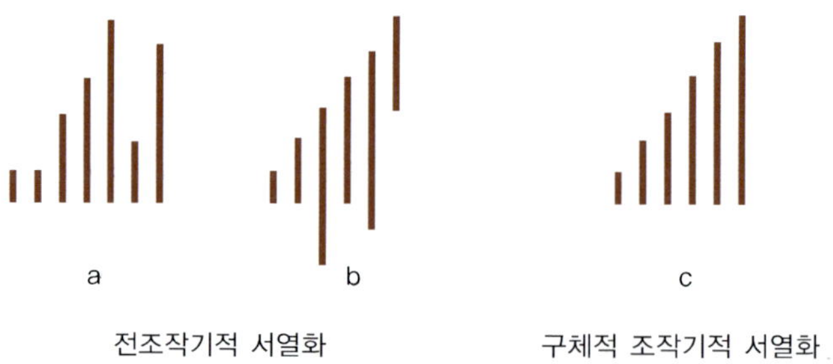

출처: 송길연 외(2013). p.246.

그림 3.7 전조작기와 구체적 조작기의 서열화

단순한 과제에 대한 아동의 수행을 예로 들어 살펴보자. 만약 가장 짧은 것부터 가장 긴 순으로 막대기를 배열시켜보라고 하면 전조작기 유아는 막대기의 끝만을 맞추는 불완전한 서열화를 시키거나(a) 앞에 배열한 것보다 더 높게 막대기의 앞쪽만을 연속적으로 서열화시킨다(b). 구체적 조작기 아동은 연속적인 비교를 하고 옳은 서열화를 하기 위해 점점 크게 그리고 점점 작게라는 인지적 조작을 사용할 수 있다(c).

④ 형식적 조작기(11세~성인기)

사춘기의 시작 즈음에 아동들의 생각은 성인의 특징을 형성하기 시작한다. 사춘기 이전의 아동들은 추상적으로 생각하고 '여기', '지금'을 뛰어넘는 가능성을 볼 수 있다. 이 능력은 성인기까지 계속 발전한다. 형식적 조작기(formal operational period)의 사고 단계는 내용과 분리된 형태인 잠재성과 가설적 상황을 다루는 능력을 기를 수 있다.

Inhelder와 Piaget(1958)는 구체적 조작기에 있는 초등학생과 형식적 조작기에 있는 청소년에게 있어 다르게 접근되는 하나의 임무를 묘사하였다. 아동들과 청소년들은 끝에 추가 달린 실로 구성된 흔들리는 진자를 받았다.

표 3.5 구체적 조각기와 형식적 조작기의 특징 비교

발달 단계	연령	발달 단계의 특징
구체적 조작기	7~11세	• 논리적 사고를 할 수 있음 • 보존 개념은 수, 양, 무게의 순으로 발달 • 사물을 분류하고 차원에 따라서 배열할 수 있음 • 수에 대해서 이해함 • 구체적인 한계만을 사고함 • 머리 속으로 생각할 수 있게 됨 • 가역성을 획득함 • 사고의 사회화 언어의 복잡화
형식적 조작기	11~15세	• 추상적 개념의 이해 • 논리적 전체를 따르게 됨 • 가설에 따라서 추리함 • 사물의 인과 관계를 이해함 • 사고의 전도가 가능해짐 • 문제해결에 가설을 적용함 • 가설을 다룰 수 있는 능력이 발달함 • 추리력과 응용력이 발달함 • '개인적 우화'에 빠지며 이상주의가 강하게 발달함

출처: 김용래(1992).

그들은 실의 길이를 조절할 수 있고 무게를 조절할 수 있으며 진자의 높이와 진자가 받는 힘의 크기도 조종할 수 있다.

유용한 정보로부터 추상적인 관계를 산출해 내고 이 추상적인 관계들을 서로 비교해 보는 것은 청소년기의 능력을 도약시키는 데 필요한 일반적인 능력이다. Piaget는 구체적 조작기의 학생들이 열 개의 속담과 그 속담과 같은 뜻을 나타내는 열 개의 진술을 받았다고 가정했다. 그들은 각각의 속담은 같은 뜻의 진술과 연결시키도록 요구받았다. 다시, 구체적 조작기의 아동들은 그 문제를 이해하고 답을 고를 수 있었다. 그렇지만 아동들의 답은 가끔 틀리는 경우가 있었는데 때때로 속담이 일반적인 원리를 설명한다는 것을 이해하지 못했기 때문이다. 예를 들면 "엎질러진 물 위에서 울어 봤자 소용없다"란 속담을 설명하라고 하면 한 아동은 "한 번 우유가 쏟아지면 울 것 없다"라고 설명할 수 있을지 모르지만 그 속담이 좀 더 넓은 뜻을 가지고 있다는 것을 이해하지 못한다.

출처: Berk(1994).

그림 3.8 **형식적 조작기의 자기 중심성에 관한 실험**

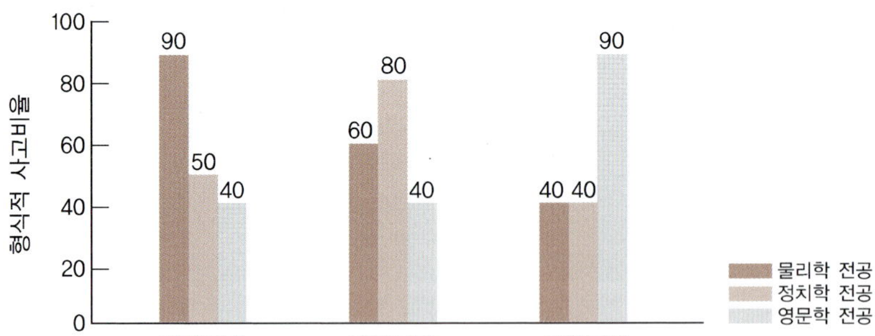

출처: 송길연 외 공역(2014). p.251. "Individual Differences in College Students' Performance on Formal Operations Tasks," by R. De Lisi & J. Staudt, 1980. Journal of Applied Developmental Psychology, 1, 163-174.

그림 3.9 **전문적 지식과 형식적 조작. 대학생은 전공과 관련된 영역에서 조작적 사고를 가장 잘 보인다.**

(4) Piaget 이론에 대한 비판과 수정

가장 중요한 Piaget 이론은 발달은 학습의 과정이라는 것이다. Piaget는 발달의 단계는 대체로 고정되어 있으며 보존 같은 개념은 가르쳐지지 않는다고 주장했다. 그러나 많은 연구는 Piaget식의 임무가 더 빠른 발달 단계에서 아동들에게 가르쳐질 수 있는 경우를 발견하였다. 예를 들면, 몇몇의 연구자는 아동들도 같은 기술을 요구하는 Piaget 과제의 단순한 형태는 수행할 수 있다는 것을 발견하였다(Black, 1981; Donaldson, 1978; Kudaka, 1989). Gelman(1979)은 아동들이 과제가 좀 더 단순한 언어로 단순한 방식으로 나타나면 자연적으로 블록의 숫자와 관계된 보존 문제를 풀어낼 수 있다는 것을 발견하였다.

유사한 종류의 연구들이 또한 아동들의 자기 중심성을 재정립해야 한다는 주장을 제기하였다. 간단히 말해 실제적인 상황에서 아동들은 다른 사람의 관점을 고려하는 능력을 명확히 보여준다(Black, 1981; Damon, 1983). 게다가 아동들은 여러 가지 상황에서 Piaget가 예상했던 것보다 훨씬 놀라운 수행 능력을 보여주었다(Baillargeors, Devos & Graber, 1989). 여러 학자의 연구 결과에서, 아동들은 특히 그들의 실제적인 지식이 증가했을 때 Piaget가 원래 생각했던 것보다 훨씬 더 능력이 있다는 것을 인식시켜 주었다. Gelman(1979)은 취학 전 아동의 인식 능력이 나이가 많은 아동보다 부족한 것은 어떠한 일정 조건하에서만 그렇다는 것을 제시하였다. Piaget(1904)는 그러한 설명들에 대해서 아동은 이미 다음 발달 단계에 놓여 있는 상태라고 주장함으로써 응답했다. 그러나 어떤 Piaget의 과제들은 교육받지 않은 나이 이하의 아동에게도 잘 가르칠 수 있다는 문제가 남는다.

Piaget의 이론이 비판받고 있는 또 다른 분야는 최근의 연구에서 그의 '단계'를 비판한다는 것이다. 많은 학자는 모든 인식 과제에 있어서 영향을 미치는 광범위한 발달 단계가 있는지 의심하고 있다. 대신에 그들은 아동의 능력이 다른 과제에서 다른 방법으로 발전될 수 있다고 주장한다. 그리고 아동의 경험(학교에서 직접 배운 것을 포함하여)은 발달에 큰 영향을 미친다고 주장한다(Bynes, 1988; Gelman & Billargeob, 1983; Overton, 1984). 그 증거는 특히 Piaget의 과제가 그림 3.8에서 설명했던 것과 같은 진자 문제는 아동들도 가르치면 잘 할 수 있다고 주장하였다(Greenvowe, Herron, Nurrevb, Staver, & Ward). 다시 말하면, 중요한 것은 경험이 문제라고 할 수 있다.

(5) 교실에서 Piaget 이론의 적용

Piaget 이론은 교육의 이론과 실제에 있어서 커다란 충격이었다(Case, 1993). 우선 그 이론들은 '발달적으로 적합한 교육'이라는 생각에 초점이 맞추어졌다. 환경과 주위 상황과 여러 물질과 가르침은 그들이 사회적 감정적 필요와 함께 물리적이고 인식적인 능력이란 용어로 학생들에게 적합한 교육을 해야 한다는 생각이었다.

- 아동의 사고는 결과가 아닌 과정에 초점을 맞추었다. 게다가 아동의 정답이 맞고 틀리고를 떠나 교사는 아동의 답을 확인할 때 그들이 어떻게 이런 답을 하게 되었는지를 생각해 보아야 한다. 적당한 학습 경험은 아동들의 인식 기능을 확장하는 데 도움이 된다. 교사가 어떠한 결론에 도달한 학생을 칭찬할 때 인지능력이 향상된다. 따라서 교사는 구체적 경험을 먼저 제공하고 추상적 개념을 나중에 제시하는 방식으로 수업을 진행하고, 추상적 개념이나 원리를 설명할 때조차 학생들이 구체적 경험을 추상적 개념과 연결시킬 수 있도록 도울 필요가 있다(Eggen & Kauchak, 2010, 2011).
- 배우는 활동에 있어서 아동의 활동적인 참여와 자발성의 중대한 역할에 관한 재인식의 중요성이다. Piaget의 교실에서는 준비된 지식에 관한 발표가 덜 강조되었다. 그리고 아동은 주변 환경과의 상호작용을 통해서 그들은 이해하는 데 자신감을 가졌다. 따라서 일방적으로 가르치기보다는 교사는 다양한 가능성을 제시하여 아동이 세상에 대해서 직접적으로 행동할 수 있게 하여야 한다. 따라서 주입식 교육 대신에 아동이 직접 실험하고 탐구하며 발견할 수 있는 환경을 조성해 주는 것이 중요하다.
- 발전 단계에 있어서 개인차의 인정이다. Piaget 이론에서는 모든 아동은 동일한 과정을 겪지만 속도에 있어서는 차이가 난다고 하였다. 따라서 교사는 학급 활동을 전체적으로 진행하기보다는 몇 개의 소집단으로 나누어

진행하는 데 특별한 노력을 기울여야 한다. 게다가 개인적인 차이가 인정되기 때문에 아동의 발달 과정은 일반적이고 보편적인 기준이 아니라 개인의 과거 발달 상태를 고려하여 다루어야 한다. 따라서 교사는 발달 단계를 뛰어넘는 선행학습은 지양하며, 학생의 현재 인지수준을 파악하여 그 수준에 맞되 인지적 갈등을 일으키는 수업을 제공할 필요가 있다.

- 수업에 대립전략(confrontation strategy)을 활용한다. 우리는 새로운 자극으로 인지적 불평형 상태에 놓이면 동화와 조절의 인지활동을 통해 평형상태를 이루려고 하고, 이 과정에서 인지 발달이 이루어진다. 따라서 우리는 아동에게 언제나 조금은 새로운 내용을 제시함으로써 그들로 하여금 동화와 조절의 인지활동을 활발히 할 수 있도록 유도해야 한다. 하지만 이때 제시되는 새로운 환경은 학생의 인지 발달 단계를 훌쩍 뛰어넘는 것이어서는 안 된다.

4 Vygotsky의 인지발달 이론

1) Vygotsky는 인지발달을 어떻게 보았는가?

Lev Semenovich Vygotsky는 Piaget와 동시대에 살았으나 37세의 짧은 생을 살고, 1934년 결핵으로 사망하였다. 짧은 생애동안 180여 편이 넘는 논문, 저서, 연구물을 출판하며 많은 영향을 끼쳤음에도 불구하고 당시 Stalin 치하에서 정치적 이유로 인한 출판금지와 요절로 인해 생전에는 빛을 발하지 못하였다. 그의 연구물들은 1970년대까지 영어로는 널리 읽히지 않았다. Vygotsky의 이론은 현재 교육 및 발달 분야에서 주목받고 있다. Piaget 이론과 비교하여 Vygotsky의 많은 비평들은 오늘날 인지 발달에 있어서 많은 논쟁점을 갖는다 (Das, 1995; Karpov & Branxford, 1995; Koaulin & Presseise, 1995).

Vygotsky(1978)는 문화가 다음 세대에 전달되는 방식에 초점을 맞추어 문화적으로 의미 있는 행동을 습득하는 데 있어서 아동과 성인의 사회적 상호작용을 강조하면서 사회문화 이론을 바탕으로 새로운 접근의 인지발달 이론을 시도하였다.

Vygotsky의 연구는 두 가지의 핵심적인 생각에 기초를 두고 있다. 첫째, 지적 발달은 아동들이 경험하는 역사적·문화적 맥락과 관련해서만 이해될 수 있다고 가정했고, 둘째 발달은 개인이 자란 사회의 신호 체계(sign systems)에 달려 있다고 믿었다. 신호 체계는 한 문화의 사람들이 생각하고, 의사소통하고, 문제를 해결하는 것을 돕도록 만든 상징이다. 예를 들어, 상징 체계란 한 문화의 언어, 문자 체계, 숫자 체계 등이다.

Piaget와 반대로 Vygotsky는 인지 발달이 다른 사람들로부터 받아들이는 것과 밀접한 관련이 있다고 주장했다. 그러나 Piaget와 마찬가지로 이러한 신호 체계의 획득은 모든 아동에게 똑같이 일정한 순서의 단계에서 나타난다고 믿었다.

2) 발달은 어떻게 일어나는가?

발달이 학습에 선행한다는 Piaget의 이론을 되새겨 보자. 다시 말해서 특정한 인지 구조는 어떤 종류의 학습이 일어나기 전에 발달되어야 한다.

Vygotsky는 아동의 인지 발달의 근원을 사회적인 환경에서 찾았다. 그의 발달 이론에서는 사회-문화적인 영향력을 중요시한다. 즉, 인지 발달이란 한 문화권에서 사람들 간의 상호작용에서 발생하는 것이며 그에 따라 개념, 태도, 전략, 기술 등의 개인의 심리적인 과정이 형성되는 것이다. 외부적인 상황이 개인에게 내면화(internalize)되면서 학습은 타인주도적(other-regulated) 학습에서 점차로 자기주도적(self-regulated) 학습으로 전환된다.

Vygotsky에게 있어서 학습은 다른 사람으로부터의 교육과 정보에 의해 신호를 획득하는 것과 관련이 있는 것이다. 발달은 이러한 신호를 내면화함으로써 아동들이 다른 사람의 도움 없이 문제를 생각하고 해결할 수 있게 되는 것과 관련이 있다. 그렇기 때문에 Vygotsky 관점에서 수업은 발달에 선행하는 것이 바람직하다(신명희 외, 1998; Robert E. Slavin, 2003).

내면화는 '자아 통제'(self control)라고도 하는데, 자아 통제와 독립적 사고 발달의 첫 번째 단계는 어떤 물체는 의미를 지니고 있다는 것을 배우는 것이다.

예를 들어, 아기는 사람들이 어떤 물체에 도달하려 하는 아기의 행동을 아기가 그것을 원하는 것이라고 해석한다는 사실을 배운다. 언어 습득의 경우, 유아들은 어떤 소리가 어떤 의미와 관련이 있는지를 배운다. 정신 구조와 자아 통제 발달의 두 번째 단계는 실천과 관련 있다. 유아는 주의를 끌 만한 몸짓을 실천해 본다. 취학 전 아동은 언어를 익히기 위해 다른 사람과 대화할 것이다. 마지막 단계는 다른 사람의 도움 없이 문제를 생각하고 해결하기 위해 신호 체계를 사용하는 것과 관련이 있다. 이 시점에서 아동들은 자아 통제를 시작한다. 그리고 신호 체계는 내면화된다. 유아는 다른 사람의 주의를 끌기 위해 주목을 끄는 몸짓을 의도적으로 사용한다. 언어발달에서 유아들은 자기 자신과 대화를 하기 시작한다.

(1) 혼잣말하기

Vygotsky의 이론에서 언어는 사고와 인지발달을 촉진하는 매개적 기능을 한다. 언어는 지식의 내면화 과정에 필수적인 도구이므로 인지 발달을 촉진하기 위한 매개적 수단으로써 언어가 발달하게 된다.

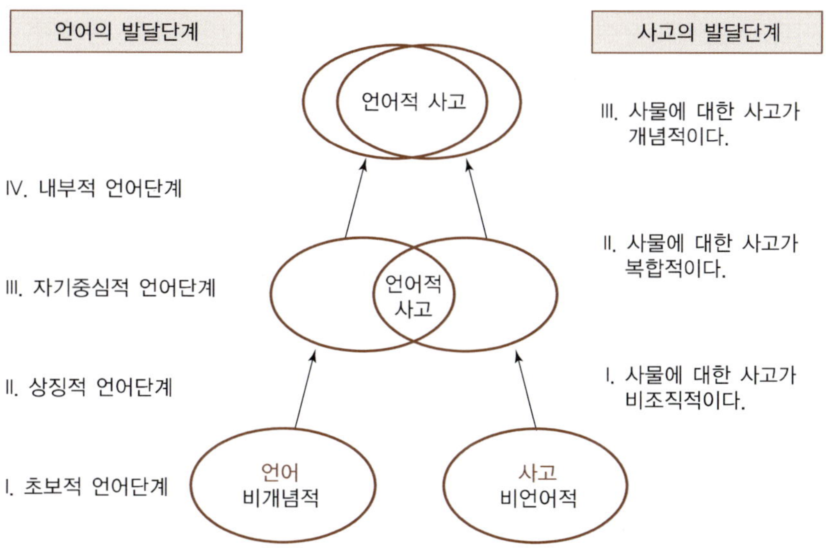

출처: Thomson, R.M.(2000). Comparing theories of child development(5th ed.). Wadsworth Publishing Company.

그림 3.10 사고와 언어의 발달에 관한 Vygotsky의 견해

공유 지식이 개인 지식으로 변화하는 것으로의 메커니즘은 혼잣말하기(private speech)이다. Piaget의 인지 발달 단계의 전조작기에 나타나는 자기 중심적 언어(egocentric speech)는 자기 중심적 사고를 나타내는 것이며 성장하면서 점차 감소된다고 보는 반면, Vygotsky는 자기중심적 언어의 사용이 단순하게 자기만의 생각을 표현하는 것이 아니라 문제해결을 위한 사고의 도구라고 생각하였다.

혼잣말하기는 유아들에게서 쉽게 볼 수 있다. 유아들은 자주 혼잣말을 한다(Berk & Garvin, 1984). 특히 어려운 문제에 부딪혔을 때는 더 그렇다. 좀 더 크면 혼잣말은 조용해지지만 그것은 여전히 매우 중요하다. 많은 연구에 따르면 혼잣말을 방대하게 사용하는 유아는 다른 유아들보다 복잡한 과제를 더 효과적으로 배운다고 한다. Vygotsky는 아동이 다른 사람들의 말을 종합해서 그들 자신의 문제를 해결하는 데 사용한다고 주장했다.

(2) 근접 발달 영역

Vygotsky의 이론은 인지 발달과 우리 행동을 통제하는 데 사고를 사용할 수 있는, 우선 문화적 의사소통 체계를 습득하는 것과 그 다음으로 자신의 사고 과정을 통제하는 데 이러한 체계를 사용하도록 학습하는 것이 전제되어야 한다는 것이다. Vygotsky 이론의 가장 중요한 공헌은 학습의 사회 문화적 특성을 강조한 것이다(Vygotsky, 1987; Wertsch, 1986).

Vygotsky는 아동이 그들의 근접 발달 영역에서 공부할 때 학습이 일어난다고 믿었다. 근접 발달 영역(zone of proximal development) 안에 있는 과제는 아동이 아직 혼자서는 할 수 없지만 좀 더 능력 있는 친구나 어른의 도움으로 해결할 수 있었던 것들이다. 즉, 근접 발달 영역은 아동이 아직 배우지 않았지만 주어진 시간 안에 배울 수 있는 과제를 말한다. Vygotsky는 더 높은 정신작용이 개인에게 내면화되기 전에 항상 타인과의 대화와 협동에 의해서 먼저 이루어진다고 믿었다.

근접 발달 영역에서는 사회적인 상호작용을 통해서 얻어지는 사회적인 지식은 개인적인 지식이 되고, 개인적인 지식은 점차 증가하고 복잡해진다. 궁극적으로 발달은 한 개인이 그 공동체에서 성공적으로 기능할 수 있게 하는 것이다(신명희 외, 2006).

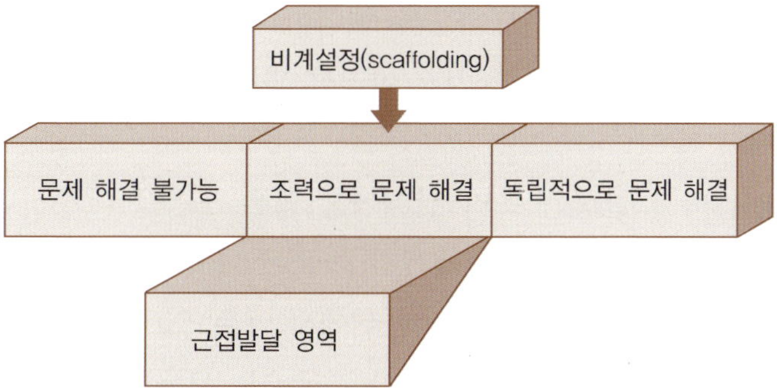

출처: Eggen & Kauchak(1992).

그림 3.11 근접발달 영역과 발판

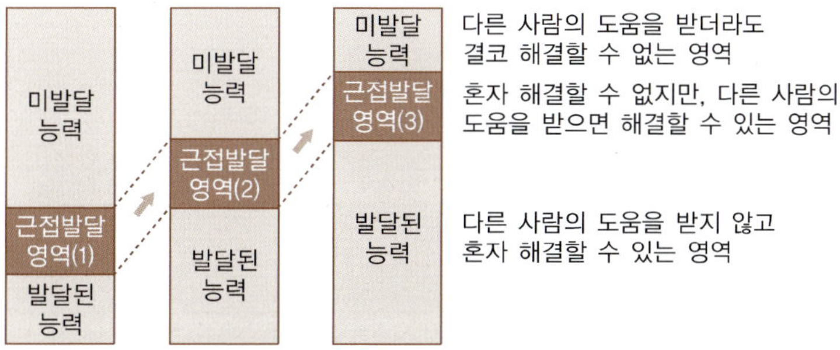

적절한 교수–학습을 통해 근접발달 영역은 점차 상향 이동한다. 근접발달영역이 상향 이동하고 있음은 발달이 이루어지고 있다는 증거다. 따라서 근접발달 영역은 교수–학습 및 평가활동이 집중되어야 할 영역이다.

출처: 강란해(2008). p.93.

그림 3.12 근접발달 영역의 확장

(3) 비계 설정

Vygotsky의 사회적 학습에 대한 생각으로부터 나온 핵심 아이디어는 '비계 설정(scaffolding)'이다. 비계 설정이란 좀 더 능력 있는 사람으로부터 얻는 도움을 말한다. 전형적으로 어떤 과제를 아동이 할 수 있게 되면 곧바로 더 많은 책임을 지게 하는 것이다. 부모는 종종 새로운 놀이를 하게 하거나 운동화 끈을 묶도록 아동에게 가르칠 때 비계 설정을 사용한다. 사실상 비계 설정은 일대일 교육을 할 때 흔히 사용된다. 예를 들어, 미시시피 강에서의 삶에서 Mark Twain은 어떻게 그가 배를 운전하도록 배웠는지 기술한다. 처음에 숙련된 키잡이가 강의 모든 굽이 때마다 그에게 지시하고 가르쳐 주었다. 그러나 점차

Mark Twain은 스스로 판단하도록 책임이 더 증가되었고 배가 암초에 걸리려 할 때만 키잡이가 도움을 주었다. 이러한 과정들이 바로 비계 설정의 대표적인 예가 된다.

학습에서 비계 설정은 초기 단계에는 많은 도움을 제공하다가 점점 지원을 줄여서 스스로 할 수 있는 단계까지 이끌어 나가야 한다. 자전거를 처음 배울 때를 기억해 보면 처음에는 아빠가 뒤에서 양손으로 잡아주지만 우리가 중심을 잡을 수 있게 되면 한 손을 놓았다가 결국에는 모든 손을 놓았던 것과 같다. 이처럼 끝까지 양손으로 잡아주기만 하면 발달이 완성되지 않으므로 어느 단계에서는 스스로 타도록 해야 한다.

출처: Slavin(1999).

그림 3.13 교사의 비계 설정

표 3.6은 교수 과정에서 제공될 수 있는 다양한 비계 설정의 유형이다.

표 3.6 교수 과정에서 비계 설정의 유형

비계 설정의 유형	예시
모델링	교사는 던지기 수업에서 던지기 시범을 보인다.
소리 내어 생각하기 (think aloud)	교사는 학생들에게 동물그림을 붙이고 해당 동물의 글자를 쓰면서 동물의 이름을 똑같이 말한다.
질문하기	교사는 동물에 대한 이해를 높이기 위해서 아동에게 식물과의 공통점과 차이점에 대한 질문을 던진다.

(계속)

비계 설정의 유형	예시
언어를 매개로 거리 두기 (distancing)	문제해결력을 높이는 데 효과적인 비계 설정 방법으로 교사는 학생에게 낮은 단계의 사실을 묻는 언어적 진술에서 추론과 복잡한 정신과정의 진술을 요구한다.
수업 자료 난이도의 점진적 조정	교사는 뜀틀 수업에서 처음으로 1단 뜀틀로 연습을 시키다가 아동이 능숙해지면 2단 뜀틀로 높이를 높인다.
길잡이와 힌트	교사는 태양계의 행성들을 외워야 할 때, 행성의 앞 글자를 딴 '수금지화목토천해'를 제시한다.

3) 교실에서 Vygotsky 이론의 적용

Vygotsky의 교육 이론은 실제 교육 현장에서 중요한 영향력을 가지고 있다. 근접발달 영역 개념은 아동들을 학습할 수 있는 영역 안으로 끌어들이는 활동 및 교수법에 대해 시사한다.

첫째, 서로 다른 수준의 능력을 가진 학생 집단 간의 협동적 학습 해결을 정립하는 것이다. 더 능력 있는 동료에게 배우는 것이 근접발달 영역 내에 있는 성장을 증진시키는 데 가장 효과적일 것이다(Forman & Mcphai, 1989). 따라서 교사는 학생에게 역할모델을 제시하여야 한다. 아동은 외적 대화를 내면화함으로써 학습한다. 아동은 주위 환경을 관찰함으로써 비판적으로 사고하는 것을 학습하기 때문이다. 좀 더 실력 있는 동료에 의한 학습은 복잡한 과업들에 대한 상호작용을 통해 근접 발달 영역으로의 성장을 촉진하는 데 효과적일 수 있다(Roth & Lee, 2007).

둘째, 언어발달을 촉진시키는 수업을 하는 것이다. 언어와 사고는 밀접한 관련성을 갖고 있다. 언어가 지시적 수업이나 중재학습 경험 모두에 있어서 매우 중요하다는 점은 학교에서 사용되는 언어와 모국어가 다른 아동에게 중요한 시사점을 제시해 준다. 따라서 교사는 아동이 사용하는 모국어를 잘 개발시켜 줄 필요가 있다. Tharp와 Gillmore(1988)는 그들이 발견 학습이라고 부르는 연구법 즉, 학생들에게 문제를 푸는 동안 혼잣말을 사용하도록 분명하게 가르칠 것을 강조하였다.

셋째, Vygotsky의 교육에 대한 접근 방법은 학생에게 그들 자신의 학습에 대해 더 많은 책임감을 지도록 비계 설정을 강조한다는 것이다(Daniels, 2001).

예를 들어, 상호 교수(reciprocal teaching)에서 교사는 소집단으로 구성된 학생들이 읽은 자료에 대해 질문에 답하도록 한다. 그리고 점차 학생들이 토론을 이끌도록 책임을 전가한다(Palincsar, Brown & Mart, 1987).

Vygotsky의 근접 발달 영역 개념은 아동이 독립적으로 할 수 있는 것과 능력 있는 동료나 어른으로부터 도움받을 때 해낼 수 있는 것에 의해 발달이 규정된다는 생각에 기초를 두고 있다(Wertsch, 1991). 이 두 가지를 다 알고 있는 것은 교사에게 유용하다. 왜냐하면 이 두 가지는 아동이 어느 방향으로 가고 있는가뿐만 아니라 주어진 어떤 시점에 아동이 어느 위치만큼 가 있는가에 대해서도 알 수 있게 해 주기 때문이다. 근접 발달 영역은 학급에서의 평가와 수업 모두에 많은 함의를 가지고 있다.

4) Vygotsky 이론의 평가적·교수적 함의

대부분의 표준적인 보통 학급의 시험은 아동의 실제적인 능력과 지식을 평가하기 위해 만들어진다. 그러므로 시험은 아동의 근접 발달 영역의 실제적 발달 수준(스스로 할 수 있는 것)만을 측정한다. 실제적 발달 수준만을 측정함으로써 교사는 아동의 중요한 발달 정보를 놓치고 아동의 능력을 과소평가하게 된다. Vygotsky는 실재적 발달 영역과 잠재적 발달 영역을 모두 측정함으로써 교사는 아동의 현재 상태와 혼자 할 수 있는 것뿐만 아니라 어떤 종류의 도움으로부터 아동이 얼마나 많이 향상되었는지도 알아야 한다고 주장한다.

이 접근은 역동적 평가의 개념과 유사하다(Cronbach, 1990; Spector, 1992). 역동적 평가에서 교사는 아동에게 힌트를 주고 평가하는 동안 각각 다른 수준의 문제해결 가정에서 도움을 준다. 힌트를 준 전후의 아동의 능력에 대해서뿐만 아니라 어느 힌트가 가장 유용했는지에 대해서도 메모를 남긴다. 근접 발달이 아동 발달의 전체 영역을 평가하려면 다음과 같은 점들을 고려해야 한다.

- 평가는 아동과 일대일 상호작용의 원리에서 이루어져야 한다.
- 사용된 아이템은 기술의 여러 수준과 여러 등급의 난이도를 평가할 수 있어야 한다.
- 교사는 평가 시간 이전에 일련의 도움과 힌트를 전개해야 한다.

표 3.7 Piaget와 Vygotsky의 비교

구분	Piaget	Vygotsky
발달의 요인	성숙과 함께 주변 환경과의 능동적인 인지적 작용에 의해 이루어지는 과정	주변과의 사회적 상호작용에 의해 이끌어지는 과정
기본 개념	• 동화: 새로운 정보나 사태를 기존의 인지 구조에 맞추어 해석하는 것 • 조절: 새로운 사태나 정보를 해석하기 위해 기존의 인지 구조를 변형시켜 새로운 목록을 생성하는 과정	근접발달 영역(ZPD) • 지적인 발달 수준에는 유아가 독립적으로 문제를 해결할 수 있는 실제적 수준과 타인의 도움을 얻어 학습이 이루어질 수 있는 잠재적 수준이 존재하며 이러한 실재적 수준과 잠재적 수준 간의 간격을 근접발달 영역(ZPD)이라고 한다. • 근접발달 영역 내에서 학습의 기회를 제공할 때 사회적 협력을 통한 전달과 함께 개인의 내면화된 과정으로 지식의 전이가 이루어진다.
학습에 영향을 미치는 요소	• 적정 수준의 인지적 불일치 새로운 놀잇감이나 교육적 상황이 기존의 경험적 지식과 어느 정도 관련을 맺으면서도 동시에 적절한 모순과 갈등요소를 지닐 때 적극적인 학습이 일어난다는 의미 → 따라서 유아들의 개별적인 사전 인지 구조나 경험적 지식을 고려하여 유아의 수준에 적절하게 차별화된 수준별 수업을 제공하여야 한다.	• 비계 설정(Scaffolding) –개념 ▸ 유아가 적극적으로 수행하고 있는 활동에서 능력을 만들고 유지하도록 지원하는 사회적 상호작용의 환경 ▸ 상호작용하는 유아의 능력에 맞추어 과제를 수행하는 데 필요한 도움을 단계적으로 조절해 나가며 학습에 기여하는 것 –효과적인 비계 설정 방법 ▸ 공동 문제해결 ▸ 상호 주관성 ▸ 따뜻한 반응 ▸ 어린이를 ZPD에 머물게 하기 ▸ 자기–조절 증진시키기
교수학습에 미친 영향	• 주변과의 능동적인 상호작용을 통한 의미 있는 지식의 구성 • 유아기 감각 운동적 사고의 특성: 구체적인 조작과 직접 경험을 통한 학습 방법 • 또래는 인지 구조에 모순과 조정을 유발하는 협력적 관계이므로 또래 간 갈등과 토의를 통한 학습 강조	• 협력학습의 강조 –협동적 문제해결 활동에 유아들의 참여 증진 –집단 토의 활동 등을 통한 상호 주관성 발달 –교사는 긍정적이고 반응적인 태도와 언어적 칭찬으로 유아들의 자신감 증진, 과제에 대한 도전감과 과제 집중력, 학습에 대한 흥미 등 증진
교사의 역할	유아의 학습에 적극적이고 직접적인 방식으로 상호작용하기보다는 유아가 스스로 지식을 구성해 나가도록 풍부한 물리적 환경을 제공하는 안내자의 역할을 담당	보다 적극적인 도움을 단계적으로 제공하는 중재자, 촉진자, 지지자의 역할을 수행하게 된다.

(계속)

구분	Piaget	Vygotsky
상징놀이	현실에서 획득한 다양한 개념이나 기호적 기능을 연습하는 동화적 활동	사회적 기준에 맞추어 자신의 조절력을 증진시켜 나가는 자기 조절의 기능
언어	• 인지우선론 –인지의 기원은 감각운동기에서 비롯되므로 인지는 언어보다 그 뿌리가 깊다고 본다. ▸ 인지의 발달이 선행되어야 언어발달이 진전된다고 주장하였다. –자기중심적 언어에서부터 점차 사회적 언어로 발달되어 간다. ▸ 자기중심적 언어가 사회적인 기능을 하지 않는 것으로 봄	• 언어우선론 –발달 초기에 언어와 인지는 독립적인 근원을 갖는다고 본다. –자기중심적 언어(egocentric speech)도 사회적인 기능을 가지고 있다고 본다.
도덕성 발달	Piaget • 규칙은 어른에 의해 부과된 것으로, 절대적이고 고정적이며 규칙 위반 시 반드시 처벌받는다는 내재적 정의와 무조건적 복종의 특징을 나타낸다. • 공정성의 개념: 어른의 권위에 대한 무조건적 복종을 정의로 생각하다가 상호 호혜성에 기초한 무조건적 평등을 중시하는 단계로 변화한다. • 잘못된 일에 대한 합리적 설명보다 속죄적인 벌을 선호한다. • 도덕적 행위의 판단은 행위의 의도보다 결과에 치중하며 흑백논리를 나타낸다(도덕적 현실주의). • 성인에 대한 거짓말은 나쁘지만 유아들 상호 간의 거짓말에 대한 죄책감은 약하다.	
	• 공통점 –아동의 발달은 질적 성장인 동시에 단계를 가지고 있다. –사고는 능동적으로 이루어진다. –지식 전달은 문화와 관련이 있다. –추상적이고 논리적인 사고를 강조했다.	

- 도움과 힌트를 아동의 실제 수준이나 현재 상태, 아동들이 배울 때 흔히 있는 실수, 이해한 것과 오해한 것에 대한 아동의 설명, 특정 기량을 평가하는 데 있어서의 다음 발달 수준 등에 기초를 두어야 한다.
- 교사는 이러한 힌트와 도움들이 아동들의 해답에 끼친 영향에 대해 메모해야 한다.

'나이에 알맞은' 학습 계획에서는 아동의 현재 발달 수준 이상의 것을 고려해야만 한다. Vygotsky에 따르면 학습 계획을 발달 단계에 맞게 적절하게 하기 위해 교사는 '아동들이 자기 힘으로 무엇을 할 수 있는가' 뿐만 아니라 '아동들이 다른 사람의 도움이 있을 때 무엇을 배울 수 있는가' 하는 것도 포함하는 활동을 계획해야 한다.

Vygotsky의 이론은 모든 아동에게 어떤 것이든 가르쳐질 수 있다는 것을 의미하는 것은 아니다. 근접 발달 영역 내에 있는 교육과 활동만을 말하는 것이다. 예를 들면, Spector의 연구에서 한 아동이 많은 도움을 받고도 단어의 소리를 구분해 낼 수 없었다면, 그 아동은 지금 당장은 이것을 배운다고 해도 학습능력을 향상시키지는 못할 것이다. 이미 알고 있는 것을 반복 연습하는 것과 너무 어렵고 복잡한 개념을 가르쳐 주는 것은 긍정적인 효과가 거의 없다. 두 가지 발달 단계에 대한 정보는 다음과 같은 방법에 의해서 학습 활동을 조직하는 데 쓰인다.

- 교수는 근접 발달 영역의 상위 단계(다른 사람의 도움으로 할 수 있는 것)에 있는 것을 아동들 개개인이나 그룹에 연습하도록 제공함으로써 계획할 수 있다. 예를 들면, 평가할 때 아동들에게 도움을 주는 힌트와 도움말은 수업 활동의 기초가 될 수 있다.
- 협동학습활동은 다른 학습을 서로 도울 수 있는 다양한 수준의 아동들로 집단을 구성하여 계획할 수 있을 것이다(Slavin, 2009; Webb, 2008).
- 비계 설정(Wood et al., 1976)은 아동에게 상위 단계의 근접 발달 영역을 이해시키기 위한 방법이다. 비계 설정에서 어른은 그 과제를 간단히 조작하지 않는다. 그러나 학습자의 역할은 여러 단계로 나뉜 교사의 개입에 의해서 간단해진다(Greenfield, 1984). 예를 들어, 고등학교 과학 수업에서 교사는 학생들이 실험을 수행할 수 있게 처음에는 상세한 순서를 설명해 준다. 그리고 나중에는 실험을 체계화하는 데 쓰일 간단한 개요만 제공하고 마침내는 완전히 학생들 자신의 힘으로 실험을 하도록 요구함으로써 비계 설정을 제공할 수 있다. Vygotsky는 인지 발달에 대한 충분한 이해가 교사의 교수 활동의 성패를 결정한다고 확신하였으며, 아동의 지적 발달을 촉진시키는 것이 교사의 역할이라고 하였다. 이러한 점이 교사들에게 중요한 시사점을 준다.

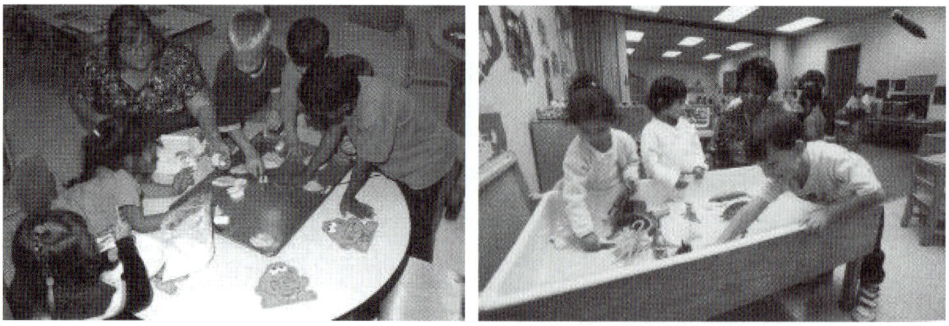

그림 3.14 교사의 역할에 따라 아동의 지적 발달이 달라진다.

생각해 볼 문제

1 Piaget와 Vygoksky의 인지발달 이론의 공통점과 차이점을 비교하여 설명하시오.

2 Vygoksky의 사회문화적 인지 이론이 갖는 함의를 서술하시오.

3 다음의 내용을 읽고, Piaget가 말하는 '빨리 가르친다'의 의미를 나의 학습과정과 연관 지어 설명하시오.

> "교육의 목적은 지식의 양을 증가시키는 데 있는 것이 아니라 발견하고 발명해 낼 수 있는 가능성을 창조하는 데 있다. 우리가 아이들을 너무 빨리 가르칠 때 우리는 그들을 발명과 발견에서 멀어지게 한다."(Jean Piaget)

4 Vygoksky의 근접 발달 영역 개념을 이용하여 아동의 독립적인 읽기 수준과 교수적인 읽기 수준의 차이를 설명하시오.

Chapter

4 성격 및 사회성 발달

인간의 발달은 인지, 사회성, 정서, 행동 등 전인적인 발달과정으로 서로 영향을 주고받으며 일어난다. 따라서 아동이 어떤 행동을 때 그것을 이해하기 위해서는 사고와 감정에 관련된 다양한 요인을 이해할 필요가 있다. 이 장에서는 교사가 아동의 여러 행동을 이해하고 지도하기 위해서 필요한 성격, 사회성 및 그에 따른 발달에 대해 살펴보고자 한다.

1 Freud의 심리성적 성격발달

성격에 관하여 가장 포괄적이고도 체계적인 견해를 밝히고 있는 이론은 인간의 정신을 본질적으로 무의식(unconsciousness)과 의식(consciousness)으로 구분하면서, 무의식적인 차원으로부터 인간이 심리 구조를 심층적으로 구축하고 있는 정신분석학적 구조론(psychoanalysis theory)이라고 할 수 있다.

Freud의 성격 이론은 인간 심리의 구조적 측면에 관한 전형적인 이론이라고 할 수 있다. 그는 성격이란 원초아(id), 자아(ego), 초자아(super ego)의 세 가지 체계에 의해서 역동적이고 구조적으로 이루어져 있다고 설명하였다. 이 체계들은 각각의 기능(function), 작용 원리(operating principle), 고유성(property), 기제(mechanism) 등이 있으나 서로 밀접한 연관성을 가지고 있다. 정신적으로 건강한 사람은 이 세 가지 체계가 통합되고 조화된 조직체로써 협동적인 역할을 다함으로써 환경과 더불어 효과적인 적응을 해 나갈 수 있다. 그러나 이같은 조직체가 서로 어긋나고 조화되지 못할 때는 적응상 어려움을 겪게 된다.

1) 성격의 구조

(1) 원초아

원초아(id)는 원시적인 충동을 총칭한다. 본능, 즉 성격의 타고난 부분을 가리키며 공기, 물, 음식, 영양 등에 대한 생리적 본능, 체온의 유지, 자기 보존, 종족 보존 등의 본능들도 모두 원초아의 기능으로 생각되고 있다. 따라서 의존하고 싶은 욕심, 공격성, 분노, 성(sex)에 대한 욕구 등도 모두 원초아에 속하며 원초아의 정서로 취급된다. 원초아의 충동은 자아의 힘이 약화되었을 때는 의식 세계의 공상이나 증상으로 나타날 수 있으나 보통 때는 무의식에 잠겨 있다.

Freud는 인간 심리의 심층에는 욕구가 있으며 이것은 무의식적이고 본능적이라고 생각했다. 또한 이 욕구는 신체적 기능에서 에너지를 공급받아 정신적 에너지를 얻는다고 하였다. 그는 이러한 기본적인 본능을 삶의 본능(life instinct)과 죽음의 본능(death instinct)으로 구분하였다.

삶의 본능은 생존과 번식을 위한 신체적 욕구일 뿐만 아니라 창조적·지적 활동에 대한 심리적 근원으로 'libido' 또는 'eros'라고 부르며, 굶주림·목마름·성(性)에 대한 욕구가 이것에 포함되며, 그 중에서도 성적 욕구가 가장 강한 것으로 보았다. 죽음의 본능은 삶에 대한 무기력 상태로서 'thanatos'라고 부르고 미움, 공격, 파괴 등의 충동으로 구성된다. 그러나 대개 본능의 표현은 이들이 합쳐진 형태로 표현된다. 예를 들어 이성 관계에 있어서도 가학적 요소(sadistic)와 피학적 요소(masochistic)가 동시에 포함된다.

원초아는 어릴 때 노골적으로 나타나며, 성숙해서도 비합리적이고 행동적인 면을 가지고 있다. 그러므로 원초아는 생물학적인 소산인 동시에 성격의 기초적인 면이라 할 수 있으나, 자기의 욕구를 충족하기 위해 외부와 싸우게 되는 과정에서 자아가 발달한다.

(2) 자아

자아(ego)는 개인의 행동이 사회적으로 용납될 수 있도록 통제하는 기능을 갖고 있는 성격의 한 부분이다. 직접적인 쾌락을 얻으려는 충동을 억제하고 합리적인 방법으로 궁극적인 쾌락을 얻기 위해서는 인생 행로를 돌아가야 할 때가 많다. 이 같은 현실에 맞는 행동을 지배하는 부분이 자아이다. 이런 견지에서 자아는 전부가 아니라도 대부분이 의식적인 성격의 기능이라고 볼 수 있다. 욕구를 건설적으로 이끌어 원초아의 맹목적이고 파괴적인 면을 다스려서 현실에 부합되도록 행동한다. 즉, 자아는 성격을 위하여 외부와 지나친 욕구 사이를 교섭하고 조화와 적응을 가져오도록 한다. 이와 같이 현실 상황에 맞게 욕구를 충족시키는 과정을 이차 과정이라 한다.

자아는 개인으로 하여금 객관적 현실을 이해할 수 있는 판단력을 가지게 하며, 합리적인 사회생활을 영위하고 사회 규범을 따르게 하는 부분이다. 따라서 지각, 기억, 사고, 행동 등의 심리학적인 과정을 자극하여 평가, 판단, 타협, 해결 등 성격의 일면을 이룬다. 원초아가 쾌락 원칙의 지배를 받는데 반해서 자아는 현실 원칙(reality principle)의 지배를 받기 때문에 현실 파악을 위해 인식 과정이 발달되어 있다. 이 현실 원칙의 목표는 욕구를 충족시킬 만한 대상이 발견되거나 이루어질 때까지는 에너지 발산을 보류한다. 그러므로 자아는 성격의 행정적 구실을 한다고 볼 수 있다. 즉, 성격의 집행관이다.

(3) 초자아

초자아(super ego)는 사회적인 현실과 관계되는 자아 경험에서 발달되어 나온다. 초자아는 개인의 행동을 이상(ideal)에 따르도록 하는 역할을 하며, 쾌락이나 현실보다는 이상적이고 완전한 것을 지향한다. 초자아는 문화적·전통적으로 내려오는 가치와 그 사회가 요구하는 이상 등이 성격 속에 표현된다.

초자아는 자아 이상(ego ideal)과 양심(conscience)의 두 가지로 나눌 수 있다. 따라서 초자아는 자아로 하여금 본능의 직접적인 표현을 막고 무의식적인 이들의 충동에 대해서 여러 가지 방어 기제를 쓰게 하는 양심이며, 그 개인이 동일시하려는 사람과 비슷한 양상으로 행동하게 하는 자아 이상으로서의 역할을 하는 성격의 일부라고 볼 수 있다. 보통 일상 용어에 있어서 양심과 초자아와의 차이점은 양심이 전적으로 의식적인 데 비해 초자아는 의식적인 면과 함께 무의식적인 면이 포함된다. 즉, 의식적 혹은 무의식적으로 초자아는 성격의 도덕적 권력으로서 내재화된 사회적·도덕적 가치를 유지하면서 개념화된 감독자, 충고자, 협박자의 역할을 한다.

다시 말하면 자아 이상(ego ideal)이란 긍지와 가치감을 주고 개인을 보상함으로써 초자아 속에서 발달한다. 즉 부모가 도덕적으로 선하다고 생각하는 것을 자녀들도 가지고 있다는 개념이고, 양심(conscience)이란 경험·벌 등에 의해 이루어지며, 부모가 도덕적으로 옳지 않다고 생각하는 것을 자녀들도 가지고 있는 개념이다.

아동이 5세경에 이르면 초자아 형성의 기틀이 잡히기 시작하는데, 그 후 청년기에 이르기까지 계속해서 형성·발달된다. 정신분석학에서는 권위적 존재(authority)에 대한 동일시에 의하여 도덕성 발달이 이루어진다고 설명하고 있다. 그러나 권위적 존재 중에서도 특히 부모와의 동일시로 부모의 금지나 의무가 내면화되어 무의식적인 초자아를 이루게 된다.

연령이 증가함에 따라 교사, 교수, 존경하는 사람들, 문화 또는 다른 권위의 다양한 이상, 금지 또는 도덕적인 규준 등이 검열관으로 혹은 준거로 내재화된다. 따라서 자아를 행정부에 비유한다면 초자아는 입법부에 비유할 수 있다.

즉, 성격에 있어서 통제하고 감독하고 비판하는 도덕적인 재판관 역할을 맡고 있는 부분이다.

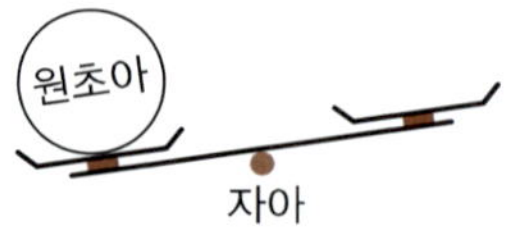

영아기에 자아는 비발달되어 원초아에 지배되고 있다.

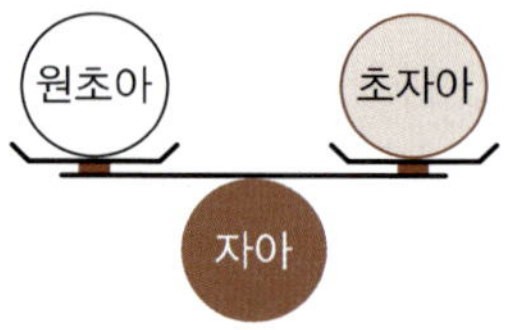

자아가 충분히 발달되어 원초아와 초자아의 균형을 이룬 안전한 상태

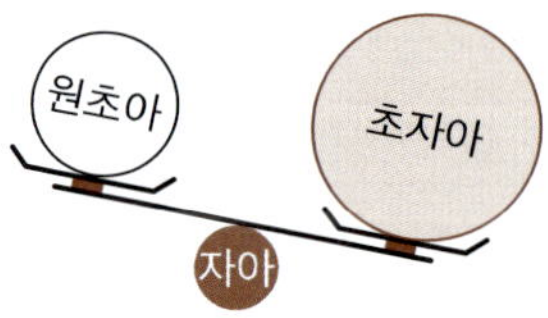

자아가 충분히 발달되지 않아 원초아와 초자아의 균형을
이루지 못해 자아규제가 지나치게 갇힌 상태

출처: 강란해(2008). p.54 재인용.

그림 4.1 원초아·자아·초자아의 관계

앞에서 언급한 성격의 역동적인 견지에서 본 원초아, 자아, 초자아는 일생을 통해 서로 작용하고 통합된다. 자아는 원초아에서, 초자아는 자아에서 형성된다. 즉, 자아는 원초아가 표면으로 나오지 못하도록 막고 초자아는 비판하는 기능을 가져, 원초아나 자아가 사회적으로나 도덕적으로 위배되지 않도록 통제하는 역할을 한다. 이 세 가지 체계 간의 균형에 따라 개개인의 성격도 각각 다르게 나타난다. 예컨대 초자아에 의해 강하게 지배받는 사람은 도덕가가 되고, 자아에 의해 강하게 지배받으면 현실적인 사람이고, 원초아에 의해 강한 지배를 받으면 충동적인 사람이라고 생각할 수 있다.

Freud는 이와 같은 성격 구조의 수직적 구분 위에 의식과 무의식 등 수평적인 구분도 하였다. 개인이 성장함에 따라 그가 갖는 무의식 세계는 잊어버린 일이나 억제된 일로 채워지게 되며, 결국은 의식 영역에서 보관해 두기에는 너무나 괴로운 일들로 가득 차게 된다. 이 이론은 널리 받아들여졌고 개인의 행동을 이해하는 데도 크게 공헌해왔음은 말할 나위 없다. Freud가 말하는 무의식이란 개인이 의식할 수 없는 것으로 대부분의 경우 심층을 의미한다. 즉, 성격에서 말하는 의식과 무의식은 표면층과 심층과의 구별이다. 방어 기제의 개념 속에는 표면적인 행동이 때때로 어떤 성격 특징을 은폐하고 있으며, 그 인정은 그 사람에게는 달갑지 않다는 뜻을 함축하고 있다. 예컨대 표면적인 공격 밑에는 표현되지 않는 자기 자신도 깨닫지 못하는 질투가 숨어 있다.

다음 그림 4.2는 Freud가 성격의 구조를 물리적 비유로 사용하였던 것이다 (Lazarus, 1973). 즉 개인의 마음을 빙산에 비유하였는데, 빙산의 물 위에 나와 있는 부분은 전체 얼음덩이의 극히 작은 부분이고, 나머지 대부분은 물 속에 잠겨 있다. 그는 물 위에 나와 있는 부분을 의식에, 물에 잠겨 있는 부분을 무의식에 비유하였으며, 그 경계는 전의식에 해당된다고 보았다.

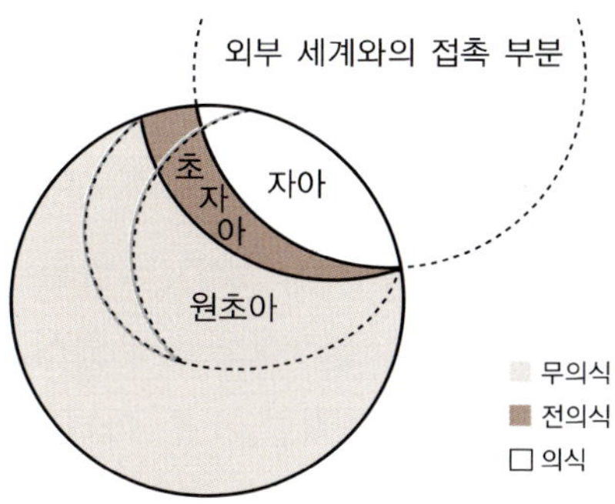

그림 4.2 성격의 구조

첫째, 의식(consciousness)은 현재에 대한 느낌과 식별을 가지는 정신 내용으로서 다른 영역보다 비교적 작은 부분을 차지하고 또 내용도 항상 변화 교체된다. 이 내용은 외부 환경에서 자극되어 나타나기도 하지만 많은 부분이 정신의 하부 구조에서 솟아오른 것이다.

둘째, 무의식(unconsciousness)은 통정성(ego integrity)이 없고 유치하며 원시적이고, 지적이기보다는 정서적·본능적이다. 무의식은 정신의 대부분을 형성하고 있으며, 본인에게 알려질 수 없는 내용이며, 사고 활동에 은연중 영향을 끼치며 나타난다. 예컨대 개인의 꿈과 보통 때의 언동·느낌·결정·대인 관계 등에 있어 개인이 인식하거나 인식하고 싶어 하는 것보다 훨씬 크게 무의식적인 요소에 의해서 지배된다.

또한 무의식의 내용이 되는 원천에는 두 가지가 있다. 그 하나는 의식으로부터 억압되어 무의식으로 들어오고, 다른 하나는 전혀 의식되지 않았던 심층부에 있다. 따라서 흔히 잠재 의식이란 말이 일상용어로 사용되고 있으나 무의식과 혼동될 우려가 있으므로 과학적인 사용에는 피해야 한다.

2) 방어기제

방어기제(defense mechanism)란 자아가 위협받는 불안한 상황에서 자신을 보호하는 심리의식이나 행위를 가리키는 정신분석 용어이다. 방어기제는 건강한 심리 발달을 저해할 위험으로부터 자기 자신을 보호하기 위한 것으로 무의식적으로 자신을 속이거나 상황을 다르게 해석하여 불안감을 감소시키는 기술이다(이명조, 2005).

이 기제는 욕구불만의 해소라는 점에서 일종의 적응기제이지만 ① 무의식적으로 작용하기 때문에 문제를 합리적으로 해결할 수 없으며, ② 해결이 심리적 상태에서만 그치므로 문제의 근본적인 해결 없이 책임회피, 현실 도피, 거부 또는 왜곡에 그치며 자기 기만적이고, ③ 결과적으로 유연성과 합리성을 결여한 부적응 행동을 만들어 낸다는 점에서 바람직한 것은 아니다. 대표적인 자아방어기제는 다음과 같다(Thomas, 2000; Thomson & Rudolph, 2000; Ryckman, 2000).

(1) 억압

억압(repression)이란 내면의 동기를 의식에서부터 무의식으로 추방하는 것이다.

- 새로 태어난 동생에 대한 질투로 동생이 없어져 버리면 좋겠다는 욕망을 억압해서 전혀 의식하지 못하게 된다.

(2) 합리화

합리화(rationalization)는 자존심을 유지하고 죄책감을 피하기 위해 행동의 실제 원인 대신 그럴듯한 이유를 대는 기제이다.

- 유치원에서 1박 2일로 가는 캠핑을 가게 되면 엄마와 떨어져야 하므로 캠핑에서 놀면 해로운 벌레에 물리니까 안 가는 것이 낫다고 우긴다.

(3) 퇴행

욕구의 현실적인 충족이 곤란할 때 유아기의 발달 단계로 역행함으로써 유치한 태도, 행동, 사고방식으로 욕구의 충족을 이루는 기제이다. 다시 말하면, 퇴행(regression)은 인간이 곤란에 직면할 때 인격적 발달의 초기단계로 역행하며 만족한 문제해결방법을 사용하는 일종의 도피기제이다.

(4) 투사

투사(projection)는 안에 있는 것을 밖으로 내놓는 기제이다. 자기의 욕구와 태도 혹은 결점을 타인에게서 찾아냄으로써 자기의 책임을 타인에게 전가하는 것이다.

- 엄마가 손대면 안 된다고 타이른 예쁜 유리인형을 굉장히 만지고 싶어 하는 아이가 자기 동생이 엄마가 없는 동안 그 인형을 만져서 깨뜨리고 말 것이라고 말하는 것이다.

(5) 반동형성

자신의 행동이나 충동이 불유쾌하거나 죄의식을 느끼기 때문에 자신의 감정과는 정반대되는 행동을 하게 되는 것을 반동형성(reaction formation)이라고 한다. 본 마음은 상대가 밉다. 그러나 나타나는 행동은 정반대로 지나치게 상대방에게 친절하게 대하는 경우이다.

(6) 동일시

자기 자신을 다른 훌륭한 인물이나 집단 또는 동물들과 동일한 것으로 느낌으로써 자기의 욕구를 만족시키려는 것을 동일시(identification)라고 한다. 즉,

타인과 동일하게 되고 싶어 하는 심리기제이다. 단순하고도 거의 보편적인 형태의 동일시의 행동은 아동의 자기 부모에 대한 관계에서 볼 수 있다. 아동 자신은 무능한데 자기 부모가 명성, 위력을 가진 경우 아동은 부모의 성취를 자기 자신의 것으로 보게 된다.

동일시한다는 것은 특수한 경우를 제외하고는 긍정적 가치를 지닌다.

- "우리 아빠는 모르는 것 없는 척척박사야"하면서 매일 책을 펴들고 다 아는 것처럼 행동하는 것

(7) 승화

승화(sublimation)란 정신분석학상의 용어로서 정신적 긴장이나 에너지를 사회적으로 인정될 수 있는 행동방식으로 표출하는 것이다.

Wallen은 승화란 원시적인 욕구를 윤리적으로 받아들일 뿐만 아니라 쓸모있는 행동양식으로써 간접적으로 표현하는 것을 말한다고 하였다.

- 성적 애정을 느낄 때 연애소설을 읽고 음악을 감상하고 춤을 추는 일
- 아이를 갖지 못하는 여교사가 학급 아동을 어머니와 같이 귀여워해 주는 일

(8) 치환

치환(replacement)은 원래 대상에 대한 억압된 동기 및 감정을 대체된 대상으로 방향을 수정하는 것이다. 치환은 억압된 동기 및 감정이 새로운 출구를 찾을 수 있도록 해 준다.

- 영어교사가 미우면 영어공부 하기가 싫음

3) 심리성적 발달 단계

Freud에 따르면 모든 사람은 일련의 성격 발달 단계를 통과한다. 성격 발달의 각 단계는 갈등을 포함하고 있으며, 갈등을 해결하는 방식이 성격에 영향을 준다. 정신분석 이론에 따르면 성격은 아동이 각 발달 단계에서 갈등을 해결하

는 방식에 따라 결정된다. 특히 성격 발달은 아동기에 일어나기 때문에 '아이는 어른의 아버지'라고 하기도 한다.

성격 발달의 처음 3단계에서 아동은 특수한 갈등을 해결해야 한다. 이 갈등은 성적욕구를 충족하는 방식과 관련되어 있으므로 Freud의 발달 이론은 심리성적 단계 이론(心理性的 段階理論, psychosexual stage theory)이라고 한다. 이 이론에 따르면 각 단계에서 아동은 특정 신체부위에 리비도(libido, 성적 에너지)를 집중시켜 성욕을 충족시키려고 한다.

각 단계의 명칭은 리비도가 집중된 신체부위에서 따온 것이다. 만약 아동이 특정 발달 단계에서 갈등을 완전히 해결하지 못하면 그 단계에 고착(固着, fixation)하게 된다(권대훈, 2006).

표 4.1 Freud의 심리성적 발달 단계

심리성적 단계	나이	기술
구강기	출생~1세	성 본능이 입에 집중되어 있다. 영아는 빨기, 씹기, 물기와 같은 구강활동으로부터 쾌락을 얻는다. 먹기 활동은 특히 중요하다. 예를 들면, 너무 일찍 또는 갑작스럽게 젖을 뗀 영아는 이후에 친밀한 접촉을 갈망하며 배우자에게 지나치게 의존적이 될 수 있다.
항문기	1~3세	자발적인 배뇨와 배변은 성본능을 만족시키는 주된 방법이 된다. 변훈련은 아이들과 부모 사이에 큰 갈등을 만든다. 부모가 만드는 정서적 분위기는 지속적인 효과를 가질 수 있다. 예를 들면, 변보기 "사고"에 대해 처벌을 받은 아동은 억제되고, 지저분하며, 소비적이 될 수 있다.
남근기	3~6세	쾌감은 생식기 자극으로부터 얻어진다. 아동은 이성 부모를 향한 근친상간적 욕구를(소년의 경우는 오이디푸스 콤플렉스, 소녀의 경우 엘렉트라 콤플렉스라 부름) 발달시킨다. 이 갈등으로 인한 불안은 아동들이 동성 부모의 성역할 특성과 도덕기준을 내면화하도록 만든다.
잠복기	6~11세	남근기의 외상이 성적갈등을 억압하고 성적충동을 학업과 원기왕성한 놀이로 바꾸어 준다. 아동이 학교에서 더 많은 문제해결능력을 획득하고 사회적 가치를 내면화함에 따라 자아와 초자아는 계속 발달한다.
생식기	12세 이후	사춘기는 성적충동을 다시 깨우게 된다. 청소년은 이러한 충동들을 어떻게 사회적으로 수용될 수 있는 방식으로 표현하는가를 배워야만 한다. 만약 발달이 건강하게 이루어지면 성숙한 성적본능은 결혼과 자녀양육에 의해서 만족된다.

출처: 송길연 외(2000). 발달심리학. 시그마프레스. p.48.

(1) 구강기(oral stage, 출생~1세)

이 단계에서 원초아는 신체의 구강을 통해서 성적 쾌감을 획득하는 데 초점을 둔다. 새롭게 나타나는 자아는 배고픔의 고통을 만족시키기 위해서 유아에게 우유병이나 젖을 빠는 행위와 구강 흡입활동을 지시한다.

이 시기에 고착되면, 손톱 깨물기, 엄지 손가락 빨기 등을 보이며, 그 이후에 흡연과 과식과 같은 강박적 습관을 가지게 된다.

(2) 항문기(anal stage, 1~3세)

이때는 쾌락이 항문과 요도에서부터 온다. 유아와 학령 전 아동은 자유자재로 대소변을 보유하고 방출하는 것을 즐긴다. 이 단계에서는 자아는 적당한 시간과 장소에서 쾌락의 방출을 연기하는 것을 배워야 한다. 흔히 대변 보유에서 생기는 쾌감에 고착되면 후에 수전노와 같은 인색한 성격의 소유자가 되고, 배설의 쾌감에 고착되면 무절제한 성격의 소유자가 된다. 그런데 부모가 대변 통제를 적절하게 훈련시키면 성장하여 생산적이고 창의적인 사람이 된다.

(3) 남근기(phallic stage, 3~6세)

원초아의 충동은 생식기로 옮겨지고 아동은 생식기의 자극으로부터 쾌락이 생긴다. Freud는 이 단계 동안 오이디푸스 갈등(Oedipus complex)이 생겨난다고 보았다. 어린 아동은 자신의 어머니를 향한 성적 욕망을 느끼지만, 자신에게 받아들여질 수 없는 충동을 아버지가 처벌할 것이라는 두려움 때문에 이런 충동을 궁극적으로 억압한다. 부모의 사랑과 인정을 얻기 위해 아동은 아버지와 성격과 사회적 가치를 받아들이거나 동일시한다. 또한 아버지처럼 되는 것은 성인의 힘과 쾌락을 대리 만족하는 수단이 된다. Freud는 이와 유사한 엘렉트라 콤플렉스(Electra complex)가 여자아이에게 일어난다고 믿었다. 여자아이들은 어머니를 동일시하게 된다. 오이디푸스 갈등의 해결로 초자아가 형성되고 이 시기에 형성된 원초아, 자아, 초자아의 관계는 개인의 기본적 성격을 결정한다. 이 시기에 고착되면 과시적이고 공격적인 남근기적 성격 소유자가 된다. 특히 남자는 자기애적(narcissistic)인 것이 특징이다.

(4) 잠복기(latency stage, 6세~사춘기)

이 단계에서는 성적 본능이 억압된다. 아동은 가족 이외의 다른 성인들로부터 사회적 가치를 동화시키고 동성의 아동들과 놀이를 하면서 동일시하고 초자아를 확고히 한다.

(5) 생식기(genital stage, 사춘기 이후)

사춘기의 성숙으로 남근기의 성적 충동이 다시 재개된다. 그러나 그것은 가족이 아닌 다른 사람들과의 애정관계를 통해서 만족될 수 있다. 만약 발달이 초기에 적절하게 이루어졌다면 이 시기에 결혼, 성숙한 성관계, 자녀의 출생과 양육에 이르게 된다.

Freud는 잠복기 이전까지를 유아 성욕기(infantile sexualism)라 하고 사춘기 이후를 이성 애착기(heterosexualism)라 했다. 이때까지 원만한 발달을 이룩한 사람은 이타적이고 성숙한 생식기적 성격(genital character)의 특징을 보인다.

4) Freud 이론에 대한 비판점

Freud 이론은 아동의 발달과 가족의 관계에 대한 중요성을 강조하고 있다. 그리고 아동의 정서적 문제를 이해하는 토대를 제공하기도 한다. 이와 더불어, 이후의 발달에 대한 초기 경험(early experience)의 중요성을 강조한 최초의 이론이기도 하다. 그럼에도 불구하고 Freud의 관점은 다음과 같이 비판하고 있다.

첫째, Freud 이론의 발달에 있어서 성감대와 성적 느낌을 지나치게 강조했다는 것이다. 사회적·지적 본성에 대한 발달과업은 아동으로 하여금 성인기를 준비하도록 한다는 점과 그 시기의 중요한 과업이 아동 초기를 넘어서도 다루어져야 한다는 사실을 인식하지 못했다.

둘째, Freud 이론은 성적으로 억압된 중류계층 성인들의 문제에 기초해서 만들어진 것으로 19세기 빅토리아시대와는 다른 문화에서의 아동발달에 적용하기는 무리가 있다.

셋째, Freud 이론에 의심이 가도록 하는 또 다른 이유는 그가 실제로 아동을 직접 연구하지 않았다는 점이다.

넷째, Freud는 환자의 과거의 경험의 회상에 의존하여 치료하는 방법을 사용하기 때문에 그 기억의 정확성에서 신뢰도가 떨어진다는 점이다.

2 Erikson의 심리사회적 발달 이론

1) Erikson은 개인적·사회적인 발달을 어떻게 바라보았는가?

아동은 그들의 인지 능력을 개발할 때 그들 자신의 모습과 타인과의 상호작용, 그리고 세상에 대한 태도도 함께 발달시킨다. 이러한 개인적이고 사회적인 발달을 이해하는 것은 교사가 학생을 가르치고, 성공적으로 다양한 연령의 아동들과 소통을 하기 위해서 매우 중요하다. 인지발달과 마찬가지로, 개인적이고 사회적인 발달은 종종 단계의 용어로 설명된다. 미운 한 살 혹은 미운 세 살이라고 하지 않고 미운 두 살이라고 말하며, 누군가가 분별 없고 이기적으로 대응할 때 그 사람을 두 살짜리처럼 행동한다고 말한다.

청소년기, 그리고 십대라는 단어는 우리 문화에서 정체성, 혼란, 영웅, 숭배, 성적 깨우침 등과 관련이 있다. 이러한 관련성들은 모든 사람이 겪어야 한다고 우리가 믿는 발달의 단계를 반영한다. 이 영역은 Erikson이 제안한 개인적·사회적 발달 이론에 초점을 맞추고 있는데, 이것은 Freud의 발달 이론을 적용하여 더 발달시킨 것이다. Erikson의 이론은 심리적이고 사회적인 발달 이론과 깊은 관련이 있기 때문에 심리사회적 이론(psychosocial theory)이라고 불린다.

2) 심리사회적 발달 단계

Piaget처럼 Erikson도 정상적인 심리학 교육을 받지 못했으나 젊은 학자로서 그는 당시 정신분석가인 Freud에게 많은 영향을 받았다. Erikson은 사람들이 살아가면서 8가지 발달 단계를 거친다는 가설을 세웠다. 각 단계에서 해결해야 할 중대한 문제들에 있어서, 대부분의 사람은 각각의 사회심리학적 위기를 만족스럽게 해결하고 새로운 도전의 기회로 삼지만, 일부는 이러한 위기를 완벽하게 해결하지 못하고 그 후에도 계속해서 그 문제를 다뤄야만 한다(Miller, 1983). 예를 들면, 많은 성인이 아직도 청년기의 정체성 혼란을 해결하지 못하고 있는 경우가 있다. Erikson의 이론에 따라 인간 발달의 8가지 단계에서 각 단계는 해결되어야 하는 핵심적 문제에 의해 규정된다.

(1) 1단계: 신뢰 대 불신(출생~18개월)

유아기의 목적은 세상의 기본적인 신뢰를 발달시키는 것이다. Erikson(1968)은 기본적인 자신에 대한 신뢰뿐만 아니라 타인에 대한 신뢰로서의 기본을 정의한다. 이 위기는 두 가지 천성이 있다. 유아는 그들의 요구를 충족시키고, 또한 엄마의 요구를 충족시키는 데 돕는다. 엄마는 아기가 이 세상에서 만나는 첫 번째로 중요한 사람이다. 엄마는 아기의 영양과 애정의 요구를 충족시켜야만 한다. 만약 엄마가 거부한다면 아동에게 기쁨이 아닌 절망의 근원이 될 것이다. 그러한 엄마의 행동은 아이에게 아동이 성인이 될 때까지 겪는 세상에 대한 불신을 심어준다.

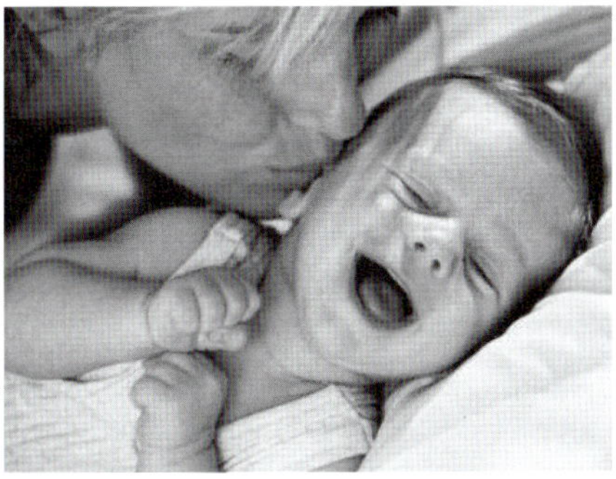

신뢰 대 불신

출처: Newsweek 한국판(2009, 개정증보판). p.68-69.

그림 4.3 신뢰감 대 불신감

(2) 2단계: 자율 대 수치심(18개월~3세)

2세까지 대부분의 유아는 걸을 수 있고, 다른 사람과 의사소통을 할 만큼 언어를 충분히 습득한다. 미운 두 살의 유아는 더 이상 다른 사람에게 의존하려고 하지 않는다. 대신에 그들은 혼자서 일을 하려고 하는 자율성을 키워 나간다. 힘과 독립에 대한 유아의 열망은 종종 어른의 열망과 대치된다. 그래서 Erikson은 이 단계의 유아는 의존과 독립의 이중성을 갖는다고 말한다. 유아가 자유롭게 행동하고 스스로 하기를 인정할 만큼 융통성이 있는 부모는 자율성을 권장한다. 반면, 지나치게 간섭하는 부모는 유아에게 자신의 능력에 대한 부끄러움과 의심을 갖게 하는 무능함을 준다. 자율성의 발달은 문화권에 관계없이 보편적으로 나타난다는 보고가 있다(Helwig, 2006).

표 4.2 학령 전기 아동의 주도성 장려

방식	사례
아동이 스스로 선택하고 그에 따른 행동을 하도록 장려한다.	• 아동이 활동 또는 게임을 선택할 수 있는 자유 선택 시간을 준다. • 자기 일에 열중해 있는 아동을 간섭하는 것을 가능한 한 피한다. • 아동이 어떤 활동을 제안할 때, 그 제안을 따르거나 아니면 그의 아이디어를 현재 진행 중인 활동에 통합시키도록 노력한다. • 긍정적 선택을 제안한다. "지금은 과자를 먹을 수 없어."라고 말하는 대신, "점심 먹은 후에 먹을까, 아니면 낮잠 잔 후에 먹을까?"라고 묻는다.
각 아동에게 성공을 경험할 기회를 준다.	새로운 게임 또는 기술을 소개할 때, 작은 단계로 나누어서 가르친다. 아동의 능력 범위가 크게 차이 날 때는 경쟁적 게임을 피한다.
아주 다양한 역할로 가상 놀이를 장려한다.	아동이 즐기는 이야기에 어울리는 복장과 소품들을 준비한다. 아동이 줄거리에 따라 행동하거나 등장인물을 위한 새로운 모험들을 꾸며내도록 장려한다. 누구도 "교사", "엄마", "아빠", 또는 다른 영웅 역할을 독차지하지 못하도록 아동의 연극을 감독한다.
아동이 자신의 힘으로 무엇인가를 시도하려다가 행한 사고와 실수에 대해 인내심을 갖는다.	따르기 쉽고 잘 엎질러지지 않는 컵과 물병들을 사용한다. 결과가 불만족스럽더라도 시도를 인정해 준다. 실수가 행해진 후에는 학생들에게 어떻게 정리하고, 고치고, 다시 할 수 있는지 보여 준다. 만약 학생이 지속적으로 지나치게 이상하거나 수용할 수 없는 방식으로 행동한다면, 학교 상담교사나 심리학자의 도움을 구한다. 아동들이 심리사회적 문제를 다루도록 돕는 최선의 시기는 그 아동이 아직 어릴 때이다.

참고: http://www.vtaide.com/png/ERIK3.htm

(3) 3단계: 주도성 대 죄의식(3~6세)

이 기간에 계속해서 성숙해지는 유아들의 언어능력은 그들이 사회적이고 신체적인 환경의 탐구에 대해 더욱 열정적이고 공격적이도록 한다. 세 살짜리 유아들은 부모와 다른 가족 구성원 그리고 자신들을 돌보는 사람들에게서 격려받아 독창성이 높아진다. 자기가 자기의 주인이라고 확신하는 유아들은 그가 어떤 사람이 될지 결정해야만 한다고 Erikson은 말한다(Erikson, 1968). 유아들의 독창적인 시도를 심하게 꾸짖는 부모는 유아들이 그들의 삶에서 죄의식을 느끼게 할 것이다.

(4) 4단계: 근면성 대 열등감(6~12세)

취학하는 것은 아동들에게 열려진 사회로의 큰 팽창을 가져온다. 교사와 동료가 갖는 중요성은 커지고, 상대적으로 부모님의 역할은 줄어든다. 아동들은 무엇인가 스스로 만들기를 원한다. 성공은 근면의 의식을 가져오고, 자신과 능력에 대해 좋은 감정을 가져온다. 실패는 부정적인 자아상을 가져오고, 미래의 학습을 방해하는 부적합성을 야기한다. 실패는 현실적일 필요가 없다. 자기 자신이나 가족들, 교사의 기준에 미치지 못하는 것이 실패일 수 있는 것이다.

(5) 5단계: 정체성 대 역할 혼미(12~18세)

'내가 누구인가' 하는 질문은 사춘기에 중요한 질문이다. 이것에 대답하기 위해서, 소년은 부모보다는 동료에게 더 의지하게 된다. 청년기에 미래의 교육과 직업 결정에 대한 끊임없는 압박감과 더불어 생리적인 변화는 그 이전에 형성된 정체성을 되돌아보고 다시 의문을 하게 한다고 Erikson은 말한다. 사춘기는 '변화의 시기'이다. 십대들은 그들의 누군가에 대한 고민을 하면서 다양한 성격, 교육적 역할을 경험한다. 이 새로운 자아 정체성이라는 개념은 단순히 이전의 자기 모습이 아니다. 오히려 그가 어른으로 성장해가는 과정에서 얻은 기회와 해결한 능력의 조합이다(Erikson, 1980).

(6) 6단계: 친밀성 대 고립감(청년기)

일단 젊은이가 자신이 누구인가, 그리고 자신이 무엇을 하고 있는지 알게 되면 그 단계는 그들이 다른 사람과 삶을 공유할 상태가 된 것이다. 젊은 성인, 즉 청년은 우정, 경쟁, 협동의 상태로 다른 사람과 친밀과 신뢰의 관계를 형성해간다. 이 관계는 상대의 성장을 억압하지 않고 자기 정체성을 강화해야 한다. 그런 친밀의 관계를 찾지 않는 사람은 아마도 고립될 것이다.

(7) 7단계: 생산성 대 침체성(장년기)

생산성은 "다음 세대를 유지하고 이끄는 것에 대한 흥미"를 의미한다(Erikson, 1980). 이것은 전형적으로 자신의 자식을 기르는 것으로 나타난다. 그러나, 이 단계의 위기는 가르침과 같은 다른 형태의 생산과 창조를 통해 잘 해결될 수 있다. 이 단계 동안에도 계속 성장해야 한다. 만약 그렇지 못하면 침체하게 되고 대인간 능력이 떨어져 자아 고립, 자기 심취를 야기한다.

(8) 8단계: 통정 대 절망(노년기)

인생을 정리하고 되돌아보는 이 시기는 자신의 삶에 후회가 없고 가치롭게 살았다고 생각하는 통정과 자신의 삶을 후회하고 절망하고 무가치하다고 생각하는 절망의 단계이다. 이 단계 동안에는 죽음까지도 겸허하게 받아들이기도 하고 새로운 삶을 시작하기에 너무 늦었다고 생각하는 절망감에 빠지기도 한다. 이 시기를 성공적으로 통과하면 노년의 지혜를 얻게 되어 자신의 실수를 수용할 수 있게 된다(Baltes & Staudinger, 2001).

Erikson에 의하면 사람들은 성장하면서 성격을 형성하는 데 일련의 심리사회적 위기를 직면한다고 한다. 각 위기는 성격의 특별한 측면에 초점을 두며, 타인과의 개인적 관계도 포함한다.

표 4.3 Erikson의 사회성 발달 단계

단계	연령	심리사회적 위기	중요 관계	심리사회적 중요성
I	출생~18개월	신뢰 대 불신	어머니	받고 : 주는 것
II	18개월~3년	자율성 대 수치, 회의	부모	보유 : 배설
III	3~6년	주도성 대 죄의식	가족	창조 : 시도
IV	6~12년	근면성 대 열등감	이웃, 학교	사물 산출 : 협력적 산출
V	12~18년	정체감 대 역할 혼미	동료, 지도자	자아확인 : 상호작용
VI	성인 전기	친밀감 대 고립감	친구, 이성, 경쟁자	양보 : 자아발견
VII	성인 중기	생산성 대 자기침체	노동, 분화, 가족공유	출산 : 양육
VIII	성인 말기	통합감 대 절망	인류, 동족	실존 확인 : 현실수용

출처: Childhood and Society by Erik H. Erikson. 강갑원 외(2008) 재인용.

3) Erikson 이론의 교육적 함의

Piaget의 이론 단계에서처럼 모든 사람이 Erikson의 발달 위기를 같은 형태로, 같은 시간에 겪지는 않는다. 그 나이의 범위는 위기가 해결될 수 있는 가장 최적의 시간을 나타내는 것이나, 그것이 해결 가능한 유일한 시간만은 아니다. 예를 들면, 적절하게 안전을 보장하지 못하는 집에서 태어난 아동은 아마도 양자가 되거나 더 안정적인 집에서 길러질 경우에 올바른 신뢰감을 갖게 된다. 부정적인 학교 경험으로 열등감을 갖는 아동은 그들이 일을 시작할 때, 다른 아동이 초등학교에서 이미 겪은 근면과 열등감의 위기를 해결할 능력을 발견하게 된다. Erikson의 이론은 위기를 야기시키는 것과 그것을 해결할 방법을 결정하는 데 있어서 모두 환경의 역할을 강조한다. 개인적·사회적 발달의 단계는 다른 사람과의 끊임없는 상호작용과 전체로서의 사회와 관계 맺기 속에 나타난다. 처음의 세 단계는 부모와 가족 구성원과의 관계이지만, 네 번째 단계(근면성 대 열등감)와 다섯 번째 단계(정체성 대 역할 혼미)에서 학교가 중심적인 역할을 한다.

Erikson의 이론은 사람들이 살면서 겪는 기본적인 문제를 설명한다. 그러나 그의 이론은 어떻게, 왜, 다른 단계로 넘어가는지에 대한 설명을 하지 못했다는 점에서 비판을 받고 있다.

4) 교실에서 Erikson 이론의 적용

Erikson의 이론을 유치원, 초등학교, 중학교에 적응하기 위해서는 3단계(주도성 대 죄의식), 4단계(근면성 대 열등감)와 5단계(정체성 대 역할 혼미)의 특징을 먼저 이해해야 한다. 3단계는 대체로 유치원 시기(3~6세), 4단계는 초등학교 시기(6~12세), 5단계는 중·고등학교 시기(12~18세)를 말한다.

(1) 주도성과 죄의식의 위기에서 학생을 돕는 방안

어린 아동에게도 과제를 독립적으로 수행할 기회를 제공하는 것이다. 이들은 유치원에서 미술이나 연극을 배우는 것처럼 먹고, 입고, 화장실에 가는 등 모든 기본적인 생활습관을 연습할 수 있다. 이때 주도성 대 죄의식 단계를 지나고 있는 아동이 자기충족감을 발달시키도록 도움을 주어야 한다.

또한 자신을 주장하는 능력을 기를 수 있도록 가능한 한 많은 유치원 활동을 결정하도록 한다. 예를 들어, 쉬운 활동부터 어려운 활동까지 다양하게 포함시킴으로써 아동에게 성공경험의 기회를 부여해 주어 새로운 것을 시도하는 데 자신감을 갖도록 한다.

(2) 근면과 열등감의 위기에서 학생을 돕는 방안

초등학교 학생과 지내면서 교사는 학생이 긍정적인 자아상을 유지하려고 노력하고 있는지 주의를 가져야 한다. 대부분의 아동은 그들이 잘 배울 것이라는 자신감을 가지고 학교나 유치원에 입학하고, 학업을 성공적으로 수행하리라고 기대한다(Entwisle & Hayduk, 1981). 그러나 아동은 곧 현실에 직면하게 된다. 처음부터 아동들은 상위권, 중위권, 하위권으로 분류되고 곧 그들은 경쟁적이 되고, 상대적으로 점수를 받는다. 낮은 그룹에 속하며 낮은 점수를 받았던 아동은 그들이 기대했던 처음의 희망적인 기대를 잃게 된다. 이러한 과정에서 아동들의 사기가 꺾인다. 교사로부터 부정적인 평가를 받는 것은 아동의 수행 능력을 떨어뜨리고, 또다시 낮은 평가를 야기한다. 3·4학년 때 혹은 더 일찍 학생들은 누가 승자고 패자인지를 경험한다. 사춘기가 가까워 올수록 패자들은 그들의 자아상을 세우기 위해 학업이 아닌 운동이나 사회 활동에 눈을 돌리지만, 흡연, 음주 등의 다른 반사회적인 행위로 청소년 범죄를 저지르는 경우도 많다. Erikson의 입장에서 보면, 이렇게 침체된 악순환은 이 시기 위기의 잘못된 해결 방안이다.

아동에게 학교는 성공과 실패가 규정되는 장소이다. Erikson(1903)은 학교가 아동이 사회생활을 하는 데 필요한 기술을 제공하는 곳이라고 말한다. 만약 학생이 학교 사회에 성공적으로 참여하지 못한다면, 그들은 아마도 성인 사회에 참여하는 것을 거부할 것이다. 교사는 근면과 열등감의 위기를 학생들이 잘 해결하도록 도와야만 한다. 교사의 학생들에 대한 평가와 수업 방식은 학생들이 자아 개념을 형성하는 데 큰 영향을 줄 것이다.

(3) 정체성과 역할 혼미의 위기에서 학생을 돕는 방안

많은 십대에게 사춘기는 혼란의 시기이다. Erikson은 사춘기가 완전히 새로운 모습을 만들어 내기 때문에, 그들은 과거 자신의 모습과 싸워야 한다고 말한다(Erikson, 1963). 그렇게 하기 위해서 학생들이 도움을 받을 사람은 교사이다. 초등학교 학생들은 그들의 여 교사를 엄마라고 착각하여 부르기도 한다. 자녀들이 일반적으로 부모를 기쁘게 하고 부모로부터 인정받고 싶어 하므로 교사와 부모 역할의 유사성은 아동에게 도움을 준다. 그러나 그 유사성이 사춘기에는 역효과를 일으킬 수도 있다. 사춘기의 발달 과제는 부모의 간섭에서 벗어나려고 하고, 그들 자신만의 독립성을 세우려고 하는 것이기 때문이다. 이러한 과정은 일반적이고 바람직한 과정이다. 교사와 부모 역할의 유사성은 이 단계에서 학생들이 교사의 권위를 거부하려는 형태로 나타난다.

청소년기에는 어른처럼 대우받고 싶어 하며, 만일 그렇게 대우받게 되면 학생들은 어른 같은 행동으로 대응한다. 이 원리는 많은 의미를 갖는다. 우선 중·고등학교 학생들을 결코 '아이'로 대우해서는 안 된다는 것이다. 사춘기 소년은 자신의 동료 앞에서 창피 당해서는 안 된다.

또한 교사는 학생에 대해 독단적으로 보이는 판단을 해서는 안 된다. 어떤 기준을 설정하기 위해서 학생들의 수행 결과에 대한 명확한 기대와 규칙을 세워야 한다. 예를 들면, 교사는 "이 과정에서 A를 받기 위해서 여러분은 적어도 3페이지 분량의 보고서를 5개 제출해야 하고, 모든 시험에 평균 90%의 수준으로 합격해야 합니다"라고 명확히 평가의 근거를 제시해야 한다. 이것은 학생 스스로에게 평가 기준을 합리화하기 위한 책임감을 부여한다. 대부분의 학생은 책임감을 가지려고 한다. 교사도 이 점을 이용하여 그들이 어떻게 해야 할지 명확한 지도와 함께 학생에게 많은 독립적인 책임감을 주어야 한다. 이러한 과정에서 학생은 친구에 대한 우정과 동료애를 발달시키게 된다. 그러므로 교사들은 잘 짜여진 그룹 학습 과제를 부여하고 협동학습을 이용하여 사춘기 학생의 특징을 잘 이용할 수 있다.

3 Marcia의 자아 정체성 확립 이론

1) 자아정체성

학생이 청년기로 옮겨가면서 인지적 과정은 추상적 사고를 위한 능력과 타인의 견해를 이해하는 능력을 발전시키는 것으로 확장된다. 사춘기에 접근하면서 발달하는 신체와 정신으로 성인기를 위한 확고한 기반을 제공할 정체성(identity)을 구성해야 하는 중심 과제에 직면한다. 인간은 유아기 이래로 자기(self)에 대한 개념을 발달시켜 왔다. 그러나 청년기는 "나는 누구인가?"에 대해 답하려는 의지적 노력이 처음으로 만들어지는 시기이다. 이 단계를 정의할 수 있는 갈등은 정체성 대 역할혼란이다. 자아정체성이란 개인의 욕구와 능력, 신념, 그리고 일관된 자기상을 이루려는 발달사 등이 조직된 것을 말한다. 그것은 특히 직업, 가치관 그리고 "삶의 철학" 등에 관한 신중한 선택과 결정을 포함한다(Marcia, 1987; Penuel & Wertsch, 1995).

2) 자아정체성의 4가지 유형

Marcia는 청소년에게 그들이 선택 사항을 탐구하고 마음을 쏟아 실행하느냐에 따라 네 가지 정체성 선택의 대안이 있다고 제안했다. 정체성의 종류는 정체성을 갖기 위해 적극적으로 노력했는가와 무엇인가에 전념하고 있는가에 대한 대답에 따라 달라진다. 이러한 정체성 상태를 정체성 확립, 정체성 상실, 정체성 혼미, 정체성 유예의 네 가지로 분류했다(Marcia, 1966, 1980, 1991). 각 상태는 각기 다른 자아개념을 나타낸다.

첫째는 정체성 확립(identity achievement)으로 정체성을 갖기 위해 노력했으며, 이러한 노력의 결과 교육적·직업적 혹은 개인적인 가치에 전념하고 있다. 현실적으로 가능한 대안들을 고려한 후 선택을 하고 그것을 얻기 위해 노력함을 뜻한다. 우리나라에서는 고등학교가 끝날 무렵까지 이 상태를 획득한 학생은 거의 없는 것 같으며, 20대 초반까지 유예 상태가 계속되는 것이 흔한 일이다. 그러므로 한번 획득한 정체성은 모든 사람에게 불변하게 나타나는 것은 아니다(Kroger, 2000; Nurmi, 2004).

둘째는 정체성 혼미(identity diffusion)로 정체성을 갖기 위해 노력하지도 않고, 정체성의 어떤 측면에도 전념하고 있지도 않은 사람이다. 이들은 자신이 누구인지 또는 인생에서 무엇을 하기 원하는지에 대해 어떤 결론에도 도달하지 못한다. 이런 사람은 어떤 확고한 인생의 방향도 가지지 못한다. 정체성 혼미를 경험하는 청년은 미래에 대한 희망이 거의 없이 무관심하고 위축되어 있거나 공개적으로 반항적일 수 있다. 이들은 군중에 동조하는 경향이 크므로 약물 남용의 가능성이 더 크다(Archer & Waterman, 1990; Berger & Thompson, 1995; Kroger, 2000).

셋째는 정체성 유예(identity moratorium)로 정체성을 갖기 위해 노력했지만 아직 무엇인가에 전념하고 있지 못한 상태에 있는 사람이다. 청년의 개인적·직업적 선택의 책임 지연을 설명하기 위해 사용했다. 이러한 지연은 보편적이며, 복잡한 사회 속에서 청년들은 정체성 위기를 경험한다. 오늘날 그 기간은 더 이상 위기로 불리지 않고, 점진적인 탐험의 시기로 이해되고 있다(Grotevant, 1998)

넷째는 정체성 유실(identity forcelosure)로 정체성을 갖기 위한 노력의 단계 없이 어떤 직업이나 학교 또는 정체성의 특정 측면에 전념하고 있는 것이다. 이들은 다른 선택의 범위를 고려하지 않고, 단순히 타인들 대체로 부모 혹은 숭배의 대상이나 극단주의 집단의 목표, 가치 그리고 생활방식을 택한다. 이들은 완고하고, 참을성이 없고, 독단적이며, 방어적이다(Frank, Pirsh & Wright, 1990).

3) 교실에서 자아정체성 확립이론의 적용

유능한 교사는 궁극적으로 학생이 어떤 영역에 전념하도록 강조함으로써 자아에 대한 개념을 확고히 하도록 도와준다. 이를 위해서는 각 분야에 전념하여 성공한 역할모델을 보여주는 것이 도움이 된다. 가장 중요한 것은 의미 있는 타자인 교사나 어른들이 확고한 모델이 되어 줄 필요가 있다(Baumrind, 1991; Bettinger & Long, 2005).

다양한 가치체계를 탐색하도록 도와주고 각각의 장단점을 논의하는 것이다. 교과서의 등장인물이나 역사적 인물에 대해 살펴보는 기회를 줌으로써 다양한 가치를 배울 수 있고, 우리 문화와 다른 문화와 유사점과 차이점에 대한 학습을 촉진할 수 있다. 마지막으로 학생들이 자기 연령 수준에 맞는 무언가에 전념하도록 격려하는 것이다. 학업에 최선을 다하거나 학교조직에서 방과 후 활동이나 친구와 가족과 친밀한 관계 유지하기, 취미활동, 특별활동, 종교활동 등이 그에 해당된다. 한 가지 일에 전념하고 그대로 지키는 것은 그 일에 성공하는 것만큼이나 중요하다.

4 Bronfenbrenner의 생태학적 이론

아동의 발달은 진공상태에서 이루어지는 것이 아니다. 가족, 이웃, 국가라는 여러 가지 환경 속에서 발달하는 것이다. 아동은 가족, 친구, 친척, 종교단체, 학교 등이 영향을 받는다.

Bronfenbrenner

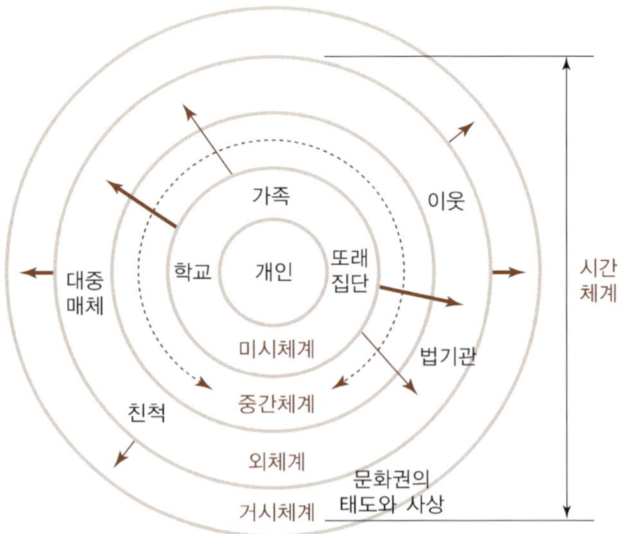

출처: Shaffer & Kipp(2013).

그림 4.4 Bronfenbrenner의 생태학적 체계 모형

또한 대중매체나 아동 자신이 속한 문화뿐만 아니라 세계 도처에서 일어나는 사건에 의해서도 영향을 받는다. 아동발달은 부분적으로 환경과 사회적 영향의 산물이다. Bronfenbrenner와 Elder의 이론을 통해 아동발달의 생태학적 접근법을 알아보기로 한다(정옥분, 2005).

1) Bronfenbrenner 생태학적 체계 이론

생태학적 체계이론은 Bronfenbrenner(1979)가 인간발달을 사회문화적 관점에서 이해하는 이론이다. 이 이론에는 다섯 가지의 환경체계가 있다. 미시체계, 중간체계, 외체계, 거시체계, 시간체계이다. 이들은 아동을 둘러싸고 있는 직접적 환경으로부터 아동이 살고 있는 문화적 환경까지를 다 포함하는 것이다. 최근에 와서 Bronfenbrenner(1995)가 그의 이론에 생물학적인 영향을 추가하여 그의 이론은 이제 생물학적 이론으로 지칭되고 있지만, 그의 이론에서는 여전히 생태학적·환경적 영향이 우세한 실정이라 할 수 있다.

(1) 미시체계

미시체계(microsystem)는 아동이 살고 있는 집의 크기, 근처에 있는 운동장 시설 등의 물리적 특성을 포함한다. 아동의 가족, 친구, 학교, 이웃이 이 체계에 포함된다. 이들은 아동의 발달에 관련이 있는 특성들을 소유하는데, 또래집단의 사회경제적 지위, 부모의 교육수준, 교사의 정치적 신념 등이 그것이다. 아동은 환경의 영향을 받는 수동적인 존재가 아니라 환경을 구성하는 능동적인 주체이다. 미시체계는 아동이 성장하면서 변화한다.

(2) 중간체계

중간체계(mesosystem)는 미시체계들 간의 상호관계, 즉 환경들과의 관계를 말한다. 부모와 교사 간의 관계, 형제 관계, 이웃친구와의 관계 등이다.

일반적으로 이 체계들 간의 관계가 밀접하면 할수록 아동의 발달은 순조롭게 진행된다.

(3) 외체계

외체계(exosystem)는 아동이 직접 참여하지는 않지만 아동에게 영향을 미치는 사회적 환경을 의미하는 것으로 정부기관, 사회복지기관, 교육위원회, 대중매체, 직업세계 등이 포함된다.

아동은 이러한 외체계에 참여하지는 않지만 이러한 환경들은 아동의 행동에 영향을 미친다.

(4) 거시체계

거시체계(maerosystem)는 미시체계, 중간체계, 외체계에 포함된 모든 요소에 개인이 살고 있는 문화적 환경까지 포함한다. 아동이 속해 있는 사회문화적 배경은 아동의 발달에 지속적인 영향을 미친다. 즉, 거시체계는 신념, 태도, 전통을 통해 아동에게 영향을 미친다.

거시체계는 일반적으로 다른 체계보다 더 안정적이지만 때로는 사회변화(예를 들면 경제적 번영에서 IMF체제로의 변화, 평화체제에서 전쟁체제로의 변화)에 따라 변할 수 있다(Elder & Caspi, 1988; 정옥분, 2005).

(5) 시간체계

시간체계(chronosystem)는 전 생애에 걸쳐 일어나는 변화와 사회역사적인 환경을 포함한다. 예를 들면, 부모의 이혼이 아동에게 미치는 영향에 관한 연구에서 연구자들은 이혼의 부정적인 영향은 이혼한 첫 해에 최고조에 달하며 딸보다 아들에게 더 부정적인 영향을 미친다는 것을 발견하였다. 이혼 후 2년쯤 되면 가족 간의 상호작용은 안정을 되찾는다.

Bronfenbrenner의 생태학적 모형은 교사들에게 두 가지 교훈을 준다. 첫째로 모든 사회적 체계는 상호작용적이다. 다른 이론보다 환경을 더 자세하게 기술하였고, 다양한 환경맥락이 발달에 영향을 준다는 사실을 밝혔다는 점에서 크게 기여하였다. 이 생태 환경이 아동의 발달에 미치는 영향을 주요 원천이라고 가정한다. 둘째는 개인의 발달을 위한 맥락을 조성하기 위한 많은 역동적 힘들이 있다는 것이다. 즉, 환경이 발달에 미치는 영향을 미시적 및 거시적 수준에서 체계적으로 검토할 수 있는 체계를 제시한 생태환경 모형은 미시적 맥락에만 초점을 두는 행동주의 심리학과 거시적인 맥락을 강조하는 인류학의 간극을 메웠다는 평가를 받고 있다. 그러나 발달에 영향을 미치는 생물학적 요인을 다루지 않았고, 발달 단계를 제시하지 않았다는 비판을 받기도 하였다.

생각해 볼 문제

1 Freud 심리성적 성격발달 이론에서 가장 중요한 개념을 세 가지 이상 열거하고, 그 개념들이 성격 발달에 미치는 영향에 대하여 서술하시오.

2 Erikson의 심리사회적 성격 발달 이론(생애주기 발달 이론)이 영유아기, 초·중·고등학교 학생들의 발달을 이해하는 데 어떠한 도움을 제공하는가?

3 자신의 학령기 동안 자신이 직면한 Erikson의 심리사회적 위기는 무엇이었으며 어떻게 성공적으로 해결하였는지 예를 들어 설명하시오.

4 Freud의 심리성적 성격 발달 이론과 Erikson의 심리사회적 성격 발달 이론의 공통점과 차이점은 무엇인지 설명하시오.

5 다음 사례를 보고, 이 아동의 성격 발달 단계를 설명하고(Erikson의 심리사회적 발달 단계), 이 문제를 해결하기 위해서 교사나 학부모가 어떠한 역할을 할 수 있는지 논의하시오.

> 숙희의 아버지가 퇴근하여 집으로 돌아왔을 때, 숙희의 어머니가 웃으면서 말했다. "여보, 오늘 무슨 일이 있었는지 아세요? 숙희가 자기 방 벽에 알아볼 수도 없는 그림을 잔뜩 그려놓았지 뭐예요. 벽지가 온통 망가져 버렸어요. 그런데 바로 꾸짖지 않았어요. 나중에 왜 그렇게 하면 안 되는 행동인지 설명해야겠어요."

6 Erikson의 심리사회적 성격 발달 이론과 Bronfenbrenner의 생태학적 이론을 바탕으로 평생 교육이 필요한 미래 사회에 주는 시사점은 무엇인지 설명하시오.

Chapter

5 도덕성 발달

도덕적 발달은 개인이 자신과 타인의 행동을 평가하는 데 사용하는 옳고 그름에 대한 개념을 획득하는 과정이다(Turiel, 1998). 아동과 성인이 인지와 성격 발달에 있어서 차이가 있는 것과 마찬가지로 도덕적 추론에 있어서도 차이가 있다. 도덕성 발달은 일찍부터 시작되고 전 생애를 통해 계속된다. 최초의 도덕성 발달 이론은 Piaget에 의한 도덕적 추론의 2단계부터 출발하여 Kohlberg가 보다 상세한 도덕발달 이론을 전개하였다.

이 장에서는 도덕성 발달과 관련하여 학자별로 도덕성 이론의 주요 개념과 발달 단계, 교육적 시사점, 학문적 기여와 비판점 등을 살펴보고자 한다.

1 Piaget의 도덕성 발달

Piaget의 인지 발달론은 도덕적 추론의 발달을 포함한다. Piaget는 인지 구조와 인지 능력이 발달에 우선한다고 믿었다. 그리고 인지 능력은 아동들이 사회 환경을 판단하는 능력을 결정하는 데 영향을 준다. 인지 능력과 함께 Piaget는 예측할 수 있는 단계에 의해 발달이 진행된다고 제안했는데, 이것은 자아 중심적인 단계에서 협동과 상호성에 근거한 정당한 체계의 단계까지 말한다.

Piaget(1930)는 3~11세 아동을 대상으로 예화를 사용한 실험을 통해 아동의 도덕성 발달 단계를 타율적 도덕성과 자율적 도덕성의 두 단계로 구분하였다

예화 1 존은 저녁식사를 마친 후 어머니를 도와드리다가 문 옆에 컵이 있다는 사실을 모른 채 문을 열었다가 의자가 넘어지면서 15개의 컵을 모두 깨뜨렸다.

예화 2 헨리는 어머니가 외출한 동안 몰래 찬장 위의 과자를 꺼내 먹으려고 의자 위에 올라갔다가 잘못해서 컵 한 개를 깨뜨렸다.

위와 같은 내용의 이야기를 아동에게 들려준 후 "이 두 아이 가운데 누가 더 나쁘다고 생각하는가?", "그 이유는 무엇인가?" 등의 질문에 대한 반응을 토대로 아동의 도덕적 판단의 수준을 규명하였다. 실험 결과 7세 이전의 유아는 그들이 일으킨 행위의 결과에 의존하여 나쁘다고 판단하였고, 8세 이후의 아이들은 물리적 결과보다는 행동의 의도를 중시하고 어머니 몰래 잼을 먹으려고 했던 헨리의 행동이 더 나쁘다는 반응을 보였다. Piaget는 이 연구 결과에 기초하여 도덕적 판단은 타율적 도덕성 단계에서 자율적 도덕성 단계로 발달해 간다고 주장하였다.

1) 타율적인 도덕성

Piaget(1964)는 도덕성 발달의 첫 번째 단계를 타율적인 도덕성(heteronomous morality)이라고 이름 붙였다. 그것은 또한 '도덕의 실제주의' 혹은 '강제

의 도덕성'이라고 불린다. '타율적인'이란 다른 사람에 의해 강요되어 규칙에 복종되는 것을 의미한다. 이 기간 동안 유아는 끊임없이 그들에게 무엇을 하고 무엇을 하지 말아야 하는지 말하는 부모 또는 다른 성인과 직면하게 된다. 아동은 규칙을 위반하면 자동적으로 처벌을 받게 된다고 믿는다. 정의(justice)는 자동적인 것으로 보여지며, 나쁜 사람은 결국에 처벌받을 것이라고 믿는다. 이 단계에서 Piaget는 또한 아동이 그 결과에 기초하나 행동에 대한 도덕성을 판단한다고 주장한다. 아동은 이 단계에서 비록 행위자의 본래 의도가 좋았더라도 만약 결과가 부정적이면 그것은 나쁘다고 판단한다.

Piaget는 아동이 형식적인 조작 능력을 지니는 10세 혹은 12세가 될 때까지 의식적으로 규칙을 사용하거나 따를 수 없다는 것을 발견했다. 이 나이에 게임을 하는 아동은 동일한 규칙의 원리를 따른다. 아동은 규칙이 게임의 방향을 설정해 주기 위해서, 그리고 놀이에 참여하는 아동들 사이에 분쟁을 최소화하기 위해서 존재한다고 이해한다. 또한 규칙은 모든 사람이 동의하는 것이고, 그러므로 만약 모든 사람이 그것을 바꾸기로 동의한다면 규칙을 바꿀 수 있다고 이해한다.

2) 자율적인 도덕성

두 번째 단계는 자율적인 도덕성(autonomous morality) 혹은 '협력의 도덕성'이라고 할 수 있다. Piaget는 아동이 이 나이에 행위자의 결과보다는 행위자의 의도에 도덕적인 판단의 기초를 두는 경향이 있다고 한다. 아동은 종종 규칙에 영향을 미치는 가설적인 상황을 토론하려고 한다. 그것은 아동들의 사회세계가 점점 더 많은 동료를 포함하고 확대함으로써 생긴다. 끊임없이 다른 아동과 상호작용하고 협력함으로써 규칙과 도덕성에 대한 아동들의 생각은 변하기 시작한다. 규칙은 이제 우리가 스스로 구성할 수 있는 것이다. 위반에 대한 처벌은 더 이상 자동적인 것이 아니고 위반자의 의도와 참작할 만한 상황를 고려해야 한다는 점을 깨닫게 된다.

Piaget에 따르면 아동은 인지 구조의 발달과 함께 같은 단계의 또래와의 상호작용으로 타율적인 도덕성에서 자율적인 도덕성으로 발달한다. 그는 또래와의 다툼의 해결은 어른의 권위에 의존하던 것을 약화시키며, 규칙은 변할 수 있고 공통된 동의의 결과로 존재해야만 한다는 것을 깨닫게 된다.

표 5.1 Piaget의 도덕성 발달 단계

타율성 도덕성(아동)	자율적 도덕성(성인)
• 속박의 관계를 기초로 한다(예: 성인 규칙에 아동은 완전히 용이해야 함).	• 사람들은 누구나 평등하다는 관계에서 자율적 개인 간의 평등의 상호인식과 협동적 관계를 기초로 한다.
• 도덕적 실재론(moral realism)의 태도를 반영한다. 규칙은 불변의 요구조건으로 외적 기원과 권위가 있으며, 협상하지 않으면 성인과 규칙에 복종하는 것이 옳다.	• 이성적 도덕(rational moral)의 태도를 반영한다. 규칙은 상호 동의의 산물로서, 재협상이 가능하며 개인적 수용과 공동의 동의에 의해 적법하게 되며, 상호 신뢰와 협동의 요구사항에 따라 행동하는 것이 옳다.
• 나쁨(badness)은 객관적 형식과 행동의 결과에 따라 판단된다. 공정(fairness)은 성인의 결과사항과 동등하다. 독단성과 처벌은 공정한 것으로 여겨진다.	• 나쁨(badness)은 행위자의 의도와 관련성이 있다. 공정(fairness)은 동등한 처치나 개인적 요구사항을 받아들이는 것으로 정의된다. 처벌의 공정함은 위법행위에 대한 적법성에 의해 정의된다.
• 처벌은 위법행위의 자동적 결과로 여겨지며, 정의는 타고난 것이라 여겨진다.	• 처벌은 인간적 의도에 의해 영향받는 것이라 여겨진다.

출처: Michael E. Lamb(1978). Social and Personality Development(1st Ed.). p.213. 강갑원 외(2008) 재인용.

Piaget의 인지 발달론적 접근방법은 또래 아동들에게 어떠한 특정 문제 상황을 제시한 후 그것에 대해 어떻게 판단하고 있는지의 사고과정을 탐색하고 있다. 아동은 행위의 결과에 관계없이 나쁜 의도를 가졌던 행위보다 좋은 의도를 가졌던 행위를 더 호의적으로 평가하였다. 따라서 유아들은 도덕적 판단에서 행위자의 의도를 고려하고 있다는 것을 알 수 있다. 그러나 유아나 아동 모두 다른 사람의 행위를 평가할 때 의도와 결과를 다 고려하지만, 유아는 아동에 비해 의도보다는 결과에 더 비중을 둔다.

2 Kohlberg의 도덕성 발달

1) Kohlberg의 도덕발달 단계이론

Kohlberg

Kohlberg(1966, 1969)의 도덕적 추론의 단계 이론은 Piaget의 발달 이론의 완성이다. Piaget와 마찬가지로 Kohlberg는 아동이 특정 상황에서 그들의 행동을 통제하는 규칙에 관해서 어떻게 사고하는지를 연구했다. 그는 아동들이 게임하는 것을 연구하지는 않았지만, 대신에 구조적인 상황의 연속 혹은 도덕적 딜레마에 대한 응답을 연구했다. 연구한 결과 그는 아동의 도덕발달은 3수준 6단계가 있다고 보고, 그것을 측정하기 위해 도덕적 갈등상황(moral dilemmas)－다음의 이야기처럼 어려운 윤리적 선택을 해야 하는 상황－을 사용하였다. Kohlberg는 학생들의 선택 자체에는 별로 관심이 없었다. 다음의 이야기에서 처럼 하인츠가 약을 훔쳐야 하느냐 말아야 하느냐가 문제가 아니라 학생들이 어떤 이유를 말하느냐가 주 관심이었다. 그의 학생들이 제시하는 이유는 도덕적 문제에 대한 학생들의 도덕적 추론, 혹은 사고 과정을 드러낸다고 보았다.

도덕적 딜레마의 한 예는 다음과 같다.

> 유럽에 암으로 거의 죽을 때가 다 된 여자가 있었다. 그녀를 구할 수 있는 라듐으로 만든 약이 있었는데 최근에 같은 마을의 의사가 발견했다. 약값은 2000달러였는데 하인츠가 지불할 수 있는 능력의 열 배였다. 아픈 여자의 남편인 하인츠는 그가 아는 모든 사람에게 돈을 빌리러 갔다. 그러나 그는 단지 약값의 반만을 모았다. 그는 약사에게 자신의 아내가 죽어가니 약을 싸게 팔고 나머지는 나중에 지불하도록 해달라고 요청했다. 그러나 약사는 "안 돼"라고 말했다. 그는 절망에 빠져 약국을 부수고 그의 아내를 위해 약을 훔쳤다. 하인츠는 그렇게 했어야만 했는가? 왜?(Kohlberg, 1959)

Kohlberg의 도덕적 딜레마에 대한 연구에 기초해서 그는 사람들이 여섯 개의 도덕적 판단 혹은 추론을 한다고 주장했다. Kohlberg는 도덕성 발달을 여섯 단계, 세 수준으로 구분하였다. 그것은 전 인습 수준, 인습 수준, 후 인습 수준이다. 이 세 수준은 아동들과 어른들이 도덕적인 행동이라고 인식한 것을 어떻게 정의하는가에 의해 구분했다. 다른 단계 이론들처럼, 각 단계는 이전 단계보다 더욱 복잡하고, 대부분 사람은 같은 순서로 발달하게 된다(Colby & Kohlberg, 1984).

하인츠는 절망한 나머지 그 약을 훔치기 위해 약국의 문을 부수고 들어갔다.	❯	질문 하인츠는 그렇게 해야만 했는가?

제1수준은 전입습적 도덕성(preconventional morality)로서 기본적으로 자기중심적 사고에 근거한 도덕적 추론 수준이다. 약 7~10세 아동이 이에 해당한다. 그러나 어떤 연구에서 미국의 십대 중 약 20%가 전인습적 도덕성 수준에 있음을 발견했다(Turiel, 1973).

제2수준은 인습적 도덕성(conventional morality) 수준으로서 도덕적 추론은 사회적 규칙의 내면화를 반영하고 있다. 사회적 규칙이 옳다고 믿기 때문에 사회적 규칙에 동조한다. Kohlberg는 10~16세의 사람이 이 수준에 주로 해당된다고 했지만, 성인들 가운데도 이 수준에서 추론하는 사람이 많다. 이후에 Kohlberg는 이 수준에 해당하는 나이가 다소 낙관적인 예측이었다는 것을 깨달았다.

제3수준은 후인습적 도덕성(postconventional morality) 수준으로서 내면화된 도덕적 절대성에 근거하여 추론한다. 그것은 사회적 규칙과 일치하지 않을 수 있다. 예를 들어, 사형제도가 합법적이기는 하나 비도덕적이라고 믿기 때문에 시민불복종운동을 하는 것이 이에 해당한다. 내면화된 도덕적 원칙들과 사회적 규칙 간에 갈등이 일어날 때 내면화된 도덕적 원칙이 사회적 규칙을 능가한다. 이러한 수준에 도달하는 사람은 거의 없으며 도달하더라도 16세 이전에는 힘들다고 보았다.

제1수준 전인습적 도덕성

1단계
처벌과 복종 지향: 결과만 가지고 행동을 판단한다.
권위자가 처벌을 하느냐 하지 않느냐가 도덕적 판단의 기준이 된다.
[훔치는 것은 벌을 받으므로 훔쳤다는 것은 나쁘다.]

2단계
개인의 도구적 목적과 교환 지향: 자신과 타인의 분화가 시작되면서 자신에게 어떤 욕구나 기대가 있는 것처럼 타인에게도 그러한 욕구나 기대가 있다는 것을 이해하게 된다.
[약사는 자신이 원하는 것을 할 수 있고, 하인츠도 자신이 원하는 것을 할 수 있다.]

제2수준 인습적 도덕성

3단계
사람들 상호 간의 동조성 또는 '착한 아이'의 지향: 동기나 의도가 중요하며, 신뢰, 충성, 존경, 감사의 의미가 중요하다. 다른 사람으로부터 인정받기 위해 착한 아이로 행동한다.
[약을 훔치더라도 아무도 나쁘다고 생각을 하지는 않겠지만, 가족은 약을 훔치지 않으면 비인간적인 남편으로 생각할 것이다.

4단계
사회질서 유지 지향: 사회질서를 위해 법을 준수하는 행동이 도덕적 행동이라고 생각한다.
[법을 어긴 것은 나쁘다. 그러나 부인이 죽을지도 모르는 특별한 상황이므로 완전히 나쁘다고만은 할 수 없다.]

제3수준 후 인습적 도덕성

5단계
사회계약과 기본적 권리: 인간의 기본적 권리와 가치가 법을 능가하는 중요한 가치라고 생각한다.
[생명을 얻기 위해 그가 약을 훔쳤다는 것은 옳은 행위이다.]

6단계
보편적 도덕원리 지향: 도덕성 발달 단계에서 가장 높은 수준으로서 외부의 권위가 사회의 인습에 얽매이지 않고 가치에 대한 자기 자신의 내적 이해 또는 내적 확산을 토대로 하여 도덕적 갈등을 해소한다.
[인간생명과 인격에 대한 존경은 절대적이고 어떤 법보다 중요하므로 그가 약을 훔치는 것은 옳다.]

주) 표에는 질문에 대한 「훔친 것은 옳다」 혹은 「나쁘다」라고 하는 양쪽의 판단을 모두 제시하지 않고 생략함.
출처: 北尾 외, 2000; 강란해(2008). p.93 재인용.

그림 5.1 도덕성의 발달 단계

2) Kohlberg 이론의 교육적 함의

Kohlberg(1968)는 도덕적 딜레마는 아동이 한 번에 하나의 도덕적 추론 수준을 향상시키는 데 사용된다고 믿었다. Kohlberg 이론의 교수적 함의는 교사는 먼저 아동의 대략적인 도덕적 추론의 단계를 결정해야 한다는 것이다. 교사는 하인츠의 딜레마를 아동에게 제시함으로써 아동의 도덕성 발달 단계를 알아볼 수 있다. 일단 아동의 사고 수준이 성립되면, 다른 도덕적 딜레마를 제시할 수 있고, 교사는 다음 단계로 아동이 사고를 확장하는 데 도움을 줄 수 있다. 그러나 이러한 과정을 시간의 간격에 얽매이지 않아야 한다. 교사는 정의와 도덕적인 문제를 수업에서 진행함으로써 특히 교실에서 발생하는 사건에 대한 해결이나 학생들의 도덕적 추론 능력을 향상시킬 수 있다(Nucci, 1987). 게다가 도덕적 발달에 대한 관심은 창의적인 교과 과정을 만들어 낼 수 있고 효과적인 교육을 위한 교수 방법, 자기 자신과 다른 사람의 감정, 사회적인 책임감, 그리고 윤리적인 선택에 대한 커다란 인식도 이끌어낼 수 있다.

3) Kohlberg 이론의 비판과 한계점

Kohlberg의 주요 발달 단계들을 지지하는 많은 연구(Boom et al., 2001; Dawson, 2002; Nucci, 2009)가 있지만 많은 비판도 있다. 그의 도덕적 추론 능력 단계는 미국, 멕시코, 태국, 터키에서 같은 순서로 대략 비슷한 나이에 발생한다는 것을 발견했다. 전 세계를 통한 조사는 일반적으로 단계의 동일한 순차적인 순서를 발견했다(Sharey, 1977). 그러나 Kohlberg 연구의 한 가지 한계는 연구 대상이 모두 소년이었다는 것이다(Aron, 1977). 소녀의 도덕적 추론에 대한 조사는 다소 그의 이론과는 다른 결과들을 보여준다. 소년의 도덕적인 추론이 정의의 문제에 탁월한 반면, 소녀는 다른 사람의 보호와 책임감에 더욱 큰 관심을 가졌다(Gibbs, Arnold, & Burkhart, 1984; Gilligan, 1982, 1985).

Carol Gilligan은 남성과 여성은 다른 도덕적인 기준을 사용하며 남성의 도덕적 추론이 사람들 개인의 권리에 초점이 맞추어진 데 비하여 여성의 도덕적 추론은 다른 사람을 위한 개인의 책임에 더욱 초점이 맞추어져 있다고 주장했다. Gilligan이 주장하기를, 이것은 여성이 도덕적 딜레마의 해결이 권리보다는 돌봄의 윤리에 기초한 이타적이고 자기 희생적인 경향이 있기 때문이라고 주장한다(Gilligan, 1982). 이러한 비판에 근거해 Kohlberg는 그의 이론을 일부 수정한다. 그러나 대부분의 연구는 도덕적 성숙기에서 남녀의 차이를 발견하지 못했다(Bee & Boyd, 2010; Jaffee & Hyde, 2000; Tangney & Dearing, 2002; Thoma & Rest, 1999). 여자가 남자보다 더 봉사적이고 협력적이고 돕는다는 결정적 증거도 발견되지 않았다(Turiel, 2009; Walker, 2004).

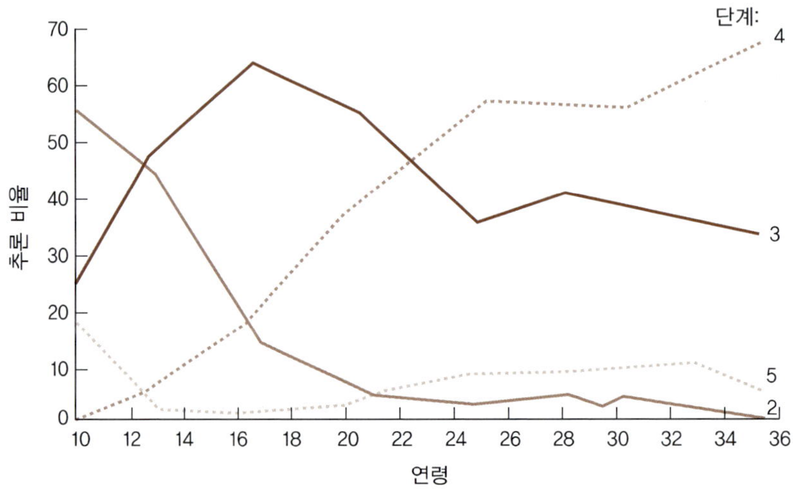

출처: Colby, Kohlberg, Gibbs & Librman(1983); 송길연 외(2000). p.563.

그림 5.2 10세에서 36세의 남성 참여자들을 대상으로 20년 동안 종단적으로 실시된 연구에서 나타난 Kohlberg의 도덕 단계들.

표 5.2 Kohlberg와 Gilligan의 도덕성 발달 이론의 비교

구분	Kohlberg	Gilligan
철학적 배경	Kant	Hume
도적의 원천	정의(justice: 의무감), 권리, 규칙	배려(care: 선천적 충동), 책임감
이성과 감성의 역할	이성중심적 도덕이론	감성중심적 도덕이론(이성의 역할을 전적으로 무시하지 않음)
성별 초점	남성적 접근	여성적 접근
연구내용 및 방법	탈개인적 추상적 방법	개인적 구체적 방법
권리의 평등성	절대적 평등성	상황적 형평성

출처: 문은식 외(2007) 재인용.

Piaget와 Kohlberg의 연구에 대한 또 다른 비판은 아동들이 종종 도덕성 이론이 제시했던 단계보다 더 복잡한 방식에서 도덕적 상황에 관해 사고할 수 있다는 것이다. 예를 들어 비록 아동이 종종 행위를 평가할 때, 의도보다는 결과를 더 중요하게 고려하지만(Olthof, Ferguson & Luiten, 1989), 특정 상황에서 3, 4세의 유아들은 다른 사람의 행동을 평가하는 데 결과보다는 의도를 고려한다(Busses & Neison). 이는 타율적인 도덕과 개인 혹은 동료의 권한 아래 있는 규칙들 사이에서 어떠한 구별을 사용하는 것을 보여준다(Supall, 1991; Isak & Tisak, 1990). Turiel(2006)은 아동이 거짓말과 도둑질이 아니라 정의의 원리에 기초하고 있는 도덕적인 규칙과 사회적인 통념과 기본 예절에 기초하고 있는 관습적인 규칙들을 구별한다고 주장한다. 많은 연구는 이러한 관점을 지지해 주었고, 2~3세의 아동은 도덕과 사회적인 관습의 규칙을 구분한다고 보고하고 있다.

Kohlberg 이론의 가장 중요한 한계점은 실제적인 행동보다는 도덕적인 판단, 사고를 중요시한다는 것이다. 도덕적 행동의 고전적인 연구인 Hartshorne과 May(1928)의 연구에서 상대방을 속이고 물건을 훔칠 기회를 가진 아동을 포착하지 못하였다. 극소수의 아동만이 모든 실험 과정에서 정직하게 행동할 것이며, 또한 극소수의 아동만이 모든 과정에서 정직하지 않게 행동할 것이다. 이 연구는 도덕적인 행동은 단순히 형성되는 것이 아니라 복잡하게 형성됨을 보여준다(Blasi, 1983). 비록 도덕적 사고의 특정한 측면이 다른 특성들보다 사회적인 능력에 더 밀접하게 연관되어 있기는 하지만 아동의 도덕적인 추론과 도덕적인 행동 사이의 상관이 그리 크지는 않다(Bear & Rys, 1995; Thoma & Rest, 1999). Rest(1993)는 도덕적 행동에 대한 이러한 설명은 도덕적인 사고뿐만 아니라 사회적인 상황에서 일어난 것을 정확하게 분석하는 능력과도 연관이 있고 도덕적인 양식에 따라 행동이 자극 받기도 하고, 실제로 행동의 도덕적인 계획을 수행하기 위해 사회적 기술을 가지는 것과도 연관이 있다고 밝히고 있다. Murdock, Hale과 Weber(2001)에 의한 연구는 중학교 학생의 부정행위는 도덕성 발달 단계와 거의 상관없는 학습동기, 성공경험, 교사와의 관계 등을 포함하는 여러 요인의 영향을 받는다는 것을 밝혔다.

4) Kohlberg 이론의 교육에 적용

아동의 연령에 맞는 도덕적 사고와 행동수준을 기대하라는 것이다. 교사는 아동에 대한 기대를 너무 높거나 낮게 하면 학생의 도덕적 발달 수준에 맞는 적절한 도전을 주지 못한다. 따라서 도덕적 갈등 상황의 토론을 통해서 학생에게 도덕적 추론의 기회를 줌으로써 +1단계의 사고를 하도록 하는 것이다. Kohlberg와 Kramer(1969)는 도덕적 갈등 상황의 토론을 통해 높은 수준의 사고를 접할 기회를 가짐으로써 도덕적 추론능력의 발달을 도울 수 있다고 보았다. 교사는 자신이 학생들의 사고와 행동을 어떻게 지각하는지 더 잘 알기 위해 자기 평가를 통해 자신의 도덕성 발달 수준을 이해할 필요가 있다. 마지막으로 도덕적이면서도 현명한 사고를 하도록 가르치고 격려하라는 것이다. 보편적인 선, 즉 궁극적으로 모든 사람에게 최선의 이익이 되는 것의 달성을 목표로 하여야 한다(Sternberg, 1999).

3 Lickona의 도덕성 발달(안영진, 1998)

새로운 도덕교육의 방법으로 대두되었던 인지 발달 이론, 가치 명료화, 가치 분석 등의 접근법이 아동의 도덕적 행동에 변화를 가져오지 못했다는 비판이 제기되면서 특정한 덕목이나 가치를 직접 주입하는 형태로서의 인격교육이 다시 주목받기 시작하였다.

인격교육은 오늘날 미국 도덕교육의 주류를 이루고 있으며, 인격교육이 구체적인 행동의 변화를 가장 중요한 목표를 설정하고 있듯이, 최근의 연구동향은 이론적 논의보다는 구체적인 프로그램의 개발과 보급에 집중되고 있는 실정이다. 이러한 상황에서 Lickona는 인격교육의 이론적 근거를 제공하는 데 있어서 지도자적인 위치를 굳히고 있다. 현재 코틀랜드에 있는 뉴욕 주립대학교의 교육학과 교수로 재직하고 있으며, 인지 발달 이론에 근거한 그의 심리학적 배경은 Kohlberg와의 만남을 계기로 도덕교육에 대한 관심으로 발전하기 시작하였다.

그는 최근에 인격의 두 가지 핵심요소인 존중심(respect)과 책임감(responsibility)을 발달시키기 위한 연구소를 운영하고 있다. 그의 도덕교육 이론은 전통적인 인격교육의 완전한 부활을 주장하는 복고적인 입장이 아니라, 오히려 인지발달 이론과 전통적인 인격교육의 장점들을 상호보완하려는 통합적인 이론을 제시하는 입장이라고 할 수 있다. 여기서 Lickona의 도덕 교육론을 도덕적 인간의 모습, 도덕적 추론의 발달 단계라는 두 가지 관점에서 살펴보고자 한다.

1) 도덕적 인간의 모습

성숙한 도덕적 인간은 어떤 특징을 지니고 있는가? Lickona는 도덕적 인간의 모습에 대한 훌륭한 인격의 구조를 밝히는 데 집중하고 있다. Lickona는 오늘날 사회의 도덕성 타락은 바로 개인의 인격 결함에서 비롯되고 있다고 규정하고 있다. 즉, 인격적 결함 혹은 윤리적 문맹현상에서 비롯되고 있다고 보고 있다.

Lickona(1991)는 Aristoteles의 인격에 대한 논의를 바탕으로 인격을 행동에서의 가치들, 즉 활동적 가치들로 이루어진 것으로 규정하고 있다. 즉, 그는 하나의 가치가 덕이 될 때 우리의 인격이 발달해 나간다고 보고 있다. 그는 인격을 발달시키기 위한 교육은 도덕적으로 아는 것, 도덕적으로 느끼는 것, 도덕적으로 행동하는 것 등의 세 가지 양상을 교육시킨다는 것을 의미하는 것이라고 보고 있다. 그는 훌륭한 혹은 선한 인격은 선을 아는 것, 선을 열망하는 것, 선을 행하는 것을 모두 포함하고 있다는 것이다. 그는 이것을 정신의 습관, 마음의 습관, 행동의 습관이라는 용어로도 바꾸어 표현하고 있다. 이 세 가지 요소가 도덕적 생활을 해나가는 데 있어서 필수적인 것이며, 성숙한 도덕성을 구성한다는 것이다.

Lickona는 세 가지 구성요소가 기반을 두고 있는 하위 구성요소들을 다음과 같이 상세하게 제시하고 있다.

첫째, 도덕적으로 아는 것은 다음과 같은 여섯 가지 하부 요소들로 이루어져 있다.

즉 도덕적 인식, 도덕적 가치들에 대한 지식, 조망수용, 도덕적 추론, 의사결정, 자기 자신에 관한 지식으로 이루어져 있다. 또한, 여섯 가지 요소 모두가 인격의 인지적 차원을 구성하고 있다고 주장하고 있다. 도덕적 인식은 "모든 연령층의 사람들이 공통적으로 갖는 도덕적 오류는 도덕적 무지"라는 것이 "도덕적 인식"을 의미한다. 따라서 문제의 상황이 도덕적 쟁점과 관련이 있고 그래서 도덕적 판단을 요하는 상황이라는 것을 확실하게 파악하는 일이 중요하다. 도덕적 가치들에 대한 지식은 생명과 자유에 대한 존중, 타인에 대한 책임, 정직, 공정, 관용, 예의, 자기규율, 성실, 친절, 동정, 용기와 같은 도덕적 가치들이 좋은 사람이 되는 방법을 말해 준다는 것을 의미한다.

조망수용은 다른 사람의 관점을 내가 취해 볼 수 있는 능력, 상황을 다른 사람이 보는 바와 같이 보는 능력, 그와는 사정이 어떻게 생각하고, 반응하고, 느낄 것인가를 상상할 수 있는 능력이다.

도덕적 추론은 도덕적인 것이 무엇이며, 왜 우리가 도덕적이어야 하는가를 깨닫는 것을 포함한다. 의사결정은 도덕적 문제를 해결하는 방법을 생각해 볼 수 있는 능력이다. 자기 자신에 대한 지식은 자신을 아는 것으로 도덕적 지식이나 인격을 위해 꼭 필요한 일이지만 쉬운 일이 아니다.

둘째, 도덕적 감정은 다음의 여섯 가지 하위 요소로 구성되어 있다. 즉 양심, 자기존중, 감정이입, 선을 사랑하는 것, 자기통제, 겸양이다. 우리 자신과 타인들 그리고 선 자체에 대한 우리들의 감정은 도덕적 동기화의 근원을 이루기 위하여 도덕적인 앎과 결합하게 된다. 먼저 양심은 두 가지 측면이 있다. 무엇이 옳은지를 아는 인지적 측면과 옳은 것을 행해야 한다고 느끼는 정서적 측면이다. 또한 자기존중은 우리가 건강한 자긍심을 가지고 있다면, 우리 스스로가 자신을 가치롭게 여길 것이라는 사실과 관련된다. 선을 사랑하는 것은 최고의 인격의 형태로서 선에 대해 진정으로 애착을 느끼는 것이다. 자기통제는 자기탐닉을 억제하는 데 필수적이다. 겸양은 잘 다루어지지 않는 도덕적 미덕이지만 좋은 인격을 구성하는 데 필수적인 요소이다.

셋째, 도덕적으로 행동하는 것은 다음과 같은 세 가지 하위 요소로 구성되어 있다. 즉 능력, 의지, 습관이다. 우선 여기에서 능력은 도덕수행능력으로 도덕적 판단과 감정을 효과적인 도덕적 행동으로 전환시킬 수 있는 능력을 가지는 것이다. 의지는 좋은 사람이 되기 위해서 꼭 필요한 요소이다. 즉, 마땅히 해야 한다고 생각되는 어떤 일을 할 수 있는 도덕적 에너지를 가동시키는 힘이 된다.

습관은 또한 '올바른 선택'에 대해 그렇게 할 수 있는 힘이 될 수 있다. 특히 어린이들에게는 좋은 습관을 계발할 수 있는 많은 기회, 연습과 실천사항이 주어져야 한다.

Lickona가 인격을 일컬어 활동적인 가치들로 이루어져 있다고 파악한 것은 도덕적 행동에 대한 강조를 잘 표현해 주고 있다. 특히 그는 인격의 행동적 측면을 이루고 있는 능력, 의지, 습관 등과 같은 개념을 도입함으로써 올바른 도덕적 행동으로 연결되는 매개변인들을 자세히 언급하고 있다.

2) 도덕적 추론의 발달 단계

Lickona는 Kohlberg의 도덕성 발달 이론, W. Damon과 R. Selman의 발달 이론을 결합하여 0단계에서부터 5단계까지의 모두 여섯 단계로 이루어진 도덕적 추론의 발달 단계를 제시하였다. 0단계는 Damon과 Selman의 이론에 바탕을 둔 것이며, 1단계부터 5단계는 Kohlberg의 이론에 근거한 것이다.

Lickona(1996)는 각 단계를 옳고 그름에 관한 이론으로 구성하고 있다. 그러므로 각 단계들은 무엇이 옳은 것인가, 그리고 왜 선해야만 하는가에 대하여 각기 상이한 관념들을 지니고 있다. 한편 그는 이러한 단계의 발달에 영향을 미치는 요인들로서 부모, 아동의 일반적 지능, 그리고 우정 및 집단에의 참여와 같은 사회적 상호작용들의 양과 다양성을 언급하였다. 그는 그의 단계발달이 이러한 사회적 환경과의 상호작용을 통하여 이루어진다는 입장을 표명하고 있다. 특히 Lickona(1983)는 가정을 넘어서는 사회적·지적 경험들이 4단계와 5단계의 부분을 이루고 있는 범사회적인 커다란 심상을 형성하는 데 있어서 매우 중요한 것임을 밝히고 있다.

한편 도덕적 추론의 발달과정을 설명하는 데 있어서 Lickona(1983)는 Kohlberg의 수직적 발달 개념을 그대로 수용하여 도덕적 추론이 낮은 단계로부터 높은 단계로 한 단계씩 발달해 나가는 것이라고 생각하였다. 그러나 그는 단순한 수직적 발달의 개념에 그치지 않고 수평적 발달이라는 새로운 개념을 도입하였다. 수평적 발달이라는 의미는 하나의 새로운 단계를 보다 광범위한 삶의 경험들 속으로 확장시켜 나가는 것이다.

Lickona에 따르면, 도덕적 추론의 단계들은 학령 전기부터 시작하여 성인기를 통하여 계속 발달한다고 한다. 그가 제시하고 있는 도덕적 추론의 단계들을 요약하면 다음과 같다.

(1) 0단계(자기중심적 추론)

보통 4세 정도의 아이에게서 나타나는 0단계의 특징은 본성적인 자기중심성이라 할 수 있다. 0단계의 아이에게 있어서 공정하다는 것은 곧 자기가 원하는 방식대로 하는 것을 의미한다. 마찬가지로 소유물에 대해서도 '나는 그것을 원하고, 그것은 내 것이다'라는 방식과 같은 자기중심성을 나타낸다. 그러므로 0단계에 속하는 아동에게 있어서 옳고 그름의 기준은 자기 생각대로 하는 것이며, 선을 행하는 이유는 상을 받고 벌을 피하기 위해서 라고 할 수 있다.

0단계의 특징

1. 도덕적인 용어("그것은 공정하지 못하다!")로 그들의 독립심을 표현하기 시작하나, 여기서 "공정하다"는 의미는 그들이 원하는 방식대로 하는 것을 의미한다.
2. 갈등상황에서 특히 자기중심적이며, 그들 자신의 관점으로만 사물을 본다.
3. 소유물에 대해 "내가 그것을 원하니까, 그것은 내 것이다"와 같은 접근방식을 취한다.
4. 자신들의 행동이 그릇되었다라는 인식 없이 그들이 원하는 것과 세계를 일치시키기 위하여 할 수 있는 방법은 다 사용하려고 한다.
5. 자기주장과 시도의 양상의 일부분으로서, 종종 규칙을 위반한다든지, 욕을 한다든지, 정도를 벗어난 행동을 한다.
6. 다른 도덕적 단계에 있는 아이들과 마찬가지로, 그들은 자신이 할 수 있는 도덕적 추론보다 더 높은 수준의 도덕적 추론을 이해할 수 있다.
7. 그들 자신이 원하는 것과 다른 사람이 원하는 것이 갈등하지 않는 상황 속에서 그들은 자발적인 협조와 동정심을 보여준다.
8. 도덕적인 개인적인 특성을 반영하는 사회적 도덕적 행동에 있어서 개인차를 보여준다.

(2) 1단계(무의식적 복종)

흔히 5세 아이에게서 일반적으로 나타나고 있는 1단계의 특징은 어른들의 명령에 아무런 의심 없이 복종하는 현상이다. 이 단계에서는 독립심보다는 적응과 조화에 치중하게 되며, 어른의 권위를 존중하고 그것에 따르고자 한다. 또한 아동은 어른의 도덕성의 근원으로 생각하여 오직 어른의 관점만이 옳은 것이라고 생각하게 된다. 그러므로 이 단계에서의 옳고 그름의 기준은 어른이 하라고 시키는 것을 행하는 것이라고 할 수 있으며, 선해야 하는 이유는 말썽을 일으켜 처벌받는 것을 피하기 위해서라고 할 수 있다.

1단계의 특징

1. 자기주장의 단계로부터 보다 순종적이고 협력적으로 변한다.
2. 다른 사람의 관점을 받아들일 수 있지만 하나의 관점–어른의 관점–만이 옳다고 본다.
3. 타인의 권위를 존중하고 믿으려는 경향이 강하다.
   - 어른들이 말한 대로 하는 것이 옳은 것이다.
   - 순종을 해야 하는 이유는 처벌을 피하기 위해서이다.
4. 어른들은 전지전능하고 아이들의 결점을 다 알아낸다고 생각한다.
5. 만약 그들에게 나쁜 일이 일어난다면 그들은 그것은 응분의 나쁜 일을 했기 때문이다.
6. 어른들을 도덕성의 원천으로 보기 때문에 고자질을 많이 한다.
7. 마음속에 동시에 두 가지의 것–두 가지의 관점을 수용하기가 어렵다.
8. 비록 그들이 규칙을 따라야 한다고 생각하지만 규칙이 필요한 이유를 모르기 때문에 어른이나 처벌의 위험이 없으면 종종 규칙을 어긴다.

(3) 2단계(이기적 공정성)

보통 5세 중반부터 7세에 걸쳐 나타나게 되는 2단계의 특징은 아동도 부모나 어른처럼 나름대로의 권리를 가질 수 있다는 생각이 싹트게 된다는 것이다. 즉, 아동은 어른과 도덕적으로 평등하다고 생각하게 된다. 따라서 아동은 더 이상 어른의 명령에 무의식적으로 복종하지 않게 된다. 2단계에서 나타나는 지배적인 현상 가운데 하나는 공정성을 일종의 맞받아치기로 생각한다는 점이다. 2단계에 속하는 아동에게 있어서는 내가 너에게 이것을 해 주었을 때 너는 나에게 무엇을 해 줄 수 있는지의 여부가 매우 중요한 비중을 차지하게 된다. 그러므로 이 단계에 옳고 그름의 기준은 자신의 이익을 먼저 취하도록 하되 자신에게 공정하게 하는 사람에 대해서는 공정하게 대하는 것이 된다. 또한 선해야 하는 이유는 나에게 이익이 되는 것이 무엇인가? 즉, 자신의 이해관계에 달려있는 것이다.

> 2단계의 특징
>
> 부모의 많은 인내를 요구하는 단계
>
> 1. 공정성에 대한 두 가지 느낌을 갖는다. 그것은 공정성에 대한 교환의 느낌과 교만한 독립심이다. 어른의 실수에 대해 강력하게 반대하는 비평가가 된다.
> 2. 어른이 명령해야 한다는 생각은 지나가고 동등성에 대한 열정적인 신념을 갖는다. 이 신념은 아동 자신의 것을 포함한 다양한 관점에 대한 존중이다.
> 3. 2단계는 다음을 믿는다.
>   - 모든 사람은 자신의 입장을 갖는다.
>   - 옳은 것이란 당신 자신의 견해를 따르는 것이다. 당장 자신이 살펴보는 것이다. 당신에게 공평한 사람들에게 공평하게 대하는 것이다.
> 4. 어른의 규칙을 따르는 것 이상의 공정성이 많이 있다고 인식한다. 당신의 관점에 의한 좋은 규칙은 무엇이며 사람들은 최선이라고 생각한 것을 할 수 있어야 한다고 생각한다.
> 5. 아동은 그들이 원하는 것을 위해 협상하는 과정으로서 친구 부모와 함께 사회적 상호작용을 한다.

(4) 3단계(인간관계적 동조)

보통 초등학교 중반부터 시작하여 10대의 초기와 중기 동안에 지배적으로 나타나는 3단계의 특징은 타인과의 일치라고 할 수 있다. 즉, 멋지고 착한 사람이 됨으로써 다른 사람을 기쁘게 해 줌과 동시에 다른 사람의 기대에 부응하여 살아가는 것이 중요한 비중을 차지하게 된다.

그러므로 3단계는 인습적 도덕성의 초기 단계라고 할 수 있다. 2단계의 도덕성이 단지 자신의 이익만을 고려하는 것인 반면에 3단계의 도덕성은 다른 사람의 복리에도 관심을 기울인다는 점에서 큰 차이가 있다. 3단계에서의 옳고 그름의 기준은 착한 사람이 되어 나를 알고 나에게 관심을 갖고 있는 다른 사람들의 기대에 부응해야 한다는 점이며, 선해야 하는 이유는 사회적 인정과 자기 존중감을 얻기 위해서이다.

> 3단계의 특징
>
> 1. 3단계의 아동은 신념을 지닌다.
>   - 좋은 사람이 된다는 것은, '착한 사람'에 대해 내면화된 형성에 따라 살아가는 것을 의미한다.
>   - 너는 착한 사람이 되어야 한다. 그래야만 타인도 너에 대해 좋게 생각하고, 네 자신도 너를 좋게 생각할 수 있다.

(계속)

• 너는 타인이 너를 대해 주기를 원하는 방식으로 그들을 대우해야 한다(황금률).
2. 자신의 이익뿐 아니라 타인이 필요로 하는 것에 대해서도 생각할 수 있다.
3. 도덕 판단에 있어 더 유인하고 관대하다. 그들은 상황을 참작하여 사고한다.
4. 인격개념을 지니고 있다. 아동기에 있어, 성인은 텔레비전이 그들을 냉소적으로 만들지 않는다면, 그들은 일반적으로 성인은 현명하고 선하며 그들의 충고를 따른다면 착한 사람으로 성장하는 데 도움이 될 것이라는 생각을 받아들였다.
5. 좋은 관계란 사람들이 서로 돕고 신뢰하는 것을 간주한다.
6. 아동기에서의 성장은 비교적 쉽다. 그러나 10대의 초기는 '퇴행'으로 보일 수도 있다.
7. 진실된 양심을 지니고 있지만 그것은 결정적인 결함 하나를 지니고 있다. 즉, 그것은 내향적이면서 동시에 외향적이라는 점이다.

(5) 4단계(체제에 대한 책임감)

보통 고등학교 시기와 10대 후반에 걸쳐 발달하게 되는 4단계의 특징은 자신이 속해 있는 사회체제 속에서의 책임을 이행하려는 경향이라고 할 수 있다. 4단계에 속하는 사람들은 진정한 좋은 시민이 어떤 것인가를 이행하게 되기 때문에 4단계의 도덕성은 민주사회의 필수적인 기초가 되는 것이라 할 수 있다. 그러므로 4단계에 속하는 사람들은 도덕적 문제들을 다룸에 있어서 '모든 사람들이 그렇게 행동했을 경우 우리 사회가 어떻게 되겠는가?'라는 문제를 심각하게 고려하게 된다. 이 단계에서의 옳고 그름의 기준은 사회체제에 대한 책임감이며, 우리가 선해야 하는 이유는 체제의 존속과 자기 존중감을 유지하기 위해서이다.

4단계의 특징

1. 사회체제 내에서 책임을 제대로 수행해야만 좋은 사람이 될 수 있다는 것을 믿는다.
2. 사회적 의무를 성실히 수행하는 이유가 체제의 존속을 돕고 '자신의 의무를 수행하는 존재'로서 자기 존중감을 유지하도록 하는 것임을 믿는다.
3. 책임 있는 사람이 되는 것이 주위 사람들을 기쁘게 하는 것보다 더 우선순위에 있기 때문에 그들은 3단계에서 보다 또래집단의 압력으로부터 더 독립적이 된다.
4. 도둑질이나 사기, 거짓말 같은 행동을 할 때 '모든 사람이 그렇게 한다면 어떻게 되겠는가?' 라며 그것들의 파급효과를 생각할 수 있다.

(계속)

5. 그들이 사회체제 속의 아는 사람뿐 아니라 개인적으로 알지 못하는 사람들에 대해서도 관심을 갖는다.
6. 협력이 사회 존속에는 필수적이라는 것을 믿는다.
7. 삶과 사회, 그리고 그 안에서의 사람들의 역할에 관한 질문에 대답할 수 있는 신념을 위한 욕구를 갖는다.
8. 좋은 시민이 되는 것이 무엇을 의미하는지 이해한다.

(6) 5단계(원리의 양심)

성인 초기에 나타나는 4단계의 중요한 특징 가운데 하나는 모든 사람의 권리를 존중하는 것이라고 할 수 있다. 4단계의 도덕성은 내가 속해 있는 사회체계 혹은 그 속에서 함께 살고 있는 다른 성원들에 대한 의무감과 책임감을 소중히 여기는 반면에, 5단계의 도덕성은 내가 속해 있는 사회체계만이 아니라 모든 인간에 대한 의무감과 책임감을 중요시 여기게 된다. 따라서 도덕적으로 옳은 것은 각 개인의 인권에 대해 가능한 한 최대한의 존중을 표현하며, 그러한 개인들의 권리를 보호하는 사회체계를 지지하는 것이 된다. 또한 우리가 선해야 하는 이유는 모든 인간을 존중하려는 양심에서 우러나오는 의무감에 충실하기 위해서이다. 그러므로 5단계에 속한 삶들은 실정법보다도 양심이 부여하는 명령을 더 중요하게 여긴다.

5단계의 특징

1. 옳은 것은 각 개인의 인권에 대해 가능한 한 최대의 존중을 보이고, 그러한 권리들을 보호하는 사회체계를 지지하는 것이라 믿는다.
2. 선한 것이 되는 이유는 모든 인간에 대한 존중의 원리에 충실한 양심의 의무 때문임을 믿는다.
3. 정신적으로 사회체계에서 떨어져 설 수 있고 체계의 행동의 도덕성을 평가하기 위해 인간 존중의 원리를 이용한다.
4. 모든 사람을 위한 자유와 정의를 추구하는 방법으로서 민주주의를 평가한다.
5. 그들의 개인적인 가치를 타인에게 강요하지 않고 모든 개인이 타인의 권리존중에 책임이 있다고 생각한다.
6. 인류의 모든 구성원들의 복지에 관해 걱정하는 선한 사마리아인의 의무를 느낀다.

(계속)

7. 목적이 수단을 정당화하지 않는다는 것을 믿는다.
8. 인간존중이 서약준수를 요구함을 이해한다.
9. 모든 사람은 그들의 지위가 어떠하든지 도덕적으로 동등한 사람으로 대우받을 가치가 있다고 믿는다.

이상에서 살펴본 바와 같이, Lickona는 인격교육에 많은 관심을 가졌으며, 특히 그의 독특한 도덕적 추론단계를 제시하였다. 한편 그는 도덕성이 존중감이라는 두 가지 가치로 요약될 수 있다는 논리를 제시하여 이를 발달시키는 데 다양한 도덕교육 방법을 제안하였다.

생각해 볼 문제

1 Piaget 이론과 Kohlberg의 도덕성 발달 이론을 비교하여 설명하시오.

2 Kohlberg의 도덕성 발달 이론이 갖는 함의와 한계는 무엇인가?

3 다음의 사례를 읽고, Kohlberg의 도덕성 발달의 3수준 6단계에 따른 답변을 하고, 그에 대한 이유를 설명하시오.

> 수학 시험 시간이다. 어제 풀어 보았던 것과 비슷한 주관식 한 문제가 아무리해도 풀리지 않는다. 시험 시간이 다 되어 가는데 그 문제를 풀어 보았던 연습장이 바로 옆에 쉽게 손 닿는 곳에 있다. 감독 선생님은 창 밖을 보고 계시다. 이 시험은 매우 중요한 시험이며, 특히 수학성적은 내신에서 비중이 크다. 어떻게 할 것인가?

4 학생의 도덕성 발달을 돕기 위한 교육기관의 도덕교육 방향에 대하여 논하시오.

Chapter

6 행동주의학습 이론과 사회학습 이론

행동주의학습 이론은 만족하거나 불만족스러운 행동의 결과가 시간을 두고 사람들의 행동에 변화를 가져오는 방법들 그리고 개인들이 다른 사람의 행동을 본받는 방법에 초점을 맞춘다. 반면 사회학습 이론은 행동에 대한 사고 그리고 사고에 대한 행동의 영향에 초점을 맞춘다. 이 장은 학습을 정의한 다음에 관찰할 수 있는 행동을 강조하는 학습에 대한 행동주의학습과 사회학습 이론에 대해 설명할 것이다.

1 학습이란 무엇인가?

학습이란 학교에서 교사와 학생 간에 이루어지는 계획적·의도적인 활동에만 한정되는 것은 아니며, 글자와 낱말, 단어를 익히고 암기하거나 물리 현상, 화학 현상들을 관찰하고 이해하는 과정처럼 이해나 기억 활동에 한정되는 것도 아니다. 부모가 자녀의 태도를 바로잡도록 도와주거나 동료들끼리 공부하며 서로 주고받는 도움 등은 모두 배우고 가르치는 학습 활동의 하나이다. 어떤 문제해결 상황에 부딪쳤을 때 지금까지의 행동 형식으로 적응이 불가능하면 새로운 적응 방식을 찾아 행동하게 된다. 이 새로운 적응 방식이 그와 비슷한 문제 장면에 직면하였을 때, 보다 원만하게 적응하도록 도움을 주었다면 이것으로 학습이 이루어진 것이다. 이렇게 새롭게 학습된 행동은 반복되면서 더욱 민첩해지고 효과적으로 되어 그 문제 장면에 대해 보다 훌륭하게 적응해 간다(Davis, 1957). 즉 학습이란 이전 경험을 기초로 해서 일정한 지식과 기술, 태도를 습득하여 다음 행동을 새로운 상황에 적응시켜 가는 진보적 과정이다.

사전적 의미에서 학습은 "이전 경험의 결과로 나타나는 비교적 영속적인 행동의 변화"라고 정의된다. 그러나 환경과 교류하는 경험의 결과로 나타나는 모든 행동 변화가 학습은 아니다. 일시적인 피로나 약물에 의한 중독 등으로 생기는 행동 변화도 학습은 아니다. 경험의 결과로서 생기는 변화로서 생존에 긍정적인 가치를 갖는 비교적 영속적인 행동 변화만을 학습이라 정의한다(정양은, 1992). 변화에는 글씨쓰기, 달리기, 동작 등 관찰 가능한 구체적인 행동의 변화에 해당하는 외적 변화와 지식, 성격, 사고 등의 눈에 보이지 않는 추상적인 내적 변화가 포함된다. 이에 반해 학습의 정의에서 제외되는 행동 변화가 있다. 즉, 선천적 반응 경향성, 성숙 또는 일시적 상태에 기초하여 설명되는 행동 변화는 학습이라고 볼 수 없다.

학습에 대한 정의는 학자와 연구 방법에 따라 그 표현을 각기 달리하고 있으나 일반적으로 다음과 같이 분류하여 설명할 수 있다.

첫째, 학습을 행동의 변용이라고 보는 견해이다. Munn, McGeoch, Guilford, Woodworth, Davis 등이 주장한 행동변화설(theory of behavioral modification)이 이에 속한다.

둘째, 학습을 자극과 반응과의 결합(S-R bond)이라고 보는 견해이다. Thorndike, Hull, Spencer 등이 주장한 자극-반응 이론(S-R theory)이 이에 속한다.

셋째, 학습을 장(場)의 재구조화(reorganization of field) 또는 인지 과정과 인지 구조(cognitive structure)의 체제화라고 보는 견해이다. 이 견해는 Lewin, Koehler, Koffka 등이 주장한 인지 이론에서 출발하였다.

2 행동주의 접근

행동주의의 기본원리는 자극(stimulus)과 반응(response)의 연합이다. 여기서 자극이란 환경으로부터의 학습자에게 제시되는 모든 것이며, 반응은 자극으로 인한 행동을 의미한다.

학습의 행동주의적 관점에서는 인간학습의 원리와 과정을 설명함에 있어서 객관적이고도 실험적인 관찰을 통해 주로 인간의 외현적인 행동을 연구대상으로 한다.

행동주의 학습 이론이 학습이 진행되는 내적 과정을 지나치게 간과하고 있다는 비판을 받고 있는 것이 사실이나 무엇인가를 학습하는 데 선천적 능력의 차이가 개인차를 만든다는 결정론적 시각을 거부하고 학습자에게 제공되는 환경의 중요성을 이해하는 데 지대한 공헌을 하였다. 고전적 조건화, 조작적 조건화, 그리고 사회학습 이론은 학습 과정과 결과의 이해를 위해 외적으로 표현되는 행동의 분석을 강조하며 새로운 행동을 획득하고 지속하는 과정을 자극과 반응 간의 연합으로 이해하고 설명하려 한다는 점에서 공통점을 갖는다(임규혁 외, 2007).

1) 고전적 행동주의

Pavlov의 고전적 조건형성 이론은 러시아 생리학자인 Pavlov가 1903년 대뇌

기능의 심리적 연구에 이바지하고자 침 분비율과 시간상의 변화를 실험하게 된 때부터 시작되었다. 그의 이론이 미국에 건너가서 Watson의 행동주의와 결합되어 조건형성설이라고 불리게 되었다.

이 이론은 새로운 행동의 성립을 조건화(conditioning)에 의해 설명하고 있는 이론이다. 즉, 반응의 대상이 전혀 다른 것이라도 어떤 일정한 훈련을 받게 되면 동일한 반응이나 새로운 행동의 변화를 가져올 수 있다는 이론이다. 이 이론에서는 모든 학습 과정은 자극 상태와 그것에 대한 반응 행동 간의 조건형성 과정이라고 본다.

Pavlov는 개의 소화 작용을 연구하던 중 개가 음식을 입에 넣기도 전에 음식 접시만 보아도 침을 흘리고, 심지어는 조수가 음식 접시를 가지고 오는 소리만 듣고도 침을 흘린다는 데서 한 가지 실험을 착안했다. 음식물은 사전 훈련이나 조건형성 과정이 없이도 이 반응을 자동적으로 일으키기 때문에 이를 무조건 자극(unconditioned stimulus)이라고 한다. 마찬가지로 음식물 있으면 어떤 훈련이나 경험이 없어도 자동적으로 침이 분비되기 때문에 침을 흘리는 이 반응을 무조건 반응(unconditioned response)이라고 한다. 어떤 사전 훈련이나 경험이 없이도 음식물로 인해 침을 흘리게 되는 반면에 종과 같은 다른 자극들은 침을 분비하게 하지 못한다. 이 자극들은 문제의 반응을 하지 않기 때문에 중립자극(neutral stimulus)이라고 한다. Pavlov는 전에는 중성 자극이었던 것이 무조건 자극과 연합하게 되면 중립 자극은 조건 자극(conditioned stimulus)이 되며, 무조건 자극에 의해 생기는 것과 비슷한 반응을 일으킨다. 즉, 종과 음식물을 같이 제공하면 얼마 후에 종만 울려도 개가 침을 흘리게 된다는 것이다. 이것이 고전적 조건형성(classic conditioning)이라고 한다.

Pavlov는 **그림** 6.1과 같은 장치를 하고 개를 대상으로 하여 종소리를 약 30초 동안 들려준 후 음식물을 주었는데, 이러한 과정을 5분 또는 10분 간격으로 6~10회씩, 매일 혹은 격일로 여러 번 계속하였다. 이러한 과정을 거친 후 음식을 주지 않고 종소리만 들려주어도 침을 흘리게 되었다. 이와 같이 처음에는 종소리를 듣고도 침을 흘리지 않았으나 실험이 거듭됨에 따라 종이란 자극이 침을 흘리는 반응을 수반하여 새로운 자극-반응의 결합이 형성된 것이다. 이러한 현상을 조건형성이라고 한다.

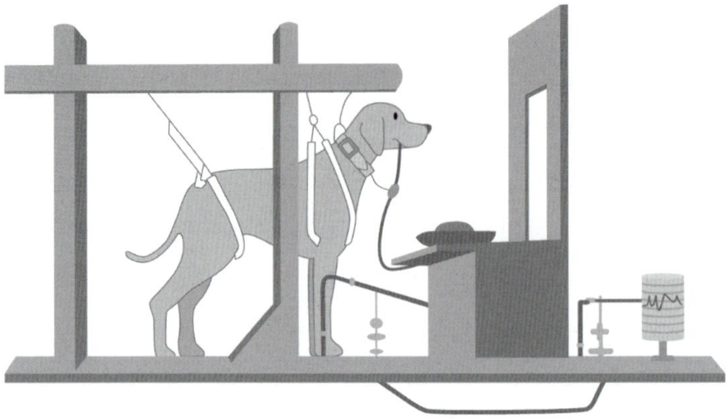

출처: Hulse et al(1975).

그림 6.1 Pavlov의 실험 장치

그림 6.1과 같은 모형의 실험에서 음식물은 무조건 자극(Unconditioned Stimulus, US), 종소리는 조건 자극(Conditioned Stimulus, CS)이 되는데, 음식을 보고 침을 흘리는 것은 무조건 반사(Unconditioned Reflex, US)라 하고, 실험 결과 종소리를 듣고 침을 흘리는 것을 조건 반사(Conditioned Reflex, CR)라고 한다. 종소리가 처음과 같이 침을 흘리는 반사와는 관계없는 경우를 무관 자극이라고 말한다.

고전적 조건형성의 또 다른 유형은 Bekhterev라는 생리학자의 실험이다. 이 실험은 무조건 자극으로 전기 충격을 사용하였다. 이에 대한 무조건 반사는 그 자극에 대한 다리의 굴신(屈伸) 반사이다. 종과 전기 충격을 결부시켜 종에 대해 다리를 굽히는 조건 반사를 형성하는 데 성공하였다. 조건 반응이 일단 형성된 후에 조건 자극만 계속 주고 무조건 자극을 주지 않으면 조건 반응은 없어지게 된다. 이것은 조건 자극에 수반되는 무조건 자극의 강화가 없어지면 조건 반응의 효력이 소멸되는 것이지만, 일단 이루어진 학습 효과가 완전히 소멸되는 것을 의미하는 것은 아니다. 소멸이 일어난 후 얼마 동안의 휴식 기간을 주었다가 다시 전에 학습한 조건 자극을 주면 반응은 재생된다.

CS(종소리) -- CR(타액 분비)
CS1(불빛)+CS2(종소리) -- 타액 분비
CS1(불빛만 제시) -- CR1(타액 분비)

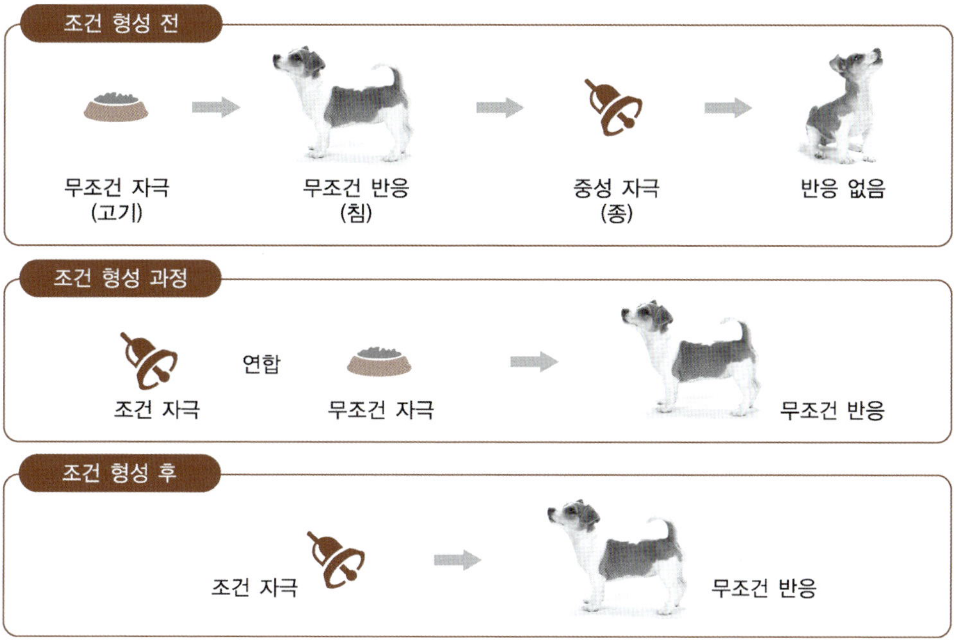

출처: Slavin(1999).

그림 6.2 고전적 조건형성

이를 자발적 회복(spontaneous recovery)이라 한다. 그러나 이 회복에 의해 이전의 상태처럼 완전히 회복되는 일은 거의 없으며 소멸이 계속되면 조건 반응은 점차 약화되어 완전 소멸이 일어나기도 한다. 또한 일단 성립된 조건 반응도 실험 장면에서 조건 자극과 무조건 자극 등과는 전혀 관계없는 다른 자극이 개입되면 조건화 과정이 간섭을 받아 약화되고 중단되는 수가 있다. 이 현상을 제지 또는 금지(inhibition)라 한다.

조건 반응의 성립을 뒷받침해 주는 기본 원리는 강도의 원리(intensity principle)와 일관성의 원리(consistency principle), 그리고 시간의 원리(time principle)와 계속성의 원리(continuity principle) 등을 들 수 있다.

(1) 강도의 원리

조건 반사적인 행동이 형성되려면 첫 번째 반응보다 그 다음번 반응이 더 강해야만 바람직한 결과를 얻게 된다는 것인데, 이것은 자극의 강도가 일정하거나 또는 먼저 제시한 자극보다 더 강한 것일수록 효과가 크다는 뜻과도 같다.

(2) 일관성의 원리

행동에 진보적 변화를 가져오기 위하여 어떤 자극을 줄 경우 그 자극이 질적으로 일관된 것일 때 조건 반응의 형성이 유리하다는 것으로 만일 질적인 면에서 여러 가지 다른 자극으로 바뀐다면 효과를 나타내지 못한다는 것이다. 즉, 개의 실험에서 조건 반응의 형성을 위하여 조건 자극을 줄 때 만일 이 조건 자극을 한 번은 전령의 소리로, 또 한번은 다른 나팔소리 등으로 자꾸 바꾼다면 혼돈만 일으키며 조건 반응은 이루어지지 않아 바라던 효과를 거두지 못하게 된다.

(3) 시간의 원리

무조건 자극과 조건 자극이 있고, 이 양자가 일정한 양식으로 반복됨으로써 자극, 반응, 강화의 세 요소가 결합되어 조건화가 일어난다. 무조건 자극을 조건 자극보다 먼저 주면 조건형성이 전혀 이루어지지 않든지 혹은 이루어져도 대단히 늦고 불안정하게 이루어진다. 조건 자극과 무조건 자극을 동시에 주면 대체로 조건형성은 이루어지지만, 다만 여러 번 되풀이할 것이 요구된다. 조건 자극은 무조건 자극보다 조건형성이 잘 이루어진다. 조건 자극과 무조건 자극을 제시하는 가장 적당한 시간 간격은 약 0.5초가량이고 5초 이상 지연되면 조건 반응은 형성되기 어려운 것이다.

(4) 계속성의 원리

자극과 반응과의 관계가 반복되는 횟수가 많으면 많을수록 효과가 있다는 원리이며, 반복 연습이 필요하다는 뜻으로 시행착오설에 있어서 연습의 법칙이나 빈도의 법칙과 같은 것이다. Pavlov의 실험에서도 약 50회의 종소리를 계속해서 개에게 들려준 후 효과적인 조건 반응을 거두게 되었다.

조건형성이 한 번 이루어졌다고 해서 조건 자극이 계속해서 영원히 작용하는 것은 아니다. 예를 들면, Pavlov는 비록 불빛을 타액 분비를 위한 조건 자극으로 만들 수는 있으나, 만약 음식 없이 불빛만 몇 번 제시하면 불빛은 그 효과를 잃기 시작한다는 사실을 발견하였다. 침의 분비량은 점점 적어져 마침내는 전혀 분비되지 않는다. 이때가 바로 소거(extinction)가 일어난 때인 것이다. 또한 비록 조건 반사가 소거된 것처럼 보이지만, 일반적으로 자발적 회복(spontaneous recovery) 현상도 있다는 사실이 발견되었다.

비록 하나의 반사가 단 하나의 자극에만 조건형성될지라도, 그 특정 자극만이 그 반사를 유발하는 것은 아니다. 반응은 더 이상 조건형성을 시키지 않더라도 비슷한 자극들에 대해 일반화(stimulus generalization)될 수 있다. 예를 들면, 어떤 음의 종소리에 침을 분비하도록 조건형성된 개는 다른 음의 종소리에도 또한 반응한다.

처음의 일반화는 점차 분화 과정으로 대치된다. 예를 들면 만일 다른 음의 종을 계속 울린다면(음식은 주지 않고), 개는 원래의 조건 자극에 가장 가까운 음에만 국한하여 좀 더 선택적으로 반응하게 된다.

2) Thorndike의 시행착오(Trial and Error)설

Pavlov의 연구는 Thorndike와 같은 미국의 심리학자들의 연구를 고취시켰다(Hilgard & Bower, 1966). 많은 초기 행동학습 이론 학자들과 같이 Thorndike는 행동을 물리적 반사 작용에 연결시켰다. 초기 작업에서 그는 대부분의 행동을 환경 안에서의 자극에 대한 반응들로 보았다. 자극이 반응을 촉진시킨다는 이러한 견해는 자극－반응(S-R) 이론의 선두 주자이다. 초기 학습 이론 학자들은 무릎을 쳤을 때, 다리가 위쪽으로 움직이는 것과 같은 어떤 반사 작용들을 기록했는데, 이것들은 뇌에 의한 처리 과정 없이 발생한 것이다. 그들은 다른 행동이 또한 의식적이거나 무의식적인 생각들이라기보다는 환경에 제시되는 자극의 반사 작용 방식으로 결정으로 결정된다고 가설화했다.

Thorndike는 자극이 미래의 행동에 대해 영향력을 가진 후 일어나는 자극들을 보여줌으로써 Pavlov의 이론을 발전시켰다. 그의 많은 실험에서 Thorndike는 상자 안에 고양이를 넣고 고양이가 먹이를 찾으려고 하면 상자 밖으로 나올 수 있게 장치하였다. 그리고 시간의 경과에 따라 관찰했는데, 그 고양이들은 탈출하려고 비효과적인 행동을 점점 더 빠르게 반복함으로써 상자를 빠져나가는 방법을 학습했다. 이 실험들로부터 Thorndike는 효과의 법칙을 발전시켰다.

Thorndike의 효과의 법칙(law of effect)은 만약 환경의 변화를 만족시키려는 행동이 일어날 때, 유사한 환경에서 불만족스런 변화에 의해 행동이 일어난다면 그 행동이 반복될 기회는 줄어든다. 그러므로 인간의 현재 행동의 결과는 미래 행동의 결정에 중요한 역할을 하는 것으로 볼 수 있다. Thorndike는 자극과 반응의 결합으로부터 학습의 법칙으로 효과의 법칙(law of effect), 연습의 법칙(law of exercise), 준비성의 법칙(law of readiness) 등을 들고 있다.

(1) 효과의 법칙

결과의 법칙이라고도 한다. 효과의 법칙이란 학습 과정과 그 결과, 만족스러운 상태에 도달하게 되면 결합이 한층 더 강화되어 학습이 견고하게 되지만 만족스럽지 못한 경우에는 결합이 약해진다는 것이다. 만족과 불만족의 판단은 주관적인 것이기 때문에 개체 행동을 기술하는 데 있어서 부적당하다는 비난도 있지만 이에 대하여 Thorndike는 만족이란 개체가 회피하려 하지 않고 그것을 지속하고 반복하는 사태이며 불만족이란 개체가 유지하려 하지 않고 반기하는 사태라고 한정지었다.

(2) 연습의 법칙

빈도의 법칙이라고도 한다. 연습의 법칙이란 자극과 반응의 결합이 빈번히 되풀이되는 경우 그 결합이 강화된다는 것이다. 즉 연습하면 결합이 강화되고 연습하지 않으면 결합이 약화된다. 즉 학습은 연습에 의하여 강화되고 연습에 의하여 효과가 높아진다. 따라서 학습이 잘되기 위해서는 반복 학습이 필요하다.

(3) 준비성의 법칙

새로운 지식을 습득하기 위해서는 준비를 충분히 갖추고 있을수록 결합이 용이하게 된다. 즉, 어떠한 행동 단위는 행동할 준비가 되어있을 때 비로소 만족스럽게 행동할 수 있으며, 반대로 어떠한 행동 단위가 행동할 준비가 되어있지 않으면 실패를 가져오게 된다. 즉, 준비성이란 학습을 할 준비가 얼만큼 되어 있는가에 대한 준비를 의미하는 것이며 학습의 성취도를 의미하는 것은 아니다.

3) 조작적 행동주의

어떤 인간의 행동들은 특별한 자극에 의해 촉진된다. Pavlov의 개처럼 우리는 배고플 때나 맛있는 음식을 볼 때 침을 흘린다. 그리고 우리는 자전거 타는 법을 배우는 것처럼, 사물들을 학습했을 때, 두뇌는 반사 작용으로 반응하는 것처럼 보이는 Thorndike의 초기 반사 작용 행동들에 대한 강조에 믿음을 갖고 있다. 하지만 Skinner는 그런 행동은 단지 모든 행동의 작은 원인이 된다고 제안했다. 그는 이와는 다른 종류의 행동으로 제안했는데, 그것들은 명백한 다른 상황 요인의 부재에서 환경이 작용하기 때문에 조작적 행동이라 하였다.

Thorndike와 같이 Skinner는 통제된 상황에 피험자를 놓고 그들의 행동의 결과를 체계적으로 바꿀 때 나타나는 행동상의 변화를 관찰하는 데 초점을 맞추었다(Alberto & Troutman, 2009; Bigge & Shermis, 2004; Malott, 2008). 예를 들어, 개체의 행동이 즉각적으로 유쾌한 결과를 유발하면 개체는 그 행동을 더 자주 하게 된다. 행동의 변화를 목적으로 유쾌하거나 불쾌한 결과물을 사용하는 것을 일컬어 조작적 조건화라고 한다.

Skinner는 기구를 만들어 사용했던 것으로 유명한데, 이것을 흔히 Skinner 상자라고 부른다. Skinner 상자는 보통 쥐나 비둘기와 같은 동물의 행동을 연구하기 위한 간단한 장치들로 구성된다. 쥐를 연구하기 위한 Skinner 상자에는 쥐가 누르기 용이한 지렛대와 먹이를 공급할 수 있도록 설치된 먹이접시 그리고 물그릇이 갖춰져 있다. 쥐는 외부로부터 어떠한 것을 보지도 듣지도 못하게 되어 있으므로 모든 자극은 실험자에 의해 통제된다.

Skinner 상자를 포함한 초기의 연구를 살펴보면 쥐가 우연히 지렛대를 눌렀을 때 먹이를 주도록 기구를 장치하였다. 이렇게 우연히 지렛대를 누르는 과정이 몇 번 되풀이되면 쥐는 지렛대를 더 자주 누르게 되며 그때마다 매번 음식물을 먹게 된다. 쥐는 지렛대를 누르는 행동은 강화되고 상자 안을 돌아다니는 것 등의 다른 모든 행동을 습득하게 되도록 조건화되었다. 이 시점에서 몇 가지 다른 시험들도 가능하다. 지렛대와 먹이접시를 전기적으로 조작하여 몇 개의 지렛대를 동시에 눌러야 먹이가 나오거나 어떤 지렛대를 누르면 먹이가 나오고 다른 지렛대를 누르면 먹이가 나오지 않도록 할 수도 있어서, 그것은 보이는 것만큼 쉽지 않다.

Skinner의 조작적 조건화와 Pavlov의 고전적 조건화의 가장 큰 차이점은 고전적 조건화가 행동을 유발하기 위해 자극에 관심을 두는 반면, 조작적 조건화는 자극보다는 유발된 행동의 결과에 관심을 둔다는 것이다. Skinner(1948, 1971)는 대부분의 행동이 그 결과를 검토하여 설명될 수 있다고 생각하였으며, 신중하게 통제된 행동결과는 개인이나 사회 전체를 바람직한 행동으로 이끌 수 있다고 믿었다.

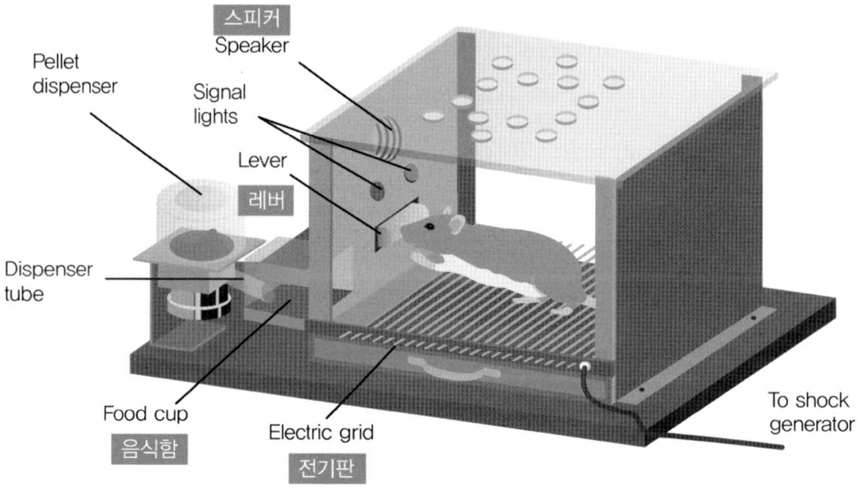

출처: Skinner(1938).

그림 6.3 Skinner 상자

교실에서 말하는 행동을 증가시키는 강화 사용의 중요한 법칙은 다음과 같다.

- 학생들로부터 무엇을 원하는지를 결정하고 그것들이 일어날 때 이 행동들을 강화하라. 예를 들면, 착한 일에 칭찬하거나 보상을 하라. 학생들의 능력에 부적합한 일을 칭찬하거나 보상하지 말라.
- 학생들에게 원하는 행동들을 말하라. 그리고 학생들이 그러한 행동을 보일 때 당신은 그것을 강화하면서 왜인지를 말하라.
- 적절한 행동이 나타나자마자 그것을 강화하라. 즉각적인 강화보다 지연된 강화는 덜 효과적이다.

❶ 엄마가 방에 들어올 때 영아는 미소를 짓는다. | 엄마로부터 주의와 재미있는 표정을 받는다. | 영아가 주의를 끌기 위해 다시 미소짓게 될 가능성을 증가시킨다.

❷ 유아가 크레용으로 벽에 낙서를 한다. | 꾸지람과 방에서 쫓겨난다. | 벽에 낙서할 행위의 강도를 약화시키고 억제하게 될 것이다.

출처: 송길연 외(2000) 재인용.

그림 6.4 조작적 조건화의 기본원리

표 6.1 고전적 조건화와 조작적 조건화 비교

생물적	고전적 조건화	조작적 조건화
용어	CS, US, CR, UP	반응, 강화
행동의 효과	US를 통제하지 못함	강화를 통제함
습득 절차	CS와 US를 짝지음	특정 자극하에서 반응과 결과를 짝지음
학습되는 반응	주로 내장 반응	주로 골격근 반응
소거 절차	US없이 CS만 제시	반응 후에 강화 생략
일반화	CS와 유사한 자극이 CR과 유사한 반응 유발	강화를 받았을 때와 유사한 자극이 제시되면 유사한 반응률이 나타남
변별	한 자극에는 US가 뒤따르고, 유사한 자극에는 US가 뒤따르지 않음	강화되고 다른 자극이 있을 때 수행한 반응은 강화되지 않음

4) 행동주의학습 원리

행동주의학습 이론은 행동의 결과가 다음의 행동을 어떻게 형성하는가를 설명하기 위해 여러 연구 결과에서 행동의 원리들을 확립하였다(Alberto & Troutman, 2009; Bigge & Shermis, 2004; Kazdin, 2001; Malott, 2008; Walker, Shea & Bauer, 2004). 다음은 행동주의학습 원리이다.

(1) 자기－강화

학생들은 스스로를 칭찬하고 자신을 정신적으로 격려하며 스스로의 진도를 기록부에 체크하고 또한 스스로 휴식 시간을 마련하고 또는 과제를 끝마치거나 문제를 일으키지 않도록 강화하도록 학습될 것이다.

(2) 칭찬

'잘했어 좋아. 그렇게 하는거야. 잘 해낼 줄 알았어'와 같은 칭찬은 효과가 있으며 이와 같은 언어적인 칭찬과 더불어 행동적인 칭찬, 즉 미소, 윙크, 엄지를 치켜세우는 신호 등을 두드려 주는 것을 함께 하면 더욱 효과적이다. 협동학습이나 또래 학습에서 학생들은 서로가 서로의 적절한 행동에 대하여 칭찬하는 것으로부터 더 고무된다.

(3) 주목

자기가 중요시하는 어른이나 동료의 주목을 받는 것은 많은 아동에게 효과적인 강화 역할을 한다. 귀 기울이기, 끄덕임, 가까이 다가가기 등은 아동에게 긍정적인 강화가 된다. 특별히 뛰어난 수행이나 장기간에 걸쳐 목표를 완수했을 때는 교육청을 방문하거나 장학금이 제공되거나 교장과 면담의 기회도 부여될 것이다.

(4) 점수와 인정

점수와 인정(예: 성취에 대하여 상장을 주기)은 학생에게 그들의 노력에 대한 정적 피드백으로서 또한 그들을 강화할 부모에 대한 경과의 보고로서 모두 효과적인 역할을 한다. 훌륭한 성적을 공개적으로 게시하거나 교장으로부터 인정을 받는 것도 효과적이다. 한 달에 한 번 주어지는 성적표보다 자주 제공되는 퀴즈 성적과 행동 평가 점수, 그밖의 피드백 등은 더욱 효과적이다.

(5) 특권

학생은 자유 시간을 얻거나 특별한 기구(예: 축구공)를 갖거나 특별한 역할(예: 교사의 심부름을 대신 하거나 시험지를 배부하기)을 할 수 있다. 훌륭한 행동을 행한 학생이나 집단에게는 휴식 시간을 먼저 주거나 다른 작은 특권을 줄 수 있다.

(6) 활동 강화

이미 설정된 기준을 만족한 성취를 했을 시에 학생은 자유 시간, 비디오, 게임 등과 같이 다른 재미있는 활동을 할 수 있다. 활동의 강화는 학급 전체가 일정 기준을 만족시켰을 때 모두가 자유 시간을 얻거나 특별한 활동이 제공되는 집단의 상황에도 확대될 수 있다.

(7) 구체적 강화

학생은 성취나 훌륭한 행동에 대한 대가로 장난감, 지우개, 연필, 구슬, 만화책, 범퍼 스티커 등과 교환할 수 있는 포인트 점수를 얻을 수 있다.

(8) 음식

건포도, 과일, 땅콩, 그밖의 건강에 유익한 간식은 강화로 사용될 수 있다.

(9) 처벌

행동을 억제하는 결과물을 처벌이라고 한다. 불쾌한 결과물이 행동의 빈도수를 줄여 주지 못할 때는 처벌이 불가피하다. 예를 들어, 어떤 학생들은 교실에서 해방될 수 있기 때문에 교장에게 심부름을 가거나 강단으로 가는 것을 좋아하는 반면에, 어떤 학생들은 이를 불쾌한 상황이라고 여긴다(Pfiffer, Rosen & O'Leary, 1985). 어떤 학생들은 야단맞는 것을 좋아하는데 이는 교사의 주목을 끌 수 있고 급우로부터 자신의 지위를 확고히 해 주기 때문이다. 강화로서 처벌은 효과적이라 말하기는 힘들지만 필요한 것이다.

(10) 타임 아웃

학급 내에서 흔히 사용되는 처벌 중의 하나는 타임 아웃으로서 이는 학생이 잘못을 했을 때 몇 분간 교실 구석에서 세워두는 것이다. 타임 아웃은 다른 학생들의 주목이 잘못된 행동을 강화시킨다고 생각되어 이러한 강화를 박탈하는 것으로서 소거 처벌이라고 한다. 잘못된 행동의 결과에 대한 타임 아웃은 그러한 행동을 감소시켜 준다(Skiba & Raison, 1990).

(11) 즉각적인 강화

행동주의학습 이론의 원칙에서 가장 중요한 것 중 하나는 지연된 보상보다 행동이 일어난 즉시 보상을 주는 것이 효과적이라는 것이다. Skinner 상자에서 쥐가 지렛대를 누른 뒤 몇 분 있다가 먹이를 주게 되면 쥐는 먹이를 얻기 위하여 지렛대를 누르는 것 이외의 다른 행동을 모색하게 되며, 쥐는 먹이와 지렛대를 누르는 것 사이의 연관을 학습하는 데 더 오랜 시간을 소요하게 된다. 시간이 지연되어 큰 보상을 주는 것보다 작은 보상을 즉각적으로 주는 것이 더 효과적이다(Kulik & Kulik, 1988). 이러한 결과는 인간의 행동에 대하여 많은 것을 설명해 준다.

즉각적인 보상은 두 가지 목적을 만족시킨다. 첫째, 행동과 보상의 연관을 명백하게 해 준다. 둘째, 피드백의 정보 가치를 높여준다. 실제로 모든 학생에게 즉각적인 피드백을 줄 수 있는 교사는 거의 없다. 하지만 학생들이 문제를 풀었을 때 즉각적으로 해답을 제시하는 것 또한 같은 결과를 가능하게 한다. 잘못된 행동에 대처할 때도, 학생이 잘못된 행동이 아닌 훌륭한 행동을 했을 때 즉각적인 보상의 원리를 적용할 수 있다.

(12) 행동 형성

즉각적인 강화는 교육에 있어서 중요하지만 무엇을 강화할지를 결정하는 것 또한 중요하다. 유치원 교사는 유아들이 한글 전체를 외울 때는 강화를 주면 안 되는 것일까? 그렇지 않다. 하나의 글자를 외웠을 때 칭찬을 해 주고 그 다음에는 몇 개의 글자를 외웠을 때 칭찬을 해 주며 마지막으로 13개의 글자를 모두 외웠을 때 칭찬을 해 주는 것이 더 좋은 방법이다. 음악 교사는 학생이 피아노곡을 완벽하게 칠 때까지 강화를 하면 안 되는 것일까? 교사는 첫 번째 막히는 부분을 잘 치게 되었을 때 칭찬을 해 줘야 하는 것일까? 모든 학생은 어떤 식으로든 강화를 필요로 한다. 교사가 많은 단계의 강화를 거치면서 학생으로 하여금 목적을 성취하도록 이끌어 가면서 사용하는 기술을 한다.

행동 형성이란 행동주의학습 이론에서 사용되는 용어로서 학습자가 바람직한 최종 행동에 접근하도록 강화시키는 새로운 기술이나 행동을 가르치는 것을 말한다. 예를 들어, 아동에게 신발끈 묶는 것을 가르칠 때 우리는 어떻게 묶는지 간단히 가르친 다음 아동이 스스로 해내면 더 이상 강화하지는 않는다. 그보다는 아동이 첫 번째 매듭을 해냈을 때 강화를 시키고 그 다음에는 리본을 만들었을 때 강화를 주며 마지막으로 전체를 다 해냈을 때 강화를 준다. 이러한 방법으로 최종 목적을 완수하기까지의 모든 단계를 강화하면서 아동의 행동을 강화한다.

(13) 소멸

강화는 행동을 강하게 만들어 준다. 하지만 강화를 소거하면 어떻게 될까? 결국 행동은 약해지고 최종적으로는 사라지게 될 것이다. 이러한 과정을 선행 학습 행동의 소멸이라고 한다. 소멸은 무난한 과정은 아니다. 강화가 소거되면 아동은 한동안은 행동의 증가를 보인다. 우리가 자주 이용하는 어딘가로 통하는 지름길의 문을 생각해 보자. 어느날 그 문이 열리지 않는다고 상상해 보자. 우리는 아마도 한동안은 문을 흔들고 손잡이를 이리저리 돌려보고 문을 걷어차는 등 문을 열려고 애쓸 것이다. 혼란에 빠지고 화가 날 것이다. 그러나 곧 문이 잠겼다는 것을 깨닫고는 가버릴 것이다. 문이 완전히 잠겨버렸다는 것을 알지 못한다면 아마도 며칠 뒤에 다음에는 한 달에 한 번 다시 열어 보려고 시도해 볼 것이며 결국에는 포기할 것이다.

(14) 강화 계획

행동 강화의 효과는 많은 요인의 영향을 받는데 그 중 가장 중요한 것이 강화 스케줄이다(Alberto & Troutman, 2009; Kazdin, 2001; Milternberger, 2001). 이것은 강화가 주어지는 빈도, 강화의 기회에 있어서의 경과 시간, 강화의 예측력을 의미한다. 강화 계획에는 고정 비율, 변동 비율, 고정 간격, 변동 간격의 네 가지가 있다.

① 고정 비율

흔히 사용되는 강화 스케줄의 하나는 고정 비율 스케줄로서 일정한 횟수의 행동을 한 후에 강화를 주는 것이다. 교사가 10문제를 풀면 나가도 좋다라고 말했을 때를 예로 들어보자. 시간이 얼마나 걸리든 상관 없이 학생은 10문제를 풀도록 강화받는다. 이것은 강화 스케줄(10가지 행동이 하나의 강화)의 한 예이다. 고정 비율 스케줄로서 흔히 사용되는 또 다른 것은 학생 행동에 따라 매번 강화를 주는 것이다. 이것은 연속적 강화라 불리는 것으로 각각의 행동에 강화가 주어진다.

고정 비율 스케줄은 그것이 연속적인 강화로 시작하여 강화 횟수를 줄여 나간다면 개인으로 하여금 방대한 양의 과제를 완수하도록 하는 데 효과적이다. 잦은 강화보다 일정 비율을 둔 강화가 더욱 발달된 행동을 산출하는 이유는 강화를 너무 자주 주게 되면 강화의 효과가 퇴색하기 때문이다. 수학 문제를 풀 때마다 매번 칭찬을 받는다면 학생은 곧 칭찬받는 것에 싫증이 날 것이고 칭찬은 강화로서의 가치를 잃을 것이다.

② 변동 비율

변동 비율 강화 스케줄은 궁극적으로는 행동을 강화하되 강화받는 행동의 숫자를 예측 불가능하게 하는 것이다. 슬롯머신은 변동 비율 강화의 한 예이다. 슬롯머신은 첫 번째 손잡이를 당겼을 때 돈이 나올지, 아니면 200번째 당겼을 때 돈이 나올지 예측할 수 없다. 학급 내에서 학생이 질문에 답하기 위하여 손을 들었을 때도 변동 비율 스케줄이 적용된다. 학생들은 정답을 말할 기회가 언제 주어져서 강화받을지 알지 못하지만 학급이 30명으로 이루어졌다면 30번에 한 번은 지명될 것을 기대할 것이다. 평균적으로 30번의 행동에 하나의 강화가 뒤따르기 때문에 이를 변동 스케줄이라 부른다. 변동 비율 스케줄은 쉽게 소멸하지 않는다. 행동의 강화가 중단되더라도 사람들은 당분간 그 행동을 계속한다. 그들은 보상이 때로는 많은 과제를 수행한 후 뒤늦게 온다는 것을 학습했기 때문에 이번에도 곧 강화가 뒤따를 것이라는 착각을 하게 되는 것이다.

③ 고정 간격

고정 간격 스케줄에서 강화는 일정한 간격으로 주어진다. 학기말 고사는 고정 간격 스케줄의 전형적인 예이다. 고정 간격 스케줄은 행동의 흥미로운 형태를 산출한다. 개인은 평소에는 특정 행동을 거의 하지 않다가 강화의 시기가 다가오면 급속한 노력을 하기 시작한다. 이러한 형태는 쥐와 비둘기의 고정 간격 스케줄 강화에서도 나타나지만 시험 직전 몇 분까지 벼락치기를 하거나 매월 리포트 제출 전날 학급에 학생들에게서 분명하게 찾아볼 수 있다. 이러한 고정 간격 스케줄의 특징으로 보아 학생으로 하여금 시험 전날 벼락치기를 하는 것보다 언제나 꾸준한 노력을 하기를 원한다면 일정 간격을 둔 주요한 시험보다는 간단하지만 잦은 퀴즈가 더 효과적이라는 것을 알 수 있다(Crooks, 1998).

④ 변동 간격

변동 간격 스케줄에서는 언제 행동이 강화되는지 알지 못한다. 학급 내에서 교사가 학생의 과제를 예고 없이 확인하는 것이 그 예이다. 교사가 확인을 한 순간에 열심히 했던 학생은 강화를 받을 것이다. 교사가 학생들을 언제 확인할지 모르므로 그들은 언제나 열심히 해야만 한다. 사람들은 법이나 공익 정신에 상관 없이 교통 법규를 잘 지키지만 경찰이 불시에 운전면허증을 검사하는 것은 법규와 더불어 도움이 된다. 경찰이 육교 위나 언덕 뒤에서 잠복하여 있으면 운전자들의 행동을 불규칙적으로 감시할 수 있다. 만약 경찰들이 눈에 잘

띄는 곳에 있었다면 이것은 운전을 조심하라는 신호이므로 평상시에 조심스럽게 운전할 필요성이 줄어들게 된다. 표 6.2는 강화 스케줄의 예를 잘 설명하고 있다. 강화와 소멸에 따른 구체적인 반응 형태의 특징은 네 종류의 스케줄로 나뉜다.

표 6.2 강화 스케줄의 예

스케줄	정의	반응 형태	
고정 비율	강화를 위하여 일정한 숫자의 행동이 요구됨	꾸준한 반응, 강화 후에는 잠시 멈춤	강화가 주어지지 않으면 행동은 급속히 감소함
변동 비율	강화를 위하여 변동적인 숫자의 행동이 요구됨	꾸준하고 강도 높음 반응	반응은 높은 수준을 유지하다가 감소함
고정 간격	강화를 위하여 일정한 양의 시간이 요구됨	균등하지 않은 반응. 각 간격의 말기에 급속한 반응의 증가	강화가 주어지지 않으면 반응은 급속히 감소함
변동 간격	강화를 위하여 변동적인 양의 시간이 요구됨	꾸준하고 강도 높음 반응	반응이 점차 감소함

출처: Slavin(1999).

3 Bandura의 사회학습 이론

사회 학습(social learning)이란 인간은 어떤 모델의 행동을 관찰·모방함으로써 학습하게 된다는 이론으로서 Bandura가 그 대표적인 이론가이다. 이 이론은 관찰 학습(observational learning), 모방 학습(modeling learning), 인지적 행동주의 학습(cognitive behaviorism of learning)으로 불린다.

Bandura(1981)가 제시한 학습 요인을 살펴보면 다음과 같다.

첫째, 관찰 학습 효과(observational learning effect)이다. 타인의 행동을 관찰함으로써 학습이 이루어진다는 것이다. 여기서는 모델의 지위, 능력, 권력 등이 중요한 요인으로 작용하게 된다.

둘째, 대리적 강화(vicarious reinforcement)와 억제 효과(inhibition effects)이다. 모델의 행동 결과에 수반되는 보상과 벌을 관찰한 결과로서 학습이 이루어진다.

셋째, 자기 통제의 과정(self-regulation)으로, 모델의 행동이 관찰자의 행동을 통제하는 것이 아니라 관찰자 자신의 내적인 인지적 통제, 즉 자기 규제에 의해 학습이 이루어진다. 사회 학습은 모델의 특성뿐 아니라 관찰자의 과거 경험, 욕구, 의도 등의 요인에 의해 영향받게 된다는 것이다.

Bandura(1977)는 비공격적인 모델을 보여주거나 아무런 모델을 보여주지 않을 때보다 공격적인 행동 모델을 직접 또는 만화로 보여주었을 때 아동이 더 공격적인 행동을 나타낸다는 사실을 발견했다. 이와 같은 일련의 실험 결과를 근거로 하여 아동에게 모델을 관찰시키며, 최소한 다음과 같은 방법으로 어린이 행동에 영향을 줄 수 있다고 하였다(김언주, 1989). 먼저 관찰자는 모델로부터 언어를 비롯한 새로운 행동을 배울 수 있다는 점이며, 그 다음 모델은 아동이 이미 갖고 있는 행동의 목록을 자극함으로써 학습에 영향을 줄 수 있다는 것이다. 그리고 아동이 모델을 관찰함으로써 자신의 행동을 금지시킬 수 있고, 지금까지 금지해 오던 행동을 더 이상 금지하지 않고 방출할 수도 있다는 것이다.

관찰 학습은 무시행(no-trial) 학습의 특징을 지니므로 학습자가 모델의 행동에 주의 집중하여 파지한 내용은 학습자에게 외적 행동이 요구될 때 행동수행의 단서가 된다. 이렇게 잠재적으로 학습된 내용을 실제 행동으로 전환시키게 되는 과정을 Bandura(1982)는 자기 효율성(self-efficacy)의 개념으로 설명하고 있다. 즉, 학습자는 상황이 요구하는 행동을 수행할 수 있다는 자기 확신감으로 행동 여부를 결정하게 된다는 것이다.

Bandura는 이 같은 관찰 학습(observing learning) 과정을 주의 집중 단계, 파지 단계, 재생 단계 그리고 동기화 단계로 구분했는데 도식화하면 다음과 같다.

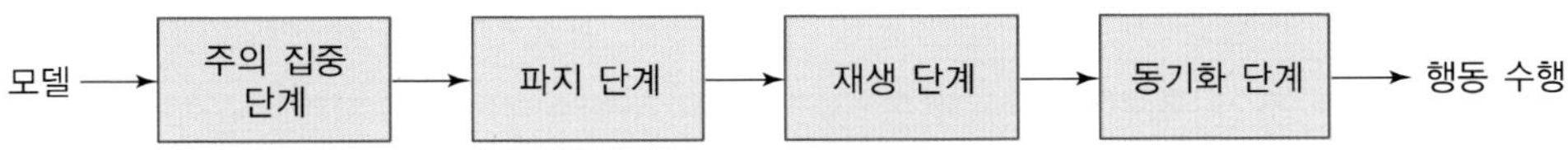

그림 6.5 관찰 학습 과정

- 주의 집중 단계: 관찰학습의 첫 단계로 모델에게 주의를 기울이는 것이다. 일반적으로 아동은 매력적이고, 성공적이고, 재미있고, 인기 있는 역할 모델에 주의를 기울인다. 교실에서 교사들은 명확하고 재미있는 신호를 보여줌으로써 신기하거나 놀랄 만한 것을 사용해서 동기화시킬 수 있

는 것으로 아동의 관심을 끌 수 있다.

- 파지 단계: 교사들이 아동의 주의를 끌면 그 다음에는 아동에게 따라하기를 바라는 행동을 모델로 보여 주고 아동이 모방하거나 연습할 기회를 주어야 한다. 예를 들어, 교사가 글자를 어떻게 쓰는지 보여 주면, 아동은 교사의 모델을 따라 할 것이다.
- 재생 단계: 아동은 그들의 행동을 모델의 행동과 같게 하기 위해 노력한다. 교실에서 아동의 학습 평가는 이 단계에서 일어난다. 예를 들어, 교사가 쓴 글자를 보며 여러 번 연습한 후에 아동은 교사의 것과 같게 보일 수 있도록 글자를 재생할 수 있다.
- 동기화 단계: 아동은 자신도 모델처럼 행동하면 강화를 받을 수 있는 기회가 증가한다고 믿기 때문에 모델을 모방한다. 교실에서 관찰 학습의 동기화 단계는 보통 교사의 것과 같은 것에 주어진 칭찬이나 성적들을 수반한다. 아동은 이것이 교사가 좋아하는 것이라고 배웠고, 또 교사에게 칭찬을 받기 위해서 모델에 주의를 기울이고 연습하고 재생한다.

1) 대리 학습

대부분의 관찰 학습이 모델을 똑같이 따라 하는 것이 강화로 이어진 것이라는 기대에 의해 동기 부여를 받지만 다른 사람이 어떤 행동을 한 것 때문에 강화받거나 벌 받는 것을 봄으로써 사람들은 배운다는 것에 주목하는 것도 중요하다(Bandura, 1986; Zimmerman & Schunk, 2003). 학급 교사는 대리 학습의 원리를 항상 사용한다. 어떤 학생이 장난치며 놀고 있을 때 교사는 열심히 공부하는 다른 학생을 골라서 잘한다고 칭찬한다. 잘못된 행동을 하고 있는 학생은 공부하는 것이 칭찬 받는 것을 보고(희망사항이기는 하지만) 공부를 하게 된다.

2) 자기 조절 학습

사회 학습 이론에서 또 다른 중요한 개념은 자기 조절(self-regulation)이다

(Pressleg, 1995; Schunk & Pajares, 2004; Winne, 1995; Zimmerman, 2000). Bandura(1997)는 사람들이 그들 자신의 행동을 관찰하고 그것을 자신의 기준에 비추어 판단하고 그들 자신을 강화하거나 처벌한다고 가정했다. 우리는 우리가 잘했다는 것을 알 때 다른 사람들이 뭐라고 하던 상관 없이 정신적으로 스스로를 격려한 경험이 누구나 있다. 마찬가지로 우리는 최선을 다하지 못했을 때 그 사실을 알고 있다. 이러한 판단을 하기 위해서 우리는 우리 자신의 이행 능력에 대한 기대를 가지고 있어야 한다. 시험에서 90점을 맞고 어떤 학생은 기뻐할 수 있는 반면에 다른 학생은 매우 슬퍼할 수도 있다.

아동이 자기조절전략을 사용하도록 가르칠 수 있고 여러 가지 상황에서도 그렇게 하도록 상기시킴으로써 자기조절은 습관이 될 수 있다. 이러한 자기조절의 각각 전략은 아동으로 하여금 자신의 학습목표를 통제할 수 있게 하며 각 개인은 개인의 목표와 기준을 설정하고, 이를 이루기 위한 일반적인 전략을 수립하게 된다(Schunk & Zimmerman, 2003).

3) 수업에서 자기 조절 학습 촉진시키기

자기 조절 학습자들은 ① 교사가 자신들에게 주는 과업을 분석하고 학습을 위한 효과적인 목표를 설정하고, ② 목표에 도달하기 위해 알맞은 전략을 쓰고, ③ 그들의 진도를 검사하고 필요하면 학습 접근 방법을 수정하기 때문에 효과적이다(Butler & Winne, 1995). 교사들은 이러한 인지 과정에 학생들의 주의가 집중되도록 하고 그것을 배우는 방법을 학생들에게 명쾌하게 가르쳐 줌으로써 학생들이 보다 자기 조절을 잘 할 수 있도록 도와줘야 한다. 이 전략은 또한 여러 학년 수준에서 학생들이 산만한 행동을 줄이는 데도 사용되었다(Jones & Jones, 2007; Martella et al., 2003).

(1) 학생들이 과제를 분석하고 적절한 목표를 설정하도록 돕는다

학생들은 종종 교사가 그들에게 주는 과제를 잘못 해석한다. 예를 들어, 저학년 학생은 독서가 어떤 의미를 읽는 것보다는 문자를 해독하는 것과 관련 있다고 생각할 수 있다. 고학년 학생은 작문 숙제의 취지를 잘못 해석할 수 있다.

어떤 학생은 심지어 그들이 배우고자 노력하고 있는 것에 초점을 두지도 않고 단지 바보같아 보이지 않으려고 노력할 수 있다. 이러한 각각의 경우에 학생들은 그들 자신의 학습을 효과적으로 이끌거나 관리하지 않을 것이다. 학생들이 과제를 분석하고 목표를 설정하는 것을 배우도록 돕기 위해서 교사들은 다음과 같은 것들을 할 수 있다.

- 학습의 첫 번째 단계로서 과제를 분석하는 것의 중요성에 대한 토론(Butler, 1995)
- 과제의 요구 사항을 명백히 하고 과제 달성을 위한 기준은 토론 학생들의 과제에 대한 이해를 확인(토론에서, 학습 일지를 통해)
- 성적 추구보다 학습의 목적을 강조

(2) 명쾌하게 학생들의 효과적인 학습 전략 사용을 도와준다

교사는 다음과 같은 것들을 할 수 있다.

- 과제 달성 과정에서 학생들과 대화한다. 예를 들어, 어떻게 조사하고 어떻게 보고서를 써야 하는지에 대해 학생들에게 이야기하기 등이 있다.
- 의미 있는 과제의 맥락에서 학생들에게 효과적인 학습 방법을 가르쳐 준다. 예를 들어, 학생들이 의미 있는 독서를 할 때 요약, 문제 제시, 명료화, 예측을 위한 학습 전략을 익히는 데 도움을 주기 위해 상호 교수 접근법을 사용할 수 있다(Palincsar & Brown, 1984).
- 학생들이 사용하는 학습 방법과 다른 방법의 상대적인 장점에 대해 토론하도록 한다(Borkouski, Estrada, Milstead & Hale, 1989). 예를 들어, 학급의 학생들이 수학 문제를 풀었을 때, 그들이 사용한 접근 방법에 대해 어떤 것이 가장 효과적이고 또 왜 각각의 방법들이 도움이 되고 혹은 도움이 되지 않는지 토론하도록 한다(Means & Knapp, 1991).

(3) 학생들의 검토를 도와준다

교사는 다음과 같은 것들을 할 수 있다.

- 자신의 성과를 평가하기 위한 명백한 기준을 세우려는 학생들의 노력을 도와준다. 예를 들어, 교과서의 각 문단을 읽고 난 후 자신의 글로 주제를 요약할 수 있어야 한다고 학생들에게 설명할 수 있다.
- 학생들이 그들 자신의 수행에 대해 평가하도록 돕는다. 예를 들어, 학생들이 어떤 구체적인 기준에 맞춰 그들이 쓴 글의 수준을 평가해 보도록 함으로써 도울 수 있다.
- 학생들 자신의 학습을 반성해 보고 자신들이 사용한 방법의 효율성을 평가해 보고 필요하다면 학습 방법을 수정하도록 도와준다.

4 행동주의학습 이론의 장점과 제한점

행동주의학습 이론의 기본 원리는 심리학의 다른 원리를 활용하여 확립되었으며, 인간의 행동을 설명하는 데 유용하고 교실에서 아동의 행동을 변화시키는 데 유용하다.

그러나 행동주의학습 이론의 제한점은 사회학습 이론가들을 제외하고 거의 관찰할 수 있는 행동에만 초점을 맞춘다는 것이다(Driscoll, 2000). 그런데 개념형성, 내용으로부터의 학습, 문제해결, 그리고 사고와 같이 잘 보이지 않는 학습과정들은 직접 관찰하기가 어려운 인지학습의 영역에 속하기 때문에 행동주의학습 이론가들이 연구하지 않았다. 행동주의학습 이론의 직접적인 결과이기도 한 사회학습 이론은 행동주의와 인지주의 관점의 차이를 연결시키는 데 도움을 주었다.

학습의 행동주의와 인지주의 이론은 보통 경쟁적으로 반대되는 모델로 보인다. 그러나 이 이론들이 서로 반대적인 위치에 있는 특수한 영역이지만, 경쟁적이라기보다는 보완적인 것으로 보는 것이 훨씬 더 정확하다(Kazdin, 2001; Miltenberger, 2001).

생각해 볼 문제

1 고전적 조건화와 조작적 조건화의 차이점과 유사점을 설명하시오.

2 다음의 각 강화에 해당하는 적합한 예를 들어 보시오.
   a. 정적 강화
   b. 소거
   c. 일반화

3 강화에 대한 전통적 행동주의 이론의 입장과 Bandura의 입장을 비교하시오.

4 관찰학습의 이론을 통해 교사가 아동 및 청소년의 인터넷 사용에 관심을 가져야 하는 이유에 대하여 생각해 보시오.

5 Skinner 교사와 Bandura 교사가 점심식사를 함께 하면서 지나친 행동을 하는 학생들의 행동을 바로 잡아주기 위해서 전략을 계획했다고 가정해 보자. 그들은 학생들의 행동을 수정하기 위해서 각자 어떠한 계획을 세울지 설명하시오.

Chapter

7 정보처리학습 이론

인지를 무시한 행동주의에 반발하여 태동한 인지심리학은 인간 행동을 이해하기 위한 정신과정과 정신구조를 과학적으로 분석하려고 하였다. 넓은 의미에서 인지는 인간의 마음이 어떻게 작동하는가를 탐구하는 학문이다. 특히 정보처리 이론은 인간이 외부 정보에 주의를 기울이고, 그 정보를 저장하며, 인출하는 인지과정을 분석하는 접근이다. 이 장에서는 정보처리학습 이론을 중심으로 인지, 초인지 등에 관해 살펴볼 것이다.

1 정보처리 이론

학습에서 핵심적 역할을 수행하는 대표적인 인지기능은 기억(memory)으로 능동적인 정신기제는 사람들에게 과거 경험에 관하여 정보를 보유하고 재생할 수 있도록 해 준다. 학습이 발생하기 위해서 학생들은 그들의 경험을 기억해야 한다. 정보는 우리의 감각을 통해 계속해서 우리의 머릿속으로 들어온다. 이 정보의 대부분은 곧 지워지고, 우리는 그것조차 기억 못할 수도 있다. 어떤 정보는 아주 짧은 기간 동안 기억되었다가 잊혀지기도 한다. 예를 들어, 우리가 야구장에서 자리를 찾을 때까지는 좌석 번호를 기억하지만, 자리를 찾고 나면 곧 번호를 잊어버리게 된다. 그러나 어떤 정보는 우리의 일생 동안 지속적으로 기억되기도 한다. 흡수된 정보의 처리는 어떻게 이루어지며, 교사들은 어떻게 이 처리를 학생들이 중요한 정보와 기술을 기억하도록 돕는 데 이용할 수 있을까? 이런 의문들이 인지적 학습 이론들에 의해 제기되어 왔고, 지난 20년간 학습과 기억에 관한 주된 이론이 정보처리 이론의 발달을 가져오게 되었다.

1) 정보처리 이론

머릿속의 지식들이 처리, 저장, 인출을 설명하는 인지적 학습 이론 인간 기억에 관한 조사(Atkinson & Shiffrin, 1968; Ericsson & Kintsch, 1995; Massaro & Cowan, 1993; Siegler, 1991)는 기억된(잊혀진) 정보들의 처리를 설명하는 학습 이론을 뒷받침 해 준다. Atkinson-Shiffrin의 정보처리 모델로 설명되는 이 처리는 그림 7.1로 나타난다.

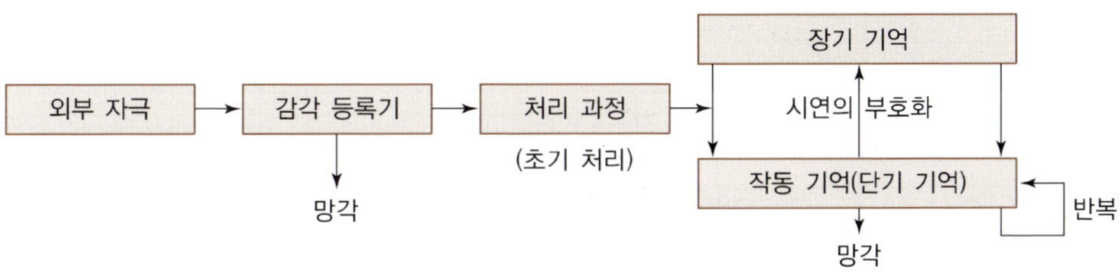

출처: Sharles G. Morris. Psychology: An Introduction(8th Ed.), p.233. Slavin(1999) 재인용.

그림 7.1 정보처리의 경로

(1) 정보처리 과정

① 감각등록기

정보를 받아들이는 기억체계의 최초의 요소는 감각 등록기이다. 감각 등록기는 감각(보고, 듣고, 느끼고, 냄새 맡고, 맛보는)으로부터 많은 양의 정보를 받아들이고, 그것을 2~3초밖에 되지 않는 짧은 시간 동안 저장한다. 만약 감각 등록기에서 아무런 처리도 일어나지 않는다면 그 정보는 빠르게 잊혀질 것이다. 정교한 많은 실험이 감각 등록기를 발견하기 위해 행해졌다. 어떤 사람에게 그림 7.2와 같은 그림을 100분의 5초 정도의 짧은 시간 동안 보여 준다. 인간은 보통 서너 개 혹은 다섯 개의 글자를 기억할 수 있지만, 12개 모두를 기억할 수는 없다. Sperling(1960)은 사람들에게 그림 7.2와 같은 그림을 보여주었다. 그림을 치운 후 피험자에게 그림의 맨 윗줄, 가운데, 혹은 밑줄을 떠올려 보라고 지시했다. 그는 사람들이 어느 한 줄은 거의 완벽하게 기억해 낼 수 있다는 것을 발견했다. 피험자들은 100분의 5초 동안 모든 글자를 보았을 것이고, 아주 짧은 기간 동안 기억했을 것이다. 그러나 사람들이 12개 모두를 기억하려 할 때는 감각 등록기에 글자들이 머물 수 있는 시간을 초과하게 된다. 따라서 사람들은 그 가운데 몇 글자를 기억해 내지 못하게 된다.

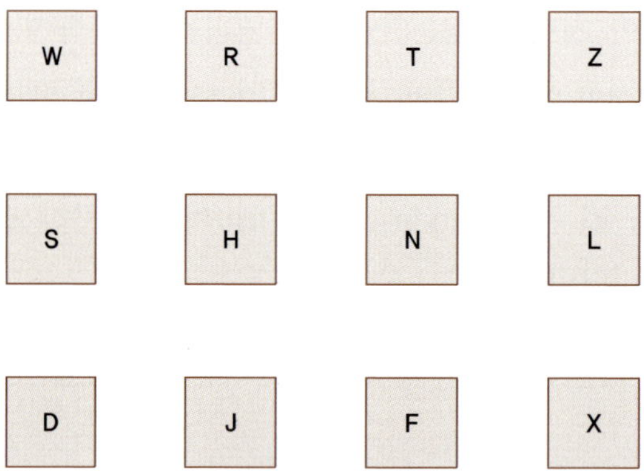

출처: G.A. Sperling(1960). 'The Information Available in Brief visual Presentations', Psychological Monographs. p.74.

그림 7.2 G.A. Sperling이 감각등록 단계의 존재와 한계점을 알아보기 위해 사용한 제시물

형태심리학에서 감각, 지각, 기억에 관한 의문들은 고대 그리스인과 로마인의 관심을 끌었지만, 근대에서의 우리가 환경에서 어떻게 정보를 받아들이고 처리하는가에 대한 과학적 연구는 제1차 세계대전을 전후로 독일에서(후에 미국과 다른 곳에서도) 일어난 형태심리학 운동과 함께 시작되었다.

Gestalt는 독일어로 '형상' 혹은 '형태'라는 뜻이다. 형태심리학자(Max Wertheimer, Kurt Koffka, Wolfgang Kohler 등)들은 인간이 감각의 부분들이 보다 많다고 주장했다. 예를 들어 그림 7.3에서 이 그림의 일부분들이 지워져 있음에도 불구하고 원형과 사각형으로 볼 수 있다. 이것은 인간이 가능한 한 단순화, 논리화를 시키기 위해서 그들의 지각을 조직하고, 또 필요한 경우에 지각의 차이를 설명하는 폐쇄 원칙(principle of closure)을 보여주고 있다. 이 원칙은 또한 우리가 과거로부터 한 사건을 기억하려 할 때도 적용된다. 우리는 그 사건을 보다 명료하게 기억하기 위해서 세부 사항들을 덧붙일 수 있다. 예를 들어 한 운전사가 명백히 잘못한 자동차 사고를 떠올리는 데 있어, 우리는 정신적으로 실제로는 드러나지 않았던 세부 사항들(잘못을 저지르지 않은 운전자가 안전벨트를 했는지, 회전 신호를 켰는지)을 우리 인상 속에 첨가한다.

Gestalt 심리학의 또 다른 중요한 원칙은 주목하는 그림과 배경을 분리하려고 한다는 것이다. 예를 들어 공항의 인파 속에서 친구를 만날 때, 우리는 아마도 친구의 얼굴에만 주목하고 다른 모든 얼굴은 일반적으로 무시하게 될 것이다. 이런 상황에서 우리가 찾고 있는 얼굴 이외에 다른 모든 얼굴은 형상이기보다는 배경으로 무시되기 때문에 인파 속에 있는 또 다른 친구를 보지 못할지도 모른다.

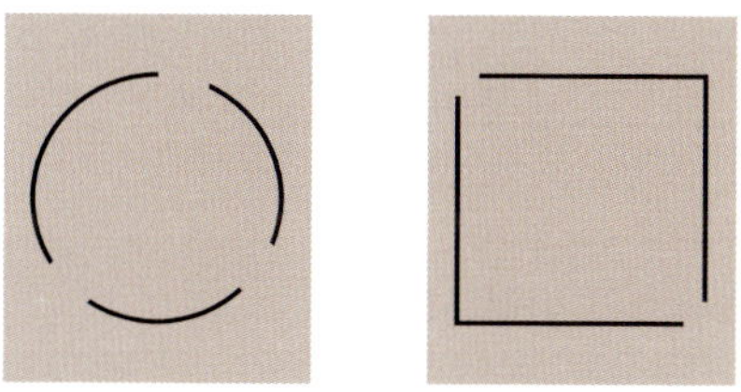
(a)

(b)

그림 7.3 폐쇄 원리와 형상-배경 관계의 예

형상-배경 관계(figure-ground relationship)의 전형적인 사례는 그림 7.3으로 설명된다. 여러분은 꽃병을 보았는가? 아니면 두 개의 얼굴들을 보았는가? 만약 여러분이 꽃병을 찾으라는 말을 들었다면 결코 (배경으로 지각했을) 그 얼굴들을 보지 못했을 것이다. 그리고 만약 얼굴을 찾으라는 말을 들었다면 이번에는 꽃병을 보지 못했을 것이다.

기억에 관한 최초의 실험적 연구는 1879년에서 1885년까지 독일의 Ebbinghaus에 의해 이루어졌다. 그는 기억이 의미와 연상의 영향을 크게 받는다는 점을 느끼고 이 요인들을 통제하기 위해 무의미 철자로 연구하였다. 그는 자신을 연구 대상으로 하여 6년간 학습 실험을 하였다.

그 결과 학습 후에 곧 망각이 일어나는데 1시간 후에는 50% 이상 잊어버리게 되며, 9시간 후에는 본래 학습한 것의 60% 이상, 한 달 후에는 80% 이상 기억이 사라진다. 또한 학습에 보낸 시간의 양은 파지에 영향을 미친다. 이와 함께 배웠던 것을 다시 배울 때는 시간이 덜 걸림을 알 수 있다. 의미 있는 것, 잘 조직된 것, 연상되는 것 등은 더 오래 기억된다. 이러한 생각과 조건들을 확장시키면 망각을 없앨 수 있다는 말이 된다.

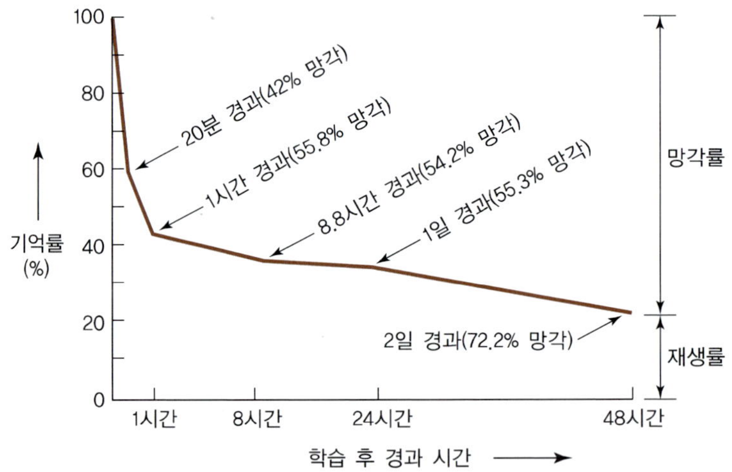

그림 7.4 Ebbinghaus의 망각곡선

또한 Ebbinghaus의 무의미 철자의 암기에 대한 실험 결과를 보면, 하루에 연속적으로 6회 반복한 기억 효과보다는 3일간에 나누어 총 38회 반복한 경우가 효과적임을 알 수 있다. 또한 총 학습 시간이 동일한 경우 적당히 분할한 분산적 학습이 효과적인 사실도 실험적으로 검증되었다.

② 단기(작동) 기억

사람들이 지각하고 집중하는 정보는 기억체계의 두 번째 구성 요소인 단기 기억(short-term memory)으로 옮겨진다(Squire, Knowlton & Musen, 1993). 단기 기억은 몇 초 동안 제한된 양의 정보를 담아 둘 수 있는 저장체계이다. 그것은 일반적으로 생각되는 정보가 저장되는 기억의 한 부분인 것이다. 주어진 짧은 시간 동안 의식하는 생각들은 단기 기억에 저장된다. 우리가 어떤 것에 대해 생각하는 것을 멈출 때 그것은 단기 기억에서 사라진다. 단기 기억의 또 다른 이름은 작동 기억(또는 작업 기억, working memory)이다(Anderson, 2005; Ashcraft & Radvansky, 2010; Engle, 2001; Unsworth & Engle, 2007). 이 용어는 단기 기억의 지속 기간이 아니라 활동하는 사실을 강조하는 것이다. 작동 기억은 정신이 정보에 작용하고 저장을 위해 그것을 조직하며 다른 정보와 연결하는 곳이다. 많은 학자는 작동 기억이 매우 중요해서 작동 기억의 용량을 지능과 동일하다고 생각한다(Ackerman, Beier & Boyle, 2005; Colom, Flores-Mendoza & Rebello, 2003; Kane, Hambrick & Conway, 2005).

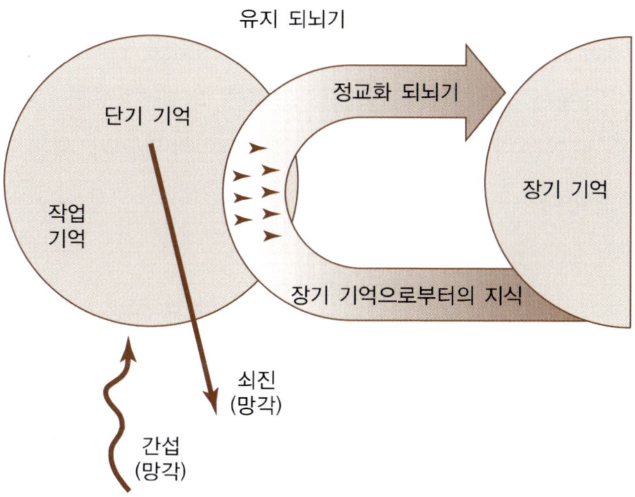

출처: 김아영 외(2001). p.267.

그림 7.5 단기 기억

정보는 감각 등록기로부터 혹은 기억체계의 세 번째 구성 요소인 장기 기억으로부터 작동 기억에 입력될 수 있고, 둘은 동시에 일어나기도 한다. 붉은 새를 볼 때 감각 등록기는 붉은 새의 이미지를 기억으로 이동시킨다. 동시에(무의식적으로) 붉은 새로써 특정한 새를 확인할 수 있도록 장기 기억에서 새에 대한 과거의 경험에 관한 기억들 또는 느낌들이 인식될 수도 있는 것이다.

작동 기억에 정보를 담아 두는 하나의 방법은 그것에 대해 반복하거나 생각하거나 말하는 것이다. 이렇게 반복에 의해 작동 기억 속의 정보를 보유하려는 과정을 시연(rehearsal)이라고 한다. 일상생활에서 이 방법은 전화 번호를 짧은 시간 동안 외우는 데 사용한다. 이러한 반복에 의해 작동 기억에 어떤 항목을 보존하는 처리가 암기이다. 암기는 단기 기억에 더 오래 남을 수도 있고 장기 기억으로 옮겨갈 기회가 많기 때문에 학습에 있어 중요하다. 암기를 하지 않고서는 항목들은 작동 기억에 30초 이상 저장될 수 없다. 작동 기억은 제한된 정보가 다른 정보들에 밀려 지워질 수도 있다. 간략하게 적어 둔 전화 번호를 다시 찾거나 번호를 잊은 경험이 있을 것이다.

교사들은 수업 시간 동안 학생들의 암기를 위한 시간을 분배해야 한다. 너무 많은 정보를 너무 빨리 가르치는 것은 학생들에게 새로운 중복된 암기를 위한 시간이 없다면, 후에 그 정보는 학생들의 작동 기억에서 지워지기 쉽기 때문에 비효율적이다. 학생들에게 질문이 있는가를 묻기 위해서 교사들은 학생들에게 그들이 금방 배운 것을 다시 생각하고 암기할 시간을 주어야 한다. 이것은 학생들이 작동 기억에서 정보를 처리하고, 그것에 의해 정보를 장기 기억에 자리 잡게 하는 것을 도와준다. 이런 정신적인 작용은 학생들이 새롭고 어려운 것을 배울 때 더 중요하다.

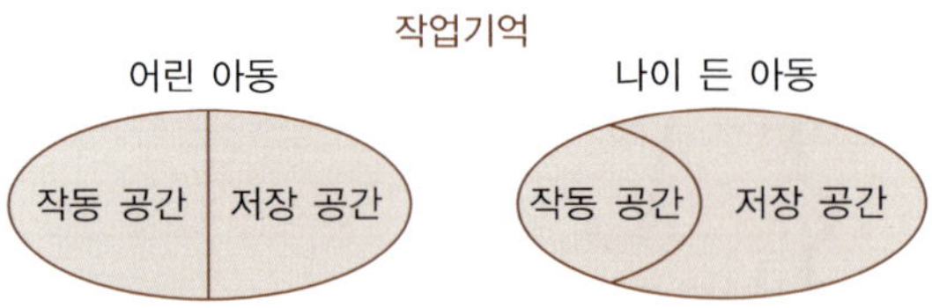

나이에 따라 아동은 정보를 더 빠르고 효율적으로 처리한다. 이처럼 나이가 들면서 작동 공간을 덜 필요로 하며 저장 공간을 많이 남겨둔다.

출처: Case(1985); 송길연 외(2000) 재인용.

그림 7.6 Robbie Case의 '작동 효율성' 가설

작동 기억은 5~9개의 정보를 저장할 수 있는 것으로 보인다(Thompson, 2000). 다시 말해서 인간은 단지 5~9개 정도의 서로 다른 것들을 한 번에 생각할 수 있다는 것을 의미하는데, 그러나 어떠한 특수 정보는 그 자체만으로도 많은 양의 정보를 포함하기도 한다. 예를 들어, 학습자에게 친숙한 방식에 따라 단어나 정보를 조직화한다면 암기하기가 쉬울 것이다.

작동 기억은 주변에서 유입된 정보가 장기 기억에 도달하기 전에 통과하는 곳과 같다. 또한, 작동 기억의 제한된 용량은 교사가 수업설계 및 구현을 위해 중요한 의미를 갖는다(Sweller, van Merrienboer & Paas, 1998; Robert E. Slavin, 2012 재인용). 학생들에게 제시할 개념을 잘 조직화하고 이미 그들의 장기 기억 속에 저장되어 있는 정보와 잘 연결시켜서 작동 기억으로 하여금 새로 유입된 정보들을 수용할 수 있게 만들지 못한다면, 학생들에게 한꺼번에 많은 개념을 제시하여 이해하게 하는 것은 어려운 일이다. 작동 기억의 제한된 용량의 또 다른 예는 Mayer(2001)가 번개에 관한 수업에서 관련 없는 단어, 사진, 음악을 함께 공부한 학생들이 이러한 요소들이 없는 학생들보다 전이 검사에서 낮은 성적을 보여주었다. 즉 단순한 형태의 수업이 전이 검사 수행보다 더 높았다는 사실인데, 이는 논리적이고 체계적인 수업이 작업 기억 용량을 더 효과적으로 활용한다는 결과를 보여 준다(Mayer, 2008, 2009).

개인마다 주어진 학습 과제를 성취할 수 있는 작동 기억의 용량은 차이가 있으나, 작동 기억의 능력을 강화시킬 수 있는 주된 요인 중 하나는 바로 배경지식이다. 인지의 세계는 '빈익빈 부익부'라고도 한다. 사람은 갖고 있는 배경지식이 많으면 많을수록 새로운 정보를 조직하고 흡수하는 능력이 더 뛰어나다(Engle, Nations & Cantor, 1990; Kuhara-Kojima & Hatano, 1991). 그러나 배경지식만이 유일한 요인은 아니다. 개인마다 정보를 구성하는 능력에 차이를 보이며 좀 더 효과적으로 작업 기억의 능력을 이용하기 위해서 의식적으로 새로운 전략사용법을 배울 수 있다(Wyra, Lawson & Hungi, 2007).

③ 장기 기억

장기 기억(long-term memory)은 오랜 기간 동안 정보를 유지하는 기억체계의 한 부분이다. 장기 기억은 매우 큰 용량을 가지고 있고 매우 오랜 기간 기억을 저장하는 것으로 생각한다. 학자들은 장기 기억으로 들어간 모든 정보는 유실되는 것이 아니라 영원히 보관된다고 보았다. 다만 우리의 기억 안에 있는 정보를 인출하는 능력을 잃는 것 뿐이라 할 수 있다. 그러나 우리는 장기 기억을 충분히 채울만큼 사용하지 못하고 생을 마감할 것이다. 지각의 기록들, 작동 기억, 그리고 장기 기억 간의 차이점들은 **표 7.1**에 잘 나타나 있다.

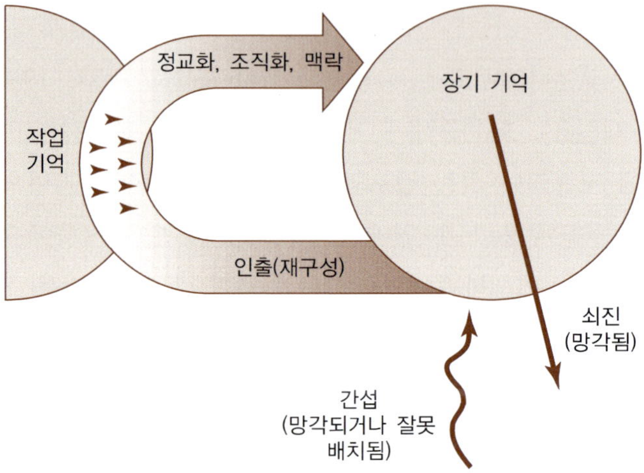

출처: 강아영 외(2001). p.280.

그림 7.7 장기 기억

표 7.1 인지저장체계 구성요소의 특징

기억 구조	처리과정					특징
	코드 (정보의 표상방법)	정보 저장기간	저장된 정보의 지속기간	저장 용량	회복	
감각 등록기	감각적 특징들	1~3초 이내	빠르게 스쳐지나감	무한대	적절한 단서가 주어지면 완전 회복	순간적, 무의식적
단기 기억	청각, 시각, 의미 감각적 특징들	약 12초 시연했을 경우 좀 더 오래 지속됨	쉽게 방해를 받음	5~9개 (±2개)	각 항목당 35초의 시간이 걸리며 완전히 회복할 수 있음	작업 기억, 즉각적 의식, 능동적, 시연에 의한 정보 계속 유지
장기 기억	의미, 시각적 지식, 추상적 개념, 의미심장한 표상	무한대	쉽게 방해받지 않음	무한대	적절한 단서가 주어지면 특정하고 일반적인 정보들은 회복됨	지식의 기초, 수동적, 부호화(encording)의 결과

출처: 강갑원 외(2008).

학자들은 장기 기억을 세 분야로 나누어 설명한다. 일화적 기억, 의미론적 기억, 절차상의 기억이다(Squire et al., 1993; Tulving, 1985). 일화적 기억(episodic memory)은 보았거나 들었던 어떤 정신적 영상인 개인적 경험의 기억이다. 어젯밤에 먹었던 저녁이나 고등학교 파티에서 일어났던 것을 기억했을 때 장기 일화적 기억에 저장된 정보를 회상하고 있는 것이다. 의미론적 기억(semantic memory)은 우리가 알고 있는 개념들, 원리들, 규칙들과 그들을 어떻게 사용하는가, 그리고 문제 푸는 능력들과 학습 방법들에 관한 사실과 일반화된 정보를 포함하고 있다. 학교 수업에서 배우는 대부분의 것은 의미론적 기억에 지정된다. 절차상 기억(procedural memory)은 그것을 아는 것과 대조적으로 어떻게 알게 되는가이다(Sylvester, 1985). 운전, 타자치기, 자전거 타는 능력은 절차상의 기억에 저장되는 기술들이다.

이러한 세 가지 종류 기억이 의미하는 것을 좀 더 자세히 알아보면 다음과 같다.

일화적 기억(episodic memory)은 그것들이 언제 어디에서 일어났는지에 의해 조직된 경험의 이미지를 포함한다(Tulving, 1993). 예를 들어, “어렸을 때 살았던 집에서 침실로 들어갔을 때, 침대의 머리가 오른쪽에 있습니까? 아니면 왼쪽에 있습니까? 아니면 떨어져서 자신을 향하고 있습니까?”의 질문을 한다면, 만약 대부분의 사람과 비슷할 경우, 침실을 상상하고 침대의 머리가 어디 있었는지를 봄으로써 이 질문에 답할 것이다. 예를 들어, 고등학교 반 친구들의 이름을 회상하라는 요청을 받았다고 가정해 보자. 한 심리학자는 졸업한 학생들에게 일정 장소로 매일 와서 한 시간 동안 그 이름을 기억하도록 요구했다. 한 달이 지난 후에, 그 학생들은 새로운 이름들을 회상하는 일들을 계속했다. 흥미롭게도 그들은 공간과 시간을 단서로 사용했고 그것은 일화적 기억으로 연상되어 그 이름들을 회상할 수 있게 하는 사건들을 상상하는 데 도움을 주었다. 예를 들어, 학생들은 아마도 사회 시험 문제에서 사회 교사가 북극 탐험자 같이 옷을 입고 와서 학생들의 얼굴들을 자세히 쳐다보았던 것을 기억하며, 시험 문제를 풀 것이다.

일화적 기억은 생각해 내기가 종종 어렵다. 왜냐하면 우리의 삶 속에서 대부분의 일화들이 너무 자주 반복되어져서 결국 최근의 일화들은 이전에 본 적이 있는 기억 속에 혼합되어 버리기 때문이다. 만약 그 일화가 만들어지는 동안 그것을 특별히 기억할 만한 사건이 일어나지 않는다면 더 그렇다. 예를 들어 학생들이 테러리스트들로 인한 참사에 관해 듣던 순간이나 케네디, 마틴 루터 킹이 저격당하던 순간, 그들이 첫 키스 또는 청혼을 받았던 순간에 점심을 먹고 있던 사람들은 물론 이 특별한 식사(그리고 다른 상차림의 사소한 것들)를 영원히 기억할 것이다. 이것에 대한 이유는 그 잊을 수 없는 사건은 우리에게 일화적(공간과 시간) 기억(보통은 잊혀진 세부가 되는 것과 연결된)으로 가는 통로를 주기 때문이다(Seerubin, 1985).

의미론적 기억(semantic memory)은 매우 다른 방식으로 조직된다(Sylvester, 1985). 그것은 스키마타(schemata)라고 불리는 생각 혹은 관계에 연결된 조직망으로 정신적으로 조직된다(Anderson, 1985; Chang, 1986; Johnson-Laird Herrmann & Chaffin, 1984; Voss & Wiley, 1995). 개인이 그들의 인식과 경험을 조직하기 위해 사용하는 인식의 틀을 서술하기 위해 Piaget는 도식(scheme)이라는 용어를 소개했다는 것을 기억할 필요가 있다. 인지 과정 이론가들은 개인이 그들의 새로운 정보들을 이해할 수 있고 조직할 수 있는 기억을 가지고 있다는 개념의 조직망을 설명하기 위해 스키마와 스키마타라는 용어를 사용한다. 스키마타는 아마도 일련의 관계들에 의해 연결될 것이다.

의미론적 기억의 정보는 관련된 아이디어들로 연결되어 장기 기억으로 조직된다. 예를 들어, '들소'란 개념은 보다 일반적인 개념인 포유류와 동물 그리고 다른 개념들과 구분될 수 있는 많은 개념과 관련을 갖는다.

사실상 개인의 정보 조작으로 가는 더 많은 길을 알게 될수록 기억을 인출할 수 있는 길들이 좀 더 잘 설정되고 장기 의미 기억에 있는 정보로 갈 수 있는 통로를 더 잘 갖게 된다(Anderson, 1985; Colling & Loftus, 1975). 그러나 장기 기억의 문제점은 정보를 잃는 것에 있는 것이 아니라, 정보로 가는 접근 방법을 잃어버리는 것이다. 스키마 이론의 한 가지 명백한 함의는 잘 발달된 스키마에 적합한 새로운 정보는 스키마에 맞지 않는 정보보다 훨씬 더 잘 기억될 수 있다는 것이다.

절차적 기억(procedural memory)은 특히 육체적인 업무에 관련된 어떤 것을 어떻게 할 것인가를 회상해 내는 능력이다. 이 기억의 형태는 명백하게 일련의 자극 반응 편성에 저장된다. 예를 들어, 여러분이 오랜 시간 자전거를 타지 않았다 하더라도 자전거를 타자마자 그 자극이 반응을 불러일으키기 시작하는 것을 말한다. 그 자전거가 왼쪽으로 기울면(한 자극) 본능적으로 균형을 유지하기 위하여 몸을 오른쪽으로 돌리게 된다(한 반응). 신경학 연구를 살펴보면 절차 기억은 의미 기억, 일화 기억과는 별개로 뇌의 다른 부분에 저장된다는 것을 보여 주고 있는데, 절차 기억은 소뇌에 저장되는 반면, 의미 기억과 일화 기억은 대뇌피질에 저장된다(Black, 2003; Bruning et al., 2004; Eichenbaum, 2003).

(2) 대표적 인지전략

인지전략은 실제로 효율적인 학습을 돕는 역할을 한다. 인지전략은 학습에서 기억과 인출을 돕고 망각을 저지하기 위해 사용되는 전략이며, 종종 학습전략(learning strategies)이라고 불린다. 우리가 기계적인 학습이라고 부르는 과정에서 학생들은 중요한 의미를 모른 채 교재를 무조건 반복해 읽거나 외우려 한다. 반면 유의미 학습(meaningful learning)에서 학생들은 교재를 이해해 정보를 장기 기억에 좀 더 잘 저장하고 이후에 잘 인출될 수 있도록 한다. 대표적인 인지전략에는 시연(암기), 정교화, 조직화가 있다. 이 세 가지 인지전략은 단순한 기억 과제(단어 회상)부터 정보의 이해를 요구하는 복잡한 과제(강의나 교재 이해)까지 모두 적용될 수 있다.

① 시연 전략

시연(rehearsal)은 암기(memorize)라고도 하며 정보를 반복해 작업 기억에 유지시키는 과정을 말한다. 어떤 사실을 기억하려 할 때는 정보를 나누어서 분산연습을 통째로 익히는 덩어리연습보다 유용하다(Kornell et al., 2010; Dembo & Seli, 2013 재인용). 분산연습이란 긴 내용을 암기할 때 부분으로 쪼개어 짧은 시간 동안 자주 연습(회상)하는 것을 말하며, 덩어리 연습이란 처음부터 끝까지 한꺼번에 긴 시간 동안 연습하는 것을 말한다. 예를 들어, 조선시대 왕의 순서를 외워야 할 때 전체를 4~5개로 나누고 각각을 묶어서 암기한 뒤, 전체를 복습한다. 이렇게 하면 처음부터 끝까지 오랜 시간을 들여 암기하는 것보다 효과적이고, 부분적으로 암기할 때 한번 잊어버린 정보를 쉽게 다시 찾을 수 있기 때문에 정보의 회상에 유리하다.

② 정교화 전략

단순한 암기를 뜻하는 유지시연 방법들은 대부분 정보 그 자체를 유지하는 데서 그치기 때문에 장기 기억에 있는 다른 정보와 연합이 이루어지지 못하고, 따라서 기억이 효과적으로 저장되기 어렵지만, 정교화와 조직화는 새로운 정보를 기존 지식과 통합하고 연합할 수 있도록 도와준다.

정교화전략은 새로운 정보를 기존의 정보와 연관시키거나 형태를 바꾸어 저장하는 것이며, 좀 더 효과적으로 배운 내용을 저장하고 인출하는 데 도움이 된다. 특히 이름, 범주, 순서 혹은 항목을 회상하는 데 도움이 된다.

③ 조직화 전략

조직화 전략은 정보를 위계화 또는 범주화하여 재조직하는 것을 말한다. 즉, 정보의 형태를 좀 더 이해하기 쉬운 방식으로 변형하는 것이 조직화 전략이다. 예를 들어, 학생들에게 동물의 목록을 주고 암기를 하게 한 결과 목록을 그대로 암기하는 학생들에 비해 범주를 나누어 암기한 학생들이 더 많이 기억했다(Bowerm Clark, Lesgold & Winzenz, 1969). 이는 기존에 존재하는 또는 새로운 도식(scheme)을 이용해 서로 관련 있는 정보들을 재구조화하는 작업이며, 정교화와 마찬가지로 학습자의 적극적인 노력을 필요로 한다.

표 7.2 **대표적 인지 전략의 예**

인지 전략	예시	학습활동
시연 (rehearsal)	"나는 주요 개념의 정의를 암기하기 위해 개념카드를 사용한다."	• 교재의 문장 베껴 쓰기 • 노트필기 • 중요 문장에 밑줄치기
정보화 (elaboration)	"나는 새로운 개념을 내가 이미 알고 있는 것과 연결해 본다."	• 요약하기 • 질문 만들어 답하기
조직화 (organization)	"나는 글의 중심생각과 그것에 대한 예시를 구분해서 읽는다."	• 중심 생각만 추출하기 • 개요 만들기 • 도식화(mapping)하기

출처: Dembo & Seli(2013).

특히 조직화전략은 교재의 한 장을 요약하기, 원인－결과와 상관관계 등의 개념도를 그려보기, 기말보고서에 사용될 자료들을 검토하고 보고서의 개요를 작성하기 등의 많은 정보를 필요로 하는 복잡한 학습 과제에서 유용하게 사용될 수 있다.

④ 초인지전략: 계획, 점검, 조절

Pintrich와 Garcia(1994)는 초인지전략으로 계획(planning), 점검(monitoring), 조절(regulation)을 제시하였다. 계획전략은 학습목표를 세우기, 교재를 읽기 전에 대강 훑어보거나 질문하기, 문제를 풀기 전에 단계별로 분석해 보기 등을 의미한다. 이것은 학생들이 인지전략 사용에 대한 계획을 세우게 하고, 사전 지식을 활성화함으로써 학습자료를 조직화하거나 이해하는 데 도움을 줄 수 있다.

점검전략은 Weinstein와 Mayer(1991)가 제안했듯이 이해의 점검으로 해석될 수 있다. 교재를 읽거나 강의를 들을 때 주의 집중의 정도를 파악하기, 교재 이해의 정도를 스스로 묻고 답하기, 시험상황에서 문제 풀이 속도를 조절하거나 시간을 배분하기 등이 있다. 점검전략은 학생들의 집중도 혹은 이해도를 파악하게 하여 조절전략을 보충하는 데 사용할 수 있다.

조절전략은 점검전략과 밀접한 관련이 있는 것으로 학생들이 읽은 내용을 확인하기 위해 스스로에게 질문을 던지고, 모르는 부분으로 돌아가 다시 읽고 재확인하는 것이 조절전략이다. 또는 학생들이 모르는 부분이나 친숙하지 않은 부분에서 읽는 속도를 늦춰 천천히 읽으면서 이해를 높이려는 것이다. 시험 전에 강의노트, 교재, 학습자료, 이전의 시험 노트 등을 복습하고 이해되지 않거나 잊어버린 부분을 다시 알아보는 것도 조절전략의 예가 될 수 있다. 이러한 조절전략은 학습행동을 교정하고, 이해의 부족한 점을 보충해 학습의 기술을 높일 수 있다.

(3) 정보처리 기제

① 역작용적 방해

방해의 또 다른 형태는 역작용적 방해(retroactive inhibition)이다. 이것은 이미 학습된 정보를 잊을 때 나타난다. 왜냐하면 해로운 정보와 혼합되고 어느 정도 유용한 정보이기 때문이다. 예를 들어, 어린 학생은 그들이 '아'라는 글자를 배우기 전까지는 '어'라는 글자를 인지하는 데 어려움이 없다. 왜냐하면 이러한 글자들은 비슷하고 학생들이 자주 혼란을 일으키는 것이기 때문이다. '아'라는 글자를 배우게 되면 이미 학습된 '어'라는 글자의 방해를 받게 된다.

② 선행 학습의 방해

선행 학습의 방해(proactive inhibition)는 앞서 배운 정보가 뒤의 정보를 배우는 것을 방해할 때 일어난다. 이에 대한 예를 들면 우리가 영국에서 도로의 왼쪽편으로 운전하는 것을 배울 때이다. 영국에서 운전을 배우는 것은 운전을 전혀 못하는 사람이 운전을 할 줄 아는 사람보다 더 쉽다. 왜냐하면 후자는 영국에서 잠재적으로 치명적인 실수인 오른쪽에서 운전하는 것을 이미 철저히 배웠기 때문이다.

③ 촉진

한 가지를 배우는 것이 종종 한 사람이 유사한 정보를 학습하는 데 도움을 줄 수 있다는 것이 관찰된다. 예를 들면, 모국어가 영어인 학생이 처음에 스페인어를 배우는 것은 영어를 말하는 학생이 이와 유사한 언어인 이탈리아어를 배우는 데 도움을 줄 수 있기 때문이다. 이것은 선행 학습에 의한 촉진의 한 예가 된다. 두 번째 언어를 학습하는 것이 이미 체계화된 언어를 도울 수 있다. 예를 들어, 영어를 말하는 학생이 라틴어를 학습하여 모국어를 더 잘 이해하게 만드는 것이다. 이것은 역작용적 촉진(retroactive facilitation)이다.

표 7.3 역작용적 그리고 선행 학습에 영향을 받은 방해와 촉진

구분	부정적(방해)	긍정적(촉진)
후행 학습은 선행 학습에 영향을 받는다.	역작용적 방해(예: 학습에 의해 방해를 받는다)	역작용적 촉진(예: 수학을 가르치는 학습은 이미 배운 수학 기술에 도움을 준다)
선행 학습이 후행 학습에 영향을 준다.	선행 학습 방해(예: 미국에서 운전을 배우는 것은 영국에서 운전을 배우는 것에 방해 받는다)	선행 학습적 촉진(예: 스페인어 학습은 후에 이탈이아어 학습에 도움을 준다)

선행 학습은 이전에 배웠던 정보의 이해를 증가시키기 때문이다. 이것은 역작용 촉진의 대표적인 예이다. 표 7.3은 선행 학습에 의한 억제와 역작용에 의한 촉진 사이의 관계를 요약한 것이다.

④ 초두 효과와 최근 효과

교육심리학에서 가장 오래된 발견 중의 하나는 사람들이 학습해야 할 단어의 목록을 제공받고 즉시 시험을 보았을 때 그들이 그 목록의 가운데에 있는 단어들보다 처음과 끝의 몇 가지 단어들을 더 잘 기억하는 경향이 있다는 것이다. 처음에 제시된 것들을 더 잘 기억하는 경향을 초두 효과(primacy effect), 가장 뒤에 있는 것들을 더 잘 기억하는 경향을 최근 효과(recency effect)라 부른다. 최근 효과는 우리가 처음에 제시되는 항목에 많은 집중과 정신적인 노력을 기울이기 때문에 일어난다. 대체로 훨씬 많은 정신적 시연(rehearsal)이 나중 항목보다 처음에 제시된 항목에 심혈을 기울인다. 최근 효과는 커다란 부분에서 미묘한 또는 다른 정보가 마지막 항목과 문장 사이에 끼어들지 않는다는 사실 때문에 일어난다(Greene, 1986).

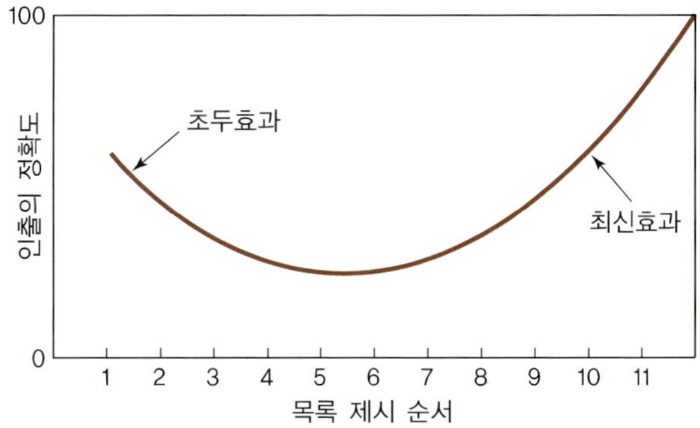

출처: Rober, Strernberg, Wendy, Williams(2010).

그림 7.8 연속적 위치 곡선

⑤ 연습

기억해야 할 정보를 제공하는 가장 흔한 방법은 가장 세속적인 방법인 연습이다. 앞에서 살펴본 것처럼, 작동 기억에 수용된 정보가 만약에 5초 이상 기억되기를 원한다면 정신적으로 실현되어야 한다. 작동 기억에서의 정보는 그것이 장기 기억에서 체계화할 때까지 항상 연습되어야 한다.

⑥ 집중 연습과 분산 연습

새롭게 학습된 정보를 완전히 이해될 때까지 집중적으로 연습하는 것과 일정 시간 동안 매일 조금씩 연습하는 것이 좋은가? 집중화된 연습은 초기 학습에는 좋지만 대부분의 학습에 있어서 분산 연습이 기억에 짧은 시간 동안이라도 더 효과적이다. 이러한 방법은 특히 실제 학습에 적용된다. 시험 전날 밤에 벼락치기로 외운 실제적인 정보는 그 시험에 잘 대처하게 할 수 있지만, 아마도 그 정보는 장기 기억 속으로 저장되지 않는다. 모든 종류의 정보와 기술을 장기 기억은 분산 학습에 의해 크게 강화된다. 이것이 기술이 기억될 수 있는 기회를 증가시킬 수 있는 긴 시간 동안 새롭게 학습된 기술을 연습하는 주요 목적이다.

⑦ 부분 학습

한 번에 긴 목록을 기억한다는 것은 대부분의 사람에게는 어려운 일이다. 따라서 그 목록을 작은 목록들로 나누는 것이 좋다. 이것을 부분 학습이라 부른다. 부분 학습의 효과를 예를 들면, 곱셈을 가르치는 교사가 처음에 학생에게 구구단의 2단을 학습하게 한 후 3단, 4단을 외우게 하는 이유를 말해 준다. 이러한 전략이 역작용 억제를 감소시키는 것을 돕는다는 것을 주목해야 한다. 부분적인 목록들은 차례대로 철저하게 학습되어야 한다.

⑧ 복습

정보나 기술에 관한 장기 기억의 가장 중요한 지침 중의 하나는 어떻게 그것들이 첫 기억 장소에 잘 기억되었느냐는 것이다. 만약에 학생들이 어떤 것을 배우기에 충분히 오랜 동안 연습을 하고 더 이상 아무것도 하지 않는다면, 그들은 아마도 그들이 기억했던 것의 상당 부분을 잊어버릴 것이다. 예를 들면 Krueger(1927)는 학생들이 실수 없이 목록을 암송할 수 있을 때까지 단어의 목록들을 학습시켰다. 그리고 어떤 학생들은 복습을 하게 했는데 처음에 그 목록들은 배울 때 소요했던 시간과 동일한 시간을 계속해서 연습시켰다. 4일이 지나서 학생들은 복습에 참여하지 않은 학생들이 기억한 것보다 6배나 많이 기억했다.

⑨ 행동화

우리는 행함으로 배운다. 행동화에 관한 많은 연구가 이러한 일반적인 상식적 결론을 지지하는 것으로 밝혀졌다. 많은 종류의 과제를 수행하는 것을 단지 지켜보는 것보다 그 과제를 직접 수행하게 된다면 더 많이 배우게 된다. 예를 들어, 학생들이 단순히 교사가 하는 것을 지켜보는 것보다 어떤 것을 직접 할 수 있는 기회를 가진다면 학생들은 수업 시간에 더 많이 배울 수 있는 것이다.

표 7.4 망각의 원인에 대한 다양한 이론과 교육적 시사점

이론	설명	교육적 시사점
인출의 실패	특정한 정보를 회상하는 데 필요한 단서를 찾지 못하기 때문에 기억을 못한다.	기억해야 할 정보와 단서를 관련짓는 법을 가르친다. 여러 가지 기억술을 알려준다.
쇠퇴	사용하지 않은 정보의 흔적이 시간의 흐름에 따라 점차 약해진다.	반복과 시연의 기회를 제공한다. 다양한 해법을 다양한 장면에서 가르친다.
간섭	기억 속의 오래된 정보가 새로운 정보를 덮어씌우거나(순행간섭), 그 반대로 새로운 정보가 오래된 정보를 덮어씌우기(역행간섭) 때문에 기억하지 못한다.	정보들 간의 유사성과 차이점을 강조하여 가르친다.
동기적 망각 뇌 손상	고통스런 경험은 무의식적으로 묻혀버려 더 이상 의식 속으로 활성화되지 않는다. 뇌에 손상을 입는 기질적 원인에 의해 기억된 내용의 일부가 회상 불가능하게 될 수 있다.	정신의학이나 정신분석적 심리치료를 통해 회복이 가능하다.

출처: Lefransois(2000); 윤길근(2008). p.145 재인용.

2) 다른 정보처리 모형

(1) 처리수준 이론

널리 인정되고 있는 정보처리모형 중 하나는 처리수준 이론(levels of processing theory)(Claik, 2000; Tulving & Craik, 2000)이라고 하는데, 이 모형에 의하면 사람들은 자극에 대해 다른 수준으로 주목하고 그 중에서 가장 완전한 수준으로 처리된 정보만을 기억한다고 주장한다. 예를 들어, 당신이 나무를 보고 인식했으나 별달리 주목하지 않을 수 있다. 이는 정보처리에서 가장 낮은 단계에 속하고 당신은 나무를 기억하지 못할 것이다. 둘째, 당신이 나무에 단풍이나 떡갈나무라고 이름을 붙여 주었다고 가정하자. 한번 이름을 붙이면 그 나무는 어느 정도 기억하기 쉽다. 그러나 가장 높은 정보처리 과정은 나무에 의미를 부여하는 것이다. 예를 들어, 당신이 그 나무를 올라탄 적이 있거나 그 나무의 특이한 생김새에 대해 이야기했던 것을 기억하거나 번개에 의해 저 나무가 당신의 집 위로 쓰러지지 않을까 상상해 보았을 것이다. 이 처리수준 이론에 따르면 당신이 자극의 세부사항에 집중할수록 그 자극에 더 많은 정보처리가 이루어지고 그것을 더 쉽게 기억하게 된다.

(2) 이중부호화 이론

Paivio의 이중부호 이론(dual code theory)은 처리수준 이론과 깊은 관련이 있는 개념이다. 이중부호 이론은 장기 기억 속에 정보가 시각적인 것과 언어적인 것의 두 가지 형태로 저장된다고 가정한다(각각 일화 기억과 의미 기억에 해당하는)(Clark & Paivio, 1991; Mayer, 2008). 이 이론은 시각적이며 언어적으로 제시되는 정보가 한 가지 방법으로만 제시되는 정보보다 더 잘 기억된다고 가정한다. 예를 들면, 어떤 사람의 얼굴도 함께 알고 있다면 그 사람의 이름을 더 잘 기억할 것이며, 만일 이름을 얼굴과 연관지을 수 있다면 이름을 더 잘 기억할 것이다(Mayer, 2008).

(3) 전략선택모델(strategy choice model)

인지 발달론자들은 전략발달이 단계적이지 않다는 것을 발견하였다. 즉 아동은 이후에 더 복잡하고 효과적인 전략을 사용할 수 있을 때조차, 특정 연령에서 사용한 전략을 포기하지 않고 상황에 따라 적절하게 사용한다. 이처럼 모든 연령의 아동은 이용 가능한 다양한 전략을 가지며 문제를 해결할 때 그런 전략 중에서 선택하여 사용한다.

Siegler와 연구진(1996; Siegler & Jenkins, 1989)이 아동의 산술적 전략을 연구할 때 발견된 결과에 의하면 더하기를 배울 때 아동은 두 수를 큰소리로 외쳐가며 계산하는 합산(sum) 전략을 자주 사용한다(가령, 5+3=?에 대해 "1,2,3,4,5<잠시 멈추었다가>,6,7,8"). 더욱 세련된 복잡한 전략은 둘 중 더 큰 수(이 경우에, 5)를 선택하여 거기서부터 헤아려 나간다(가령, “5<잠시 멈추다가>,6,7,8”). 이것을 최소(min) 전략이라 한다. 이보다 더욱 복잡한 전략은 사실 인출로써, 이것은 정답을 “바로 알기”로 전혀 계산하지 않고 장기 기억에서 직접적으로 답을 인출해 낸다(가령, 5+3은 얼마인지에 대해 8이라고 간단히 말하기). 이런 연구 결과에 의하면 아동은 합산 전략의 사용으로부터 최소 전략의 사용으로 인지발달을 이루어 가면서 사실 인출 전략을 사용하게 된다. 그러나 아동은 어떤 상황에서도 다양한 전략을 사용하며 이런 전략은 연령에 따라 자주 변화되어 사용된다. 순차적 회상(정확한 순서로 일련의 숫자를 기억하는 것; McGilly & Siegler, 1990), 자유회상(Colye & Bjorklund, 1997), tic-tac-toc(삼목놀이)(Crowley & Siegler,1993), 그리고 과학적 추론(Schauble, 1990) 등을 포함한 다른 인지 영역에서도 중다전략과 가변전략의 사용이 발견되었다.

Siegler와 연구진(1996; Crowley Shrager & Siegler, 1997; Siegler & Jenkins, 1989)은 아동의 중다 전략 사용과 연령에 따라 그것들이 어떻게 변하는가를 기술할 전략선택모델(strategy choice model)을 고안했다. 기본적으로 아동의 중다전략은 서로 경쟁을 한다. 그래서 발달 초기나 새로운 문제가 처음으로 제시될 때, 비교적 단순한 전략이 “승리”한다. 연습과 성숙을 통해 더욱 효과적인 전략이 빈번히 증가하면서 대부분의 경우에서 “승리”한다. 그러므로 전략은 단계적 방식으로 발달되는 것이 아니라 **그림 7.9**에서처럼 일련의 겹쳐진 파동과 같다.

위에 연구에서는 다음과 같은 것을 시사한다. 아마도 모든 연령의 아동은 이용 가능한 중다전략을 가지고 있으며, 전략의 선택은 나이에 따라 변화하고, 이런 전략 사용이 Piaget나 초기 정보처리가들이 강조하지 못한 인지발달의 중요한 측면이 될 것이다. 그래서 오늘날 인지 발달론자가 직면하는 문제는 어린 아동이 전략적일 수 있는지의 여부를 밝혀내는 것이 아니라 다른 인지 영역 내에서 아동이 사용하는 전략의 조합이 무엇인지를 결정하는 것과 어린 아동이 선호하는 단순한 전략들이 나이 든 아동, 청소년, 성인이 사용하는 복잡하고 효과적인 전략에 왜 밀려나게 되는가를 설명하는 것이다.

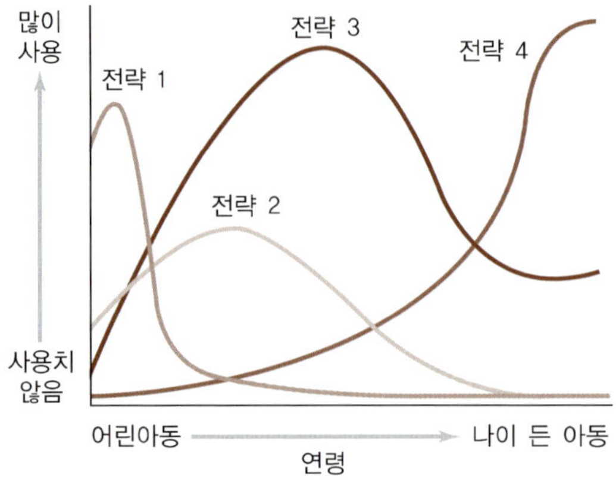

전략 사용에서의 변화는 서로 중첩되는 일련의 파동으로 나타난다. 다른 전략들이 다른 연령에서 빈번히 사용된다.

출처: Robert S. Siegler. 송길연 외 공역(2014). p.285 재인용.

그림 7.9 Siegler의 발달에 대한 전략 선택 모델

2 정보처리 관점에 대한 평가

오늘날 정보처리 관점은 아동의 지적 발달 연구에 있어서 지배적인 접근법이 되었다. 정보처리 접근은 아동의 인지적 과정 특히 Piaget가 강조하지 않았던, 주의, 기억, 상위인지가 왜 연령의 증가와 함께 변화하는지, 그리고 이 과정들이 어떻게 아동의 사고에 영향을 주는 지를 비교적 자세히 설명하고 있다. 더구나 정보처리 이론가들은 특정한 학업 기술에 대해 자세하게 연구하여 학업성취를 증진시키는 교육적인 방안을 제시하기도 하였다.

Snowman과 Biehler(2003)은 정보처리적 인지주의학습 이론의 시사점을 다음과 같이 보았다. 첫째, 주의집중을 유지하고 흥미를 유발하는 다양한 기법을 활용하도록 하였다. 둘째, 어떤 정보가 중요하고, 이미 배운 것과 관련될 수 있다는 것을 알도록 하였다. 셋째, 유의미화와 청킹에 비중을 두는 적당한 시연기술을 사용하는 것을 제안하였다. 넷째, 학생 스스로 배운 것을 조직하도록 격려하였다. 다섯째, 가능한 유의미성을 강조하였다. 여섯째, 다양한 학습전략을 설명하고, 연습할 기회를 제공하였다. 일곱째, 학습하고 기억하는 방법에 영향을 미치는 다양한 조건들을 고려하여 학생들의 초인지 지식과 기술을 발달시키도록 하였다.

이러한 시사점에도 불구하고 정보처리적 인지주의학습 이론은 몇 가지 단점이 있다. 정보처리적 접근에 대해 강한 도전은 지적성장의 원인이 되는 진화적인 입장에 서 있는 인지신경과학자에 의해 시작되었다. 그들은 영아의 기억발달에 대한 뇌의 상관물을 찾으려는 연구(Bauner, 2004)들은 이러한 방향으로 나아가는 시도이다. 다른 연구에서 영아와 아동은 뇌와 인지발달의 관계를 보다 진지하게 탐색하여 서로 다른 수준의 조직화를 통합하는 새로운 발달 이론을 개발하였다(Byrnes & Fox, 1998; Johnson, 2000).

인지신경과학적 관점에서 뇌발달은 출생 시 인지 및 학습의 발달에 매우 중요한 영향을 미친다. 즉, 출생 급격하게 발달되는 뇌의 영역은 감각 피질로(Casey, Totteham, Liston & Durston, 2005), 이어서 문제해결, 추론, 기억, 언어발달과 관련된 영역이 급격하게 발달한다. 사춘기에는 집행적 사고기능 수준의 발달과 함께 급격한 뇌발달이 일어난다. 특히 이 과정은 작업 기억과 행동제지를 포함한다(Paus, 2005).

출생 후 2세까지는 뉴런이 매우 복잡하게 연결된다. 2세 이후 뉴런의 성장과 발달은 급격하게 둔화된다. 뉴런의 발달은 6세까지 90%가 완성된다. 초기 장년기부터 약 80세까지 두뇌의 무게는 약 5% 정도 줄어들지만, 생존하고 있는 한 뉴런의 연결은 계속된다. 실제로 두뇌 활동을 많이 하는 것은 우울증이나 치매의 위험을 줄일 수 있다(Valenzuela & Sachdev, 2006). 인지기능을 유지하는 것은 기존의 신경세포를 유지하거나 혹은 신경세포를 대체하는 것이다(Stem, 2006). 특히 뇌의 초기발달은 뉴런이 더해지는 것이 아니라 뉴런 간의 연결이 더욱 강화되며, 유용하지 않은 뉴런은 소멸된다(Casey, Giedd & Thomas, 2000). 뉴런의 발달은 부분적으로는 생물학적 유전에 의해 영향을 받고 부분적으로는 환경에 영향을 받는다. 이렇게 뇌의 발달이 인지기능에 영향을 줄 수 있는 것처럼 인지기능도 뇌 발달에 영향을 줄 수 있다. 따라서 어떤 경험을 하고 그 경험을 어떻게 해석하느냐에 따라 뇌발달은 변화될 수 있다.

3 정보처리 관점을 수업에 적용하기

학생들이 확실하게 수업에 주의를 기울이게 만든다.

실례
1. 학생들이 하던 일을 멈추고 교사에게 집중하도록 알려주는 신호를 개발한다. 어떤 교사들은 교실의 특정한 지점으로 이동하거나, 불을 켰다 껐다 하거나, 교실에 있는 피아노를 두드린다.
2. 교실을 이리저리 돌아다니고 몸짓을 사용한다. 단일한 톤의 음성으로 이야기하지 않는다.
3. 수업을 시작할 때 그 시간의 주제에 대한 관심을 불러일으키는 질문을 한다.
4. 각각의 학생에게 가까이 다가가고, 이름을 부르고, 질문을 함으로써 거듭 학생들의 주의를 끌도록 한다.

학생들이 중요한 내용과 중요하지 않은 내용을 구분하고 가장 필수적인 정보에 중점을 두어 학습하도록 도와준다.

실례
1. 수업 목표를 미리 요약해 주어서 학생들이 이 수업에서 무엇을 배워야 하는지를 알려준다. 현재 가르치고 있는 내용을 수업 목표와 연결지어 준다. 가령, "이제 칠판에 씌여있는 첫 번째 목표—이야기의 톤을 결정짓는 것—를 달성하기 위해 필요한 정보를 어떻게 하면 발견할 수 있는지 설명해 주겠다."
2. 중요한 내용을 이야기할 때는 잠깐 멈추거나, 내용을 반복하거나, 한 학생에게 다시 얘기해 보게 하거나, 칠판에 씌어져 있는 내용을 색분필로 표시하거나, 학생들로 하여금 노트나 책에 표시하게 한다.

학생들이 새로운 정보와 그들이 이미 알고 있는 내용을 연결시킬 수 있도록 도와준다.

실례
1. 학생들이 새로운 자료를 이해하는 데 필요한 정보를 마음속에 떠올리는 데 도움이 되도록 앞서 배운 내용을 복습해 둔다. 즉 "사변형의 정의가 무엇인지 얘기할 수 있는 사람 있느냐? 그러면, 마름모는 무엇인가? 직사각형은 사변형인가? 직사각형은 마름모인가? 그것들을 어떻게 구별하는지에 대해 어제 어떤 얘기를 했었지? 오늘은 다른 사변형에 대해 살펴보기로 하겠다."
2. 새로운 정보가 지금 발전시키고 있는 틀에 어떻게 맞아들어가는지 보여줄 수 있도록 개요나 다이어그램을 사용한다. 예를 들어, "이제 FBI의 임무가 무엇인지를 알겠지. 미국정부 기관들을 나타낸 이 다이어그램에서 FBI를 어디서 찾을 수 있을까?"
3. 새로운 정보와 이미 학습한 정보를 동시에 사용해야만 하는 과제를 내준다.

정보를 반복해 주고 복습을 시켜 준다.

실례
1. 수업을 시작할 때 숙제 내용을 잠깐 되짚어 준다.
2. 짧은 테스트를 자주 실시한다.
3. 학습 내용을 연습하고 반복하는 일을 게임으로 만든다. 또는 학생들이 서로에게 문제를 내고 답변하면서 공부하게 한다.

자료를 분명하게, 조직적으로 제시한다.

실례 1. 수업의 목표를 분명하게 한다.
2. 학생들이 참고할 수 있도록 수업 내용을 간단히 요약해서 나누어 준다. 학생들에게 나누어 준 것과 똑같은 요약을 투시물 환등기(OHP)에 놓아두고 거기에 맞추어 해당하는지를 지적하고 개요와 연결시킨다.
3. 수업 중간과 마지막에 수업 내용을 요약해 준다.

암기에 매달리지 말고 의미를 이해하도록 강조한다.

실례 1. 새로운 단어를 가르칠 때 학생들이 새로운 단어를 이미 알고 있는 관련 단어와 연합해 보도록 도와준다.: "Enmity는 enemy와 어근이 같지…"
2. 나머지 관해 가르칠 때는 12개의 물체를 2, 3, 4, 5, 6, 7개의 묶음으로 묶어보게 하고 각각의 경우에는 남는 수를 세어 보게 한다.

출처: 윤길근 외(2008). p.281-282 재인용.

생각해 볼 문제

1 정보처리학습 이론의 다음 개념을 설명하시오.
a. 장기 기억과 단기 기억
b. 일화 기억/의미 기억/작동 기억

2 기억을 향상시킬 수 있는 방법에 대하여 정보처리 모형을 고려하여 예를 들어 설명하시오.

3 정보를 정교화할 수 있는 방법에는 어떠한 것이 있는가?

4 어떤 교육자들은 낮은 성취도를 보이는 학생은 높은 성취도를 보이는 학생들보다 기억력 훈련을 더 많이 받아야 한다고 하고, 어떤 교육자들은 이러한 훈련이 그들에게 더 해롭다고 한다. 정보처리 이론의 관점에서 볼 때, 이러한 논점을 지지하는가 반대하는가? 그 이유는 무엇인가?

Chapter

8 교수-학습 이론

교육은 가르치고 배우는 과정으로 가르치는 것을 교수 이론, 배우는 것을 학습 이론이라고 한다.

이 장에서는 교수와 학습의 정의와 그 성격에 대해서 알아보고, 현대 교수-학습 이론에 가장 큰 영향을 준 Caroll, Bloom, Bruner, Gagne, Glaser의 교수 이론의 개요를 살펴볼 것이다. 마지막으로 최근에 가장 중요시되고 있는 구성주의 교수-학습에 대해 살펴볼 것이다.

1 교수-학습의 기초

가르친다는 것은 언어적·비언어적 방법을 통하여 지·정·체의 영역을 학습하도록 지도하는 활동이라고 할 수 있다. 수업이란 학습자가 특정한 목표에 도달할 수 있도록 학습자의 내적·외적 환경을 체계적으로 조정하는 과정이다(Corey, 1971; 김호권, 1974 재인용).

한편, Bruner(1966)는 가르치는 행위에 대한 교수 이론의 성격은 학습 이론의 성격과 차이가 크다고 하였다. 앞 장에서 살펴보았듯이 학습 이론은 학습자가 무엇을 어떻게 배워 가는가를 자세히 서술하거나 기록하는 기술적(descriptive) 성격을 띤 이론이다. 또한 학습 이론은 무엇을 효과적으로 배우기 위하여 어떻게 해야 하는가에 대해서 직접 지시해 주지 않기 때문에 교육에 있어 간접적(indirective) 성격을 띤 이론이라 할 수 있다. 이에 비해 교수 이론은 처방적(prescriptive)이며, 규범적(normative) 성격을 띤 이론이라 할 수 있다. 교수 이론은 학생이 어떤 지식, 태도, 기능을 가장 효과적으로 학습하도록 하기 위하여 필요한 조건과 방법을 마련하는 데 관심을 갖는다는 점에서 처방적이라 할 수 있다. 그리고 그런 지식, 태도, 기능을 일정한 수준까지 도달하도록 하는 데 있어 모든 학년에 공통적으로 적용할 수 있는 일반성 수준을 높게 진술한다는 점에서 규범적이라 할 수 있다.

그러나 교수 이론과 학습 이론의 성격이 다르다고 하여 이 두 이론이 독자적으로 발달한다면, 교육 실제나 수업의 개선에 도움이 되지 않을 것이다. 따라서 1980년대 이후 인지심리학의 영향으로 교수-학습 이론 모두 교과지식을 가르치고 배우는 과정에 관심을 집중해 왔다.

학교 교육에서 가장 핵심적이고 기본적인 현상은 가르치는 과정과 배우는 과정이라고 할 수 있다. 교육 자체가 계획적·의도적인 과정이므로 교육의 핵심이 되는 교수 과정 또한 계획적·의도적·유목적적으로 운영되어야 하며, 이러한 계획을 수립하기 위해서는 교수에 관한 체계적인 이론이 필요하게 된다.

사회가 근대화를 지향하는 과정에서 격변을 겪고 있고, 경제적 발전 혹은 풍요를 위해서 진통을 겪고 있고, 인간의 가치관 혹은 가치 기준에 변화를 강요당하고 있는 것이 현대 사회의 특징이라고 할 수 있다. 이에 따라 학교 학습(school learning)의 관점도 10년 혹은 20~30년 전의 학교 학습의 관점이 그대로 지속될 수는 없는 일이다. 학교 학습의 관점이 발전하는 양상에는 여러 가지 영향을 들 수 있으나 가장 직접적인 영향을 살펴보면 다음과 같다.

첫째, 교수 이론(theory of instruction)의 변화를 지적할 수 있다. 미분화 상태의 기술에서 출발했던 티칭 머신과 프로그램 학습의 도입에서 시작한 교수 이론이 이제는 이론과 경험적 증거가 한 개의 체계를 이룬 IPI(개인에 적용한 교수 방법) CAI(컴퓨터에 의해 개별화 학습을 시키는 교수 방법)로 발전되었으며, 또한 학습 위계(learning hierarchy) 이론을 바탕으로 한 Gagné의 과제 분석(task analysis)에 의한 교수 방법 그리고 이와 비슷한 입장에서 접근하고 있는 Bloom의 완전 학습(mastery learning) 이론 등이 실험실 속의 학습 이론과 교실 현장에서의 학교 학습 이론을 통합하는 새로운 교수 이론으로 발전하고 있다. 또 학습에서 나타나는 개인차의 변인을 극소화시키기 위해 개인이 지닌 개인차의 변인을 최대한으로 이용하는 ATI(적성 교수 방법 상호작용) 이론이 그 가능성을 시사해 주고 있다.

둘째, 인간의 지적·정의적 행동 특성의 개발 가능성에 관한 이론 및 실제의 발달을 지적할 수가 있다. Piaget와 Bruner의 인지 발달 이론에 의하면 인간의 지적 발달(예를 들어, 언어, 사고, 개념, 지적 능력 등)에 관해 밝혀진 바 행동 원리와 법칙을 학교 학습에서 유효 적절하게 적용한다면 어느 발달 단계에 있는 아동에게든지 어떤 교과목이라도 정확한 지적 형태로 효과적으로 가르칠 수 있다고 한다. 또한 인간의 정의적 행동 특성(예를 들어, 태도, 가치관, 자아 개념, 성취 동기 등)에 대해 밝혀진 바 있는 이론과 실증적 증거도 학교 학습에서 유효 적절하게 변화시키고 수정할 수 있는 가능성이 있음을 시사해 주고 있다.

셋째, 학습의 개별화가 이론적으로 또 실제적으로 가능해지고 있다는 사실이다. 학습자 개개인이 보이는 행동 특성, 학습 진도에 알맞은 교수 조건을 투입함으로써 학생의 학습을 극대화시키고 학습에서 나타나는 개인차를 극소화시키려는 것이 목적이다. 학생이 학습에서 보이는 진도의 속도, 오류의 질과 양, 그리고 문제에 접근하는 학습 유형 등은 각 학생마다 다르고 다양하다는 사실이 밝혀지고 있다.

넷째, 학교 학습에 관한 이론적·실증적 증거가 제시하는 발달을 지적할 수 있다. 그동안 학습 이론은 주로 실험실을 중심으로 통제된 조건 아래서 동물을 통해 얻은 법칙이 대부분이었다. 이같이 실험실 연구에서 얻은 학습 원리가 교육에 유용한 지침으로 통용되었다. 그러나 그 제한점은 학교 학습은 실험실 속의 학습과는 전혀 다른 조건과 상황 아래에서 전혀 다른 학생, 즉 아동이나 청년을 대상으로 행해진다는 것이다. 실험실의 학습은 모든 조건을 영점 상태에서 출발시키거나 통제시킨다. 즉, 학생의 과거 경험이 영(zero)이 되거나 통제에 의해서 같게 조작된다.

2 수업 모형

교육은 계획적인 인간 행동의 변화를 목적으로 인간 행동을 보다 바람직한 방향으로 변화시키겠다는 의도와 계획을 가지고 환경을 계획적으로 조작한다. 이와 같은 교육 활동, 즉 수업 활동을 설명하는 이론이 교수-학습 이론이며 교수-학습 모형이다. 현대의 교수-학습 이론은 다양하나 대표적인 이론 및 모형을 설명하면 다음과 같다.

1) Glaser-DeCecco의 수업 모형

교수모형을 최초로 고안한 사람은 Glaser이다. Glaser의 수업 모형은 학습내용을 일종의 정보로 간주하고 수업 과정을 신속하고 정확하게 정보를 처리하는 컴퓨터의 구조와 기능에 유추시켰다(Glaser, 1962).

Glaser는 수업 과정을 교사에 의한 계속적인 의사결정 과정으로 보아 다음 그림 8.1과 같은 수업 모형을 제시하였다. 그 요소 및 절차는 한 단원의 교수-학습 목표를 설정하고, 설정된 목표 달성에 필요한 현재의 투입행동 양상을 파악·처치하고, 목표 및 진단 결과에 따른 최적의 교수 방법을 적용·전개하고, 최종 목표 달성 정도를 평가하는 과정이다(김진호 외, 2007). Glaser 수업 모형의 절차를 요소별로 살펴보면 다음과 같다.

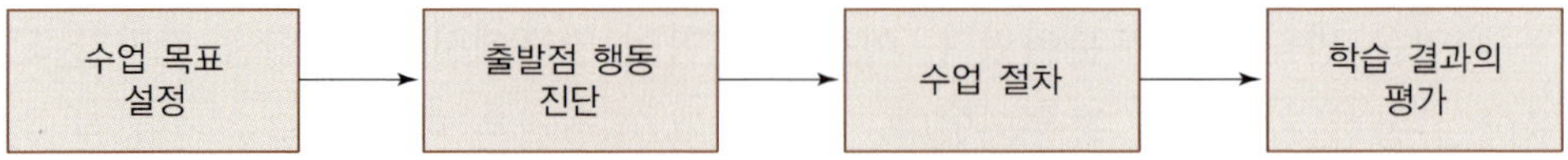

그림 8.1 Glaser의 수업 모형

첫째, 수업 체제는 수업 목표의 명확한 정립과 세분화에서부터 시작된다. 컴퓨터의 입력장치에 해당한다고 할 수 있는 수업 목표는 학생들이 성취해야 할 궁극적인 목표이므로 학습 내용의 전체 구조와 하위 구조, 논리적 단계 등을 확인해야 한다. 따라서, 수업목표는 반드시 구체적이고 행동적인 수업목표, 즉 명세적 수업목표로 진술되어야 한다. 만약 수업 목표가 모호하게 진술되면, 수업 과정을 컴퓨터처럼 정확하게 운영할 수 없게 된다(정명화 외, 2005). 수업목표가 공개적으로 드러남으로써 교사는 그 목표를 학생으로 하여금 달성케 하기 위하여 최선의 교수 활동을 할 것이며, 학습자 역시 그 목표의 달성을 위하여 열심히 학습 할 것이다(김진호 외, 2007).

둘째, 목표 달성을 위해 새로운 수업 과정이 시작되는 단계에 있어서 학생이 가지고 있는 선행 학습(previous learning)의 정도인 출발점 행동을 진단해야 한다. 이를 위한 진단 평가에서는 학생의 일반적인 적성, 교과에 대한 태도 선행 학습에 대한 성취도, 흥미, 태도, 자아개념 등을 평가한다. Bloom(1966)은 지적·정의적 출발점 행동이 학업 성취 수준의 65%를 결정한다고 말하였다. 출발점 행동을 진단하기 위해서는 진단평가를 실시하여 학습의 결함을 발견하고 그 처치 방안을 마련해야 할 필요가 있으며, 그에 따라 수업 절차에서의 학습 지도 방법이 모색되어야 한다. 출발점 행동의 진단이 정확할수록 앞으로의 수업 전개가 충실해질 수 있는 것이다.

셋째, 학습자의 행동을 변화시키기 위해서 마련되는 수업 절차와 학습 경험의 투입이다. 특히, 이때 서로 다른 수업 목표에 따라서 적합한 수업 방법을 선택하는 것은 매우 중요한 일이다.

수업 절차의 단계는 일련의 수업 과정 중에서 가장 중심적인 단계로서, 교사는 자신이 수립한 수업 계획에 따라 수업을 전개해 나가게 된다. 이 단계의 일반적인 절차로는 도입, 전개 및 발전, 정리 및 정착, 평가, 그리고 심화 및 보충 학습 등으로 전개될 수 있다(김진호 외, 2007).

넷째, 마지막 단계인 학습 결과의 평가는 앞의 세 단계를 통해서 수업에서 기르고자 하는 수업 목표를 학습자가 어느 정도 성취하고 있는가를 확인하고 평가하는 단계이다. 컴퓨터로 생각하면 출력장치에 해당되는 것이다. 여기에서 학습 성과의 평가는 학습자가 학습의 결과 앞에서 설정한 수업 목표에 도달하였는지의 여부를 결정하는 평가 활동을 의미하여, 학습자의 학습 수행의 정도를 결정하는 준거 행동의 평가라 하겠다.

학습 결과에 대한 학습자의 점수는 학습자가 실제 획득한 학습의 정도에 대한 정보를 제공해 주고 집단 내에서의 학습자의 위치, 서열을 비교할 수 있는 수단으로써 활용될 수 있으며, 또한 수업 모형 자체의 효과에 대한 정보도 제공해 줄 수 있다(김진호 외, 2007).

Glaser의 수업 모형은 그림 8.1에서와 같이 4단계의 직선적인 흐름으로 되어 있으나, Glaser의 수업 모형 설계에 DeCecco는 순환과정을 추가시켰다. DeCecco는 4단계의 과정 중 순환선(feedback line)의 중요성을 강조한다. 특히, 피드백의 강조는 교수의 과정이 순서적이고 단계적인 절차를 따르는 것으로만 교수 과정이 끝나는 것은 아니라는 의미를 내포한다. 예를 들어, 학습 결과의 평가 단계에서 얻어진 자료나 정보는 수업료와 정보는 수업 절차나 수업 목표의 개선에 참작할 수 있으며 수업 절차에서 나타나는 사실이나 문제점은 앞의 단계인 출발점 행동과 관련시켜 볼 수 있다(김언주, 1989).

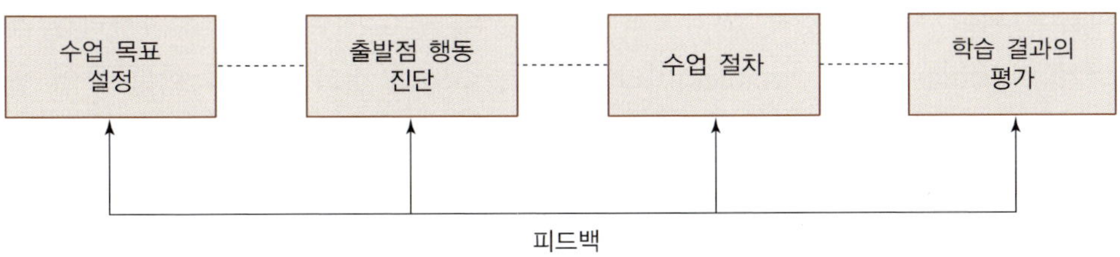

그림 8.2 Glaser-DeCecco의 수업 모형

2) Carroll의 완전 학습을 위한 수업 모형

Carroll은 '학교 학습의 한 모형'이라는 논문을 통해서 완전 학습의 가능성을 최초로 제시였다. Carroll은 학습자들의 학습 정도에 영향을 미치는 변인으로서 적성 수업 이해력, 학습 지속력, 수업의 질, 학습 기회 등 다섯 가지 변인들을 들고 적성, 수업 이해력 및 학습 지속력을 개인차 변인으로, 또 수업의 질과 학습 기회를 수업 변인으로 분류하고 있다.

특히, 이 모형의 특징은 두 개의 시간변인을 도입한 것이다. 두 개의 시간변인에 관련된 하위 변인들의 관계에 따라서 학습성과의 수준이 결정된다는 것이다. 두 개의 시간변인은 학습에 필요한 시간과 학습에 실제로 소요한 시간으로 나눠진다. 학습성과는 이 두 시간변인의 함수관계에 의해 결정되는데, 결과적으로 학습성과는 학습에 필요한 시간에 비하여 학습에 실제로 소요한 시간의 비율에 의해 결정된다는 것이다.

학습성과 = f(학습에 실제로 소요한 시간 / 학습에 필요한 시간)

↓

학습의 정도 = f(학습기회, 지구력 / 적성, 교수이해력, 교수의질)

이 모형의 기본 가정은 위의 함수관계에 의해서 학습에 필요한 시간은 가능한 줄이고, 학습에 실제로 소용하는 시간은 가능한 한 늘림으로써 학습성과를 극대화할 수 있다는 것이다.

위에서 제시된 방정식에서 학습에 필요한 시간을 결정하는 변인으로는 적성, 수업이해력, 수업의 질 등이 있으며, 학습에 사용한 시간을 결정하는 변인에는 학습 기회와 지속력 등이 있다. Carroll은 적성, 수업 이해력, 학습 지속력을 개인차 변인(individual variables)이라 하였고, 수업의 질과 학습 기회를 수업 변인(instructional variables)이라 하였다(정명화 외, 2005). Carroll의 모형에서 제시되는 변인들에 대한 내용은 다음과 같다.

첫째, 적성(aptitude)이란 최적의 학습 조건 아래서 주어진 특정 학습 과제를 학습하는 데 요구되는 학습자의 적성을 말한다. 이는 선행 학습에서의 성취도나 학습 적성 검사의 결과를 통해서 예측할 수 있다. 또한 적성이란 최적의 수업 조건하에서 주어진 과제를 완전히 학습하는 데 필요한 시간을 뜻한다. 어떤 과제를 학습하는 데 적성이 높으면 주어진 과제를 좀 더 빨리 학습해 낼 수 있고, 반대로 적성이 낮으면 그만큼 학습하는 데 소요되는 시간이 길어진다. 동일한 적성을 가진 학습자라 할지라도 학습과제의 종류와 성질에 따라서 소요시간이 다르고, 그가 갖고 있는 특정 학습에 대한 선행학습의 정도도 학습 적성의 결정요인으로 작용한다(정명화 외, 2005).

둘째, 학습자의 수업 이해력은 학생이 수업의 내용이나 교사의 설명을 이해하는 데 요구되는 일반적인 능력으로, 일반 지능과 언어 능력이 복합된 것이라 볼 수 있다. 즉, 학습과제의 성질과 교사의 수업 절차를 이해하는 데 소요되는 시간을 의미한다. 수업 이해력과 적성과의 차이는 적성이 특정과제와 관련되는 능력인데 반하여, 수업 이해력은 특정과제와는 관계없이 일반적인 수업의 내용과 설명을 이해하는 능력이라는 것이다.

셋째, 학습 지속력은 흥미나 학습 동기와 밀접한 관계가 있으며 학습에 사용한 시간을 결정하는 변인이다. 즉, 지속력은 학습자가 학습을 위해 사용하려고 하는 시간이다. 학습자가 스스로 인내를 갖고 학습에 투자하는 시간을 최대화하려는 학습 의욕과 태도를 의미한다. 이는 학습자 내부로부터 나오는 것으로 일종의 학습 동기 혹은 학습 태도와 관련이 깊다.

넷째, 수업의 질은 학습 과제 제시 방법의 적절성으로 수업의 내용과 방법이 학생이 학습을 용이하게 해 줄 수 있도록 정비되어 있느냐의 문제이다. 그러나 최적 수준의 수업이란 학생 개개인의 입장에서 고려되어야 한다.

수업의 질은 직접적으로는 수업이해력을 촉진시켜 학습에 필요한 시간을 줄여 주는 것으로 작용되고, 간접적으로는 개인의 학습지속력이나 학습기회를 달리 제공하는 데도 영향을 미친다.

다섯째, 학습의 기회란 특정한 학습을 위해 학생에게 실제로 주어지는 시간을 말한다. 완전 학습을 위해서는 학습자에게 과제를 모두 해결하는 데 필요한 만큼의 시간이 허용되어야 한다. 가능한 한 학습자에게 학습할 수 있는 기회를 최대한 제공하는 것이 학습에 소요하는 시간을 늘려 주는 것은 물론 결과적으로 학습성과를 극대화시키는 하나의 방법이기도 하다. 그러나 이 모형에서 학습의 기회는 모든 학생에게 단순히 학습할 수 있는 시간을 많이 주는 것만을 의미하는 것이 아니라, 효율성으로 볼 때 학습자에게 적합한, 즉 요구되는 학습의 기회를 제공한다는 의미이다. 따라서 학생에게 주어지는 학습의 기회는 변별적이다. 그 변별의 준거는 학습자의 특성이나 욕구, 즉 선행학습 수준, 학업 적성, 선행 경험 등이 된다(김진호 외, 2007).

이상의 다섯 가지 요인 중 학습자의 적성(학습에 소요되는 시간), 학습 지속력(적극적으로 학습하는 시간), 학습의 기회(학습을 위해서 주어지는 시간)는 시간으로 측정하여 표시할 수 있다. 그리고 학습자의 수업 이해력도 일반 지능과 언어 능력의 결합으로 본다면 측정이 가능하며, 수업의 질도 절절한 실험적 조작으로 잠정적이나마 측정할 수 있다. 즉 가장 빈약한 교수 활동을 0, 최적의 교수 활동을 1로 보는 척도이다. Carroll은 이들 다섯 가지 변인을 결합시켜 학습의 정도를 다음과 같은 공식으로 나타내고 있다. 학습 정도는 학습자가 주어진 과제를 기준점까지 학습하는 데 필요한 시간에 비해서 실제로 학습에 얼마만큼의 시간을 사용했느냐에 의해서 결정된다.

3) Bloom의 수업 모형

Bloom은 학생수의 약 3분의 1은 학교에서 교수하는 것을 잘 학습하지만 약 3분의 1은 충분히 배우지 못하고 나머지 약 3분의 1은 낙제하거나 겨우 학년만 올라가는 정도의 학습에 그친다고 보았다. 그러나 그는 약 90%의 학생은 교사가 교수하고자 하는 것을 학습할 수 있으므로 대부분의 학생이 소정의 학습을 완결하도록 돕는 방법을 찾아내는 것이 교수 활동의 임무이어야 한다고 주장하고 있다. 이러한 가정에서 고안된 것이 Bloom의 완전 학습을 위한 교수 구상 혹은 전략이다.

완전 학습이란 학급 내의 약 95%의 학생들이 주어진 학습과제의 약 90% 이상을 완전히 학습해 내는 학습이라고 정의할 수 있다. 학급집단에서 어떤 교과이든 신체적 또는 능력적인 면에서 큰 결함이 있는 5% 정도의 학생을 제외하고 각 개인에게 최적의 교수조건을 마련해 준다면 거의 대부분이 완전한 학습을 해낼 수 있다는 것이다. 여기서 최적의 교수조건이란 학습자의 적성에 맞는 충분한 양의 학습기회 제공 및 지구력을 높여주는 것을 말한다(윤길근 외, 2008 재인용).

Bloom의 완전 학습의 전략은 Carroll의 학교 학습 모형을 그대로 따르고 있기 때문에 Carroll 모형의 적성 지속력, 학습 기회, 수업의 질 등의 다섯 가지 변인이 그대로 Bloom의 교수 전략의 기본 변인으로 적용되고 있다.

Bloom의 완전 학습을 위한 수업전략은 주로 수업 목표의 명료화, 형성적 평가에 의한 학습 장애의 발견, 그 개별지도, 소집단(보충과정, 심화과정)별 상호 협력을 통한 복습 등의 방법들로 구성되어 있다. 도표화 하면 다음과 같다.

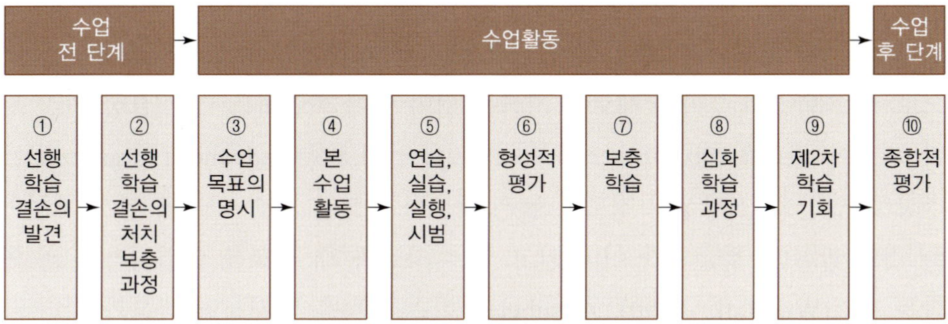

출처: 윤길근 외(2008) 재인용.

그림 8.3 Bloom의 완전 학습 모형

그 밖에 완전 학습을 목적으로 한 교수에서 중요하게 다루어져야 할 것이 형성 평가와 이에 따르는 계속적인 수정이다. 즉, 수업 진행 중에 있을 때 혹은 한 단원의 소단계가 끝날 때마다 학생들의 곤란점이나 오인을 발견·시정해 주는 것이 중요하다(신용일, 1993). Bloom은 완전 학습 전략을 통해 대부분의 학생이 높은 성적을 낼 수 있게 된다는 것과 학생의 정의적 발달을 가져올 수 있음을 주장했다.

Bloom은 완전 학습을 가져올 수 있는 결과에 대해서 두 가지를 지적하고 있다(윤길근 외, 2008 재인용).

- 대부분의 학생이 높은 성적을 낼 수 있게 된다는 것이다. 이것은 완전 학습 전략의 1차적 목표이다.
- 학생의 정의적 성장이다. 높은 성취에 대한 학습자 자신의 만족과 외부로부터의 인정은 학생의 흥미 증진, 다음 학습을 위한 강한 동기의 유발, 자아개념의 향상을 가져올 가능성이 높다.

4) Ausubel의 유의미 수업 모형

Ausubel은 교사가 많은 정보를 의미 있고 효율적으로 전달하는 방법에 관심을 두고 인지적-교수 학습 과정에 기초한 수업 모형을 제시하였다(Ausubel, 1963). Ausubel은 기계적인 학습이 아닌 유의미 학습(meaningful learning)을 강조하고 있다. 유의미 학습은 언어적인 정보 혹은 관념 간의 관련성 또는 결합을 통해 발생한다. 학습자의 인지 구조는 하나의 위계를 가지고 있으며 인지 구조에 적합하도록 학습 과제를 선정하고 구성하여 제시하는 것이 중요하다고 강조한다. 인지 구조의 위계에 대한 중요성은 선행 학습의 중요성을 강조하는 것으로 선행 학습의 부족은 새로운 지식을 의미 있게 학습하는 데 필요한 관련 정착 지식이 없음을 의미한다(임규혁, 1999). 선행조직자(advanced organizer)는 추상성, 일반성, 포괄성의 정도가 높은 자료를 새로운 학습 과제에 앞서 제시하는 것을 말한다. 학습자가 이미 알고 있는 자료와 새 자료를 연결시켜 주는 역할을 한다(Woolfolk, 1990). Ausubel의 학습 모형을 제시하면 다음과 같다.

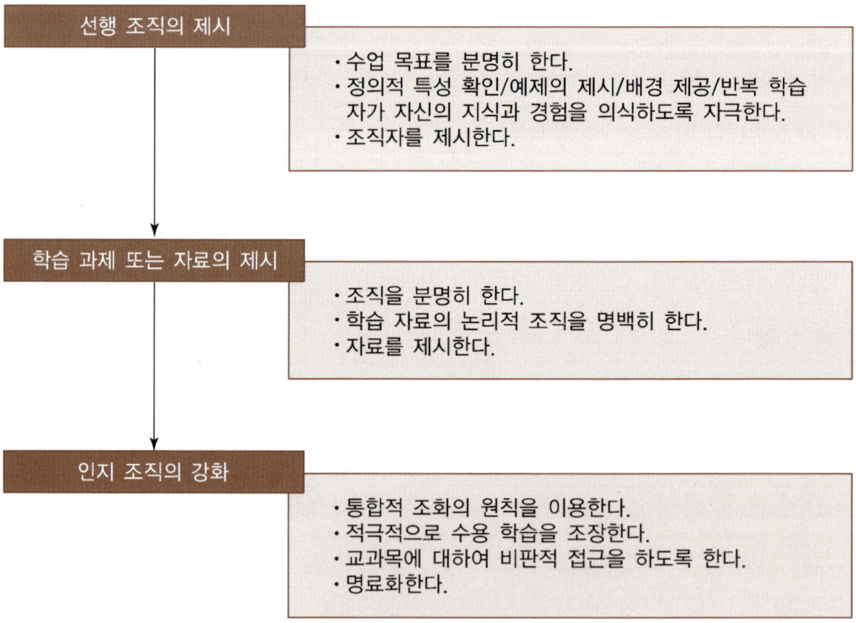

출처: Joyce & Weil(1980).

그림 8.4 Ausubel의 교수 단계

그림 8.4의 모형에서 교사는 학습자가 새로운 자료와 이전의 자료를 구별할 수 있도록 도와주고 학습자료와 조직자를 관련지어 주는 역할을 해야 한다. 또한 학습자의 기존 인지구조를 이해하고 학습 자료를 이러한 인지구조에 관련지어 제시해야 한다. 이때 새로운 과제와 관련 정착지식이 서로 연관을 맺도록 하는 것이 선행조직자다. 학습자가 새로운 자료를 성공적으로 습득하는 문제는 그 자료를 이전에 학습한 지식과 통합하려는 학습자의 자세와 비판적인 능력, 그리고 교사의 자료 조직 능력과 제시 방법에 달려 있다.

학생들은 새로운 내용을 학습하려면 이전에 가지고 있던 지식과 새로운 학습 자료의 유사점뿐만 아니라 다른 점도 깨달아야 한다. 교사는 학생들에게 학습 자료에 관한 유사하거나 다른 정보를 구체적으로 제시하거나 질문함으로써 학생들의 이해를 돕는다.

교사는 학습자가 새로운 자료의 의미를 명료화하고, 새로운 지식을 기존의 지식과 조화시키며, 새로운 자료가 적합한 지식이 되도록 하고, 지식에 대하여 비판적으로 접근할 수 있는 능력을 증진시키도록 도와주어야 한다(임규혁 외, 2007 재인용).

5) Bruner의 수업 모형

Bruner는 교수 이론이란 교수 활동에 관한 규범적이고 처방적인 일반이론이라고 정의하였다. 즉, 학습을 촉진하기 위하여 따라야 할 일반적인 방법상의 지침이지 특정 내용을 특정 대상 학생에게 가르치는 요령을 시사해 주는 세부적인 지침이 아니라는 것이다. 사전성향(pre-disposition), 지식의 구조(structure of knowledge), 계열(sequence), 강화(reinforcement)가 일반이론에 포함된다.

사전성향은 학생의 학습의욕이나 동기와 관련된 문제이다. 학생에게 학습하고자 하는 의욕이 생겨 계속 유지되고 학생에게 방향감을 주기 위해서는 어떻게 해야 할 것인가에 해당한다. 학습이나 문제해결에서는 여러 가지 대안이나 가능성을 탐색하는 것이 중요하다. 우선 탐구의욕이 생기도록 해야 하는데, 그러기 위해서는 학습과제가 최적의 불확실성을 가져야 한다. 호기심은 바로 여기에서 생긴다. 그 다음 일단 일어난 탐구심을 계속 유지하기 위해서는 탐구결과 얻은 이익이 실패로 인한 위험부담보다 커야 한다. 마지막으로 탐구활동이 방향감을 갖기 위해서는 학습과제가 무엇을 향해 나아가고 있는지의 목적의식과 학생이 얻은 답이 목표 달성에 적합한지 아는 것을 말한다.

지식의 구조는 교육내용이나 교육과정에 대한 것으로 학문 내지 교과의 기저를 이루는 일반적인 핵심 아이디어나 개념 또는 원리를 뜻한다. Bruner는 학생의 발달 단계에 따라 그들을 이해시키는 데 적절한 표현방식이 있다고 보았다. 따라서 어떤 내용, 즉 지식의 구조를 가르치더라도 표현방식을 달리하여 가르치면 어떠한 연령층의 아동에게도 그 내용의 지적 성격에 충실한 형태로 가르칠 수 있다는 것이다. 이것이 바로 학문중심교육과정이론, 즉 나선형 교육과정이론이라고 하며, 초보지식과 고등지식의 간격을 좁힐 수 있다.

Bruner의 교수 이론의 세 번째 요소인 계열은 학생들이 학습 내용을 이해하는 데 도움이 되도록 학습과제를 조직, 제시하는 순서의 원리를 말한다. 학습자의 능력 발달에 따라 동작적·영상적·상징적 표현순으로 하는 것이 좋지만, 이것이 반드시 최선은 아니며, 사전학습, 발달 단계, 자료의 성격, 학습자의 개인차에 따라 다를 수 있다. 또한 계열의 문제는 탐구 성향을 자극하기 위해 적절한 수준의 불확실성이 유지되도록 하는 것과도 관련이 있다. 그리고 최적의 계열을 정할 때는 학습 속도, 망각에 대한 저항, 전이 가능성, 표현방식, 경제성, 생성력 등을 고려해야 한다.

Bruner의 강화의 문제는 보상이나 벌의 문제와 관련 있다. 이때 중요한 것은 교사의 칭찬이나 상과 같은 외재적 보상을 사용하다가 차츰 문제를 스스로 해결했다는 데서 오는 즐거움과 같은 내재적 보상으로 그리고 어떤 행위가 끝났을 때 바로 주는 즉각적 보상으로부터 차츰 얼마 후 주게 되는 유예된 부상으로 바꾸어 가는 것이 효과적이라는 것이다. 특히 강화는 내재적 보상과 관련하여 학습결과가 교정적 정보로 사용되었을 때 효과가 있다. 왜냐하면 학생 스스로가 자신의 학습활동 결과가 맞았는지 틀렸는지 알아보는 등 결과에 대한 지식을 가졌을 때 만족 또는 불만족을 느끼고 그것에 비추어 앞으로의 학습방향을 결정할 수 있기 때문이다.

이러한 Bruner의 교수 이론에 부합하는 학습 이론으로는 발견학습(discovery learning), 탐구학습(inquiry learning)을 들 수 있다.

6) 한국행동과학연구소의 모형

한국행동과학연구소는 Carroll의 학습 모형을 기초로 Bloom이 반전시킨 완전 학습 이론을 우리나라의 실제에 맞게 수정하여 그림 8.5와 같은 새로운 완전 학습 모형을 개발하였다. 이 모형은 다인수 학급이라는 특징을 가진 우리나라 학교 장면에서도 효과적으로 활용될 수 있으며, 현재 중학교 교수 학습 과정의 질적 개선에 크게 이바지하고 있다.

흐름표(flow chart)에서 사각형은 완전 학습을 위한 수업에서의 각 단계 활동을 의미한다. 화살표는 이러한 활동들이 전개되는 방향을 가리키며 종선은 이 전개의 주요선을 나타내고 있다(김언주, 1989).

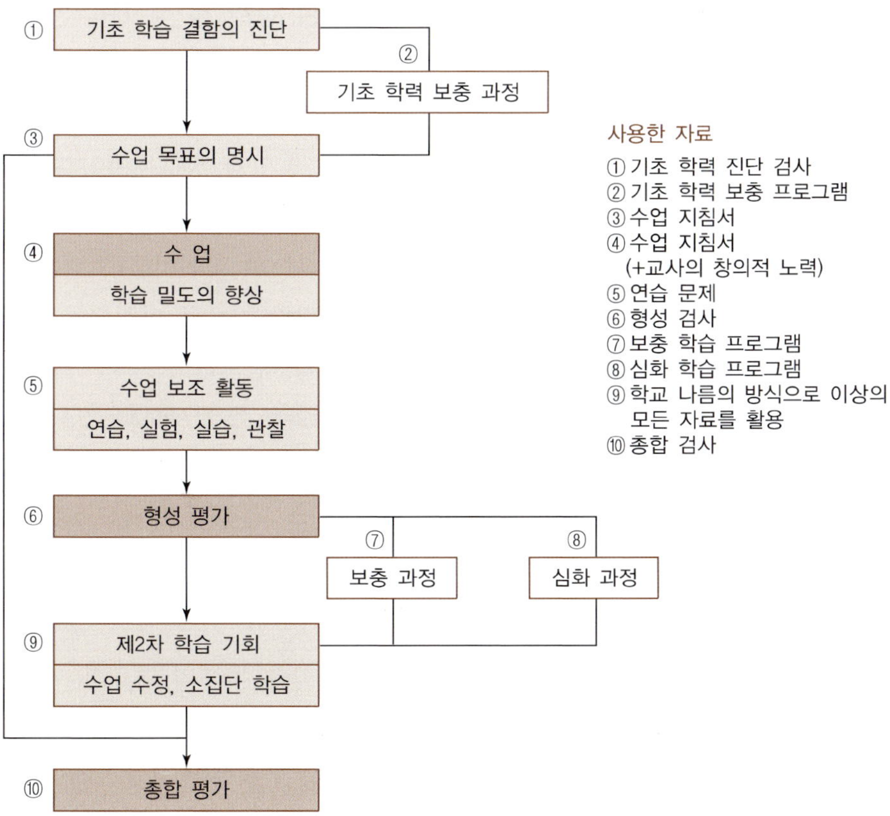

그림 8.5 **완전 학습을 위한 수업 모형과 자료 활용**

각 단계의 활동 내용을 보면 수업 전단계로서 첫째는 선행 학습 결손의 발견을 통해 앞으로의 학습에 고난을 줄 것으로 보이는 학습 요소에 있어서의 결손의 유무를 진단한다.

둘째는 선행 학습 결손의 처치는 기초 학력 검사에 의해 발견된 선행 학습의 결손을 보충하는 행동을 말한다. 이 학습 결손 처치가 끝나는 것으로서 수업 전 활동은 일단 종결되고 정규 수업 활동 속의 수업 목표 명시로 수업 활동은 전환된다.

수업 목표의 제시 단계에서는 종래의 수업의 도입 활동과 같이 수업 목표 또는 완전 학습의 기준을 학생에게 제시하고, 명확한 학습 목표점을 인식할 수 있도록 돕는 활동이 주로 이루어진다.

수업 활동 단계에서 교사 활동은 학습 내용을 학생들에게 제시하고, 최대한의 학습이 가능하도록 충분한 학습 기회를 제공하는 일들로 구성된다. 또한 교과의 성질에 따라서는 수업의 기본 활동인 가르치는 교사의 활동과 실험, 실습 시범 시청각적 방법의 사용 등 수업 보조 활동이 동시에 병행되어야 한다.

그리고 수업 과정에서 교사에게 수업 개선을 위한 정보를 제공하고, 학습자에게는 그 동안의 각자의 학습 진전 상황을 자기 스스로 확인하도록 하는 형성 평가가 실시되며 형성적 평가를 통하여 학습이 부진한 것으로 판정된 학습자에게 적절한 재학습의 기회를 주는 보충 학습이 있다.

수업 활동이 끝난 후 그 동안 학생들의 학습 성과를 총결산하는 것이 그 목적이기 때문에 총합 평가가 실시된다. 총합 평가에서는 비단 학습 성과뿐만 아니라 의도적이거나 비의도적인 모든 정의적 효과도 아울러 평가하도록 하여, 한 학습 과제의 계속적인 개선을 위한 종합적인 자료 수집이 될 수 있도록 하는 것이 바람직하다.

이러한 완전 학습의 기본적인 특징은 ① 교수-학습 목표의 명료화, ② 진단·형성평가에 의한 학습 결함 확인·학습 진전도 확인 및 처치, ③ 소집단별 학습 제공을 통한 협동 학습 및 복습의 기회 제공, ④ 기초학력 프로그램, 수업보조활동, 보충학습 프로그램, 심화학습 프로그램, 소집단 학습 등을 통한 충분한 학습기회의 제공 등이라고 할 수 있다(김진호 외, 2007 재인용).

7) 구성주의 기반 교수-학습

구성주의는 학습자는 교사가 전달한 정보를 수용하기보다는 능동적으로 자신의 지식을 구성한다고 보는 것이다(Green & Gredler, 2002). 이것은 정보가 학습자의 머리에 단순히 저장되지 않는다는 것을 의미하며, 유의미한 정보가 되기 위해 학습자의 직접적인 활동을 통해 발견되어야 한다는 것을 의미한다(Noddings, 2008; Weinberger & McCombs, 2001; Zmuda, 2008). 또한 현재의 교육과정과 교실의 상호작용이나 역동성은 지식의 구성을 유도할 수 없기 때문에 유의미 학습이 일어나기 위해서는 변화될 필요가 있다고 하였다.

Bruning 등(2004)은 구성주의를 다음의 세 가지 유형으로 구분하였다.

- 외생적(exogenous): 지식습득은 외부세계의 실체, 즉 수업과 경험을 반영한다. 외부 세계는 지식 주성에 강력한 영향을 미칠 수 있기 때문에 지식의 정확성은 지식과 실체 간의 일치에 근거한다.
- 내생적(endogenous): 새로운 지식은 지식에 조직된 구조에 대한 인지 발달 과정을 통해 선행지식으로부터 발달한다.
- 변증법적(dialectical): 지식은 학습자와 환경(타인 및 교사 포함) 간의 상호작용을 통해 발달한다.

이러한 세 가지 유형은 공통적으로 지식은 유의미하게 구성되어야 하고, 학습자의 능동적인 참여를 통해 형성된다는 것을 가정하고 있다. 즉, 사회적 상호작용이 학습을 촉진하여 혼자보다는 타인과 함께 학습했을 때 이해 구성에 효과적이다(Gauvain, 2001). Sutine(2008)은 개인의 창의적이고 구성적인 행동을 사회환경 속에 결합시키는 매개자가 교육이라고 하였다.

구성주의의 기본적인 신념은 학습과 사고는 진공상태에서 발생하는 것이 아니라 맥락 혹은 상황 속에서 발생한다는 것이다. 유의미학습은 실세계와 관련된 과제를 수행할 때 일어나기 때문에 교수-학습 이론으로서 구성주의는 실제 교실 상황에서의 교수-학습 과정의 지침이 될 수 있다(Yilmaz, 2008). 학습에 대한 이러한 맥락화를 상황인지(situated learning)라고 한다. 많은 개념은 실제와 관련된 맥락 속에서 가장 잘 가르칠 수 있다.

일반적으로 구성주의 교수-학습의 핵심 요소는 ① 학습자의 능동적 참여,

② 도전적이고 생각을 유발하는 경험이다. 소집단 학습과 또래와의 협동학습, 탐구학습, 주제학습, 학습자 중심 등이 구성주의 교수-학습의 핵심이다. 동기 측면에서 구성주의는 학습자의 자율성에 초점을 맞추고 있는 자기결정성 이론이 가장 관련이 높다. 즉, 구성주의에 근거한 수업에는 조작, 활동선택, 관찰과 자료 수집 기회, 안내된 토론, 문제해결, 도제 등이 포함된다.

구성주의에 근거한 학습 환경에는 ① 조작과 실험 기회 제공, ② 일상 경험과 개념을 연결시킬 수 있는 유의미한 의미 사용, ③ 고차원적 개념과 다양한 관점 강조, ④ 학습자에게 자신의 요구 평가와 자신의 지식에 대한 점검과 교정 기회 제공, ⑤ 인지와 맥락 연결, ⑥ 이해의 기초로서 잘못된 신념 극복의 가치 강조 등이 포함된다(Hannafin, Land & Oliver, 1999).

생각해 볼 문제

1 박 교사는 새로운 유치원에 임용된 초임교사이다. 박 교사가 수업 준비를 위해 거쳐야 할 수업의 단계를 Glaser의 교수모형을 중심으로 구분하고, 각 단계에서 고려해야 할 사항을 학습자의 대상, 활동영역을 반영하여 설명하시오.

2 이 장에서 제시하고 있는 각 수업 모형의 특징을 설명하고, 본인이 수업 장면에서 활용하고자 하는 수업 모형을 선택하여 그 이유를 설명하시오.

3 자신이 중·고등학교 시절에 경험한 수업 중 가장 좋았던 수업과 싫었던 수업을 생각해 보고, 그 이유를 수업 모형 또는 수업 방법 측면에서 설명하시오.

Chapter

9 동기 이론과 효과적인 교수

동기는 효과적인 교수의 가장 중요한 요소 중 하나이다. 동기는 행동의 시작, 방향, 강도, 지속성을 설명하는 구인이다. 인간의 행동을 하게 하고, 이끌고, 지속시키게 하는 내적 상태가 동기이다. 따라서 이러한 내적인 힘은 학습자로 하여금 학습목표를 달성하는 데 도움을 준다.

이 장에서는 학생들이 교과 내용을 배우고자 하는 욕구를 증진시킬 수 있는 동기 이론을 이해하고 이를 바탕으로 효과적인 교수를 위한 방법을 살펴볼 것이다.

1 동기의 개념 및 기능

심리학자들은 동기(motivation)를 행동을 일으키고, 이끌고, 지속시키는 내적인 과정으로 정의한다(Murphy & Alexander, 2000; Pintrich, 2003; Schunk, 2000; Stipek, 2002). 동기는 학습자가 무엇을 하게 하고, 계속하게 하며, 어디로 가려고 하는지를 결정하게 하는 것이다. 그러므로 동기란 개체가 어떤 일정한 형식의 행동을 하려는 행동 방향의 결정 경향 내지는 태도라 할 수 있다. King도 동기란 개체 내에서 어떤 목표를 향해 행동을 방향짓는 것이라 하였다. 여기에는 먼저 개체 내의 동기적 상태가 전제되고, 그 다음은 이러한 상태에서 행동의 방향이 결정되며 끝으로 그 행동은 목표로 향하는 세 가지의 면이 있으며 그 목표에 도달하면 그 행동은 그친다고 하였다.

동기는 방향과 강도 둘 다에 있어 다양할 수 있다(Ryan & Deci, 2000). 동기는 학생들로 하여금 학구적인 활동을 하게 하는 데 있어서뿐만 아니라 학생들이 수행한 활동에서 또는 그들이 접한 정보에서 얼마나 많이 배울 것인지를 결정하는 데 중요하다. 무언가를 배우고자 동기화된 학생들은 이것을 배우는 데 높은 인지적인 과정을 사용하고 있고, 이것으로부터 많은 것을 이해하고 실행한다(Driscoll, 2005; Jetton & Alexander, 2001; Pintrich, 2003). 학생들은 그들의 지식을 새로운 상황에 더 쉽게 전이할 수 있다(Pugh & Bergin, 2006).

동기가 무엇이냐에 대해서는 동기에 대한 연구가 매우 활발한 만큼 그 설명도 다양하다. 우리의 행동은 생리적 욕구나 심리적인 욕구 또는 사회적인 욕구가 원인이 되기도 한다. 이같이 행동을 하게 하는 숨은 원인이 바로 동기인 것이다. 생리적 욕구를 일차적 동기(primary motives), 성격적 욕구를 이차적 동기(secondary motives)라고 한다. 일차적 동기는 행동적인 것으로 후천적인 학습에 의하지 않으므로 학습되지 않는 동기라 하며 이차적 동기는 경험에 의하여 후천적으로 학습된 결과이므로 학습된 동기라고 한다.

1) 동기 유발의 의미

동기 유발이란 단순히 행동의 내적 상태뿐만 아니라 행동을 활성화시키기 위해 가해지는 처치까지도 포함한다. 따라서 학습에서의 동기 유발은 어떤 행동의 근원이 되는 힘인 동기를 학습자에게 불러일으킴을 말한다. 즉, 여기서 말하는 동기 유발은 학습자가 학습하고자 하는 경향이 생기게 하고 정력적으로 학습을 수행할 수 있도록 이끄는 것이다. 그러나 학생은 실제로 계획된 학습의 장에서는 동기가 강하게 유발되지 않을 때가 많다. 교사가 학생들을 동기화된 상태로 이끌어 나갈 수만 있다면 그는 그의 전문적 역할을 반 이상 수행하고 있는 교사라고 할 수 있다.

학습의 장에서 교사가 흔히 범하게 되는 실수는 교사가 학생의 동기 그 자체를 일률적으로 만들어 낼 수 있다는 생각에서 비롯된다. 그러나 교사는 학생이 접하는 사회 환경의 일부분의 역할을 할 뿐이다. 다만 교사는 어떠한 사회 환경보다도 동기를 유발시키는 데 가장 유력한 위치에 있다.

학습에 작용하는 동기를 학습 동기 또는 성취 동기라고 부르는데, 학습자가 그 학습에 대한 의욕을 가지고 학습 활동을 전개하는 힘을 말한다. 실험에 의하면 학습 동기, 성취 동기가 강한 사람은 너무 쉽거나 너무 어려운 일은 하지 않고 그들이 노력하면 성공할 수 있는 그런 일을 택하여 노력함으로써 먼 미래에 만족을 얻으려는 경향이 있음이 밝혀졌다.

성취 동기는 성취 가치를 어떻게 학습하는가에 따라 개인차가 생긴다. 연구 결과에 의하면 어릴 때부터 자기 통제 기술을 습득하게 하여 만족과 지연을 경험케 하고, 또 성취했을 때 그들을 안아주고 어루만져주는 보상을 줌으로써 성취 동기를 강하게 키워 줄 수 있다고 한다. 학습 동기를 유발시키는 데는 욕구, 흥미, 호기심 등 개인의 내적 요인이 활동의 동기가 되어 학습자 스스로가 자발적으로 학습하려는 의욕을 가지게 하는 내적 동기 유발과 타인으로부터 받는 보상, 사회적 압력, 벌 등 환경적 요인이 작용하여 학습 활동을 일으키도록 유인하는 외적 동기 유발이 있다. 일반적으로 사용된 유인이란 동기가 아니고 동기를 만족시킬 수 있도록 애쓰는 대상으로서 어떤 행동을 유발하는 외적 자극인 것이다. 다시 말해서 동기는 크게 학습자의 내부에서 이루어진 내적 동기 또는 자연적 동기와 학습자의 외부로부터 이루어진 외적 동기 또는 인위적 동기로 분류한다.

내적 동기란 긴장의 해결이 학습 과정 그 자체를 해결함으로써 가능해질 때 일어나는 활동 경험으로 활동 그 자체가 보수를 제공해 준다. 즉 어떤 과제를 해결함으로써 어느 정도의 만족과 쾌감을 누릴 수 있다. 외적 동기는 그와 반대로 자신의 학습 과제를 성취하여야 할 이유가 외부에 있을 때를 말한다. 예컨대 좋은 성적을 얻어야 할 이유가 부모를 즐겁게 하기 위해서라면 그것은 곧 외적 동기에 의한 학습의 수행이다. 그런데 연구 결과에 의하면 초등학교 학생과 대학생 모두 성공적으로 학업을 수행했을 때 주어지는 보상은 학생들이 느끼는 자율성 수준은 감소시키지만, 자신의 능력에 대한 믿음은 향상시킨다(Houlfort, Koestner, Joussemet, Nantel-Vivier & Lekes, 2001). 보상을 기대하는 것 역시 아동의 창의적 그리기 활동을 위축시킬 수 있다(Joussemet & Koestner, 1999)

이와 같이 볼 때 실제로 활동의 동기는 다양하고 복잡한 것이므로 그것의 적용에 유의해야 한다. 따라서 학습 활동을 실제로 지도하기 위해서는 이 점에 충분히 유의하여 학습자의 행동 원인, 즉 동기가 어디에 있고 또 그 동기에 자극을 주어 만족할 수 있는 방향을 찾아 원인이 무엇인가를 알아내는 것이 매우 중요하다.

표 9.1 효과적 칭찬을 위한 지침

- 경우에 따라서 준다.
- 성취의 특별한 부분을 구체화하라.
- 자발성, 다양성 그리고 확실성의 다른 표시를 보여줘라. 학생들의 성취에 대한 분명한 관심을 보여주어라.
- 구체적인 수행 기준(그러나 노력 기준을 포함할 수 있는 것)의 획득에 대해 보상하라.
- 학생들에게 그들의 능력 또는 성취의 가치에 관한 정보를 주어라.
- 학생들로 하여금 학생들 자신의 과제와 관련된 행동과 문제해결의 사고에 대해 보다는 인정을 지향하도록 하라.
- 현재 성취를 묘사하는 전후 관계로서 학생들 자신의 과거 성취를 사용하라.
- 어려운 과제를 성공했거나 현저한 노력을 기울인 것을 인정하라(그 당사자에게).
- 성공을 노력과 능력으로 돌리면서 비슷한 성공이 미래에 기대될 수 있다는 것을 암시하라.
- 학생들의 주의를 학생 자신의 과제와 관련된 행동에 맞추도록 하라.
- 과정이 끝난 후에 과제와 관련된 행동에 관한 바람직한 귀인들과 평가를 육성하라.

출처: 강갑원 외(2008) 재인용.

또한 교사는 학습자의 동기인 욕구 상태와 학습자의 자발적 활동에 의한 자기 지도에까지 이끌어갈 때 그 학습 효과는 한층 활발하게 향상된다.

2) 동기의 기능

동기는 학습 과정에 있어서 다음과 같이 세 가지 중요한 기능을 가지고 있다.

(1) 발생적 기능

어떤 행동을 환기시키고 활동력을 주고 행동을 하도록 하는 작용을 동기의 발생적 기능 또는 시발적 기능이라고 한다. 동기의 유발은 목표로 지향하는 행동을 일으킨다. 그런데 흔히 목표가 쉽게 달성되지 않기 때문에 그 목표를 달성할 때까지 상태가 계속된다. 이 긴장 상태에서 벗어나서 목표 달성을 위해 움직이게 하는 것이 곧 발생적 기능이다.

동기는 이와 같이 모든 행동의 전제 조건이라고도 할 수 있을 만큼 중요하다. 따라서 목표 설정 같은 것은 유력한 동기 유발의 조건이며, 이것은 학습자의 욕구와도 밀접한 관계를 갖고 있다. 학습에서 동기 유발이 되었다는 것은 곧 학습 목표를 확인했음을 의미한다. 그러므로 학습자 자신이 뚜렷한 학습 목표를 인식해야 하며 이것이 학습 동기 유발에 큰 도움이 된다. 여기서 학습 활동의 중요성뿐만 아니라 학습의 계획 단계부터 교사와 학생의 공동 계획 단계에 이르기까지 학습자 자신이 뚜렷한 학습 목표를 확인하게 도와주도록 강조되고 있다.

(2) 지향적 기능

인간의 반응은 항상 선택적이다. 어떤 상황에 대해서는 반응을 하지만 어떤 상황에 대해서는 무시하는 것과 같이 행동 방향의 결정이 행동을 앞서게 된다. 즉, 그때 그때의 적절한 행동이나 반응 가운데는 목표를 정하는 방향감이 크게 작용하고 있고 이것이 곧 지향적 기능이다. 동기에서 목표 달성까지 학습 과정이 순조롭게 진행될 수도 있지만 흔히 목표를 제대로 달성하지 못하는 수도 많다. 이때는 긴장이 생기고 이 긴장 해소를 위해 다른 행동이 시작된다. 이 긴장

해소의 과정에서 바람직하지 못한 행동 양식을 나타내는 일도 있다.

예를 들면, 학습자가 어떤 목표를 가지고 독서를 할 때 주로 그 목표와 관계있는 서술에는 주의를 기울이지만 관계없는 다른 부분에 대해서는 별로 주의를 기울이지 않고 넘어가는 경우도 볼 수 있다. 이는 배란기에는 암탉에게 충분한 칼슘을 주지 않을 경우 암탉은 생체 내에 있는 영양소가 결핍되어 사람의 손톱이나 단추를 마구 찍는 것과 같은 경향을 띤다. 이런 경향성을 특수한 기아 상태에 기인하여 동기화되고 행동에 일정한 경향이나 선택의 방향이 결정되어 나타난다. 이와 같은 선택적·지향적 기능(directive function)의 결과는 학습에 있어서 명백한 목표를 설정해서 명확하게 할 일을 정해야 된다는 사실을 강조하고 있다.

(3) 강화적 기능

동기에는 어떤 행동을 강화시키는 작용이 포함되어 있다. 이것이 곧 강화적 기능이다. 이 기능은 지향적 기능과도 밀접한 관계를 가지고 있다. 동기 유발로 인해 어떤 목표로 지향하는 행동이 일어나고 그 결과로서 목표를 달성하는 바람직한 효과가 생겼다면 또 다시 같은 상태에 놓이게 될 때 학습자는 다시 전과 같은 행동을 일으키게 된다. 이와는 반대로 목표 달성으로 이끌지 못하는 행동은 오히려 배제되고 소거된다. 반복한다는 것은 단지 기계적 가산에 그치지 않고 되풀이하는 중에 옳은 반응을 서서히 선택하고 강화시켜 드디어 습관이 되게 하는 동기가 지닌 이러한 강화적 기능이 있기 때문이다.

교사는 이와 같은 동기의 기능을 어떻게 학습 지도에 능률적으로 활용하는가를 충분히 고려하여야 한다.

2 행동주의 동기 이론

1) 행동주의 이론과 외적 동기

행동주의자들은 학습은 보상이나 처벌에 의해 이루어진다고 생각한다. 동기 역시 보상을 구하고 처벌을 피하기 위해 조성된 행동, 즉 보상과 처벌의 결과로 본다. 이 관점에 따르면, 학생들은 강화를 받는 행동을 하려는 동기가 유발된다. 강화물은 그것에 수반된 행동이 다시 발생할 가능성을 증가시키는 자극이다. 일반적으로 강화물은 행동 직후에 주어져야 하며, 만약 강화물이 즉시 주어지지 않는다면 학습은 일어나지 않거나 약화된다.

행동주의적 동기 이론에서는 특정 행동을 유도하기 위해 외적 보상을 사용하기 때문에 외적 동기를 강조한다. 그런데 학습 동기를 유발하기 위해 외적 보상을 사용할 때의 문제점은 학생들의 내적 동기를 발달시키는 데 장애가 된다는 것이다(Deci, Koestner & Ryan, 1999; Deci & Ryan, 1987, 2000, 2001, 2006; Vansteenkiste, Lens & Deci, 2006). 또한 학생들이 흥미 있어 하는 문제를 해결할 때 외적 보상을 주는 것도 학생들의 흥미수준을 감소시킨다(Lepper & Chabay, 1985). 따라서 유능한 교사라면 학생이 과제를 했다는 그 자체보다는 과제해결을 위해 노력하고 그 과정에서 의미 있는 발전이 이루어질 때 보상을 제공하는 등 보다 효과적인 외적 보상을 활용할 수 있어야 한다. 외적 보상은 학습경험을 통해 이루어지는 실제 학습이나 성장의 정도가 아니라 주어질 보상에만 관심을 쏟게 만든다. 따라서 유능한 교사들은 학생들이 내적 동기를 발달시킬 수 있도록 학습의 즐거움과 보이지 않는 보상의 중요성을 인식시키려고 노력해야 한다(Mischel, Shoda & Rodriguez, 1989). 마지막으로 외적보상은 학생들이 성장함에 따라 효과가 감소한다. 7세 아동에게 보상의 효과가 있는 것이 14세 아동에게는 더 이상 효과가 없을 수 있다. 따라서 학생들은 외적 보상없이 여러 종류의 학습을 하기 때문에 더 지속적으로 본질적인 자극, 즉 자긍심, 자기효능감, 유능감 등의 보상이 필요하다.

2) 충동감소 이론

신행동주의의 대표적인 학자인 C. Hull(1951)은 사람의 모든 행동이 욕구나 충동에 의해 긴장을 감소시키는 방향으로 진행된다는 충동감소 이론(drive reduction theory)을 제안하였다. 충동감소이론에서는 인간의 활동량을 증가시키는 내적 욕구상태인 충동(drive)이라는 개념을 일차적 충동과 이차적 충동으로 구분하여 설명한다. 일차적 충동(primary drive)은 근원적인 충동으로 배고픔이나 목마름과 같은 생물학적 욕구에 의해 자극되는 것이며, 이차적 충동(secondary drive)은 획득적인 충동으로 사랑이나 글쓰기 혹은 음악 창작 등의 욕구와 같이 일차적 충동과의 연합 과정에서 발생하는 충동이다. 이차적 충동은 일차적 충동이 만족되었을 때의 인간 행동을 설명한다. 따라서 이차적 충동은 생존에 필요한 일차적 충동을 넘어서는 것이며, 일차적 충동과의 결합을 통해 형성된다. 즉, 상황이나 사건이 규칙적으로 일차적 충동의 해소와 맞물렸을 때 그것이 이차적 충동을 산출하게 된다. 이와 같이 형성된 이차적 충동은 충동을 감소시키는 방향으로 행동을 유발시킨다. 이때 감소된 충동에 의해 자극과 반응에 대한 강화가 습관적으로 발생하게 되는데, 이처럼 자극과 반응 간의 짝지어지는 정도를 습관강도(habit strength)라 한다. 그러나 습관강도에 의해 형성되는 행동이라도 상황에 따른 인간의 구체적인 충동과의 관계에 보다 큰 영향을 받는다. 이러한 현상을 반응경향성(tendency of response)이라 하는데, 반응경향성은 다음과 같이 충동과 습관 강도 간의 함수관계로 나타날 수 있다.

반응경향성(tendency of response) = 충동(drive) × 습관강도(habit strength)

이렇게 신행동주의는 인간의 행동을 자극에 대한 수동적인 반응으로 이해하는 전통적인 행동주의 이론을 보완하고 확대시켰다. 예를 들어, 동일한 행동을 수행한 서로 다른 두 사람에게 동일한 보상이 주어졌을 때, 한 사람에게는 그것이 강화로 작용되지만, 다른 사람에게는 그러하지 못한 경우가 있다. 이러한 결과에 대해 충동감소 이론은 유용한 설명을 제시한다.

충동감소 이론은 인간의 활동적이고 역동적인 측면을 보다 적절하게 이해할 수 있는 수단을 제공하기는 하지만, 일차적 충동과 이차적 충동을 명확하게 구분하는 데 어려움이 있으며, 인간을 수동적으로 보는 행동주의적 관점에서 완전히 벗어나지 못하는 단점을 가지고 있다. 그러나 효과적인 강화물을 이용하여 동기를 유발할 수 있다는 행동주의적 접근의 효과성은 학교교육에 시사할 바를 제시한다. 강화에 의한 동기유발은 유아나 초등학교 교육현장에서 보다 더 유용하다. 따라서 성인의 보상이나 인정이 가르치는 집단의 수준에 적합한 적절한 수준이어야 할 것이라는 시사점을 준다. 그렇지 않으면, 동기화되지 못하고, 오히려 처벌의 효과를 보일 수도 있기 때문이다.

3 인지주의 동기 이론

1) 기대 가치 이론

사회학습 이론에서 기대 가치 이론(expectancy X value theory)은 행동주의 접근과 인지주의적 접근을 결합한 이론으로 성취하기 위한 개인의 노력은 보상에 대한 그들의 기대에 달려있다는 믿음을 기초로 한 동기 이론이다(Pintrich, 2003; Stipek, 2006; Wigfield & Eccles, 2000). 즉, 한 개인의 내적 조건(생각, 계획, 자신의 능력에 대한 신념 등)과 외적 환경(목표 달성 가능성, 목표 달성 시의 보상 등)의 결합이 되어 동기가 유발된다. 따라서 기대 가치 이론에서는 외적 보상과 내적 보상을 결합해서 다룬다.

동기(M) = 인식된 성공 가능성 기대(Ps) × 성공의 유인가 가치(Is)

Wigfield(1995)는 자신들이 능력이 있고 학업적인 성공이 가치가 있는 것이라고 믿는 학생들의 신념이 그들의 성취를 예견하는 데 있어 그들 실제 능력보다도 훨씬 중요하다는 것을 발견했다. 그러나 Atkinson(1964)는 어떤 특정 상황에서 지나치게 높은 성공 가능성은 동기를 약화시킬 수 있다는 것을 지적하였다. 최근의 연구에서도 개인의 동기는 과제의 난이도가 증가함에 따라 증가하는데 이는 성공 가능성이 매우 낮거나 목표가 노력을 기울일 만한 가치가 없다고 결정하는 그 정도까지 증가하는 것으로 나타났다(DeBacker & Nelson, 1999). 또한 쉬운 과제보다 적당히 어려운 과제들이 학습과 동기를 위해 더 좋다는 것을 시사한다(Brophy, 1999; Wigfield & Eccles, 2000).

2) 귀인 이론

귀인 이론은 인지주의 심리학에 기초한 이론으로 학생이 학습 결과의 성공과 실패의 원인을 무엇으로 지각하느냐에 관한 것이다. 이 이론은 실패의 원인에 관한 학생 자신의 지각을 강조함으로써 학습 동기의 유발에 있어 학생 자신의 능동적 책임을 중요시한다. 강화 이론(reinforcement theory)은 교사의 칭찬이나 보상이 학생으로 하여금 학습에 매력을 느끼도록 하여 학업에 전력함을 물론 그 결과로 학업 성취가 개선된다는 이론이다. 그러나 만약 교사의 칭찬을 받았음에도 불구하고 자기의 노력의 대가로서 칭찬을 받은 것이 아니라 우연히 운(재수)이 좋아서 성적이 올랐다고 보는 학생에게는 교사의 칭찬은 학습 동기 유발에 영향을 미치지 못할 것이다(박아청, 2000).

귀인 이론은 행위에 있어 학생의 인지적 과정의 원인에 중점을 둔 것으로 성공과 실패의 원인을 주고 능력, 노력, 학습 과제의 난이도, 운으로 설명하고 있다. 또는 가정 조건, 기분 등도 포함된다. 이러한 원인들은 또한 세 가지 차원, 즉 원인의 소재(locus of causality), 안정성(stability), 통제 가능성(controllability) 차원 등에 의해 다시 구분된다.

원인의 소재란 성공과 실패의 원인을 학생 자신에서 찾느냐 아니면 외부에서 찾느냐의 내적·외적 차원으로 특징지어진다. 예컨대, 능력과 노력은 학생 자신에게서 발생하는 것이기 때문에 내적(internal) 요인으로 분류되는데 반하여, 학습 과제의 난이도와 운은 학생의 외부에서 발생한 것으로 외적(external) 요인으로 분류된다.

안정성은 행동 결과의 원인이 시간이 경과되거나 상황이 바뀌어도 항상성을 띠는 안정적인 것이냐 아니면 상황에 따라서 변할 수 있는 불안정한 것이냐의 문제로서 안정적·불안정적 차원으로 결정짓는다. 예컨대 능력과 학습과제의 난이도는 시간과 상황이 변해도 의미 있게 변하지 않기 때문에 안정적 요인으로 분류되고 노력과 운은 시간과 상황에 따라 변할 수 있기 때문에 불안정한 요인으로 분류된다.

		원인 소재	
		내부	외부
통제 가능	항상성	능력	과제 난이도
통제 불가능	불안정	노력	운

그림 9.1 통제 소재 및 안정성 차원에 다른 원인 분류

통제 가능성이란 행동 결과의 원인이 학생의 의지에 의해 통제될 수 있느냐 아니면 통제될 수 없느냐 하는 것으로 통제 가능성, 통제 불가능성 차원으로 분류된다. 예를 들어, 노력은 통제 가능한 요인으로 분류되는 반면 지능, 능력, 운 및 과제의 난이도 등은 학생의 의지와 무관한 것이기 때문에 통제 불가능한 요인으로 분류된다.

이상의 설명을 종합해 보면 능력은 내적이고, 안정적이며, 통제 불가능한 요인이다. 노력은 내적이고, 불안정적이며, 통제 가능한 요인이다. 과제의 난이도는 외적이고 안정적이며 통제 불가능한 요인이다. 운은 외적이고 불안정적이며 통제 불가능한 요인이다.

Wang과 Stiles는 자신의 노력이 자신의 서적에 영향을 준다고 믿는 학생들에 비하여 더 열심히 학습하려는 경향성이 있음을 발견하였다. 그리고 이와 비슷하게 Dweck는 학습에 무력감을 가진 학생들에게 학습 실패의 원인을 능력 부족보다는 노력 부족으로 귀인시키도록 훈련시켰고, 또 다른 학생들에게는 계속적으로 성공만 경험시켜주는 프로그램을 제공하였더니 귀인 재훈련 프로그램을 받는 학생들은 자신들의 학습 활동을 증진시켰으나 성공만 계속시킨 집단은 학습 활동이 감소되는 것을 발견하였다(박아청, 1987c; 정종진, 1996).

귀인 성향에 관한 연구들이 교육에 시사하는 점은 귀인 성향이 곧 지능과 같이 학업 성취에 영향을 준다고 보기보다는 그것이 학습 활동 참여 동기에 영향을 주고 그 결과로 학업 성취를 가져온다는 것이다. 따라서 교사는 학업 성취의 결과가 학생 자신의 자발적 노력의 산물이라는 것을 부단히 지각하게 만들고 학습 분위기도 그렇게 조성해야 할 것이다. 학생들에게 능력보다는 노력을 보상하는 방법 중 하나는 개별화된 지도를 하는 것이다. 특히 학생 자신의 수준보다 나은 단계를 제시한다. 교사는 평가를 할 때 노력을 고려하여 평가하고, 별도의 점수나 발전과 성장에 대한 보상을 제공하는 방식이 바람직한 동기 유발 피드백이다(강갑원 외, 2008 재인용).

3) 자기결정성 이론(self-determination theory: 유능감, 자율성, 관계성 욕구)

일상생활 속에서 사람들은 어느 정도 내적 동기에 의해 행동한다. 사람들은 적극적으로 주변 환경을 관찰하고 탐색하며, 주변 인물이나 상황을 다스리고 주변환경에 익숙해지려 한다(White, 1959). 즉, 사람들에게는 자기결정(self-determination)을 추구하는 경향이 있는데, 이는 스스로 어떤 현상이 나타나도록 하는 능력이며, 자신과 주변 환경을 통제하는 능력이다. 사람들은 외부의 힘에 의해 영향을 받기보다는 자기 스스로 결정하는 것을 더 선호한다.

Deci와 연구진(1996; Deci & Ryan, 2000, 2006; Deci, Vallerand, Pelletier & Ryan, 1991)의 자기결정 이론에 의하면 인간은 유능감을 느끼고, 자율적이며, 타인과 친밀한 관계를 맺고 싶어 한다. 자율성의 욕구는 외부의 보상이나 압력보다는 우리 자신이 원하는 것이 우리의 행동을 결정하기를 바라는 욕구가 있기 때문에 자기 결정에서 중심이 된다(Deci & Ryan, 2002; Reeve, Deci & Ryan, 2004; Deci & Ryan, 2000). 유능감의 욕구는 학생들이 통제력을 덜 경험하고 칭찬받고, 증진시키는 정보를 제공한다면, 내재적인 동기가 증가하여 유능감을 더 느끼게 되는 것이다. 내적 동기에 의해 나타나는 행동은 유능감과 자율성에 대한 욕구를 충족시켜주지만, 외적 동기에 의해 행동하게 되면 그 행동의 원인이 외부에 있기 때문에 자율성을 느낄 수 없다.

이 이론은 인간의 행동을 자율성의 정도에 따라 순전히 타율적인 행동에서 완전히 자기 결정된 행동에 이르는 일련의 연속체 선상에서 나타나는 네 가지 유형 차이를 구분한다(Deci et al., 1991; Ryan & Deci, 2000). 이것은 자율성에 대한 네 가지 조절 양식 또는 내면화 연속체에 의해 동기화된다.

외적조절은 외적 보상의 제안이나 처벌 위협과 같은 외부적인 힘에 의해 작용하는 동기이다. 부과된 조절은 순응하도록 자기 스스로 강제하는 원인이 되기 에 충분히 내면화된 외적인 힘에 기반한 동기이다. 확인된 조절은 예전에는 외적으로 조절되었던 가치나 목표를 자신의 것으로 수용하고 선택해서 행동하는 동기이다. 통합된 조절은 환경에 의해 강요되거나 방해되는 것이 아니라 내면화의 자연스러운 결과로 자아감을 토대로 한 동기이다. 이것이 가장 자기 결정된 동기이다.

4 인본주의 동기 이론

1) Maslow의 욕구위계론

인본주의 심리학의 대표 학자들 중 한 사람인 Abraham Maslow는 인간은 다양한 욕구(needs)를 지니고 태어나며 다양한 욕구는 서로 다른 위계를 지닌다고 주장하였다. 즉, 인간의 다양한 욕구는 아래 단계의 욕구가 어느 정도 충족되어야만 위 단계의 동기가 발현되며, 궁극적으로 자아실현에 도달한다는 것이다. 이를 욕구의 위계이론(a hierachy of needs)이라 한다.

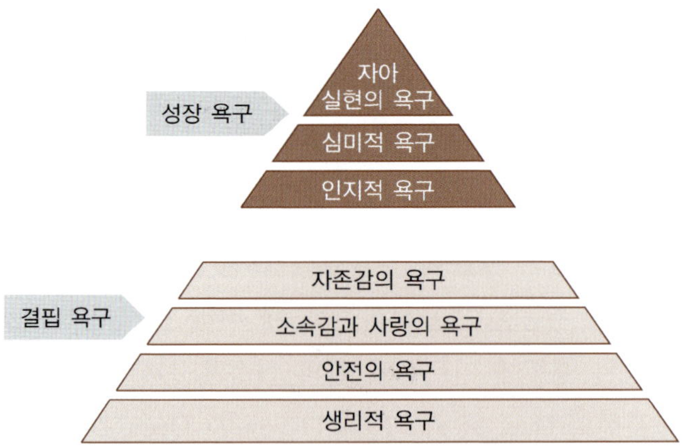

출처: Robert. E. Slavin(2012). Educaional Psychology: Theory and Practice 10th, Pearson Education, Inc.

그림 9.2 Maslow의 욕구위계설

위계는 하위 욕구가 충족되었을 때 상위 욕구에 대한 동기가 생기게 된다. 성장 욕구는 지적인 욕구, 심미적 욕구 그리고 자아실현의 욕구로 구성되는데, 이러한 욕구들은 위에서 설명한 결핍 욕구와는 차원이 다르다. 성장 욕구는 많은 사람들이 부족함을 느껴 추구하기보다는 현재의 상태보다 더 나아지고자 하는 욕구로써 완전히 충족되더라도 더 많은 것을 취하고 싶은 욕구가 생기게 된다.

Maslow의 욕구위계이론에서 최상위 욕구는 자아실현의 욕구인데 이는 현재의 상태에서 만족하지 않고 자신이 이루고자 하는 것을 추구하려는 인간의 숭고한 욕구라고 할 수 있다.

한 개인이 어떤 욕구 단계에 있는가는 개인마다 다양하며, 어떤 사람은 일생을 통해 결핍 욕구 단계에 머물다 떠나지만, 소수의 사람들은 성장욕구를 추구한다. 우리가 알고 있는 역사적으로 존경받는 위인들(예를 들면, 간디나 슈바이처 등)은 성장욕구를 추구했던 대표적인 인물이라 할 수 있다. 성장욕구가 강한 사람은 자율적이고 자기 지시적이라서 스스로를 도울 수 있지만, 결핍욕구는 주로 다른 사람에 의해서 충족되는 경향이 있기 때문에 결핍 욕구가 강한 사람은 타인 지향적이고 곤경에 처했을 때 다른 사람에게 의존하는 경향이 있다(신명희 외, 1998).

Maslow의 이론을 학교 장면에 적용하면 다음과 같다.

최근 학교현장에서 발생하는 따돌림을 당하는 아이, 학교폭력에 신체적 아픔과 심지어는 생명까지 빼앗기는 아이, 가정환경의 어려움 때문에 점심을 거르는 아이들 모두 결핍욕구가 충족되지 못하는 심각한 문제를 가지고 있다고 할 수 있다. 아이들이 열심히 공부하기 위해서는 결핍욕구가 원만하게 충족되어야 한다. 예를 들어 따돌림을 당하는 아이는 소속감의 욕구가 결핍되며, 소속감의 욕구가 결핍되었을 때는 자동으로 상위 욕구인 자존감의 욕구고 충족될 수 없다. 그러므로 이러한 상황에 있는 아이들이 공부에 열중한다는 것은 힘든 일이다. 학교폭력의 피해아동들은 안전의 욕구가 결핍되는 것은 물론이거니와 소속감, 자존감의 욕구도 충족될 수 없을 것이다. 이렇듯 배고픈 아동, 환경으로부터 위협받는 아동, 소외되는 아동에 대한 학교 및 사회 차원의 배려를 이제는 좀 더 살펴보아야 할 것이다.

5 학습과 관련된 동기 이론

1) 성취 동기(achievement motivation)

인간의 동기에 대한 Murray의 연구 이래로 많은 연구가가 동기에 대한 관심을 가져 왔다. 특히 McClelland, Atkinson과 연구진에 의해 1940년대 말에서부터 1950년대 초기에 걸쳐 행해진 성취 동기(achievement motivation)에 대한 연구들은 오늘날에도 크게 중요시되고 있다. 동기 유발의 이론에 의하면 불쾌한 긴장 상태의 감동 속이 인간의 행동 유발에 있어서 주된 원인이 된다고 생각한다. 그러나 성취의 기쁨과 같은 능동적인 동기 유발은 그것으로 설명할 수가 없게 된다. 그래서 Maslow는 인간의 능동적인 자세에 관심을 두고 성장 동기(growth motivation)란 개념을 제시한 바 있다. McClelland와 연구진은 Murray의 TAT 기법을 채용하여 성취 동기를 보다 더 체계적으로 발전시켰다.

McClelland(1985)는 아동에게 성취에 대한 보다 높은 욕구를 형성시킬 수 있다고 믿고 있으며 이러한 믿음을 기초로 성취동기 육성 프로그램을 개발하기도 하였다. Atkinson은 성취하고자 하는 욕구를 실패 회피 동기와 함께 설명함으로써 성취 동기를 이해하는 데 보다 유용한 시각을 제시하였다.

표 9.2 동기 유형과 성공, 실패의 동기 변화

구분	성공 추구 > 실패 회피	성공 추구 < 실패 회피
성공	동기 감소	동기 증가
실패	동기 증가	동기 감소

출처: Weiner(1980).

Atkinson은 학생들의 성취 동기를 성공 추구 동기와 실패 회피 동기로 설명하고 있다. 성공 추구 동기를 갖는 학생들은 학습 과제를 실패했을 때, 성취 동기가 증가하고, 실패 회피 동기를 갖는 학생들은 학습 과제를 성공했을 때 성취 동기가 증가한다. 일반적으로 성취의 욕구가 높은 학생들은 도전적인 과제물, 높은 기준, 명백한 피드백, 재도전의 기회 등에 의해 동기화되는 경향이 있으며, 실패 회피에 높은 동기를 가진 학생은 성공을 위한 여러 강화, 자유로운 평가, 방어 등에 동기화된다.

Weiner는 귀인 이론을 설명하면서 성취 동기가 높은 학생과 낮은 학생들이 나타내는 학습 과제 수행 결과에 대한 귀인 형태를 분석하였는데, 대체로 성취 동기가 높은 학생들은 성공과 실패의 원인을 내적으로 귀인시키는 데 반하여, 성취 동기가 낮은 학생들은 외적으로 귀인시키는 경향이 있음을 알게 되었다(임규혁, 1999).

성취 동기에 관한 연구 결과는 역시 학교 장면에 많은 시사점을 준다. 학교는 사실상 교실, 시험, 숙제 등 모든 성취에 대한 욕구나 실패에의 두려움, 성공에 대한 두려움을 환기시키는 상황이라고 할 수 있다. 학습은 학생에게 가능한 수준보다 조금 높은 과제에 의해 촉진된다. 성공이 가능한 동기를 갖고 있는 학생들은 이러한 과제에 곧 적극적으로 다가갈 수 있지만 실패를 두려워하고 있는 학생들의 경우에는 이것이 불안을 만들어내는 상황이 된다.

성취 동기 연구는 교사가 학생들이 우세한 동기에 대해서 민감해야 한다는 것을 지적하고 있다. 교사는 여러 가지 곤란도를 지닌 과제를 설정하고 학습 상황을 조작할 수 있어야 한다. 학생들과 관련된 사람들은 아동은 타인과 함께 있을 때보다도 교사와 함께 있을 때 더 잘 수행한다는 사실을 인정해야 할 것이다. 실패를 두려워하는 자는 성취-환기 환경보다도 편안한 교실에서 보다 성공적일 경우가 많기 때문이다. 성취 동기에 대한 연구들은 성공의 결과가 불안을 환기시킨다는 사실을 시사하고 있다. 교사는 학생들에게 능력을 획득될 수 있는 학습 상황을 고려하게 하면서도 성공이나 실패 그 자체를 너무 지나치게 집착하지 않도록 하는 것이 필요하다.

표 9.3 성공과 실패에 대한 귀인

귀인	안정 여부	
	안정적	불안정적
내적 성공 실패	능력 "나는 똑똑해." "나는 바보야."	노력 "나는 열심히 했어." "나는 정말로 노력하지 않았어."
외적	과제의 난이도	운
성공 실패	"이것은 쉬웠어." "이것으 너무 어려웠어."	"나는 운 좋게 잘 됐어." "나는 운이 없었어."

출처: Bernard Weiner(1979). pp.3~25, 강갑원 외(2008) 재인용.

(1) 가정환경이 성취 동기에 미치는 영향

성취 동기에 대한 선구자적 연구에서(McClelland et al., 1953)는 아동과 청소년에게 4개의 애매모호한 사진을 제시하고 그것이 어떤 내용을 담고 있는지를 작성해 보라고 요청했다. 사람들은 자신의 동기를 이야기에 투사시킨다는 것을 가정해 볼 때, 성취와 관련된 주제가 이야기 속에 얼마나 포함되어 있는지를 측정해 봄으로써 성취 동기를 측정할 수 있다. 높은 성취 동기를 가진 사람은 사진 속에 있는 사람이 의학 분야에 혁명을 가져올 새로운 과학적인 발전을 위해 몇 개월간 연구 중이라고 말한다. 반면에 낮은 동기를 가진 사람은 사진 속의 사람이 일을 다 끝내서 집에 가 휴식을 취할 수 있기 때문에 즐거워한다고 말한다. 초기 연구에 의하면 이것과 다른 측정에서 높은 성취 동기 점수를 받은 아동과 청소년은 낮은 점수를 받은 또래보다 학교에서 더 나은 성적을 받는 경향이 있었다(McClelland et al., 1953). 이런 결과를 통해 연구가는 가정 환경이 성취 동기에 얼마나 영향을 줄 수 있는가를 결정하기 위해 부모-아동 상호작용에 대해 좀 더 면밀히 조사하게 되었다.

연구가들은 가정이 지배적/성취 동기와 실제적인 성취 행동에 미치는 세 가지 중요한 영향을 확인했다: 애착의 특성, 가정 환경의 특성, 양육 방식으로 이것들은 아동의 성취 의지를 촉진시키거나 억제할 수 있다.

12~18개월에 안전하게 애착된 유아는 불안전하게 애착된 유아보다 2세쯤에 성공적으로 더 문제를 해결하는 경향이 있으며 호기심, 자기 신뢰를 더 보이며 4~5년 후 초등학교에 들어갔을 때 문제를 해결하려는 열정을 보이는 경향이 더 강했다. 그러나 안전하게 애착된 학령 전 아동이 지적으로 더 유능하다는 것은 아니다. 오히려 그들은 불안전하게 애착된 아동보다 새로운 문제를 해결하기 위해 더 많은 노력을 기울였다(Belsky, Garduque & Hrncir, 1984). 그러므로 아동이 과제 수행과 과제를 탐색하는 데 즐거움을 느끼기 위해서는 사랑이 많고 반응적인 부모에 의해 제공되는 안전기지가 필요하다.

(2) 가정환경

유아가 탐색하고 새로운 기술을 획득하며 문제를 해결하려는 경향은 가정 환경이 제공하는 과제의 종류에 의존한다. 한 연구에서(van Doorninck et al., 1981) 연구자는 하류 계층 출신인 50명의 12개월 된 영아의 집을 방문하여 가정 재산 목록을 가지고 아동의 초기 환경을 지적으로 자극적인 또는 비자극적인 것으로 분류시켰다. 5~9년 후에 이 아동을 대상으로 성취검사 점수와 학업 성적을 조사해 보았다. 12개월 때 가정환경의 특성은 몇 년 후, 아동의 학업 성취를 예측했다. 자극적인 가정 출신인 30명의 아동 중 20명이 학교에서 높은 수행을 보인 반면, 비자극적인 가정 출신인 아동의 70%가 매우 서툰 수행을 보였다(Bradley, Calwell & Rock, 1998). 비록 지배적 동기가 선천적이라 해도 해결할 과제도 없고 학습할 기회가 제한된 열악한 가정에서는 발견과 문제 해결의 기쁨을 느낄 수 없는 것 같다.

(3) 아동 양육과 성취

『성취 동기』라는 책에서 McCelland와 연구진(1953)은 사물을 자기 의지대로 하는 독립적 훈련을 강조하여 그런 자기 신뢰적 행동에 온정적으로 강화를 주는 부모는 긍정적 방식으로 성취 동기에 영향을 준다고 제안했다. 이런 결과는 몇몇 연구에 의해 입증되었다(Grolinick & Ryan, 1989; Winter bottom, 1958). 게다가 높은 기준을 설정하여 아동에게 그 기준에 부합되게 행동할 것을 고무시키는 직접적인 성취 훈련도 성취 동기를 촉진시킨다(Rosen & D'Andrade, 1959). 또한 아동의 성취에 따르는 칭찬(또는 처벌)양식도 중요하다: 과제를 탐색하며 높은 성취 동기를 보이는 아동은 자녀의 성공을 칭찬하며 우연한 실패에 대해 공공연히 비난하지 않는 부모를 가진다. 대조적으로 과제를 피하고 낮은 성취 동기를 보이는 아동은 자녀의 성공을 인정하는 데 더디고 실패에 대해 체벌을 가하는 부모를 가진다(Burhans & Dweck, 1995; Teeven & McGhee, 1972).

따라서 성취 동기가 높은 아동의 부모는 다음의 세 가지 특징을 지닌다. ㉠ 온정적이며 수용적이고 자녀의 성취를 재빨리 칭찬해 준다. ㉡ 아동이 준수할 기준을 설정한 다음, 자녀가 하는 것을 확신시키기 위해 행동 과정을 감찰하면서 지도와 통제를 제공해 준다. ㉢ 과제를 해결하여 부모의 기대를 충족시키기 위해 어떻게 최선을 다할 것인가에 대한 말을 하도록 하면서 자녀에게 어느 정도의 독립성이나 자율성을 허용한다. Diana Baumrind는 이런 온정적이고 민주적인 양육을 권위적 양육방식(authoritative parenting)이라 불렀다. 여러 연구에 의하면 서양 사회(Glagow et al., 1997; Lamborn et al., 1991; Steinberg, Elmen & Mounts, 1989)와 아시아(Lin & Fu, 1990)에서 이런 양육방식은 초등학교 아동과 청소년에게 상당한 학문적 성공과 성취에 대해 긍정적 태도를 가지게 한다. 만약 아동이 학교과제와 씨름할 때 긍정적 방식으로 고무되고 지지를 받는다면, 새로운 과제를 즐기며 그것을 해결하는 데 확신을 느끼는 경향이 있었다(Connell, Spencer & Aber, 1994). 대조적으로 만약 부모가 ㉠ 자녀를 지도하는 데 관여하지 않고 거의 아무것도 제시해 주지 않거나 ㉡ 자녀가 숙제를 하는데 지나치게 통제하거나 또는 계속 꾸벅꾸벅 졸거나 그리고 성적을 잘 받으면 눈에 보이는 뇌물을 제공하지만 못 받았을 때는 그것에 대해 계속 잔소리한다면, 아동의 학업수행과 동기 발달을 해치게 된다(Ginsburg & Brondtein, 1993).

(4) 또래의 영향

또래도 아동과 청소년기에 영향을 주는 중요한 원천이며 때로는 학업적 성취를 격려하는 부모의 노력을 헛되게 한다. 학업 성취를 방해하는 또래의 압력은 수입이 낮은 아프리카계 미국인과 라틴계 미국인 학생들에게서 특히 강하게 나타나는데, 이는 그들이 영국계 미국인과 아시아계 미국인 학생보다 학교성적이 뒤지게 되는 이유를 설명하는 데 도움을 준다(Slaughter-Defoe et al., 1990; Tharp, 1988). 연구에 의하면(Steinberg, Dornbush & Brown, 1992) 아프리카계 미국인과 라틴계 또래 문화는 학업성취를 좌절시키는 반면에, 영국계와 아시아계 미국인 또래집단은 학업 성취에 가치를 두며 격려하는 경향이 있다. 일부 대도시 중앙의 저소득자 거주지역 학교에 다니는 높은 성취 동기를 갖은 아프리카계 미국인 학생은 만약 학업 성취가 그들이 "백인인 것처럼" 인식되게 하는 원인이 된다면 아프리카계 미국인 또래에 의해 거부당하는 위험을 감수한다(Ford & Harris, 1996; Fordham & Ogbu, 1986).

대조적으로 교육에 큰 가치를 두며 자녀의 성취를 조장시키기 위해 노력하는 부모를 가진 아동은 그런 가치를 공유하는 또래와 친하게 지내는 경향이 있다.

최근에 라틴계, 동아시아계, 필리핀계, 유럽계 이주민 가족을 대상으로 실시된 연구에 의하면(Fuligni, 1997), 이주해 온 청소년은 부모가 별로 교육을 받지 못했고 집에서 거의 영어로 말하지 않는데도 불구하고 미국 청소년보다 학교에서 더 높은 성적을 받았다. 왜 그럴까? 이는 높은 성적을 받은 학생의 부모가 학업에 대한 가치를 강하게 인정하고 있으며 이러한 부모에 의해 인정된 학업에 대한 가치를, 서로 노트를 빌려주고 공부하면서 열심히 하도록 격려하는 친구에 의해 또한 강화받기 때문일 것이다. 또한 부모의 가치에 대한 또래의 지지는 능력 있는 아프리카계 미국인 학생(Ford & Harris, 1996)과 중국의 상하이에서 살고 있는 초기 청소년 학생들의 학업 성취를 증진시키며, 어떠한 배경에서 자란 학생들일지라도 학업적 성공에 크게 기여하는 요인이 될 것이다.

2) 목표와 목표 지향 이론

학생들의 동기를 유발하고 유지하기 위해 목표를 효과적으로 활용하여야 한다. 목표(goal)란 노력해서 성취하려고 하는 그 무엇이다. 목표를 효과적으로 설정했는지 아닌지 하는 것이 성공하는 학생과 실패하는 학생의 차이점이다. 학습 활동을 지속적으로 하는 학생은 스스로 설정한 목표를 달성하려고 하는 반면, 곧 학습 활동을 그만두는 학생은 자기가 원하는 목표를 분명히 설정하지 못한 경우가 많다.

목표가 동기유발의 원천으로 효과적인 이유는 다음과 같다(Locke & Latham, 1990). 먼저, 목표는 과제에 주의 집중하는 데 도움이 된다. 목표는 자원을 동원하고 활용하는 데 도움이 된다. 목표는 인내심을 강화시킨다. 목표는 성취를 촉진시킨다. 목표가 분명하면 출발점에서 도달점에 이르는 계획이나 전략을 마련할 수 있다(Miller, Galanter & Pribram, 1960, 1986). 그런데 목표를 달성할 수 있는 계획이 세워졌을 때 목표는 행동을 하려는 동기를 유발할 수 있다.

목표는 현실적일 때만 동기가 유발된다. 학생들에게 현실적으로 주어진 시간 범위 내에서 열심히 노력해서 성취할 수 있는 목표를 설정하도록 해야 한다. 물론 목표를 높게 설정한다고 해서 항상 부정적인 영향을 미치는 것은 아니다. 개인적으로 목표를 높게 설정하는 것은 우울증 수준이 매우 낮고 자존심이 강한 학생에게 나타나는 현상이기도 하다(Accordino, Accordino & Slaney, 2000; Grzegorek, Slaney, Franze & Rice, 2004).

어떤 학생은 동기가 학습 목표(learning goal; 숙달 목표)로 향해 있고, 다른 학생들은 수행 목표(performance goal)로 향해 있다(Brophy, 2005; Harackiewicz, 2005; Pintrich, 2000). 학습 목표를 가진 학생은 공부의 목표가 배우고 있는 기술에서 능력을 향상시키는 것으로 도전적인 과제를 추구하기 쉽고, 반면에 수행 목표를 가진 학생은 다른 사람에게서 인정을 받고 좋은 성적을 맞으려는 열망에 의해 우선적으로 동기화된다. 이들은 좋은 점수를 받는 것에 초점을 두어서 쉬운 과목을 택하고 도전적인 상황을 피한다(Urdan & Mestas, 2006).

학습목표를 가진 학생은 장애물을 만나도 계속 노력하는 경향이 있으며, 그들의 동기와 수행은 실제로 증가할 수 있다(Pintrich, 2000; Schunk, 2005; Sins, va Joolingnen, Savalsbergh & van Hout-Wolters, 2008). 학습 목표를 가진 학생은 더 초인지적 또는 자기 조절적인 학습 전략들을 사용하기 쉽다(Usher & Pajares, 2008). 그러나 그들은 점수를 잘 받는 것보다 재미있는 것을 공부하는 데 초점을 맞추기 때문에 공부한 만큼 점수는 못 받을 수도 있다(Senko & Miles, 2008). 학교생활을 하는 동안 학생들은 학습 또는 숙달 목표에서 수행 목표로 바뀌는 경향이 나타난다(Harackiewicz, Barron, Taue & Carter, 2000; Stipek, 2002).

표 9.4 교실분위기에 다른 성취목표 분석

분위기 특징	숙달 목표	수행 목표
성공	개선, 진보	높은 점수, 높은 규범적인 수행
가치	노력/학습	규범적으로 높은 능력
만족의 이유	열심히 공부하고 도전하는 것	다른 학생보다 잘 하는 것
교사가 지향하는 바	학생들이 어떻게 배우는가	학생들이 어떻게 수행하는가
잘못/실수에 대한 관점	학습의 부분	불안
주의 초점	학습의 과정	다른 학생과 연관된 자신의 수행
평가의 기준	절대적인 진보	규범적

출처: C.Ames & J. Archer(1980). p.61.

그러나 수업의 목표로 학습과 발달능력을 강조하는 교사들에게서 학생들은 더 나은 학습결과를 얻기도 한다(Maruyama & Elliot, 2009; Usher & Pajares, 2008, 2009). 도전적이고 의미 있으며, 실제 생활에 관련된 과제를 사용하는 것이 다른 과제들을 사용하는 것보다 학습목표로 유도하기 쉽다(Cushman, 2006; Darling-Hammond & Ifil-Lynch, 2006).

3) Dweck의 학습된 무기력

Carol Dweck와 연구진(Dweck & Elliott, 1983; Dweck & Leggett, 1988)에 의하면 중학교 학생들은 성취 결과, 특히 실패에 대해 귀인하는 양식에서 분명히 다르다. 일부 학생들은 지배 지향적(mastery oriented)이다. 즉, 성공은 높은 능력 탓으로 귀인시키거나 실패에 대한 비난은 외재화시키거나("시험이 애매모호하고 공평치 않아") 또는 실패를 쉽게 극복될 수 있는 불안정한 원인으로 귀인시키는 경향이 있다("더 열심히 노력하면 더 나은 점수를 받을 거야"). 이런 학생은 증가된 노력이 성공을 이끌 것이라고 믿는 실패를 잘 견디어 내기 때문에 "지배 지향적"이라고 한다. 비록 그들이 능력을 심하게 변하지 않는 안정된 속성으로 본다 해도(그래서 계속 성공할 수 있는 확신감을 갖고 있어도) 여전히 그들은 실패 후에 더 열심히 노력함으로써 능력을 향상시킬 수 있다고 생각한다(점증적 견해). 따라서 지배 지향적인 어린 학생은 이전에 비슷한 과제에서 성공했든지 실패했든지에 상관하지 않고 새로운 과제를 "해결하려고" 강하게 동기화된다.

대조적으로 다른 학생은 성공을 노력이나 운과 같은 불안전한 요소 탓으로 귀인시킨다. 그는 자신을 능력있는 사람으로 여기는 자존심과 자만심을 경험하지 않는다. 그러나 실패를 능력 부족이라는 안정된 내적 요소탓으로 귀인시킨다. 마치 이런 학생은 학습된 무기력감(learned helplessness orientation) 지향을 보이는 것 같다; 즉 실패를 안정된 원인인 능력 부족－자신이 아무것도 할 수 없다고 생각하는 것(능력에 대한 실재적 견해)－으로 귀인시킨다면 좌절되어 어떤 노력도 기울일 필요를 느끼지 못하게 된다. 따라서 시도하는 것을 멈추고 무기력하게 행동한다(Pomerantz & Ruble, 1997). 불행하게도 능력 있는 학생일지라도 이런 불건전한 귀인 양식을 채택할 수 있으며, 일단 이런 귀인 양식이 확립되면 시간에 따라 지속되며 결국에 가서 학업 성취를 저해시키는 경향이 있다(Fincham, Hokada & Sanders 1989; Phillis, 1984).

학습된 무기력은 어떻게 발달되는가? Dweck(1978)에 따르면 부모와 교사는 자녀가 성공하면 열심히 한 것에 대해 칭찬해 주거나 실패 시에는 능력의 부족을 비난한다면 무기력 성취 지향의 발달을 조장시키는 것이다. 분명히 4~6세 된 유아일지라도 실패해서 처벌을 받거나 아니면 능력이 부족하다는 식으로 비난을 받는다면 무기력 학습을 발달시키기 시작한다(Burhans & Dweck, 1995; Heyman, Dweck & Cain, 1992). 대조적으로 부모와 교사가 자녀의 성공에 대해 능력을 칭찬하고, 실패에 대해 노력이 부족했다고 지적한다면 자녀는 분명히 자신이 똑똑하며 더 노력하면 높은 점수를 받을 것이라고 결론짓는다. 이는 지배지향적 학생이 채택하는 견해이다. Dweck와 연구진(1978)에 의하면 익숙하지 않은 문제를 해결하는 동안 평가에 대한 무기력 산출 유형을 경험한 5학년 아동은 실패를 능력의 부족 탓으로 귀인시킨 반면, 지배 지향적 평가 유형을 경험한 급우들은 "나는 더 열심히 할 필요가 있어"라는 말을 하면서 실패를 노력의 부족 탓으로 귀인시켰다. 위의 실험에서 이런 다른 귀인 양식이 1시간이 채 안 되는 동안에 이루어졌다. 이는 부모나 교사로부터 받은 평가적 유형이 몇 달 또는 몇 년에 걸쳐 지속적으로 주어진다면 무기력과 지배적 지향 발달에 기여하게 될 것이라는 사실을 시사하고 있다.

무기력한 학생이 성취하도록 도와주는 것. "무기력" 아동이 실패했던 과제를 계속 해결하게 노력할 수 있도록 도와주기 위해서 무엇을 해야 하는가? Dweck에 의하면 효과적인 치료법은 귀인 재교육(attribution retraining) 시키기가 될 것이다. 여기에서 학습된 무기력 지향을 각진 아동은 자신의 실패를 안정적인 능력의 부족이 아니라 오히려 불안정한 요인인 불충분한 노력 탓으로 돌리도록 설득당한다.

Dweck(1975)는 일련의 어려운 수학 문제를 실패한 후 "무기력" 상태가 된 아동을 두 가지 "치료법" 중 하나에 노출시킴으로써 위의 가설을 검증했다. 25번의 치료 동안 절반가량의 아동은 성공 치료를 받았는데, 여기에서 아동은 해결할 수 있는 문제를 풀었고 성공을 나타내는 증표를 받았다. 나머지 아동은 귀인 재교육을 받았다. 여기에서 아동은 25번 치료 동안에 다른 집단의 아동처럼 많은 성공을 경험했지만 미리 계획된 여러 번의 실패 후에 문제를 거의 해결하지 못했으며 더 열심히 노력해야만 할 것이라는 이야기를 들었다. 이는 분명히 실패는 능력의 부족이라기보다는 노력의 부족 때문이라는 것을 아동에게 확신시키기 위한 시도였다. 그렇다면 이 치료법이 효과가 있었는가? 분명히 효과가 있었다. 실험이 끝날 쯤에는 귀인 재교육을 받고 있는 "무기력한" 아동은 처음에는 해결할 수 없었던 어려운 수학 문제를 더 낫게 해결했다. 그리고 한 문제를 실패하면 일반적으로 결과를 노력 부족 탓으로 돌리고 더 열심히 노력하였다. 대조적으로 성공만을 경험한 조건의 아동은 처음에 문제를 실패하면 다시 그 문제 풀기를 포기했다. 따라서 무기력한 아동에게 그들이 성공할 수 있다는 것을 단순히 보이는 것만으로는 충분하지 않다. 학습된 무기력을 경감시키기 위해 이런 경험을 좀 더 노력하면 극복될 수 있는 것으로 여기게 함으로써 아동에게 실패에 대해 더욱 건설적으로 반응하도록 가르쳐야만 한다.

이보다 더 효율적인 처치는 있는가? 분명히 몇 가지 조치를 취함으로써 학습된 무기력이 발전되지 못하게 할 수 있다. 부모와 교사는 자녀가 성공할 때 능력을 칭찬하고 실패는 노력의 부족 때문이라고 말하면서 자녀의 자기 가치를 저해시키지 않도록 돌보아줌으로써 이런 예방적 노력에 주요한 역할을 할 수 있다. 이런 온정적·지지적인 부모는 ① 자녀에게 높은 기준을 충족시킬 능력이 있음을 확신시키는 반면, ② 성공을 칭찬하고 가끔 하는 실패에 대해 공공연히 관심을 두지 않음으로써 지배 지향적 귀인 양식의 발달을 조장시킨다. 따라서 권위적 양육방식은 아동의 높은 성취와 밀접하게 관련되어 있다.

또한 학습 목표를 부분적으로 개혁하는 것이 학습된 무기력을 방지하는 장기적 방법이 될 수 있다. 학업적 목적을 추구하든 사회적 목적을 추구하든 간에 학습된 무기력 지향의 아동은 수행 목적(performance goals)을 채택하는 경향이 있다. 즉 아동은 성공한 상황에서 능력을 과시하는 반면에, 어려움을 경험할 때는 목표가 흔들릴 수 있기 때문에 곧 포기하려고 동기화된다는 것이다(Elliott & Dweck, 1988; Erdley et al., 1997). 대조적으로 지배지향적 아동은 능력을 증가시키기 위해 노력하는 학습 목적(learning goals)을 채택한다. 이런 아동은 실패란 단순히 접근 방법을 바꿀 필요가 있음을 알려주는 것으로 새로운 기술을 숙달하기 위해 계속 공부해야 한다는 것을 의미할 뿐이라고 생각한다. 오늘날 많은 연구가에 의하면 개인적 지배(individual mastery)와 개인의 능력을 향상시키는 것을 강조하기 위해 교과과정을 개혁하는 것은 아동에게 학습 목적을 채택하게 할 뿐 아니라, 성적과 같은 경쟁적 수행을 통해 유능성을 입증하려고 노력하는 또래와 비교해 볼 때, 서투르고 느린 학습자에게 특히 도움을 줄 수 있다(Butler, 1990; Stipek & Mac Iver, 1988). 따라서 자신을 위해 새로운 기술을 숙달해야 하는 것을 강조함으로써 학생들의 최초의 실패를 능력 부족의 증거보다는 전략을 바꾸어 계속 노력해야 한다는 증거로써 바라보도록 설득시킬 수 있다(송길연 외, 2014).

6 효과적인 교수

1) 교사의 역할

교사의 역할은 가정에 있어서 애정과 안전과 부모의 훈육을 기반으로 하는 가정 교육, 즉 아동의 가정에 있어서 교육적 배경을 고려하면서 학교에 있어서 교육 계획을 아동의 발달에 맞추어 실천하는 것이다(박아청, 2000). 교사가 되면 원하든 원치 않든 누구나가 담당해야 할 역할에 대해서는 지금까지 많은 학자들로부터 언급된 바 있으나, 여기에서는 이영덕(1976)이 소개하고 있는 교사의 심리적 역할을 알아보기로 한다.

(1) 사회 대표자로서의 교사

학생의 사회화 과정에 있어서 교사는 사회의 가치와 규범과 생활 양식을 대표하는 입장에 서게 된다. 학생의 다양한 행동에 대한 언어적·비언어적 인정, 격려, 질책 등을 통하여 교사는 문화적 기대를 학생들에게 반영한다.

(2) 판단자로서의 교사

오늘의 학교 상황 속에서 교사가 수행하는 많은 일 중에는 학생을 판단하는 일이 포함한다. 성적을 정하고 행동 평가를 기록하며 탈락이냐 진급이냐를 결정하는 일이다. 이 역할 자체가 학생의 자아 개념 형성에 지대한 영향을 미치고 학생들의 학업 성적에도 직접적인 영향을 준다.

(3) 지식 자원으로서의 교사

교사는 살아 있는 교과서의 구실을 다할 것이 기대된다. 학생들에게 필요한 지식을 교수한다는 것이 교사의 제일 중요한 임무이다.

(4) 학습 과정에 있어서의 조력자

학생들이 중요한 지식을 이해하고 새로운 지식을 찾아내고 배운 지식을 적용하여 새로운 문제를 해결하는 등의 학습 과정에서 교사는 유능한 조력자의 역할을 하여야 한다. 교사가 어떠한 조력을 제공할 수 있느냐에 따라서 교육의 방향과 학업 성취의 방향이 달라지게 된다.

(5) 심판으로서의 교사

학습에서의 의견 불일치, 갈등, 대립을 만족스럽게 해소하기 위해 공정하게 시비를 가려낼 것이 교사에게 기대된다. 이것은 교사의 권위 문제와도 관련되고 학생들의 집단 역동에도 큰 영향을 준다.

(6) 훈육자로서의 교사

학급 질서뿐만 아니라 학생 하나 하나에 적절한 훈육을 일관성 있게 해 줄 것이 교사에게 기대된다.

(7) 학생들의 동일시 대상으로서의 교사

아동들의 행동은 교사에 대한 동일시에 의한 것이 많다. 글씨체를 비롯하여 사고 방식, 태도, 가치 판단까지도 동일시 내용에 포함된다. 이 점에 있어서 교직의 여성화는 문제점이 되고 있다.

(8) 불안 제거자로서 교사

상황에 대한 이해 부족과 자신의 능력 부족에서 오는 불안은 자연히 성인의 도움을 요구한다. 상황에 대한 적절한 설명, 안정된 생활에 맞도록 상황을 통제하는 일은 교사가 해야 할 역할이다.

(9) 자아 옹호자로서의 교사

현실적인 목표를 세우고 영업 과정에서 성공감을 맛보게 하고 성취에 대한 주위의 인정을 받도록 하는 일과 같은 것은 모두 아동의 자아를 보호해 주고 강화시켜 주는 일이다. 새로운 학습 상황에서 학생들의 자아를 옹호해 주는 일 역시 교사에게 기대되는 역할이다.

(10) 집단의 지도자로서의 교사

집단이 응집력과 교양을 위한 지도자의 일반적인 역할이 요청된다.

(11) 부모 대용으로서의 교사

학교에서의 부모란 말처럼 특히 저학년 아동에게는 교사의 행동을 부모의 그것과 마찬가지로 여기는 경향이 있다.

(12) 적대 감정의 표적으로서의 교사

적응하는 과정에서 생기는 좌절감으로 인한 적대 감정을 교사에게로 향함으로써 학생들의 정서적인 발달을 도와주고 사회적으로 용인될 수 있는 방식으로 적대 감정을 표현하도록 도와주는 것도 교사의 역할이다.

(13) 친구로서의 교사

학생들 가운데는 교사를 하나의 다정한 친구로 대하기를 원하는 이들이 있다. 학생들에게는 교사와 친구가 되고 싶다는 필요가 있는 한 교사는 친구가 되어줄 것이 기대된다.

(14) 애정 상대자로서의 교사

어떤 연령 수준의 학생에게도 있을 수 있는 감정은 교사에 대한 애정이다. 교사에게 선물을 하는 아동에서부터 남교사에게 연정을 품고 고민하는 여고생에 이르기까지 교사들을 학생들의 애정의 대상이 되기도 한다. 이때 교사에게 기대되는 역할은 학생들의 결정을 합당한 방식으로 처리할 수 있도록 도와주는 것이다.

2) 교사의 효율성

많은 전문인에 대한 지금까지의 연구를 보면 각기 직업이 무엇이든지 유능한 사람은 다 비슷한 유형에 속하고 그렇지 못한 사람도 직업에 관계없이 모두 비슷하다는 것을 알 수 있다. 그러므로 풍부한 지기, 교육 기술은 유능한 교사가 된다는 뜻이 아님을 짐작할 수 있다. 말하자면 그들은 필요 조건이지 충분 조건이라고는 말할 수 없다는 것이다. 전문인에 대한 연구는 처음에는 전문인의 대한 차이가 그들이 갖고 있는 지식의 정도에 의하여 구분된다고 보았으나 그들의 지식 내용에 관해서 조사해 본 결과 우수한 전문인이나 열등한 전문이 모두가 비슷하게 지식을 갖추고 있음이 밝혀졌던 것이다(박아청, 2000).

비록 각 전문인들의 지식이나 방법에서 우열의 차를 말하기 어렵다는 것은 많은 학자에 의하여 증명되었으나 우리가 일상생활에서, 학교생활에서 경험으로 미루어 보아 훌륭한 교사와 그렇지 못한 교사를 구분짓고 있음은 사실이다. 또한 어떠한 특정한 인물에 대한 인상이나 받은 느낌은 특별한 것을 제외하고는 대부분의 사람에게 공통적으로 느끼게 해 준다는 것이다. 다시 말하면 훌륭한 교사라고 한다면 대부분의 동료나 학생들 또는 행정가가 훌륭하다고 본다는 것을 말한다.

A. W. Combs는 교사의 효율성에 비추어 그의 자아에 관한 지각과의 상호관계를 다음과 같이 말하고 있다(박아청, 2000 재인용).

- 유능한 교사는 자기 자신을 타인과 동일시하려면 타인으로부터 후퇴하거나 제기되거나 유리되어 있다고 보지 않는다.
- 유능한 교사는 자기 자신을 기본적으로 적절한 인간이라고 보고 있다. 따라서 자신이 어떠한 문제에 부딪쳤을 때 그 일의 해결이 불가능하다고는 보지 않는다.

표 9.5 효능감이 높은 교사와 낮은 교사의 차이

구분	효능감 높은 교사	효능감이 낮은 교사
개인적 성취감	학생을 가르치는 일을 의미 있게 느끼며 교사 자신에게 학생의 학습에 긍정적인 영향력을 갖고 있다고 생각한다.	가르치는 일에 좌절감을 느끼며 용기를 잃는다.
학생의 성취에 대한 기대	학생이 진보하기를 기대하며 학생들이 대부분 교사 자신의 기대를 만족시켜 준다고 생각한다.	학생들이 실패할 것이라고 예상하며 수업에 대한 노력을 기울이지 않고 행동이 부정적이다.
학생의 학습에 대한 개인적 책임감	학생의 성취 정도를 아는 것은 교사 자신의 책임이며 학생이 실패할 때는 더 나은 교수방법을 검토한다.	학생의 성취 정도는 학생의 책임이라고 생각하며 학생이 실패할 때는 학생의 가정환경이나 능력, 태도, 동기 등에 그 이유를 설명한다.
목표 획득 전략	교사 자신과 학생들에게 알맞은 목표를 세우고 학습을 계획하며 그것을 성취하기 위한 전략을 스스로 점검한다.	학생들을 위한 계획이 구체적이지 못하며 학생들이 성취해야 할 목표를 확실히 알지 못하고, 그 목표에 따른 교수전략을 세우지 못한다.
긍정적 정서	교사 자신과 학생에 대해 긍정적으로 생각한다.	가르치는 일에 실망과 부정적인 느낌을 갖는다.
민주적인 의사결정	수업을 계획할 때 학생들을 참여시킨다.	학습 전략과 목표를 학생들에게 강제로 부과하고 의사결정과정에 학생들을 참여시키지 않는다.
학생통제관	교사 자신이 학생들의 학습에 영향력이 있음을 확신한다.	가르치는 일에 무력감을 느낀다.
교사・학생의 목표의식	학생들과 공통적으로 성취할 목표를 갖고 있으며 연대 관계가 있다고 느낀다.	학생들의 목표와 관심은 교사 자신과 반대되며 서로 투쟁적인 관계라고 생각한다.

출처: Ashton, P. L.(1984). p.29.

- 유능한 교사는 자신을 불신하기보다는 믿을만한 인간이라고 믿고 있다. 또한 자기 자신을 믿을 만함은 물론 의존할 수 있고 어떤 사태가 일어났을 때 그것을 해결할 능력이 있다고 보고 있다.
- 유능한 교사는 자기 자신을 남으로부터 요청되는 인간이라고 믿고 있다. 또한 그들은 자기들이 남으로부터 무시당하고 있거나 배척되고 있다고 보기보다는 자신들은 남이 좋아하고 매력, 인간성에 대한 것이 있다고 보고 있다.

생각해 볼 문제

1 Maslow의 욕구위계이론이 교육에 시사하는 바가 무엇인지를 생각해 보시오.

2 학습과제는 동기유발에서 매우 중요하다. 교사가 어떻게 학습 과제를 조직하고 제시하는 것이 바람직할지에 대해 동기 이론을 근거로 논의하시오.

3 H교사가 담당하는 반은 능력별 반편성에서 소위 열반이다. 학생들은 수업 시간에 질문에도 거의 대답하지 않는다. H교사는 어떤 방법으로 학생들을 동기유발시킬 수 있을지 논의하시오.

4 교사 효능감이 높은 사람과 교사 효능감이 낮은 사람의 특성을 수업 상황과 관련하여 비교하시오.

Chapter

10 지능과 창의성

인간의 발달은 여러 가지 측면에서 유사하지만 모든 측면이 같은 것은 아니다. 학생의 발달과 성장에 영향을 주는 개인차 변인들 중에서 지적능력을 대표하는 개념이 지능이다. 더불어 창의력 계발 문제는 교육이 당면하고 있는 중요한 과제 중의 하나이다. 이 장에서는 지능과 지능 이론을 살펴보고, 덧붙여 창의성의 개념과 창의성 향상을 위한 기법 및 교육환경을 살펴볼 것이다.

지 능

1 지능의 의미

지능이란 무엇일까? 이 질문에 대한 해답은 지금까지 100여 년 동안 수많은 연구자에 의하여 이루어져왔다. 그러나 아직도 지능이란 무엇인가에 대한 정의를 내리기가 쉽지 않다는 사실에서도 알 수 있듯이 지능을 정의하기가 그리 쉬운 일이 아니다. 지능이란 아이디어, 상징, 관계, 개념, 원리 등과 같은 추상을 다루는 능력(Terman, 1916) 혹은 목적적으로 행동하고 합리적으로 사고하며, 환경을 효과적으로 다루는 개인의 종합적 능력으로 구성된다(Wechsler, 1944). Estes(1982)는 이상과 같은 지능의 의미에 근거하여 "지능이란 흔히 문제해결의 몇몇 요소에 의하여 특징지어지는 인지 과정과 인지 조작에 의하여 방향지어지는 개인의 적응적 행동"이라고 보고 있다. 지능에 대한 수많은 정의를 종합해서 정의를 내린 Wechsler는 지능이란 "개인이 목적에 맞게 활동하고 합리적으로 사고하며 자신을 둘러싼 환경을 효과적으로 처리하는 종합적인 지적 능력"이라고 정의하고 있다. Sternberg(1994)는 이 분야 전문가들이 내린 지능의 정의를 분석하여 다음과 같이 분류하였다.

- 환경의 요구에 효과적으로 대응할 수 있는 적응력
- 지각과 주의 집중 같은 기초적 정신과정
- 논리적 추론, 지적표상(representation), 문제해결, 의사결정 같은 고차적 정신과정
- 경험으로부터 배울 수 있는 학습능력
- 문제 상황에 대처하는 효과적이고 목적이향적인 행동능력

Sternberg와 Detterman(1986)은 24명의 지능 연구 인지 심리학자들에게 같은 질문을 한 결과 그들 역시 경험으로부터의 학습과 환경에의 적응이 중요성을 강조하였다. 또한 지능을 초인지(metacognition)의 중요성을 강조함으로써 자기의 사고 과정에 대한 이해와 조절의 개념이 중시되었다(김언주 외, 1998). 최근의

지능 연구자들은 문화와 역할, 문화에 다른 차이들에 관심을 두기도 한다.

종합해 보면, 지능은 경험으로부터 학습할 수 있는 능력, 학습을 증진시키기 위해 초인지 과정을 활용하는 것, 각각의 사회적·문화적 맥락 속에서 각기 다르게 요구되는 환경에의 적응 능력 등이라고 할 수 있다(홍순정, 1999).

지능의 개념을 연구하는 또 다른 방법으로써 사람들이 가지고 있는 지능에 대한 개념이 무엇인지를 밝히고 그것을 토대로 개념화하는 방법인 원형적 접근(prototypical view)이 있다. 우리나라에서 이루어진 연구로서 초등학교, 중학교 학생에게 지능에 대해 물어 본 결과 학업적 문제해결력·예체능·사회적 능력·학업 태도(이상 초등학생), 일반적 문제해결력·사회적 능력·창의력(이상 중학생) 등이 주요 요인으로 지적되었다(하대현, 1997).

이러한 방법에 의하면, 성인에게 물어 보았을 경우 또 다른 요인이 추출될 수 있을 것이다. 또한 어떤 사람에게 묻느냐에 따라서 달라질 수도 있을 것이다. 따라서 지능에 대한 보다 체계적인 연구가 필요하다.

2 지능 관점의 발달

지능 검사에 대한 연구는 Binet가 1905년 최초의 지능검사법을 발표한 이래 오늘날에 이르기까지 일관해 온 지능심리학의 기본 문제 가운데 하나이다. 1908년 Binet는 그의 검사법을 개정함과 동시에 정신 연령(Mental Age, M.A)이라는 양적 개념을 제시하였다. 어떤 생활 연령(Chronological Age, C.A)의 아동 집단 대부분(50~75%)이 바르게 대답할 수 있는 검사 문제를 미리 해당되는 연령(예컨대 9세로 본다면)의 문제로 정해 두고 검사를 받은 아동을 정해진 규준에 비추어 볼 때 그 문제까지 정확하게 대답했을 때 그 생활 연령에 구애받지 않고 정신 연령을 9세로 본다.

1911년에 Binet는 두 번째 개정을 행하고 3~15세(13세와 14세는 없음)까지

54개 문제로 된 검사를 발표하였다. 프랑스에서 시작된 Binet 검사는 곧 여러 나라 언어로 번역·개정되었는데, 그 가운데서도 1916년 미국 스탠포드대학교의 Terman 교수가 Binet 지능 검사를 개정해서 표준화한 것이 가장 유명하다. 특기할 것은 1916년판에서 처음으로 지능 지수(知能指數, Intelligence Quotient, IQ)의 개념을 실제로 사용했다는 것이다. 이것은 지능 검사의 보편성, 실용성, 이론적 연구에 커다란 무기를 제공했으며, 이로 인해 임상적 연구, 조사 연구, 인간 능력의 연구에 큰 공적을 남겼다. 지능 지수는 다음과 같은 식으로 얻어진다. 이 식은 현재에도 그대로 사용하고 있다.

3 지능의 구조

20세기에 들어와서 지능의 구조에 대한 이론이 많이 제안되었다. 특히 요인 분석이라는 통계적 방법의 발달은 지능을 구성하는 요인을 구별해 내는 데 이론적 근거를 제공해 왔다.

1) Spearman의 지능의 2요인설

지능에 대한 요인 분석적 접근의 선구자 중의 하나인 Spearman(1923)은 지능의 2요인설(two-factor theory)을 제안하였는데, 첫 번째 요인은 일반 요인으로서 g요인(general factor; 모든 유형의 일에 두루 통용되는 중요한 인자, 모든 지적 과제 수행에 관여함)이고, 두 번째 요인은 특수 요인으로서 s요인(specific factor; 지적 행동의 각 부분을 이루며, 각 검사가 독특하게 측정하는 요인. 특정 분야에 대한 능력)이다. 이들 요인 간의 관계는 그림 10.1과 같이 표현될 수 있다.

g요인이란 언어, 수, 도형 문제를 해결할 때 내용을 초월하여 공통적으로 작용하는 능력과 귀납적 추론, 연역적 추론, 기억, 암기 등과 같은 지적 활동의 종류를 초월해 공통적으로 영향을 미치는 능력을 의미한다. s요인이란 언어 문제나 수 문제와 같은 어떤 특정 영역의 문제를 해결하는 데 사용되는 능력을 의미한다(Sternberg, 1985).

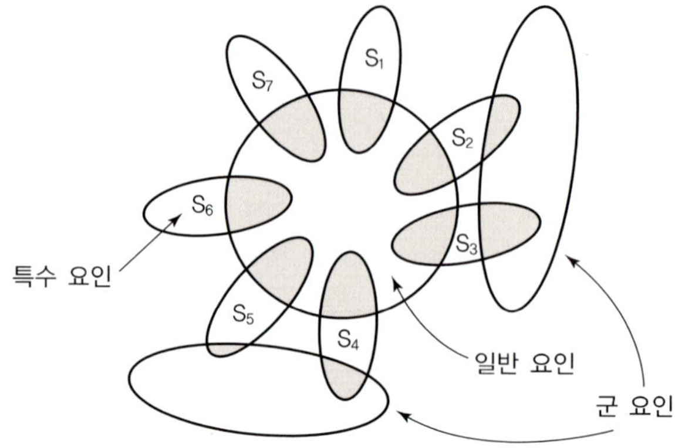

출처: 홍순정(1999).

그림 10.1 Spearman의 2요인과 군 요인

2) Thurston의 기본정신능력(PMA)

Thurston(1938)은 다수의 지능 검사를 개발하여 중학생과 대학생에게 실시한 후, 다요인 분석 방법을 이용하여 구분된 여러 가지 요인들 가운데 언어 이해(verbal comprehension) 요인, 지각 속도(perceptual speed) 요인, 추리(reasoning) 요인, 수(numerical) 요인, 기억(memory) 요인, 단어 유창성(word fluency) 요인, 공간 시각화(spatial visualization) 요인 등 7가지의 공통적 요인을 밝혀 내고, 이들이 지능을 구성하는 가장 기본적인 요인이라고 주장하여 7개의 '기본정신능력'(Primary Mental Abilities, PMA)이라고 명명했다.

- 언어적 이해(verbal comprehension)
  - 어휘와 문장 이해
  - 어휘검사로 측정
- 언어적 유창성(verbal fluency)
  - 어휘의 표현능력
  - 시간제한 검사로 측정
- 추론 능력(inductive reasoning)
  - 추론, 유추 능력(구체적인 예에서 일반적인 아이디어를 추리하는 능력)
  - 비유, 수열 완성 과제 등의 검사로 측정

- 공간적 관계 이해(spatical visualization)
  - 기호, 기하학적 형태의 지적 조작 능력
  - 사물의 그림의 위치 바꿈 등의 과제로 측정
- 수(number)
  - 수학적 이해
  - 계산, 수학적 문제해결 검사로 측정
- 기억
- 지각속도(perceptual speed)
  - 인지속도
  - 그림 속의 작은 차이점들을 인식하는 과제 등으로 측정

3) Cattell의 위계적 요인설(유동지능-결정지능)

Cattell(1963)은 지능의 2차적 요인으로서 유동적 지능(fluid general ability, gf)과 결정적 지능(crystalized general ability, gc)을 추출하였다. 전자는 적응해야 할 새로운 장면에 동원되는 것이고, 후자는 과거의 경험을 투입하여 정밀한 판단이 요구되는 인지적 장면에 동원되는 것으로 해석하고 있다. 또 전자는 속도가 중시되는 문제와 관계가 있으며 개체의 생리적·생물적 조건에 규정된다. 후자는 어려운 문제 상황에 나타나는 것으로 개체 조건보다도 환경 조건에 지배되는 경향이 크다고 보고 있다(이옥형, 1985). 이와 함께 3개의 2차적 요인을 설명하고 있다. 즉 일반적 시각화(Gv), 일반적 유창성(Gr), 일반적 신속성(Gs) 등이다. 추상적인 일반적 능력, 즉 유창성 능력(fluid ability)으로 표현되는 요인은 Sperman의 g개념과 유사하다. 특히 새로운 문제에 임해서 보이는 추상적 추론 능력의 정확성과 속도에 관련된 요인으로 수열과 분류 검사, 비언어적·비표상적 도형에서의 유추를 통해 측정된다. 이 두 요인은 서로 얼마간의 상관 관계를 가지고 있다. Cattell은 정교화된 능력은 문화 내에서의 학습 경험에서 유창성 능력의 투자에 따라 달라진다고 설명하고 있다. Cattell은 학교 교육이 진정한 지능의 변화를 가져오지 못한다고 주장하면서도 정교화 능력의 수준은 유창성 능력의 활용과 투자와 함께 학교교육으로부터 형성됨을 인정하고 있다.

4) Guilford의 지능 구조 모형

Guilford는 지능의 구조를 더욱 더 발전시켰다. Guilford는 일반 요인과 특수 요인의 두 가지가 아니라 150여 개의 요인들로 구성되어 있다고 보았다. Guilford의 다요인 이론은 지능의 구조 모형(Structure of Intellect, SOI)으로 불리고 있다.

그는 먼저 지적 요인을 기억력(memory)과 사고력(thinking)으로 분류하고, 사고력을 다시 인지적 능력(cognition), 생산적 능력(production), 평가적 능력(evaluation)으로 분류했으며, 생산적 능력은 다시 수렴적 사고(convergent thinking)와 발산적 사고(divergent thinking)로 분류했다. 초기에는 내용 영역에서 4유형, 사고 조작에서 5유형, 결과 영역에서 6유형을 제안하여 120개의 요인들로 구성되어 있다고 제안하였다. 그 후 이러한 내용들을 보완하여 150여 개의 요인들을 제시하고, 다시 180(5×6×6)개의 요인들로 세분화하였다. Guilford는 과거의 지능 검사가 주로 언어적인 지능 검사에 치중한 것을 비판하면서 풍부한 인간 능력의 자원을 측정할 수 있는 조작적 모형이 필요하다고 보았다(Guilford, 1989).

Guilford의 공헌은 첫째, 애매 모호했던 지능의 내포적인 의미를 실험과 요인 분석을 토대로 풍부한 기준을 가지고 정의했다는 점, 둘째 비교적 좁았던 지능의 개념을 확산적 생산 또는 분석적 내용까지 포함해서 보다 넓은 개념으로 발전시켰다는 점, 셋째 한 지적 작용을 내용, 조작, 산출의 상호작용으로 보았으며, 그 각 차원을 체계 있게 분류했다는 점이다.

(1) 내용(content)

주어지는 정보의 내용에 관한 것으로서 ① 시각적 지각에 대한 정보, ② 청각적 정보, ③ 상징적·기호적 정보, ④ 의미 있는 단어나 개념 정보, ⑤ 표정, 동작들을 포함한 행동적 정보 등이 포함되어 있다.

(2) 조작(operation)

주어지는 정보를 처리하고 작동하는 지적활동으로서 ① 인지, ② 정보의 기억, ③ 여러 가지 해결책을 강구하는 확산적 사고, ④ 여러 정보나 전제를 통해 정확한 답을 찾는 집중적 수렴적 사고, ⑤ 사고 결과의 직결성을 판단하는 평가 5요인이 포함되어 있다.

(3) 결과(product)

무엇에 의해 사고하며 그 내용을 어떻게 사고 하는가에 이어서 결과의 측면은 조작에 의한 결과들을 의미한다. ① 각각의 단위의 정보, ② 공통적인 특성을 공유하고 있는 유목, ③ 두 개 이상의 단위를 종합하는 관계, ④ 단위가 조직화된 체계, ⑤ 기존의 정보에 대한 해석 또는 수정, 적용, ⑥ 어떤 정보에서 생기는 예측이나 기대, 시사점 등이 포함된다.

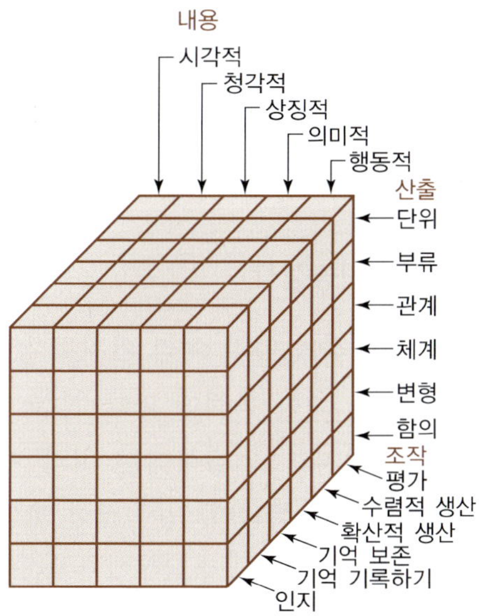

출처: Guilford(1988).

그림 10.2 Guilford의 지능 구조 모형

이렇게 볼 때 Guilford의 연구는 우리에게 다음과 같은 몇 가지 시사점을 주고 있다. 즉, 어떤 시점을 향하여 지능을 육성하려는 입장에서나 어떤 시점에서 지능을 효과적인 학습의 바탕으로 보려는 입장에서 지능을 동일한 한 가지의 특성으로 보지 말고 분석적으로 생각해야 한다는 것을 의미한다. 예컨대, 상징적인 수렴적 사고가 부족한 학생이라고 반드시 도형적·수렴적 사고가 부족한 것이 아니며, 또는 어떤 학습자는 상징적 자료로 어떤 아동은 도형적 자료로 학습 효과를 올릴 수 있는 것을 시사한다(박아청, 2000). 또한 Guilford의 지능 구조 이론은 지능을 정보처리의 과정으로 보기 시작했다는 점에 의의가 있다. 조작(operation), 즉 과정과 기능의 측면을 중시한다. 조작에서 확산적 사고를 포함시키고 있는 점 또한 지능의 개념을 보다 발전적으로 이해하는 데 공헌했다고 본다. 확산적 사고, 즉 어떤 문제에 대해 다양한 아이디어나 해결책을 산출해 내는 능력을 포함하고 있는데, 이는 일반적으로 창의성으로 간주되는 특성이다(홍순정, 1999).

4 지능의 측정과 검사

1) 지능검사의 종류

(1) 일반지능검사와 특수지능검사

지능검사는 사용하는 목적에 따라 여러 가지로 분류한다. 일반지능검사와 특수지능검사로 분류할 때는 측정 목적에 따른 분류이다. 대부분 사용하고 있는 지능검사는 일반지능검사이다. 그 검사에는 여러 가지 지능요인을 측정할 수 있는 문항 또는 하위검사가 포함되어 있는 것이 보통이다. 이에 비하여 특수지능검사는 추리력검사, 기억력검사, 주의력검사처럼 각 능력을 따로 분리시켜 측정하는 검사를 말하는데 이것이 나중에 적성검사로 발전된 것이다.

(2) 언어검사와 비언어검사

검사를 이루고 있는 문항이 주로 언어에 의존하고 있느냐 그렇지 않느냐에 따라 언어검사와 비언어검사로 나뉜다. 즉, 문항구성별로 분류하는 경우로서 문제가 언어로 표현되어 있고 언어를 사용해서 문항을 풀도록 되어 있는 검사를 통칭해서 언어검사 또는 알파검사라고 하고, 문항구성에서 언어를 전부 혹은 최소한으로 줄인 검사를 통칭해서 비언어검사 또는 베타검사라고 한다. 비언어검사는 대체로 취학 전 아동, 외국 태생의 피험자, 언어장애가 있는 피험자들의 지능을 알아보기 위해 제작된 것이다. 대개는 도형, 그림 기호 등을 재료로 하여 제작된다.

표 10.1 지능검사의 분류

분류 기준		내용	
측정내용	일반지능검사	일반지능을 종합적·혼합적·합승식으로 측정	
	특수지능검사	특수한 정신능력을 독립적으로 측정	추리력, 기억력, 주의력 검사 등
언어의 이해 정도	언어검사	문항이 주로 언어에 의존	α 검사
	비언어검사	언어자극을 최대한 극소화한 문항으로 구성	취학 전 아동, 노인, 문맹자를 위한 검사: β 검사
지필도구 사용 여부	동작검사	구체적 재료로 실제 작업을 하게 하여 지능 수준을 판단	간단한 기구, 종이, 나무토막 등 사용
	지필검사	종이에 모든 문항을 제시. 읽고 생각해서 쓰는 것만을 요구	대부분 집단검사에 쓰임, 타당성, 정확성
검사대상	개인지능검사	한 번에 한 사람에게 실시	고도의 훈련 및 기술 요구
	집단기능검사	한 번에 여러 사람에게 동시에 실시	실시 용이, 경제성 있으나 신뢰성 부족

출처: 황정규(1984).

표 10.2 Stanford-Binet 검사의 예

언어적 문항	어휘	카펫(carpet)은 무엇인가?
	일반적인 정보	목요일 다음에는 무슨 요일이 될까?
	언어적 이해	왜 경찰이 필요한가?
	유사점	배와 기차가 어떻게 비슷하지?
	산수	만약 5만원 하는 옷을 25% 정도 깎아주면 얼마일까?
지각공간적 추리 문항	적목 설계	적목으로 그림과 같이 만들어라. 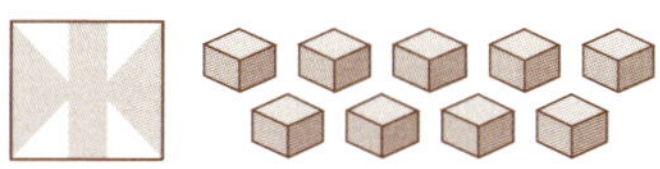
	그림 개념	한 종류로 묶을 수 있는 물체들의 아래 각각에서 하나씩 골라라. 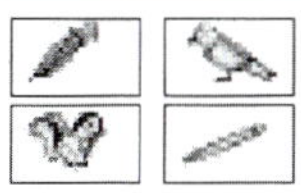

(계속)

지각공간적 추리 문항	공간적 시각화	왼쪽의 도안으로 만들 수 있는 상자는 오른쪽 중 어떤 것인가? 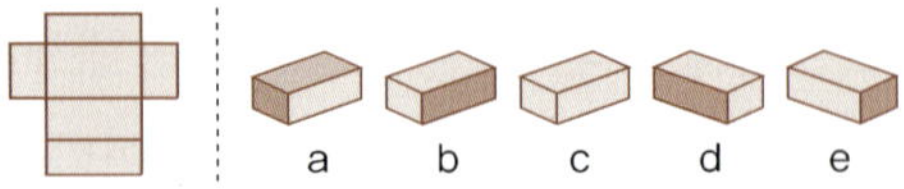
작업 문항 기억	숫자기억	이 숫자들을 따라하고, 이제 거꾸로 순서대로 반복하여라. 2 6 4 7 1 8
	문자와 숫자	숫자와 문자를 순서대로 따라했다. 처음에는 숫자부터 말하고 다음에는 문자부터 순서대로 말한다. 8 G 4 8 5 N 2
전형적인 처리속도 항목	상징(모양) 찾기	만일 원 폭과 같은 모양이 오른쪽에 있다면 "예"에 표시하기, 만약 같은 모양이 없다면 "아니오"에 표시하기, 되도록 빨리하기 

출처: 박성연(2006) 재인용.

표 10.3 SISC 검사의 하위 문항 예

언어적 하위 검사	유사성	사물이 어떤 점에서 비슷한가를 묻는 여러 가지 질문을 답하려면 논리적·추상적으로 생각하는 능력이 요구된다. • 톱과 망치는 어떤점이 비슷한가? • 동그라미와 삼각형은 어떤 점이 비슷한가?
	이해력	하위검사에서는 개인의 판단이나 상식을 측정하는 것이다. • 어떤 사람이 식당을 나갈 때 잊어버리고 책을 두고 나가는 것을 네가 본다면 너는 어떻게 해야 하나? • 은행에 돈을 넣어두면 어떤 이점이 있나?
비언어적 하위 검사	적목 디자인수	아동은 검사자가 보여주는 디자인과 같게 만들기 위해 여러 가지 색의 적목을 조합하여야 한다. 시각-운동적 협응, 지각적 조직력, 공간적/시각적인 영상을 그려볼 수 있는 능력이 요구된다. • 왼쪽에 있는 4개의 적목으로 오른쪽의 모습과 같이 만들어 보아라. 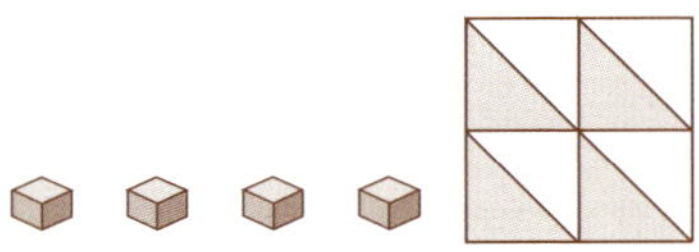

(3) 동작검사와 필답검사

지능검사의 각 문항에 응답을 하기 위해 종이 위에 검사 문항이 제시되고 그 문항을 읽고 생각하고 직접 필기도구로 답을 쓰도록 하는 지능검사를 필답형 검사(paper & pencil test)라고 한다. 이에 반해 동작성 검사(performance test)

는 구체적 재료를 활용해 어떤 작업이나 기능을 수행하도록 요구하며, 예를 들어 나무토막, 그림, 나사, 종이, 간단한 기구 등을 활용해 작업을 하게 하고 그 결과물을 분석하여 지능 수준을 판단한다. 필답형 검사는 대개 집단용 검사인 경우가 많은 반면 동작성 검사는 개인용 검사일 가능성이 높다.

2) 지능검사의 해석상의 유의점

지능검사가 지능 이외의 다른 어떤 것, 예컨대 정서적 적응, 사회경제적 지위, 경험, 흥미, 경쟁심 등도 간접적으로 재고 있는가 하는 문제가 가끔 제기된다. 일반적으로 IQ와 학교성적 간에는 높은 상관관계가 있는데, 이것은 곧 지능검사가 학업성적이라고 할 수 있는 어떤 것을 재고 있다는 것을 의미한다. 또한 운동이나 문학, 예술, 지도력 등에서 뛰어난 학생들도 일반적으로 IQ가 높은 경향이 있다. 따라서 지능검사가 재는 것이 무엇이든지 그것은 광범위한 영역에서의 성공과 적응에 정적인 상관관계를 맺고 있는 것으로 보인다. IQ가 높은 학생들이 학급에서 평균 이하의 성적을 올리는 것을 볼 때 의아해 하는 교사들을 볼 수 있는데, 단일 검사점수가 그 학생에 관한 모든 것을 말해 주지 않는다는 것을 감안한다면 전혀 의아해 할 문제가 아니다. 검사점수가 무엇을 말해 주든지 학생과 그 행동들을 보다 잘 이해하기 위해서는 검사점수를 항상 다른 자료들과 함께 고려해야 한다. 이처럼, 지능검사는 어떤 측면에서도 절대적인 척도라고 할 수 없기 때문에, 그 사용에 있어서 상당히 주의를 기울이지 않으면 안 된다.

5 최근 지능 이론

1) Sternberg의 지능의 삼원론(삼위일체 지능 이론)

Sternberg(1985, 1986)는 지적 기능과 사고 기능은 분리하기 어렵지만, 지능을 세 가지의 하위 요인으로 구분하여 삼위일체 지능 이론(triarchic theory of intelligence)을 제안하였다. 이 이론은 지능의 역할을 설명하는데, 세 가지 하위 이론은 상황 하위 이론, 경험 하위 이론, 요소 하위 이론이다.

Sternberg

상황 하위 이론은 지능을 개인의 외부 세계와 관련시키고 어떤 행동이 누구에게, 어느 곳에서 지적인가를 밝히려는 것이며, 경험 하위 이론은 지능을 외부 세계와 내부 세계를 매개하는 경험과 관련시키고 행동이 '언제' 지적인가를 알아내려 한다. 요소 하위 이론은 지능을 내부 세계와 관련시켜서 '어떻게' 지적 행동이 발생되는가라는 점을 문제삼고 있다. 이러한 구성을 기본으로 하여 Sternberg는 지능을 메타 요소, 수행 요소, 지식 획득 요소로 나누어 설명하고 있다.

표 10.4 Gardner의 다중지능이론과 Sternberg의 삼위일체 지능이론의 비교

구분	다중지능이론	삼위일체 지능이론
공통점	지능에 있어서 상황의 역할 중시	
차이점	• 지능의 일반 요인을 부정하고 7개의 독립된 지능의 구조 가정 • 7개의 모듈이 생물학적으로 결정된 이후에 상황의 영향을 받음	• 위계구조 가정, 여러 과제에 걸쳐 기능하는 비교적 상호 의존적인 과정들의 집합 • 지능의 유형 결정과 지능의 과정 문화적 요인이 관련됨

출처: 문은식 외(2007) 재인용.

(1) 메타 요소

메타 요소(meta components)는 인간이 문제를 해결하거나 어떤 과제를 완수할 때 정신적·신체적으로 우리가 행하는 모든 것을 조정하는 고등 제어과정이다. 어떤 과제 해결에 착수할 때나 과제 해결 과정에서 피드백을 해석할 때 사용하는 전반적 전략이 이에 해당한다.

(2) 수행 요소

수행 요소(performance components)는 어떤 과제를 수행할 때 사용하는 정신 과정이다. 여기에는 과제를 입력시키고, 관계를 추리하고, 가능한 해결 전략을 비교하는 것 등이 포함된다.

(3) 지식 획득 요소

지식 획득 요소(knowledge acquisition components)는 새로운 것을 학습하는 정신 과정이다. 적절한 정보와 무관한 정보를 가려내는 것, 새로운 정보를 기존의 정보에 관련시키는 것 등이 이에 포함된다.

Sternberg는 위의 세 가지 성분은 상호작용하는 것으로서 계획, 시행, 수용의 3단계를 뜻하는 것으로 본다.

또한 Sternberg는 지능이 훈련될 수 있을 뿐만 아니라 훈련시켜야 한다고 주장한다. 이러한 그의 주장은 현대의 정보처리 지능 이론가들이 지능을 진단할 수 있고 가르칠 수 있는 정보처리 능력 또는 사고력과 학습력으로 간주하는 견해에 근거를 두고 있다. 실제로 요소 하위 이론을 근거로 요소 훈련 프로그램을 개발한 바 있으며, 현재는 삼위 일체 이론 전체를 바탕으로 지능훈련 프로그램을 실시하고 있다.

Sternberg는 현재 지능과 사고력을 증진시킬 수 있는 우수한 훈련 프로그램들이 많이 개발되어 있음에도 불구하고, 대부분의 학생이 전통적인 교육과정의 부담 때문에 이러한 프로그램에 참여하지 못하고 있다고 지적한다. 따라서 그는 일선 학교에서도 현행 교육 과정에 이러한 지능 훈련 프로그램을 보완시켜야 한다고 주장한다. 삼위 일체 이론은 교육 현장에서 지능 훈련 프로그램들을 선택할 때 필요한 일반적인 사항들에 대해 몇 가지 시사점을 준다.

- 훈련 프로그램은 참여하는 학생에게 사회 문화적으로 적절해야 한다.
- 훈련 프로그램은 훈련의 전이가 발생할 수 있도록 훈련과 현실 세계 행동 간의 유대를 제공해야 한다.
- 훈련 프로그램은 새로운 과제와 장면에 대처할 수 있는 능력과 전략에 대한 훈련을 명시적으로 제공해야 한다.
- 훈련 프로그램은 메타 요소과 수행 요소들을 동시에 고려하는 훈련을 제공해야 한다.
- 훈련 프로그램은 개인차에 민감해야 한다.
- 훈련 프로그램은 학생들의 지적 욕구와 아울러 동기적 욕구에 민감해야 한다.

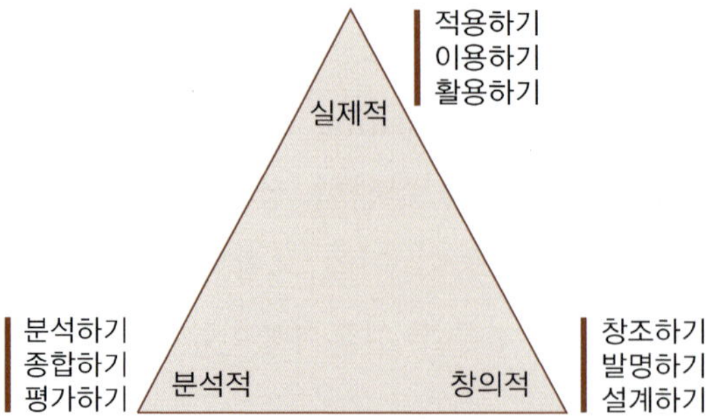

출처: 홍순정(1999).

그림 10.3 사고의 유형과 기능

Sternberg는 또한 개인 지능 발달과 관련하여 개인 지능의 충분한 발현을 막는 실패의 요인들을 다음과 같이 정리하고 있다(홍순정, 1999).

- 동기의 부족
- 충동 통제력 부족
- 끈기의 부족
- 잘못된 능력의 활용
- 생각을 행동으로 옮기지 못하는 것
- 결과 중심의 생각 부족
- 과제 추진 및 완성 능력의 부족
- 주도적이지 못함, 자율적이지 못하고 수동적임
- 실패에 대한 두려움
- 뒤로 미루는 버릇
- 비난의 회피
- 지나친 자기 동정
- 지나친 의존성
- 개인적 문제에 빠져 있음
- 집중력의 부족, 산만함
- 시간 관리의 부적절성
- 욕구 지연의 능력 부족
- 나무의 숲을 보는 능력의 부족과 의지 부족

- 비판적·분석적 사고, 창의적·종합적 사고 간의 균형 부족
- 지나친(너무 높거나, 너무 낮은) 자신감

위와 같은 실패 요인에 대한 바른 이해는 지적 능력을 좀 더 효율적으로 관리하고, 발전시키는 데 도움이 된다고 본다.

2) 다중 지능 이론

(1) 다중 지능 이론의 구성 요소

Gardner(1983)는 각종 검사 간의 상관 관계의 연구를 토대로 하여 지능을 개념화하는 심리 측정적 지능 이론을 보충하는 다중 지능 이론(multiple intelligences)을 제안하였다.

Gardner는 우리가 지금까지 수용해왔던 일반 지능으로서 지능 개념을 인간의 능력이 갖는 위대한 다양성을 표현하는 데 부적절하다고 지적하고 있다. 지능은 역동적이고 다측면적이어서 지적 능력을 특히 단일 점수로서 양화시키는 것은 잘못된 것이며, 한 개인의 잠재력을 평가 절하할 가능성이 있다는 입장에 있다. Gardner(1983)은 일차원적 관점에서 인간의 지적 능력을 제대로 설명할 수 없으며 보다 다원적 측면에서 지능을 평가하였다. 기존의 지능연구가 인간의 언어적 능력과 논리-수학적 능력에 국한되어 지필 검사만으로 인간의 능력을 평가해 왔기 때문에 기존의 지능 이론은 사회적 생활 맥락, 문화적 맥락, 교육요인, 인간의 독창성을 무시해 왔으며, 지능을 종합적인 틀에서 해석하지 못하였다고 비판하였다.

Gardner는 지능을 문제해결능력 또는 중요한 어떤 것을 만들어 내는 능력으로 정의하였고, 지능(intelligence)과 재능(telent)을 같은 용어로 간주하며, 지능을 지적 활동의 산물(product)이자 과정(process)이고, 동시에 내용(content)이며 형태(style)로서 이 모두를 의미한다고 보았다.

Gardner는 기존의 지능에 대한 이해를 넘어서서, 지능을 특정 문화권에서 중요한 문제해결능력 혹은 문화적 산물을 창출해 내는 능력이라고 본다. 문제해결

능력은 문제를 파악한 후 목적을 설정하여 그 목적 달성에 가장 적절한 방법을 파악하는 것이고, 문화적 산물은 지식을 알아내고 전달하며, 다른 사람의 기분이나 관점을 표현하면서 생겨나는 결정체이다. 이 정의는 전통적으로 지능을 정의하고 이해하는 방식과는 두 가지 점에서 큰 차이를 보인다(이영만, 1996).

첫째, 전통적인 심리 측정이론에서 일반요인에 해당하는 언어적 지능과 논리-수학적 지능을 중심으로 인간의 지적 능력을 이해하는 것에서 벗어나려는 것이다. 따라서 다중지능 이론은 인간의 지능은 하나의 요인이 아니라 여러 가지 요인들로 구성되며, 각 지능 요인들의 결합 형태에 따라 개인의 독특성이 결정된다는 것이다. 따라서 개개인의 지능 요인별 측정과 '프로파일' 형태의 분석이 병행되어야 개인의 정확한 지적 능력을 알 수 있다.

둘째, 인간의 지능은 '문화적으로 상대적'이라는 관점이다. 즉, 각 문화권마다 성인들의 일상생활에서 가치가 인정되는 지적 능력들이 다르기 때문에 지능은 각 문화권에 따라 달리 정의될 수 있다. 이 두 번째 특징은 1980년대 초기에 등장하여 지능을 일상적인 사회생활과 그 맥락 속에서 이해하려는 '실제적 지능(practical intelligence)'의 개념(Stenberg et al., 1985)과도 일치한다.

Gardner는 지능을 언어적·논리적 상징체계를 뛰어 넘어 여러 영역을 포함하는 8가지 영역으로 인간의 정신을 설명하는 다중지능을 수립했다.

다중 지능 이론에서는 지능의 독립성을 강조한다.

모든 인간은 상대적으로 8가지 독특한 지능을 소유하고 있으며, 높은 IQ 검사를 받지 못한 사람이라도 여덟 영역 중에서 하나 또는 그 이상의 영역에서 뛰어난 능력을 보일 수 있다. 각 지능은 비교적 서로 독립적이기 때문에 한 영역의 지능이 높다고 해서 다른 영역의 지능이 높은 것으로 예언할 수 없다. 천재는 특정 내용에만 한정되어 있으므로 한 영역에서의 천재가 다른 영역에서는 열등아일 수도 있다.

다중 지능 이론에서는 지능의 동등성을 강조한다.

사람들은 흔히 언어적 지능과 논리-수학적 지능을 영리한 것의 기준으로 여기며, 그밖의 다른 사람들은 재능으로 생각해 왔는데 다중지능에서는 언어적 지능과 논리-수학적 지능이 강조된 것은 문화적 영향이라고 하고 일반적으로 여덟 영역에서의 지능의 동등성을 강조한다.

표 10.5 전통적 지능관과 다중 지능 이론 지능과의 비교

구분	전통적 지능관	다중 지능 이론의 지능관
지능의 측정	양적 측정	포트폴리오식 수행평가(질적 평가): 실제 상황이나 실제 상황과 같은 환경을 조성해서 아동이 하고 싶을 때 관찰을 통해 측정
지능의 향상 가능성	지능은 일생동안 변하지 않음	지능은 환경조성과 훈련에 의해 향상 가능
지능의 핵심	언어능력, 논리적 능력	각각의 지능이 모두 중요
지능의 요인 추출	객관적·통계적 요인 분석	주관적 요인 분석
지능의 독립성	지능의 요인들은 서로 상관됨	7개의 지능은 비교적 독립적
지능의 구조	위계 이론(g요인이 최상단)	모듈 이론(독립적 요소로 구성)
교육내용	획일적: 모든 학생들에게 같은 내용	개인중심: 학습자 개개인의 강점과 약점에 따라 다른 내용

출처: 문은식 외(2009) 재인용.

다음은 다중지능의 8가지 영역을 설명한 것이다.

① 언어적 지능(linguistic intelligence)

언어적 지능은 시인이나 문학 작가가 사용하는 미묘한 뉘앙스에서도 나타나고, 반대로 언어 사용이 불가능한 실어증 환자에서도 나타난다. 이것은 흔히 일컫는 언어 분석력, 복잡한 어문 자료를 이해하는 능력, 은유를 이해하는 능력을 포함한다.

② 음악 지능(musical intelligence)

모차르트와 같은 천재에서 볼 수 있는 능력이며, 장한나와 같은 사람에게서 볼 수 있는 능력이다. 어린 아동의 음악 재능을 개발할 때 음악 자질이 이미 '프로그램'되어 있어서 환경이 그것에 영향을 미치도록 기다리고 있는 것처럼 보인다.

③ 논리·수학 지능(logical-mathematical intelligence)

수학 천재에게 나타난다. 복잡한 추리를 해야 하는 분자생물학이나 고에너지 물리학의 이론화 과정에서도 보인다. 수학 연산이나 상징적 논리는 모두 이 지능을 요구한다.

④ 공간 지능(spatial intelligence)

특유의 공간 능력을 보여주는 건축가나 공학자에게서 볼 수 있다. 로댕이나 피카소 등의 특출한 능력에서 추리해 낸 것이다. 숨은 그림을 찾고 공간 속에서 사물을 머리 속으로 그 위치를 바꾸고 돌려서 그것을 진술할 수 있는 능력이다.

⑤ 신체 운동 지능(bodily-kinesthetic intelligence)

뛰어난 운동경기자, 무용가, 마술사 등에서 볼 수 있는 능력이다. 그들은 자신의 신체를 거의 완벽하게 인식하고 조절할 수 있다.

⑥ 개인 이해 지능(intrapersonal intelligence)

개인 이해 지능이란 자기 자신에 대한 객관적 이해 및 지식과 그에 기초하여 잘 행동할 수 있는 능력이다. 자기 자신에 대한 정확한 이해, 자기 내면의 기분, 의도, 동기, 기질, 욕구 등에 대한 이해 능력뿐 아니라 자기 통제와 자기 관리 능력과 자존감을 유지하려는 의지와 노력이 포함된다.

⑦ 대인 지능(interpersonal intelligence)

타인의 기분, 의도, 동기, 감정을 지각하고 구분할 수 있는 능력이다. 사회적 지능(social intelligence)의 하나인 대인 지능은 집단 응집력, 지도력, 조직력, 결속력 등의 사회적 능력이 이 지능에 해당한다.

⑧ 자연 지능(natural intelligence)

자연 지능은 식물, 동물과 과학적인 연구를 포함하여 자연 세계를 이해할 수 있는 능력이다. 즉 개개인과 종족 그리고 생태학적인 관계를 인식하고 명명하고 분류하며, 살아 있는 생물과 효과적으로 상호작용하고, 생물과 자연적인 힘의 양식을 구별하는 능력을 일컫는다.

자연 지능은 특히 어린 나이에도 자연 세계를 잘 인식하고 분류하는 경우를 볼 수 있는데 3, 4세의 아이가 어른보다 공룡을 더 잘 인식하는 경우가 이에 해당한다.

이러한 지능 이외에 실존(existential) 지능 그리고 영적(spiritual) 지능도 추가하여 10가지 지능으로 구분하였다. 그러나 이 지능은 아직 확실히 검증되거나 명확하게 구분되어 있지는 못하는 상태이다. 8가지 지능으로 다중지능을 간단히 살펴보면 표 10.6과 같다(Armstrong, 2000).

표 10.6 Gardner의 다중지능

지능	목표지위	핵심구성요소	발달적 요인
논리-수학	수학자, 컴퓨터 프로그래머, 재정 분석자, 회계사, 공학자, 과학자 등	감수성, 분별력, 논리력 또는 추론을 연속적으로 계속할 수 있는 능력 등과 같은 수에 관한 행동양식들	청소년기와 성인기 초기에 절정에 달한 후 40세 이후 뛰어난 수학적 통찰력은 감퇴
언어	시인, 기자, 소설가, 변호사, 웅변가 등	단어의 뜻, 리듬, 어감에 대한 감수성, 언어의 기능 차이를 구별하는 감수성	아동기 초기에 폭발적으로 발달한 후 노년기까지 유지
음악	작곡가, 지휘자, 연주가, 음향학자 등	연주, 특유한 리듬, 가락, 음색-여러 형태의 음악적 표현을 충당하는-의 능력	가장 조기에 발달
공간	시각예술가, 건축가, 탐험가, 지질학자, 외과의사, 바둑기사 등	보이는 공간세계를 정확히 인식하고 잠재적 지각의 변화를 형성하는 능력	아동기 초기의 위상적 사고가 9~10세경 유클리드식 사고방식으로 전환
신체-운동	무용가, 운동선수, 의사, 발명가, 기술자 등	자신의 몸 움직임을 잘 통제하고 목적물을 기술적으로 잘 묘사하는 능력	성분(강도, 유연성)과 영역(무언극, 체조, 야구)에 따라 다름
대인간	정치적 또는 종교적 지도자, 능숙한 부모나 교사, 상담가 등	다른 사람들의 요구, 동기, 성격, 분위기 등에 적절히 응할 수 있는 분별력	생후 3년 동안 매우 중요한 애착과 유대
개인이해	섬세하고 정확하게 자기 인식을 하는 사람	사람들이 소유하고 있는 감정에 접근하고 그들의 감정들을 판별하고 그것들을 참고로 하여 스스로 자기의 약점, 강점, 소망, 지능 등을 파악할 수 있는 행동을 이끌어 주는 것	생후 3년 동안 매우 중요한 자아와 타인간의 관계 형성
자연	생물학자, 진화론자 등	자연에서 형태와 구조를 발견할 수 있는 능력	아동에게 다양한 경험시키기

(2) 다중 지능 이론의 의의

Gardner(1983)는 앞의 여러 가지 지능은 정보를 처리하는 기본 단위로서 그 자체의 독립적인 상징 체계가 있다고 생각한다. 예컨대 공간 지능은 시각적 상징 체계, 음악 지능은 리듬 정보로서 만들어진다는 것이다. 또한 Gardner는 이러한 지능들이 각각 그 자체로서 완비된, 그러나 다른 체계와 연결되어 있는 기본 단위(module)로 볼 수 있다고 생각한다. 자동차에 비유하면 점화 장치는 추진 장치나 배기 장치와는 관련되어 있지만 분명히 독립되고 분리된 장치이다.

Gardner의 이런 입장은 상당히 설득력이 있다. 사실, 우리 주변에는 벙어리이지만 음악적 재질은 가지고 있는 사람, 일곱 자리 수와 여덟 자리 수를 곱하여 순식간에 답을 말하는 사람, 그림은 잘 그리지만 다른 것은 아무것도 못하는 사람을 얼마든지 볼 수 있다. 머릿속에 각각 다른 음악적·수학적·미술적 정보처리 체계가 있다는 것을 반증하는 것으로 볼 수밖에 없다. 다중 지능 이론에 따르면, 지능의 측정치인 IQ라는 한 점수는 사람의 능력을 진단하는 데 대단히 부적절하다는 것을 쉽게 알 수 있다.

그렇다면 지능을 어떻게 가르쳐야 하는가? 이에 대해 Gardner는 직접 관련된 개인들, 사회, 그리고 사용 가능한 자원에 따라 일반적인 전략이 결정되어야 한다고 주장한다. 이러한 전략은 여러 가지 방법은 다양한 소질을 발달시킬 수 있다. 즉, 개인들이 원하는 능력, 기술, 역할을 달성할 수 있도록 도와야 한다. 높은 능력을 가진 학생에게는 유능한 스승과의 도제 관계와 같이 직접적으로 일하게 하거나 자신이 직접 표현할 수 있는 자료를 제공해 주어야 한다. 한편, 낮은 능력을 가졌거나 병리학적인 증세를 가진 학생에게는 그가 가진 지적 능력을 발휘하여 지적 단점을 보완하기 위한 정보나 기술을 나타낼 수 있는 특수한 수단들을 고안해야 하는 것이다. 또한 Gardner는 지능 교육과 관련하여 교육 내용의 구성에 아동의 흥미가 반영되어야 한다고 주장한다. 아동의 각 연령층은 서로 다른 흥미를 보이며, 이러한 흥미의 내용은 문화에 따라 다를 수 있기 때문이다.

하대현(1998)은 다중 지능 이론에 대한 연구를 통해, 다중 지능 이론은 이론적 타당성보다 현실적 유용성이 훨씬 더 큰 이론, 즉 지능 개념을 크게 확장시켜 그동안 무시되었던 인간의 잠재력에 관심을 돌리게 했으며, 또 학교 교육에서 개인 저마다의 강점을 지닌 지능들을 공평하게 개발할 수 있는 다양한 교육 방법 및 사정 방식을 제공해 주었다고 보고 있다.

(3) 프로젝트 스펙트럼

① 프로젝트 스펙트럼의 개념

다중 지능 기초를 기초로한 프로젝트 스펙트럼(project spectrum)은 유아기와 초등학교 저학년의 평가와 교육 과정의 혁신적인 접근법을 개발하기 위하여 1984년에 고안되었다. 프로젝트 스펙트럼은 유아들이 서로 다른 능력과 지능을 갖고 있다는 확신에 기초하고 있다. 이러한 지능들의 강점은 고정되어 있는 것이 아니고 자극을 줄 수 있는 자료와 활동이 제공되는 풍부한 환경적 조건과 교육의 기회를 통해서 신장시킬 수 있다.

프로젝트 스펙트럼 접근법은 David Feldman과 Howard Gardner의 연구에서 시작되었다. 프로젝트 스펙트럼은 8가지 영역－언어, 수학, 운동, 음악, 과학, 기계와 조립, 사회적 이해, 시각적 예술－의 학습 활동으로 구성되어 있다. 다중 지능 이론에서는 사회적 지능, 사회적 이해 또는 사회성 영역이라고 부르는 영역을 자기 자신과 다른 사람 그리고 그들의 상호작용을 이해하는 능력으로 정의하였으며, 사회적 유능성은 다른 사람들과 상호작용하고 분석적으로 반성하는 과정에서 나타나는 것으로 보았다. 그리하여 유아들이 일상의 활동을 통해서 자기 자신과 다른 사람들과의 사회적 관계를 어떻게 이해하는지를 나타낼 수 있는 활동을 고안하고 교사를 위한 관찰의 틀을 고안하였다.

Gardner와 연구진이 개발한 프로젝트 스펙트럼 접근법과 사회적 구성주의 이론에 기초한 프로젝트 접근법의 공통점은 유아들이 실제 생활에 관련된 주제를 가지고 장기간에 걸쳐서 하나의 주제를 탐색하도록 함으로써 유아들이 의미 있는 지식을 구축하고 그 과정에서 문제해결능력, 사회적 상호작용 능력, 창의적 사고 능력 등을 함양하게 됨으로써 현대 사회가 요구하는 사회적 능력을 길러줄 수 있다고 본다.

② 프로젝트 스펙트럼의 개념적 틀

프로젝트 스펙트럼은 유아의 호기심과 교육 기관의 교육 과정을 유아의 감정과 학교에서 요구되는 지적인 면들을 학급 내의 노력과 외부 세계 사이의 다리를 놓아주는 프로그램이다. 이러한 활동들은 스펙트럼 활동을 위한 매개 수단이 된다. 프로젝트 스펙트럼 활동은 서로 고립적인 것이 아니라 네 단계의 내용적 틀을 가지고 있다.

③ 다양한 학습 영역 소개하기

다중 지능 이론에 의하면 모든 사람은 독특한 지능의 특성을 가지고 있고, 이 지능은 발달하는 것도 각기 다르다고 한다. 교육적인 경험은 각 개인들의 관심과 능력의 구성 및 발달을 위한 중요한 근원이 된다. 다양한 영역을 유아들에게 소개할 때, 스펙트럼은 또한 실제 세계에서 일어나는 진짜 과제에 유아들이 종사할 수 있도록 하려고 노력한다. 언어 구사 기술을 발달시키기 위해 유아들은 TV 저널리스트들과 같은 인터뷰를 구성할 수 있다. 쓰기 능력을 발달시키기 위해서는 유아들은 학급 노트에 적은 시들을 출판하거나 편지를 쓸 수도 있다. 유아들은 일상생활에서 일어나고 있는 일과 일상 활동 중 자신들이 하고 싶어 하는 활동들을 학교에서 학습하면서 이에 필요한 기술을 배울 수 있게 된다. 스펙트럼 교실은 가능한 한 다양한 영역에서 유아의 강점과 흥미 영역을 지원해 주고 구체화할 수 있도록 도와주는 방법들이 체계적이다. 스펙트럼의 틀을 따라가게 되면 교사들은 보다 광범위하게 다양성을 계속적으로 확장시킬 수 있다.

④ 유아의 강점 영역 구체화하기

교사들은 형식적 평가와 비형식적 관찰을 통하여 유아의 강점 영역을 길러줄 수 있다. 유아의 학습이 하나의 진행 중인 과정인 것과 마찬가지로 평가도 하나의 진행 중인 과정인 것이다. 평가가 자연스런 학습 환경에서 이루어질 때, 교사는 다양한 환경에서 유아의 수행을 관찰할 수 있다. 교사가 각 영역에 구체적인 관찰을 할 수 있도록 하기 위해서는 각 영역의 '주요 능력'들을 찾아내야 한다. 예를 들어, 수학 영역에서 수적인 이해와 논리적인 문제해결력 같은 요소와 운동할 때 필요한 신체 통제력과 리듬에 대한 민감성과 같은 각 영역별 성공을 위한 필수 주요 능력들을 구체화하여야 한다.

⑤ 유아의 강점 영역 길러주기

유아의 강점 영역이 일단 결정되고 나면, 교사들은 그 강점을 확장시키고 발달시키는 데 필요한 내용들을 제시할 수 있다. 교사들은 유아의 현재 관심을 기초로 활동을 선택할 수 있도록 매일의 스케줄에 자유 선택 시간을 만든다. 교사들은 개방적인 숙제를 내줌으로써 유아마다의 능력이 다르더라도 성공적으로 과제를 수행할 수 있도록 한다. 교사들은 또한 유아의 기술을 발달시킬 뿐 아니라 성공의 느낌과 확신을 주는 전략들을 첨가하여야 한다. 때로는 유아들이 자신의 강점 영역에서 집단의 리더로서 활동할 수 있도록 해 준다. 이를 통해 유아는 자신감을 신장시키고 기술을 연마하고 긍정적인 강화를 받으면서 그들의 강점 영역이 길러지고 발달된다. 유아들의 강점을 길러주는 것이 유아들을 그 영역에서 라벨링하거나 그 경험에 한정시키려는 것이 아니라는 점을 아는 것은 중요하다. 다양한 학습 경험을 통해 그들의 잠재력과 관심을 충분히 발달시킬 수 있도록 해 주어야 한다. 이러한 틀 속에서 유아의 강점을 인지하고 강화하는 것은 유아가 학교에 대해서 긍정적인 감정을 가질 뿐 아니라 자기 자신에 대한 확신과 자아 존중감을 갖도록 도와준다.

⑥ 유아의 강점 영역과 다른 영역과 연계하기

스펙트럼 접근의 네 번째이자 마지막 단계는 유아의 강점 영역에서 더 넓은 학습 영역으로 유아를 이끌어가는 것이다. 이러한 과정이 '연계하기' 과정이다. 유아기에서 고등학교까지의 교육 과정은 학년이 올라가면서도 실패와 좌절의 경험이 증가하지 않고 유아들이 어떤 기본적인 기술을 습득할 것을 전제로 하여 구성되었다. 그러나 유아들이 기본적인 기술을 습득하는 방법은 다양하다. 연계하기의 방법에는 다양한 방법이 있다. 강점 영역에서 그것에 대한 탐구를 즐기고 스스로 좋은 느낌을 갖는 것을 발견한다. 이러한 성공의 경험은 또 다른 영역에 도전할 수 있는 용기를 준다. 또 유아의 강점 영역에서 특별한 학습 유형은 도전 영역에서 유아가 몰두할 수 있는 매개 역할을 한다. 유아는 어떤 문제에 관심이 있고 의미 있다고 생각되면 그 문제에 도전하면서 새로운 기술과 전략들을 학습하려는 동기를 갖게 된다.

3) 정서 지능 이론

(1) 정서 지능의 발달

EQ 라는 용어는 1995년 Goleman의 『정서 지능(Emotional Intelligence)』이라는 책이 출간되면서 큰 이슈로 대두되었다. 20세기는 한마디로 이성적 지능, 즉 IQ의 시대였다고 규정할 수 있다. 지능 검사는 한 사람의 지적 능력의 수준을 보다 객관적으로 파악하고 그 결과를 교육적으로 활용하는 데 커다란 기여를 해왔지만 지능 검사가 안고 있는 여러 가지 문제점이 부각되면서, 특히 1960년대 이후 많은 비판을 받아왔다. 물론 지능 검사에 대한 비판 가운데는 본래 제한적일 수밖에 없는 지능의 개념에 대한 이해의 부족이나 지능 검사의 가능성과 한계성에 대한 오해에서 비롯되는 것들도 상당히 존재하고 있다(Koo, 1991; 구광현, 1995).

지능 지수 자체의 약점은 논외로 하더라도 실제적인 관심에서 특히 부각되고 있는 문제점은 지능 지수가 높다고 해서 사회적으로 훌륭한 삶을 살아가는 사람이 되지 못한다는 점이다. 이를테면 학교 학습의 영역에서 지능 지수의 예언력은 약 40% 정도이며, 사회적 성공에 대한 설명력은 더욱 낮아서 10%대에 머무는 것으로 연구 결과들은 보고하고 있다. 우리가 종종 듣거나 사용하는 '학교의 우등생이 사회에서의 열등생'이라는 말은 지능 지수의 한계를 단적으로 함축하고 있다고 볼 수 있다(김언주 외, 1998).

하버드 대학의 심리학자인 Gardner는 인간의 지능을 단일하고 불변적인 것으로 보는 관점을 비판하고 지능을 다차원적인 것으로 보았다. 그에 의하면 인간에게는 신체 운동 지능, 대인 지능, 개인 이해 지능, 언어 지능, 논리·수학 지능, 음악 지능, 공간 지능, 자연 지능 등 8가지의 서로 다른 지적 능력이 있다고 보았다. 여기에서 대인 지능(interpersonal intelligence)은 타인의 감정을 인식하고 감정 이입할 수 있는 능력이며, 개인 이해 지능(intrapersonal intelligence)은 자기 자신의 감정을 인식할 수 있는 능력으로써, 이 두 가지는 물론 정서적 지능의 범주에 속하는 것으로 Mayer와 Salovey의 정서 지능 이론의 개발에 기초를 제공하기도 하였다.

(2) 정서 지능의 개념

우리가 흔히 접하고 있는 EQ는 'Emotional Quotient'의 약자로서 지능 지수를 뜻하는 IQ에 상대되는 개념이며, 우리말로 옮기면 '감정 지수', '감성 지수' 또는 '정서 지수'가 될 것이다.

EQ의 이해를 위해서 EI에 대한 설명이 필요하다. 우리말로 '감정 지능', '정서 지능' 또는 '정서 지능'에 해당하는 EI는 1990년 Mayer와 Salovey가 처음으로 사용한 용어로서, 이 때 정서 지능은 "자신의 감정(또는 기분)들을 구별하는 능력, 그리고 이같은 정보를 이용하여 자신의 사고와 행동을 하는 능력"으로 정의되었다(Mayer & Salovey, 1990; Mayer, DiPaolo & Salovey, 1990). 이 정서 지능을 포함하고 있는 정신 과정들에는 자신과 타인의 감정을 인식하고 표현하는 것, 자신과 타인의 감정을 조정하는 것, 감정들을 적절한 방법으로 이용하는 것 등이 있다. EQ란 바로 이런 정서 지능을 치수화한 것을 의미한다.

초기의 이러한 정의는 감정을 지각하고 조절하는 것을 언급하고 있을 뿐 감정에 대한 사고를 빠뜨리고 있다는 점에 주목하여 "정서 지능은 감정을 정확히 지각하고 인식하고 표현하는 능력, 감성 발달과 지적 박달을 촉진시키기 위하여 감정을 조정하는 능력"으로 재정의되고 있다(윤현석, 김언주, 1996; Mayer & Salovey, 1990).

정서 지능은 다양한 요소로 구성되며 이 요소들 가운데는 감각, 지각, 기본적인 감정에 관해 낮은 과정들이 있는 반면(감정을 지각, 인식, 표현하기 등), 의식적이고 사려 깊게 감정을 통합하고 조정하는 높은 과정들이 있다(예: 감성발달과 지적 발달을 촉진하기 위해 감정 조절하기). Salovey는 감성에 대한 자신의 정의를 기초로 정서 지능을 다음과 같은 다섯 가지의 영역 내지는 요인으로 구분하고 있다(윤현석, 김언주, 1996).

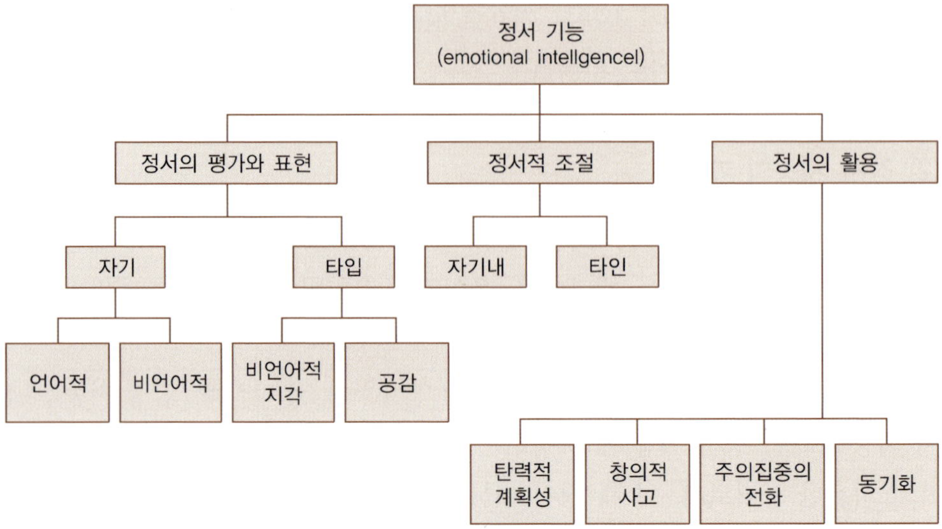

출처: 안영진(1997).

그림 10.4 정서 지능의 구성 요소

① 정서의 평가와 표현

정서의 평가와 표현 능력은 정서 지능의 가장 기본적이면서 중요한 구성 요소이다. 왜냐하면, 자신의 정서를 보다 빠르게 지각하고 반응하는 사람이 자신의 감정에 보다 적절하게 반응하며, 나아가 타인에게 자신의 정서를 보다 잘 표현할 뿐만 아니라 타인의 감정과 기분을 이해하며 공감할 수 있는 능력이기 때문이다.

이 능력은 유기체 내부에서 정서의 정보처리를 진행시키며, 적절한 사회적 기능을 위해 필요로 한다. 정서의 인식과 표현 능력은 대상에 따라 자아와 타인으로 나뉘고, 각각의 대상 안에서 언어적 내용과 비언어적 내용으로 구분된다.

- 자기의 정서 평가와 표현: 능력 자아 속에서의 정서의 평가와 표현 능력이란 자신의 내부에서 느끼는 감정과 기분을 정확하게 인식하며, 자신의 정서를 왜곡하지 않고 적절한 방식으로 표현하는 능력이다. 이 능력은 대상은 자아(self)로서 언어적인 면과 비언어적인 면으로 구분해 볼 수 있다. 언어적인 면의 정서 인식과 표현 능력은 자신의 감정과 기분을 언어로 명명할 줄 알고, 변별하며, 언어를 매개로 하여 왜곡 없이 표현할 줄

아는 능력을 말한다. 비언어적인 면의 정서 인식과 표현 능력이란 표정, 몸짓, 말투 등의 비언어적인 경로를 통해서 일어나는 정서적 의사소통에서 자신의 감정을 타인에게 비언어적인 신호를 이용하여 표현할 줄 아는 능력이다.

- 타인의 정서에 대한 정서의 평가와 표현 능력: 타인의 정서에 대한 평가 능력은 비언어적인 내용과 감정이입(empathy)으로 구분할 수 있다. 다시 말하면, 타인의 정서에 대한 평가와 표현 능력이란 타인의 정서 반응을 정확하고 능숙하게 인식하며, 그 반응에 공감할 수 있는 능력을 말한다. 이 능력은 타인의 기분과 감정을 정확하게 판단함으로써 사회적으로 적절한 행동을 이끌어 낸다.

비언어적인 지각은 비언어적인 경로를 통해서 표출되는 타인의 정서를 정확히 파악하고 해석하는 데 기여한다.

공감, 감정이입은 타인의 감정을 이해하고, 그 감정을 자신의 내부에서 재경험해 볼 수 있는 능력으로서 정서 지능의 핵심이 된다. 감정이입은 타인의 기분을 알 수 있을 뿐만 아니라 상황에 따른 감정과 기분의 학습을 가능하게 한다. 정서 지능의 구성 요소에 포함되는 감정이입은 기존에 연구되어 온 감정이입보다는 광의적 의미를 가진다. 이제까지의 감정이입은 성향 변인으로 연구되어 왔지만, 정서 지능에서의 감정이입은 능력이라는 차원에서 다루어진다. 정서 지능에서 말하는 감정이입은 타인의 관점을 이해하고 타인의 정서를 정확하게 파악하며, 타인과 같은 정서나 적절한 정서를 경험해 보고, 마지막으로 이 내적 경험에 따라 의사소통하고 행동하는 능력이다.

② 정서의 조절

정서 지능에서 정서 조절 능력이라는 구성 요소는 자신과 타인의 정서를 조절하는 것과 관련된 능력이다. 정서 지능에서 정서 조절은 감정이나 기분 상태를 처리하는 과정에 보다 강조점을 두어, 처리 과정의 능숙도에 따라 특정 목표에 도달하는 능력으로 간주한다. 이는 정서 조절 능력이 기분의 상태를 보다 적응적으로 이끌어 내며, 가치 있는 목표를 향하여 동기를 부여한다는 점을 강조함으로써 적응을 위한 능력인 정서 지능의 구인에 포함시킬 수 있다.

정서 인식과 표현 능력과 마찬가지로, 정서 조절 능력도 대상에 따라 자아와 타인에 대한 능력으로 구분된다.

- 자아의 정서 조절 능력: 인간은 자신의 기분과 감정에 대하여 다양한 경험을 한다. 자신의 기분에 대한 경험, 즉 메타 경험(meta-experience of mood)은 자신의 기분을 관찰, 평가, 변화하도록 하는 조절체계로 인하여 나타나는 산물이라고 볼 수 있다.

  기분과 감정 조절에 대한 연구는 인간이 유쾌한 정서 상태를 극대화하고, 부정적인 정서는 제거하려고 한다는 심리학적 가정에서 출발하였으며, 조절과 관련한 여러 가지 전략의 유형들이 연구되어 왔다.

  직접적인 행동을 취함으로써 긍정적인 상태를 유지하려는 조절 유형, 자신의 긍정적인 관점을 유지하는 데 도움이 되는 정보를 찾음으로써 조절한다는 자기-평가 유지유형, 기분 유지와 기분 회복을 이용하는 조절 유형 등이 그 예이다. 이 연구들은 동기적 관점에서 진행되었으며, 인간이 유쾌한 기분을 유지하고 이를 연장하기 위해서 동기화되고 불쾌한 기분의 경험을 조율하며, 타인과의 상호작용과 개인이 갖는 심상도 이 방향에서 이루어진다고 본다.

  정서 지능의 구성요소인 정서 조절은 동기적 관점과는 달리 모든 종류의 정서에 초점을 둔다. 인간은 모든 종류의 정서 경험을 추구하고 연장하는 데 동기화될 수 있다. 다시 말하면, 인간은 유쾌한 경험을 추구하고 문제가 되는 부정적인 경험을 회피하려는 데 동기화되기 위해서 부정적인 정서를 활용한다. 자신의 처지를 긍정적으로 느끼기 위해서 하류층 사람들의 처지를 공감함으로써 자신의 슬픔을 경감시킨다는 연구 결과가 그 예이다.

  결국 정서 지능의 구성 요소인 정서 조절 능력은 의식적인 통제 과정으로서 특정 목표에 도달하기 위해서 자신의 기분과 정서 상태를 적응적으로 이끌어 내는 능력이다.

- 타인의 정서에 대한 조절 능력: 정서 조절 능력의 대상은 자아뿐만 아니라 타인도 포함될 수 있다. 타인의 정서에 대한 조절 능력은 타인의 정서 반응을 조절하고 변화시키는 능력이다. 이 능력은 타인의 기분을 향상시켜서 가치 있는 목표에 도달하도록 타인을 동기화시킬 수도 있다.

③ 정서의 활용 능력

이 능력은 사고, 추리, 문제해결, 창의적 과제에서 정서를 적응적으로 활용하는 능력을 말한다. 이 능력에 대한 기본 가정은 정서가 어떤 종류의 문제해결에 있어서 보다 적응적이고 적절한 정신 상태를 창출한다는 것이다. 결국, 정서 지능을 활용하는 능력이란 문제의 성격에 따라 자신의 정서와 기분을 적응시킬 수 있는 능력이다. 특히 융통성 있는 계획 세우기, 창의적 사고, 주의 집중의 전환, 동기화 등의 문제해결에서 정서는 적응적이고 활용된다. 이는 정서 지능을 활용하는 능력의 내용이 되기도 한다.

- 탄력성, 융통성 있는 계획 세우기: 정서와 기분의 변화는 다양한 미래의 계획을 세우는 데 도움이 된다. 정서와 기분의 변화는 성격을 이루는 핵심적인 요소가 되며, 현재 자신을 지배하고 있는 정서를 변화시키는 빈도나 정도에 있어서 개인차가 나타난다. 정서 지능을 활용하는 능력은 정서와 기분의 변화를 이용하여 미래의 계획을 세우며, 가능성 있는 결과에 대하여 예언할 수 있는 데 기여한다. 그럼으로써 미래에 생길 수 있는 기회에 충분히 준비하고, 사회적 적응력을 높일 수 있다.
- 창의적 사고: 기억을 구조화하고 정보를 활용하는 데 정서와 기분은 영향을 미치며, 이 영향은 창조적인 문제해결에 기여한다. 가령, 긍정적인 기분을 문제를 범주화하는 데 영향을 미치며, 정보를 명확하게 범주화하는 것은 창의적으로 문제를 해결하는 데 도움이 된다. 또한, 행복한 감정과 귀납적 문제해결 간에는 정적인 상관이 있으며, 슬프고 우울한 감정과 연역적 문제해결 간에는 정적인 상관이 있다.

  결국, 정서 지능의 활용 능력은 기분과 정서를 활용하여 정보의 범주화에 영향력을 발휘하며, 창의적으로 문제를 해결하는 능력이다.

- 주의 집중의 전환: 복잡하고 해결이 어려운 문제에 빠져서 그 문제에 따르는 강력한 정서를 경험할 때, 정서는 이러한 복잡한 체계를 차단하여 하나의 처리 과정의 수준에서 갑자기 뛰어 올라 보다 절실하게 필요한 처리 과정에 초점을 맞추게 하는 데 기여한다. 또한, 정서는 보다 주의 집중이 필요한 내적·외적 요구에 우선순위를 정하는 데 도움이 되며, 그에 따라 주의 집중의 자원을 할당한다. 이와 같은 정서 활용 능력은 즉각적인 해결을 요구하는 문제에 주의를 집중하는 데 정서를 활용하여 사회적 기능을 촉진시킨다.
- 정서의 동기화: 정서와 기분은 지적인 능력이 필요로 하는 복잡한 과제를 수행하고 동기화하는 데 도움이 된다. 예를 들어, 어떤 사람은 평가 상황(시험)에 의해 나타나는 불안을 이용하여 보다 철저하게 시험을 준비하고 보다 정확한 답을 쓰는 방향으로 바꿀 수 있다. 어떤 사람은 수행을 동기화시키는 방법으로써 부정적인 결과를 상상해 본다. 인간은 자신의 능력에 대해서 자신감을 높이기 위해 좋은 기분을 이용하고, 그에 따라 장애물이나 부정적인 경험에 직면했을 때 끈기를 가질 수 있다. 삶에 대해서 긍정적인 태도를 가진 사람은 자신과 타인을 위해서 보다 많은 보상과 결과를 이끌어내는 대인관계 경험을 고안해낸다.

(3) 정서 지능과 학업 성취와의 관계

지능과 지능 지수(IQ)라는 개념이 등장한 이래로 지금까지, 심리학자들은 지능을 가지고 학업 성취와 사회적 성취에 대해서 어느 정도 예언할 수 있다는 사실을 인정해 왔다. 그러나 지능을 측정하는 지능 지수가 한정된 학업 성취를 진단하는 데 그칠 뿐이므로 학교에서의 학습 능력을 예언하는 지표는 되지만 성인이 실제 사회생활에서 활용할 수 있는 보다 포괄적인 지적 능력을 예언할 수 없다는 비판이 계속 제기되었다(이성진, 1996).

정서 지능과 학업 성취도의 관계 연구는 정서 지능의 하위 구성 요소를 중심으로 이루어져 왔다. Mischell(1990)은 4세 아동을 대상으로 아동의 정서 조절 능력을 측정하여 15년간 종단 연구를 실시하였다. 그 결과, 연령이 증가함에 따라 정서 조절 능력과 학업 성취도는 정적인 상관관계를 나타내었다.

국내에서도 이와 유사한 연구가 이루어졌는데, 정서 지능의 측면을 포함하고 있는 Gadner의 다중 지능(multiple intelligence)과 학업 성취도와의 관계 연구가 그것이다(류숙희, 1996). 이 연구에서 7개의 다중 지능 중 대인 지능과 학업 성취도의 상관성이 가장 높게 나타났다. 이는 대인 관계 기술이 뛰어나고 사교성이 있으며, 대인 간의 갈등을 잘 해결하는 능력과 학업 성취도는 정적인 상관이 있음을 말한다. 정서 지능의 개념은 다중 지능 중에서 대인 지능의 개념에서 출발했으며(Mayer & Salovey, 1990; Goleman, 1995), 대인 지능의 개념은 정서 지능의 하위 구성 요소 중 정서 조절 능력, 정서 활용 능력의 의미를 포함하고 있다.

이와 같은 연구들을 정리해 보면 정서 지능 구성 요소들의 일부는 학업 성취도와 유의미한 관련이 있는 것으로 보인다.

(4) 정서 지능과 사회성과의 관계

정서 지능은 자아뿐만 아니라 타인에게도 적용될 수 있기 때문에 정서 지능이 높은 사람은 사회성이나 대인 관계 기술도 뛰어나다고 할 수 있다(Cacipppo, 1991; Hatch, 1990). Hatch(1990)는 대인 관계 기술이 뛰어나다는 평가를 받은 아동과 청소년을 관찰한 결과, 대인 관계 기술이 뛰어난 아동은 타인의 감정을 쉽게 알 수 있고, 타인의 감정에 대해서 적절하게 반응할 줄 알았다. 또한 타인의 얼굴 표정에서 정서를 읽을 수 있고, 타인의 감정이나 동기, 관심에 대해서 쉽게 통찰할 줄 알았다.

또한, 사회적 능력에서 중요한 것은 자신의 감정을 적절하게 표현하는 기술이라는 주장(Goleman, 1995)도 있는데, 이는 자신의 감정을 타인에게 표현함으로써 타인의 감정에도 영향을 미칠 수 있는 즉시적인 효과를 보이기 때문이다.

비언어적인 단서를 통찰해내는 능력에 대해서 광범위한 연구를 했던 Rosenthal (1977)은 타인의 감정을 직관적으로 알 수 있는 단서를 파악하는 능력이나 감정이입의 능력은 학교나 사회생활에 보다 잘 적응하게 한다는 결과를 보여주었다. 비언어적인 단서를 통해서 타인의 감정을 읽는 능력은 적응력, 사교성, 친밀성, 타인의 감정에 대한 민감성, 사회성 등과 정적인 상관이 있었다.

감정이입 능력이 뛰어난 사람은 자신과 타인의 정서에 대해서 정확한 평가와 표현을 하며 사회생활에 적응적인 방법으로 정서를 조절한다는 연구 결과(Mayer & Salovey, 1990) 역시 정서 지능과 사회성의 관계에 대한 시사를 준다.

창의성

1 창의성의 정의

일상생활이나 학문 분야에서 '창의적'인 것은 무수히 많다. 논리 문제의 새로운 해결 방법, 화학 실험을 위한 새로운 절차나 도구의 개발, 문예 창작, 작곡, 심리학과 종교학 등에서의 새로운 추론 방법, 사회 문제에 대한 새로운 통찰, 질병에 관한 새로운 진단이나 치료 등이 모두 창의적인 것이다.

일반적으로 무엇인가 특이하고 새로우며 독특한 것을 만들어 내는 능력을 창의력이라고 한다. Guilford(1959)는 지능 구조 모형에서 창의적 사고는 지능구조의 한 부분인 확산적 사고능력을 포함하는 것으로 보았다. 그는 확산적 사고의 요인을 많을 답을 내는 유창성과 다양한 답을 내는 유연성, 그리고 남들이 생각하지 못하는 답을 내는 독창성, 아이디어를 세심하게 발전시킬 수 있는 정교성이라고 보았다. 또한 창의적 사고에는 이러한 확산적 사고에 추가로 문제에 대한 민감성과 재정의 능력이 포함된다고 보았다.

Taylor(1961)는 생산적 사고와 창조적 사고를 표현하는 복잡한 심리적 과정으로서, 인내성과 성취, 변화 개선을 구하는 태도, 그리고 아주 큰 소신을 낳게 하는 정열 같은 것이라고 하였다. Gardner(1993)는 창의적인 사람이란 "한 분야에서 처음에는 새로운 것으로 인식되지만 특정한 문화 배경 내에 수용되는 방식으로 문제를 해결하거나, 작품을 만들어 내거나, 새로운 문제들을 발견하는 사람"이라고 정의했다.

Edward de Bonosms 그의 저서 『수평적 사고(Lateral thinking)』(1990)에서

창의성을 수평적 사고라고 정의하였다. 수직적 사고(vertical thinking)는 정확한 해결방법을 모색하며 정보와 자료를 가지고 논리적으로 계열적 형태를 따라 단계적으로 사고하는 것을 말한다. 이에 반해 수평적 사고(lateral thinking)는 판단을 유보하고 여러 아이디어를 탐색하며 다양성에 중점을 두고 수많은 사고의 통로를 생성하는 방법으로 창의적으로 사고하는 것을 말한다. 창의성은 도발적이고 가치 있는 정보를 모색하고 개연성을 가지면서 자유롭게 도약하는 사고이다. 또 창의성을 새로움에 이르게 하는 개인의 사고 관련 특성(Weisberg, Robert, 1986)이라고 정의하기도 한다. 한편, Feldman은 창의성의 특성론적인 입장에서 창의적인 행동을 나타내게 하는 것은 개인이 가진 창의성이라는 특성과 주변 상황과의 상호작용으로 보았다.

창의성을 보다 광의의 개념으로 접근하면 새로운(novel) 어떤 것을 생산해 내는 행동 또는 정신과정으로 볼 수 있다. 여기서 새롭다는 의미는 일상적인 것이 아니라 기발하고 신기하며 독창적이지만, 유용하고, 적절하고 가치가 있어야 한다.

창의적 인물의 성격 특성을 연구한 결과를 보면, 개방적이고 직관적이며 도전적이고 모험심이 강하고 비관습적 사고를 하는 경향이 있다. Sternberg(1988)의 연구에서도 창의적인 사람은 모호한 것을 잘 참으며 장애물을 극복하려는 의지, 성장하고자 하는 의지, 내적 동기, 적절한 모험심, 인정받으려는 욕구 등이 높았다.

또한 Teresa Amabile(1989)는 창의적 과정의 즐거움이나 문제를 해결하려는 내적 동기가 창의성에 중요한 영향을 미치는 반면, 외적 동기는 오히려 부정적 영향을 줄 수 있음을 지적하였다. 그는 창의성의 구성요소로 창의성은 어떤 한 가지 특성만으로만 구성되는 것이 아닌 해당 분야의 전문적 기술과 창의적 사고 방법 및 행동기술과 함께 창의적 활동에 대한 내적 동기가 있을 때 발현될 수 있다고 보았다.

Ellis Torrance(1995)도 창의성의 원동력은 자신의 꿈이나 미래에 대해 끊임없는 열정을 가지는 것으로 보았다. 또한 Maslow(1954)는 자아실현의 과정이 창의성과 긴밀한 관계가 있으며, 독립적·자율적·자발적이며, 최적의 건강과 복지를 위해 노력하는 것으로 보았다. 이들은 자신의 삶의 즐거움과 살아 있는 존재라는 것에 감사함을 느끼는 순간의 절정의 경험을 가지고 있다.

Milhaly Csikzentmihalyi와 Wolfe(2000)는 창의성이란 어떤 주어진 체제(system) 내에서 독창적이고(original) 가치가 있으며(valuable) 실천할 수 있는(implemented) 사고 또는 산물이다.

또 다른 창의성 연구에 따르면 창의성은 외향성과 관련이 있지만, 지능과는 관련이 없으며(Furnham & Bachtiar, 2008), 애매함(불확실성)에 대한 인내와 부모의 창의성 수준과 관련이 있다(Zenasni, Besancon & Lubart, 2008). 창의성에 부정적으로 영향을 미치는 요인은 완벽주의(Gallucci, Kline & Middleston, 2000)와 시험에 대해 지나친 강조이다(Holliday, 2008). 또한 창의성은 영역일반적이어서 수학과 같은 단일한 영역에만 한정된 것이 아니라 다양한 영역에서 발생할 수 있다(Chen, Himsel & Kasof, 2006).

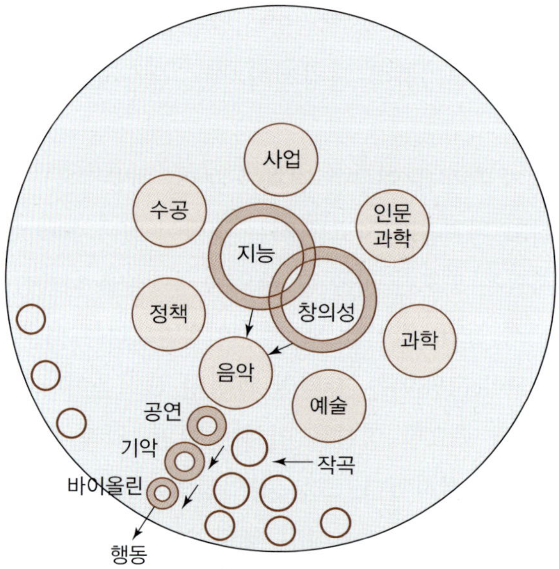

출처: 임선하(1999).

그림 10.5 창의적인 행동의 발현

종합하자면, 창의성이란 새롭고 적절하며 유용한 것을 생각해내고 만들어 내는 능력이라고 볼 수 있을 것이다. 보다 최근에 창의성을 연구한 학자들은 여기에 산출물의 중요성과 창의적 산출물에 대한 사회적 인정을 창의성을 평가함에 있어 주요 준거로 삼고 있다.

Wallach는 창의성에 대한 다양한 입장을 다음과 같이 정리하고 있다.

표 10.7 창의성의 다양한 입장 이론적 접근

이론적 접근	이론가	강조점	특징
1. 인지			
① 문제해결	월러스(1926) 오스본(1963) 로스만(1931) 듀이(1933) 파안스 외(1967)	산출 과정	창의적인 문제해결 과정
② 인지능력	부르너(1956) 길포트(1959) 토랜스(1962)	산출 과정	창의적 사고 능력
③ 연합	메드닉(1962) 쾨슬러(1962) 말쯔만(1960)	산출	두 사건 단위의 연합 능력
④ 게슈탈트(Gestalt)	퀄러(1925) 코프카(1963) 베르트하이머(1945)	산출 과정 사람 압력	모든 요소의 공동 작용
⑤ 인지 구조 변화	그루버(1980)	과정	인지 체계의 변화
⑥ 두뇌 기능 분화	가드너(1982) 슈베르트(1988)	과정	두뇌 기능의 평형화
2. 성격과 환경			
① 성격 특성	베런(1969) 맥티논(1962) 크리취필드(1962) 아이스너(1961)	사람 압력	개인의 성격 특성 사회적 준거와 압력
② 정의와 인지의 상호작용	윌리엄스(1966)	다양 과정 산출	다양한 체제 활용 정의와 인지의 상호작용
③ 허용적 분위기	마마빌(1982)	산출	
④ 자극 반응	스키너(1966)	압력 산출	창의성을 조장하는 환경 촉구 특정 행위의 강화
3. 인본주의/심리적 성장			
① 자아 실현	매슬로우(1959) 로지스(1979) 프롬(1959)	사람 과정	자아의 완성을 통한 자유감 획득
② 성장의 기제	시몬톤(1988)	과정	생물학적인 성장의 이해

(계속)

이론적 접근	이론가	강조점	특징
4. 정신 분석			
① 갈등과 승화	프로이드(1908)	사람 압력	정신의 화장/개인적 도취감 조장
② 퇴행과 전의식	그리스(1952) 규비(1958)	과정	건전한 적응
③ 지각적 역동	샤텔(1959)	과정	지각의 활발한 활용
④ 심미적	융(1963)	사람 과정	개인 내의 인식과 감수성
5. 자기 도취적 상태			
① 실존적 비합리적	배린(1969) 휴스톤(1973)	사람	정신의 확장/개인적 도취감 조장
② 의식 변환(약물)	허만 외(1970) 온스테인(1973) 에릭슨(1965) 고완(1974)	과정 사람 과정 사람	약물을 통한 의식 이완 내면 의식의 확장

출처: 임선하(1999).

2 창의성 훈련

창의성은 비교적 변화시키기 어려운 지적 특성이다. 그러나 환경을 적절히 조직하여 제공하면 창의적 행동에 의미 있는 영향을 줄 수 있다(Maltzman, 1960). Maier(1933)의 연구 결과는 교사들이 학생의 창의적 행동을 금지시키지 않을 때, 학생들이 문제를 더욱 창의적으로 해결할 수 있음을 보여 준다.

학생들의 창의성을 향상시킬 수 있는 구체적 방법에 대해 살펴보자.

1) Graham Wallas(1926)의 창의적 사고과정

Wallas의 저서 『생각의 기술(The Art of Thought)』에서 창의적 사고과정을 준비 단계, 배양 단계, 영감 단계, 검증 단계의 4단계로 구분하였으며, 각 단계는 다음과 같다.

- 준비 단계: 여러 가지 가능성을 탐색하고 다양한 방법으로 해결책을 모색하는 단계이다. 준비 단계에서 교사는 학생으로 하여금 알고자 하는 욕구를 일으키고 예상과 기대감을 고양하며 주의를 집중시켜야 한다. 그리고 호기심을 유발하며 상상력을 자극하고 목적과 동기를 부여하도록 노력하고, 낯선 것을 익숙하게 하거나 익숙한 것을 낯설게 하는 등 개방적 사고를 갖게 하여야 한다. 학생이 사물이나 현상을 다른 시각에서 보게 하고 제한된 정보를 가지고 예측하게 하는 등의 방법을 통해 학생의 사고능력이 배양될 수 있는 기반을 제공하는 것이 바람직하다.
- 배양 단계: 일정 기간 동안 어떤 주제나 문제에 대해 곰곰이 생각하거나 때로는 인식하지 못하지만 무의식 수준에서 아이디어를 탐색하기도 하는 단계이다. Smith와 Dodd(1999)는 배양시기를 "문제가 초기 과업기간 이후에 일시적으로 사라지는 창의적 문제해결단계"로 정의하였다.
- 영감 단계: 어떤 문제에 대한 가능한 해결책이나 좋은 아이디어가 갑자기 의식 수준에 나타난다. 기발하고 결정적인 아이디어가 떠오르는 단계로 주로 시인이나 예술가에게 중요한 것으로 인식되었으나 과학자도 이와 같은 영감을 통해 문제해결을 한 경우가 많다.
- 검증 단계: 영감만으로 창의적인 결과물을 만들 수 없으므로 해결책의 적절성을 검증하거나 아이디어가 실제로 작품으로 만들어지는지 검증한다.

2) Feldhusen의 창의적 사고 프로그램(purdue creative thinking program)

창의적 사고 프로그램에서는 오디오테이프를 활용하여 창의적 사고활동을 하도록 유도되며, 학생들의 유창성, 융통성, 독창성, 정교성을 기르는 데 목적을 둔다. 이 프로그램에서 설정한 주요 목표는 다음과 같다.

- 창의적인 인물과 사건에 초점을 맞춘다.
- 상상력을 자극하기 위해 언어 자극을 이용한다.
- 창의적인 사고 및 문제해결력을 기른다.
- 창의적인 사고를 자극하기 위해 정보를 제공한다.

이 프로그램은 세 부분으로 나뉘는데, 첫 단계에서는 창의적인 문제해결의 원리를 소개하고, 다음 단계에서는 역사적으로 유명한 사람이나 사건에 대한 토의가 진행된다. 이때 오디오테이프를 통한 청각자료의 사용은 학생들이 주제에 더욱 주의를 기울이도록 하며 상상력을 최대한 발휘하도록 돕는다. 마지막 단계는 앞서 들은 내용을 바탕으로 토의하는 과정이다.

3 창의성의 통합적 접근

지금까지 창의성 연구는 개인의 창의적 인지능력과 성격에 주로 초점을 두었으나, 최근에는 문화와 사회를 포함하여 통합적으로 보려는 경향이 있다. Feldman(1994)은 잠재력의 발달과 표현에 미치는 맥락의 영향력에 대해 연구하였다. 그는 신동(神童)은 잠재력의 표현에 영향을 미치는 사회·문화적, 역사적, 진화적 맥락에서 존재한다고 보았다. 특정한 형태의 재능은 시대정신이 그것을 선호할 때 성취될 가능성이 높으며 어떤 재능은 시대정신이 변할 때 이점이 있을 수 있다고 보았다.

Csikszentmihalyi(1996)는 지금까지 창의성 연구가 개인의 성격이나 사고에 집중되었다고 지적하고, 창의적 환경과 영역이 함께 고려되어야 한다는 창의성 체계 모델을 제시하였다. 그가 제시한 창의성 체계 모델의 첫 번째 요소는 일련의 상징적 규칙과 절차로 이루어진 영역(domain)이다. 수학은 하나의 영역이며 대수와 정수론도 각각 하나의 영역이라고 볼 수 있다. 영역은 우리가 보통 문명이라고 부르는 특별한 공동체나 인류 전체가 공유하는 상징적 지식을 의미한다. 두 번째 요소는 영역으로 가는 길목에서 문지기 역할을 하는 사람들로 구성된 활동현장이다. 바로 이 현장(field)에서 새로운 아이디어나 창작물을 영역 속에 포함할지의 여부를 결정한다. 예를 들어 시각예술의 현장은 미술교사, 미술관장, 미술수집가, 비평가, 문장을 관장하는 재단과 정부기관이 될 수 있다. 마지막으로 세 번째 요소는 개인(person)이다. 창의적인 인물은 경험에 대해 개방적이며 주변 환경에서 일어나는 일에 주의를 기울여 잠재적인 새로움을 인식하는 능력을 가지고 있으며 복합적 성향을 가지고 있다. 그의 연구 결과에 따르면 창의적 인물은 해당 영역에 대한 유전적 소질을 가지고 있고 물질적·환경적 혜택을 경험하였으며, 현장과 접할 수 있는 기회를 가지고 있었다. 그러므로 창의성은 개인의 역량과 창의성을 발현할 수 있는 현장이 마련되어야 하며, 이를 지지하는 사회환경이 조성될 때 개인의 창의적 능력이 한층 개발될 수 있다(신명희 외, 2017).

4 창의성 향상을 위한 기법

1) Osborn의 브레인스토밍

브레인스토밍(brainstorming)은 개인의 창의적인 아이디어 산출을 위해 자유로운 집단토의방법을 사용하는 것을 의미한다. 효과적인 브레인스토밍을 위한 기법에는 다음과 같은 것들이 있다(Osborn, 1963).

- 평가금지: 산출되는 아이디어에 대해서는 끝날 때까지 평가하지 않는다.
- 다양한 아이디어의 산출: 아이디어의 질에 관계없이 가능한 한 많은 아이디어를 산출하도록 한다.
- 결합과 개선: 제안된 아이디어에 새로운 아이디어를 결합시켜 개선방안을 모색한다.
- 자유로운 사고: 과거의 지식, 경험, 전통 등에 구애됨 없이 새로운 아이디어를 산출하도록 한다.

2) Gordon의 발견적 문제해결법

이 방법은 문제에 대한 광범위한 접근에서 시작하여 얻은 해결책을 직접 문제에 관련지어 구체적인 해결방안을 강구하도록 하는 것이다. 발견적 문제해결법(synectics)의 절차는 다음과 같다(Gordon, 1961).

- 참가자 구성: 문제해결에 필요한 지식과 기술 분야의 전문가를 참여시킨다.
- 문제 제시: 광범위하고 추상적인 문제를 제시한다.
- 문제 축소: 문제의 범위를 점진적으로 축소시킨다.
- 결론: 산출된 아이디어를 결합하고 개선하여 문제와 관련된 새로운 아이디어로 산출한다.

3) Eberle의 SCAMPER

브레인스토밍 기법을 창안한 Osborn은 확산적 사고(divergent thinking)를 향상시키기 위해서 아이디어를 이끌어 내는 질문들을 사용할 것을 권고하였다. Eberle은 Osborn이 제안한 핵심적인 질문들을 한데 모아서 SCAMPER라 명명하였다. 여기에는 다음과 같은 질문들이 포함된다.

- Substitute(대치하기) – 대치할 수 있는 것은?
- Combine(결합하기) – 결합할 수 있는 것은?
- Adapt(동화시키기) – 이것과 비슷한 것은?
- Modify(수정하기) – 색깔 혹은 모양을 바꾸면 나아질 것인가?
- Magnify(확대하기)/Minify(축소하기) – 더 크게/작게 만들면?
- Put to other uses(다르게 사용하기) – 다른 용도는?
- Eliminate(제거하기) – 제거할 수 있는 부분이 있는가?
- Rearrange(재배열하기) 혹은 Reverse(반전시키기) – 각 부분을 서로 바꿀 수 있는가?

4) 시각화

시각화(visualization)는 눈에 보이지 않거나 존재하지 않는 어떤 것에 대한 심상(mental image)을 생성해 내는 것이다. 교사의 안내에 따라 유도된 이미지(guided imagery)는 학생들의 기억을 증진시키고 창의적인 표현을 자극한다.

Bagley(1987)는 심상이 문제에 대한 새로운 시각 혹은 은유나 임의적 연합을 가져옴으로써 창의적인 문제해결에 도움을 준다고 하였다. 또한 Finke(1990)는 발명과정에서 심상의 사용에 대해 연구하였는데, 피험자들은 창의적인 산물을 만들기 위해 머릿속에서 주어진 이미지의 크기나 방향을 변화시키고 이미지를 서로 결합시키기도 하였다. 즉, 이러한 이미지의 변환과 조합 과정을 통해서 문제해결이 이루어지는 것이다. 이 연구에서 흥미로운 점은 과제에 제약이 가해졌을 때(예를 들어, 발명물이 속해야 하는 범주가 정해지는 경우) 창의적인 산물의 개수가 증가하였다는 것이다. 이러한 연구 결과는 여타 창의적인 사고기법의 사용에서도 제약의 효과가 존재하는지에 대한 궁금증을 불러일으킨다.

5 창의성 향상을 위한 교육 환경

교사가 학생의 창의력을 길러주기 위해 할 수 있는 가장 중요한 일은 학생으로 하여금 그들의 창의력이 인정받을 것임을 알게 하는 것이다(Woolfolk, 1995). 궁극적으로 창의적인 업적을 남긴 인물들은 대부분 어릴 때부터 새로운 것을 탐색하고 개척하며 모험을 즐기는 경향이 있다. 운이 좋으면 교사나 친구들로부터 그들의 실험에 대해 격려를 받기도 하지만, 이들의 모험심은 흔히 반항으로 받아들여진다(Gardner, 1993).

하루하루 교실에서 바쁘게 생활하는 가운데 교사들은 스스로가 무슨 일을 하고 있는지 깨닫지도 못한 채 학생들의 창의적인 생각들을 억누르는 경우가 많다. 교사들은 독창성과 상상력을 수용하거나 거부함으로써 학생들이 창의력을 촉진시키거나 억제할 수 있는 가장 좋은 위치에 있다. 김언주(1998)는 이러한 현실과 관련하여 창의력 배양을 위한 교육 환경의 조성에 대해 다음과 같이 제언하고 있다.

■ 교사는 창의적 사고가 무엇인지 알아야 한다

교사는 창의력의 정의와 예를 알아야 하며, 창의력 검사에 대해서도 해박한 지식을 쌓아야 한다. 왜냐하면 이러한 지식을 이용하여 학생의 창의적 행동이나 새로운 아이디어에 대해 보상해 줄 수 있기 때문이다.

■ 교사는 자신의 문제해결 방법이 최선인 것 같이 학생에게 강요하지 말아야 한다

교사는 자신의 문제해결 방법에 대해 학생이 비판할 때 개방적인 태도를 취해야 한다.

■ 교사는 자신의 창의적 사고가 출현될 수 있는 조건을 마련해 주어야 한다

학생들에게 정답이 여러 개인 문제를 숙제로 주어야 하며, 앞뒤가 맞지 않는 독선이나 불일치 상태를 경험시켜야 한다.

■ 교사는 말을 잘 듣는 학생보다는 교사 자신과는 다른 기발한 아이디어를 창출해 내는 학생에게 더 많은 보상을 주어야 한다

■ 교사는 학생들의 창의력에 대한 학생 자신의 부정적 태도를 제거시켜야 한다

학생들이 "나는 창의적이지 못하다." "나는 일상적인 일 외에는 결코 하지 않는다."는 식으로 자신을 부정적으로 평가하지 않도록 지도하는 동시에 "나는 창의적이다." "나는 관습적인 해결 방법에 도전한다." 등으로 자신을 긍정적으로 평가하도록 지도해야 한다.

■ 교사는 학생들이 문제해결에 관한 창의적 기법을 습득하도록 지도해야 한다

Bransford(1984)의 IDEAL 모형이란 어떤 문제가 있을 때, 첫째로 문제를 발견하고(Identify), 둘째로 문제를 정의하고(Define), 셋째로 문제해결 전략을 탐색하고(Explore), 넷째로 개발된 전략을 적용하고(Act), 다섯째로 전략의 효과를 반성하는(Look) 사고 과정을 의미한다. 이런 IDEAL 모형을 모든 문제해결시에 거의 자동적으로 실천하도록 하는 것이 필요하다.

■ 문제해결 방법은 특정 교과 영역별로 개발되어야 하며, 특정 교과의 교육 과정에 삽입되어야 한다

학생들은 예와 연습 문제를 해결하는 과정에서 해당 교과목에 대한 지식을 습득하는 동시에 일반 기능이 적용되지 않는 경우를 구체적으로 경험하여야 한다.

생각해 볼 문제

1 학교에서 집단적으로 실시하는 지능 검사가 바람직한지 집단 지능 검사 실시의 긍정적인 면과 부정적인 면에 대하여 설명하시오.

2 지능 발달의 초기 환경의 중요성을 언급하면서, 현재 유아교육현장에 과열된 교육 열기의 문제점을 논의하시오.

3 Sternberg의 삼원지능 이론과 Gardner의 다중지능 이론을 비교하여 설명하고, 4차 산업혁명시대를 맞이하는 우리나라 교육현장에 주는 시사점을 논의하시오.

4 정서지능 이론을 설명하고, 인공지능사회에 정서지능의 역할이 무엇이 될지 논의하시오.

Chapter

11 생활 지도 및 상담

급변하는 사회에서 발생하는 문제들에 대해 아동이 자신의 주변을 이해하고 문제 상황에 대처하며 생활할 수 있는 능력을 함양시켜 민주시민의 일원으로 성장하며 발달할 수 있게 이끄는 것이 생활 지도와 상담이다. 이 장에서는 학생들이 자신의 세계를 보다 잘 적응하여 사회적 존재로 전인적 성장을 할 수 있도록 돕기 위한 생활 지도와 상담 이론을 구체적으로 살펴볼 것이다.

생활 지도

1 생활 지도의 의의

1) 생활 지도의 정의

생활 지도란 'guidance'의 뜻으로 '이끈다, 안내한다'의 의미를 가지고 있으며, 자라나는 아동과 청소년을 바람직한 방향으로 이끌어 준다는 의미를 뜻한다. 생활 지도의 개념에 대해 "학생들이 자기 지도를 할 수 있도록 도와주는 것" 또는 "개인이나 집단을 구성하고 있는 개인들이 자신을 이해하고 자신의 능력을 최대한 활용하여 환경에 적응할 수 있도록 도와주는 여러 가지 활동"으로 학생의 자기 이해와 자기 발전 및 적응에 관련된 모든 조력을 생활 지도라고 할 수 있다. 즉, 생활 지도란 학생 개인이 일상생활에 있어서 해결해야 할 여러 가지 문제를 자기 힘으로 해결할 수 있도록 도와주는 과정(helping process)인 것이다.

Shertzer(1971)는 "생활 지도란 개인으로 하여금 자기 자신과 자기를 둘러싸고 있는 환경을 이해할 수 있도록 도와주는 교육 활동"이라 하였다. 이 정의가 내포하는 몇 가지 특징에 대해서 주목할 필요가 있다.

사진출처: Newsweek(2009). p.86.

첫째, 생활 지도는 개인(individual)을 돕는 기능을 한다. 여기서 개인이란 학교라는 상황 내에서의 학생을 뜻하며, 보다 구체적으로는 정상 학생, 즉 정상적인 발달 과정에서 일어나는 문제나 관심사에 대해서 도움을 필요로 하는 학생들을 말한다. 따라서 생활 지도가 필요한 학생은 특정 학생에 국한되지 않는 거의 모든 학생을 의미한다.

둘째, 학생 지도에서는 자기 자신과 자기가 경험하는 세계에 대한 이해를 돕는다. 이것은 개인이 자기 자신을 이해하고 자기 정체감을 인식함과 아울러 자기 주변의 현실과 사람들을 보다 확실하게 그리고 깊이 있게 이해함을 뜻하며, 이러한 이해를 기초로 자기 통합을 유지·발전시킨다.

셋째, 생활 지도는 조력(helping)이다. 이 말은 어떤 곤경을 이겨낼 수 있도록 돕거나 보조한다는 의미로서 생활 지도는 정신 의학, 심리학, 사회 사업 등과 같은 보조 활동과 같이 전문적인 조력을 제공함으로써 인간의 수많은 어려운 문제들을 미리 예방하고 치료하며, 개선하는 데 중요한 목적을 갖는다.

넷째, 생활 지도는 하나의 과정(process)이다. 이 말은 계속적이고 장기적인 변화 현상을 의미하며, 단 한 번의 도움으로 이루어지는 것이 아니라 목표를 지향하는 지속적인 활동 또는 단계를 포함한다.

2) 생활 지도의 목적

생활 지도의 궁극적인 목적은 학생으로 하여금 자기의 능력과 흥미를 이해시켜 최대한의 개인적인 발전을 이루도록 하며 그것을 자기 생활의 목적과 결부시켜 원만하고 가치 있는 삶을 영위하고 좀 더 나아가서는 민주 사회의 바람직한 구성원으로 사회 복지를 위해 기여할 수 있도록 지도하는 것이다. 따라서 학생 개인에게 민주적인 생활 양식과 실천의 기회를 주어 생활 목적의 선택이나 그 목적에 도달하는 방법의 결정에 필요한 조언을 해 주며, 학생 개인으로 하여금 자율성과 창의성을 발휘하여 자기 실현(self-realization)·자기 지향(self-direction)을 가능하도록 지도하는 것이다.

생활 지도는 궁극적으로 학생 개개인을 돕는 활동이지만 생활 지도를 실천해 나가는 과정에서 학생뿐만 아니라 교사와 학교에도 많은 도움을 주게 된다. 생활 지도의 목적은 학생에게 도움을 주는 면과 교사와 학교에 도움을 주는 면 등 크게 두 가지 방향으로 생각할 수 있다.

(1) 학생에게 도움을 주는 면

- 학생이 자신에 대한 이해와 통찰을 정확하게 하여 자율적이고 자주적인 생활 습관을 갖도록 하며 사회에 최대한 공헌하도록 도와준다.
- 학생이 수시로 당면하는 자신의 문제 상태를 정확히 파악하고 자기 스스로 문제를 해결할 수 있도록 도와준다.
- 학생이 문제 상태에 당면하였을 때 현명한 선택과 적절한 적응을 하여 정신 건강(mental health)을 증진할 수 있도록 도와준다.
- 학생이 가능한 한 자신의 노력으로 그들이 타고난 여러 가지 자질을 발견하여 최대한으로 계발할 수 있도록 도와준다.
- 학생이 신체적·지적·정서적·사회적인 모든 면에서 안정되고 조화로운 삶을 누릴 수 있도록 도와준다.
- 학생이 건전하고 성숙된 적응을 할 수 있는 영구적인 터전을 닦을 수 있도록 도와준다.

(2) 교사와 학교에 도움을 주는 면

- 교사가 학생을 보다 정확하게 이해할 수 있도록 도와준다.
- 교사가 학생의 행동을 분석하고 이해하는 기술, 즉 생활 지도에 임하는 바람직한 태도를 가지도록 도와준다.
- 교사 자신이 취급하기 곤란한 문제를 가진 학생을 발견하면 그 학생을 전문적인 상담자에게 위탁시키도록 한다.
- 학교 행정가가 생활 지도 계획의 실천을 통하여 학생의 요구를 알 수 있도록 도와준다.
- 학교 행정가가 생활 지도 계획의 실천을 통하여 지역 사회와 유대를 가지게 되도록 도와준다.
- 생활 지도 계획은 교사와 학교 자체의 연구 활동에도 많은 도움을 준다.

3) 생활 지도의 원리

생활 지도는 종래의 훈육과 크게 다르다. 사람을 지도하는 기본 관점에서도 차이가 있지만, 방법면에서도 지도의 원리가 다르다. 훈육에서는 일방적인 규칙이나 체벌을 중시하고 있으나 생활 지도의 원리는 다음과 같이 요약할 수 있다.

첫째, 생활 지도 운영에서 고려해야 할 점은 예방의 원칙이다. 생활 지도를 통해 학생이 일상생활에서 해결해야 할 여러 가지 문제를 스스로 해결하도록 도와준다. 그러나 문제가 일어났을 때 그 해결을 도와주는 것도 중요하지만 문제가 일어나지 않도록 하는 사전 지도가 더욱 중요하다. 즉 치료와 교정도 생활 지도의 중요한 부분이지만, 자라나는 세대의 올바른 성장 발달을 방해하는 악조건을 제거하는 동시에 바람직한 성장을 조성하는 좋은 조건을 제공하는 것은 더욱 중요한 일이다. 그러므로 최근에는 치료적 지도(remedial guidance)보다도 예방적 지도(preventive guidance)가 중시되고 있다. 현대 의학의 조류도 역시 예방 의학을 중시하는 경향으로 가고 있듯이 학생이 가질 수 있는 여러 가지 문제들을 사전에 면밀히 조사하여 이에 대한 대책을 수립한 실천은 대단히 바람직한 일이다. 따라서 치료와 교정에는 노력과 시간과 경비가 많이 소요되는 데 비하여 예방은 그렇지 않은 점에서도 유리하다.

둘째, 생활 지도가 일부 비정상 학생에게만 한정되어서는 안 된다. 즉, 교육의 근본 이념의 하나로서 교육이 주는 혜택이 모든 학생에게 미쳐야 한다. 다시 말해서 지능이 낮고 공부를 못하는 학생이나 신체적인 결함이 있어 사회적으로 고립된 학생만이 생활 지도의 대상이 아니라, 지능도 높고 공부도 잘 하며 신체적으로도 정상이고, 사회적으로도 잘 적응되어 있는 학생까지도 생활 지도의 대상이 된다. 이는 생활 지도가 모든 학생의 건전한 심신의 성장 발달을 도모하기 위한 것이라는 생활 지도의 기본 개념과 목표에 일치되는 것이라고 할 수 있다.

셋째, 생활 지도는 학생이 자율적·자발적인 행동을 하도록 조력하는 것이다. 학생들이 당면한 문제를 해결할 수 있도록 기회를 마련해 준다. 이를테면 생활 지도는 권위에 의한 강요가 아니라 자율적이고 합리적인 방법을 제시해 줌으로써 학생의 자기 이해와 자기 발견을 돕고자 한다. 그러므로 생활 지도는 실천의 주도권을 항상 학생 그 자신에게 두고, 교사는 다만 그들의 자발성을 촉구하면서 조력해 나간다.

넷째, 생활 지도는 연속적이고 장기적으로 운영되어야 그 성과가 이루어진다. 자기 스스로의 힘으로 문제를 해결할 수 있는 능력을 기른다는 것은 모든 인간이 평생 동안 노력해야 할 삶의 목적이다. 이런 목적을 위하여 전개되는 생활 지도는 단편적인 문제 발생 시 뿐 아니라 종합적 계획 아래 목표를 지향하는 연속적 지도 과정으로 이루어진다. 생활 지도는 한 개인의 교육 과정 전반에 걸친 발달, 즉 평생 교육에 관심을 가짐으로써 연속적이고 장기적인 관계를 통하여 개인을 돕고자 한다.

다섯째, 생활 지도는 임상적인 판단에만 의존하지 않고 좀 더 나아가 과학적 근거를 기초로 하며, 편견이 없는 정확하고 객관적인 지도 과정을 이루도록 노력해야 한다. 생활 지도에서 과학적인 도구의 예로는 지능, 학력, 적성, 흥미, 성격, 가정 환경 등을 측정할 수 있는 각종 표준화 심리 검사를 들 수 있다. 이러한 검사들이 완전하지 못하다 하더라도 상식적이고 주관적인 판단에서 오는 여러 가지 편견과 오류를 시정해 주는 중요한 역할을 한다.

2 생활 지도의 영역

생활 지도는 본래 직업 지도에서 시작되었으나 그 후 활동 영역이 확대되어 교육 활동의 중요한 내용이 되었다. 오늘날의 생활 지도는 교육의 전 영역에 걸쳐 광범위하게 활동 내용이 확대되고 그 방법도 다양화되었다.

생활 지도 활동의 전체적인 윤곽을 이해하기 위하여 이를 문제의 성질, 활동 방법 및 집단 조직의 형태에 따라 대체로 다음과 같이 나눌 수 있다.

첫째, 학생들의 행동 측면의 성장과 발달을 돕기 위한 활동이며, 학생들의 문제 행동을 교정·지도하며, 어떠한 내용의 정보를 제공함으로써 현명한 자기 결정과 적응을 가져올 것인가 등의 문제 성질에 따라 생활 지도 활동을 다음과 같이 나눌 수 있다.

- 교육 지도(educational guidance): 신입생을 위한 오리엔테이션, 학업 부진아 지도, 학습 방법 지도, 독서 지도 및 기타 학습상의 문제 지도
- 인성 지도(personal guidance): 개성 문제, 정서 문제, 성격 문제, 욕구 불만의 진단과 해석, 습관 교정, 개성과 적응 문제 그리고 기타 심리적 장애의 진단과 치료 및 교육
- 직업 지도(vocational guidance): 직업 적성 지도, 진학 지도 및 직업 선택 지도와 정보 제공, 추후 지도 및 기타 직업에 관한 문제 지도
- 사회성 지도(social guidance): 교우 관계, 이성 문제, 가족 문제 및 기타 사회 및 대인 관계에서 생기는 문제 지도
- 건강 지도(health guidance): 신체 장애, 각종 질병, 위생 및 기타 각종 건강에 관련된 문제 지도
- 여가 지도(leisure time guidance): 여가 선용, 각종 취미, 오락 활동, 놀이 및 기타 여가 시간 활용에 관한 지도

둘째, 지도해야 할 학생의 문제성에 비추어 지도 계획과 지도 장면을 어떻게 구성할 것이며, 또는 어떤 지도 기술을 적용할 것이냐에 따라 생활 지도 활동의 방법은 달라진다. 지도 방법에 따라 생활 지도 활동을 나누면 학생 조사 활동(student inventory service), 정보 활동(information service), 상담 활동(counseling service), 정치 활동(placement service), 추후 활동(follow-up service) 등으로 나눌 수 있다.

1) 조사 활동

조사 활동은 생활 지도의 계획이나 실천을 위해 보다 과학적이고도 정확한 학생들의 실태를 파악하거나 학생들의 자기 이해를 도울 수 있는 정보를 제공하기 위한 활동이다. Taxler(1945)는 학생 조사 활동의 범위를 가정 환경, 출신 학교의 성적(학업 성취도), 학업 적성 또는 지적 능력, 신체 및 정신 건강, 교외 생활, 학습 및 직업 흥미, 특수 능력, 성격 및 장래 계획 등으로 잡고 있다.

한편, 학생 조사 활동을 위한 방법은 주로 검사 활동과 비검사 활동으로 나뉠 수 있다. 구체적으로는 각종 표준화 심리 검사, 학업 성취도 검사, 환경 조

사, 질병 검사, 생활사 조사, 가족 관계 조사, 교우 관계 조사, 관찰에 의한 행동의 누가 기록 및 기타 필요하다고 생각되는 각종 조사 방법이 활용되고 있다. 실제 생활 지도 장면에서는 이들 여러 가지 방법을 병용하는 경우도 많다.

학생 조사 활동이 보다 학생들의 과학적인 자기 이해와 문제해결을 돕게 되기 위해서는 특히 다음 사항에 유의하여야 할 것이다.

- 객관적이고 신뢰도가 높은 조사가 되어야 한다.
- 생활 지도의 목적에 합당해야 한다.
- 여러 가지 가능한 방법이나 기술을 종합적으로 활용해야 한다.
- 조사 결과를 기록, 정리, 보관하여 실제 지도에 활용될 수 있도록 해야 한다.

2) 정보 활동

학생들의 생활을 둘러싸고 있는 직접적·간접적 환경과 아울러 그들의 문제해결에 관련된 여러 가지 정보를 학생들이 정확히 파악한다는 것은 학생들의 자율적 성장을 돕는 생활 지도에서 무엇보다도 중요한 요소가 된다. 그러므로 필요한 정보를 광범위하고 풍부하게 수집하고 이를 활용함으로써 학생들로 하여금 모든 문제를 만족스럽게 해결할 수 있도록 돕는다. 학생의 생활과 계획 수립에 도움이 되는 정보를 편의상 다음의 세 가지로 나눌 수 있다.

(1) 교육에 관한 정보

- 학교 생활에 관한 정보
- 상급 학교 진학에 관한 정보
- 장학금 지급에 관한 정보
- 학습 방법 및 전략에 관한 정보
- 도서관 이용 방법에 관한 정보

(2) 직업에 관한 정보

- 직업군(occupational group) 또는 직업의 종류에 관한 정보
- 직업에서 필요로 하는 적성에 관한 정보
- 직업의 조건 및 전망에 관한 정보

(3) 개인 및 사회 적응에 관한 정보

- 자기 이해에 관한 정보
- 타인 이해에 관한 정보
- 대인 관계에 관한 정보
- 가족 관계에 관한 정보
- 성교육에 관한 정보
- 가치관, 도덕, 종교 등에 관한 정보

이와 같은 정보는 학교 자체에서 조사하거나 각종 인쇄물을 통하여 수집, 정리, 보관하여 개인 상담이나 집단 활동을 통해 제공하게 된다. 그러나 정보의 제공은 그 자체가 교육적 과정이라는 사실을 유념하여 학생들의 성취도나 요구 및 흥미에 맞추어 교육적으로 제공되어야 한다.

3) 상담 활동

생활 지도에 포함된 활동 중에서도 상담 활동은 가장 핵심적인 기능을 담당하고 있다. 지도 조언을 담당하는 상담자(counselor)가 지도 조언을 필요로 하는 피상담자(counselee)와의 만남을 통해 피상담자의 문제해결을 돕기 위한 활동을 말한다.

상담 활동의 목표는 학생들로 하여금 최대한으로 자율적인 발달, 즉 책임 있는 독립심을 키우고 현실적인 자기 이해를 성취할 수 있도록 돕는 데 있다. 이는 학생들로 하여금 삶의 여러 사태에서 당면하게 되는 문제를 학생 스스로 해결할 수 있는 힘을 키우는 동시에 학생들이 적절한 감정 처리를 할 수 있도록 도와줌으로써 정신 건강을 향상시키고 적응을 돕는 활동이다.

상담 활동은 각 상담자마다 피상담자의 문제를 이해하기 위한 접근 방법을 달리하고 그에 따라 구체적인 과정에도 차이가 있기 마련이나 대체로 관계, 역동성의 탐색, 해석 및 재방향지움 등의 측면에 비추어 검토될 수 있다(Dinkmeyer, 1964).

첫째, 상담자와 피상담자와의 협동적인 관계가 설정된다. 즉, 상담자와 피상담자는 공통의 목적을 설정하게 되므로 양자의 관계는 상호 협력적이다.

둘째, 현실 생활 장면에 대한 학생의 견해를 구명하기 위한 탐색이 이루어진다. 즉, 상담자가 피상담자의 당면한 문제를 검토한다.

셋째, 상담자의 해석은 목표에 강조점을 둔다. 해석은 피상담자 자신의 감정뿐만 아니라 이들 감정의 목적에 비추어 검토되고 개인의 목적과 의도가 지적된다.

넷째, 피상담자로 하여금 자신의 그릇된 개념을 버리게 하고 보다 정확한 개념을 정립하는 재방향지움(reorientation)의 단계가 일어나게 된다.

4) 정치 활동

정치 활동이란 직업 지도, 장학 지도, 학과 선택 지도 등에 있어서 자신과 진로를 정확하게 이해하여 자기 자신의 정치(placement)를 현명하게 선택하는 데 조력을 하는 활동이다. 이같은 정치 활동은 직업적 정치(vocational placement)와 교육적 정치(educational placement) 활동으로 나누게 된다. 즉 학생으로 하여금 직업을 선택하게 한다든지, 어떤 선택 과목, 특별 활동만을 선택하게 한다든지, 홈룸(home room)이나 동아리 활동의 부서에 참여·배치케 한다든지, 어떤 상급 학교나 특정한 학교에 입학하게 하는 등의 다음 단계로 옮겨나가기 위해 적성에 맞도록 필요한 조력을 하는 활동을 말한다. 이러한 정치 활동은 종류에 따라 다르며, 교직원이 각각 부담하는 경우가 있고, 상담자 또는 교장, 교감의 책임하에 일정한 정치 센터(placement center)를 설치하여 거기서 모든 교직원과 지역 사회 인사의 협조를 얻어 전체적인 계획 밑에 학생들의 직업 알선이나 기타 정치 활동을 하는 경우가 있다. 그러나 대개의 경우 교육 정치에 관계되는 활동은 상담자, 교장, 교감과 여러 교사의 협조를 얻어 학교 교사가 자신의 학급 학생들의 교육 정치와 직업 정치 등의 책임을 지는 경우가 많다.

이와 같은 정치 활동은 개인과 사회의 필요에 따라 이루어져야 하기 때문에 각종 조사 활동, 정보 활동에서 얻은 자료를 근거로 해야만 합리적인 활동을 기대할 수 있다. 직업 정치에서는 학교와 지역 사회가 공공 관계의 수립을 전체로 학교의 조직적 정치 활동을 통해서 많은 재학생이나 중퇴생, 졸업생이 만족스러운 직업을 찾아 취업할 수 있도록 하며, 취업 후 사회적·교육적·직업적으로 잘 대응해 나갈 수 있도록 도와주어야 한다. 그러기 위해서는 정치 센터를 두고 교직원들이 통합적 노력을 체계적이며 효과적으로 발휘할 수 있도록 마련하는 일이 중요하다.

5) 추후 활동

추후 활동이란 생활 지도의 혜택을 받았던 학생들이 학교에 재학하고 있을 때나 졸업한 뒤에도 개인적·사회적 적응을 어떻게 하고 있는가를 계속 체계적으로 확인해 보고 지도·평가하는 활동이다. 추후 활동은 학생들의 발전에 관심을 갖지 않을 수 없는 상담자와 생활 지도 위원회에서 효과의 지속성을 조사하는 활동으로 의료 기관에서 시간이 경과한 후 실시하는 재검진과 같이 생활 지도 계획에서도 중요성을 가지고 있다. 추후 활동은 치밀한 계획 아래서 이루어지는 것이 보통이나 어떤 활동은 우발적일 수도 있다. Traxler는 추후 활동을 다음과 같이 나누고 있다.

첫째, 우발적인 추후 지도 활동으로서 상담자나 교사들은 그들의 정상적인 활동의 일부분으로 추후 지도를 하고 있다. 즉, 상담자나 교사가 때때로 학생들에게 준 조언의 결과를 알아보는 경우와 필요한 추가적인 정보를 얻기 위해 추후 면접하는 경우 등을 추후 지도 활동이라고 한다.

둘째, 사례연구의 대상이 되었거나 집중적으로 교정적인 도움을 받았던 학생에 관한 추후 지도 활동이다. 그러나 일반적으로 생활 지도의 효과는 몇 주간의 짧은 기간에 나타날 수가 없으므로 학교의 바쁜 사정이 이와 같은 중요한 사례연구와 교정적인 도움을 오랜 시일에 걸쳐 뒷받침하지 못하고 있다.

셋째, 졸업이나 중퇴로 학교를 떠난 사람들에 관한 추후 지도 활동이다.

넷째, 졸업 예정자들에 대한 것으로 직장을 얻으려고 하는 학생들이나 상급 학교에 진학하고자 하는 학생들에 관한 추후 지도 활동이다.

이상과 같은 추후 지도 활동을 통하여 학교의 생활 지도 계획 및 지도 방법을 반성, 평가하고 그 개선을 도모하는 자료로 삼는 것 또한 중요한 일이다.

이와 같이 생활 지도 활동은 시대적 상황과 사회적 변화에 따라 다양한 모형으로 제시되면서 학생들을 조력하는 데 실질적으로 기여해 왔다. Pietrofesa(1980)가 제시하는 생활 지도의 발전 과정과 생활 지도의 모형 각각의 특징을 제시하면 다음과 같다.

표 11.1 생활 지도 모형의 발전 과정

모형	대표학자	주제	연대
Parson 모형	Frank Parsons, Meyer Bloomfield, Hugo Munsterberg	직업 지도와 배치	1900~1920
교육으로서의 생활 지도	John Nrewer, William Proctor	생활 지도의 교육으로서의 통합	1915~1930
배치와 적응으로서의 생활 지도	Leonard Koss, Grayson Kefauver	학생 배치와 작업 적응	1925~1940
임상적 과정으로서의 생활 지도	D.G. Patterson, E.C. Williamson, C. Rogers	개인 간 연구	1930~1945 1940~1970
의사결정 과정으로서의 생활 지도	Authur Jones, George Meyers	개인의 의사결정 지도	1949~1960
절충적 봉사자로서의 생활 지도	Ruth Strong, Authur Traxler, Clifford Froehlich, John Darley	훈련, 다면적 접근, 일련의 봉사 활동으로서의 생활 지도	1950~현재
발달적 과정으로서의 생활 지도	Herman Peters, Gail Farwell, Robert Mathewson	전생애에 걸친 생활 지도	1955~현재
사회적 조정으로서의 생활 지도	Edwars Shoehen	사회 문화적 재건주의자로서의 상담가 역할	1960~현재
심리 교육으로서의 생활 지도	Norm Sprinthall, Eric Berne, Allen Iyey	심리 교육을 통한 자아 발달	1970~현재

출처: Pietrofesa et al. (1980).

상 담

1 상담

1) 상담의 의의

상담(counseling)이란 라틴어 counselere에서 유래된 용어로서 고려하다(to consider), 반성하다(to reflect), 숙고하다(to deliberate), 상담하다(to consult), 조언을 받다(to take counsel), 조언을 구하다(to ask counsel of) 등의 의미를 가진다. 오늘날 우리가 사용하고 있는 상담이란 말은 Williamson의 저서인 『학생 상담의 방법(How to Counseling Student)』(1939)에서 처음으로 사용하였고, 그 이전에는 치료, 처치(treatment) 등의 용어를 사용한 것으로 알려져 있다.

상담에 대한 정의는 학자들에 따라 약간의 차이가 있다. 전통적인 임상 상담과 관련이 깊은 Bingham과 Moore는 "상담이란 목적을 가진 회화"라고 하였으며, Strang은 "상담은 가장 잘 받아들일 수 있는 자아(acceptable self)를 발전시키고 개인적 문제를 해결하며, 도움을 필요로 하는 개인이 수용적인 분위기에서 자기 자신에 관해 생각함으로써 통찰력을 얻을 수 있는 기회를 제공해 주는 대면적 관계(face to face relationship)"라고 하였다.

Rogers는 "상담이란 피상담자로 하여금 새로운 방향에서 발전적인 한 발자국을 내디딜 수 있을 정도로 자기 자신에 대해 이해하도록 도와주는 구조화되고 허용적인 관계"라고 하였다. 또한 그는 "상담은 훈련받은 상담자와 도움을 받고자 하는 피상담자를 연결짓는 상호작용적인 과정으로서, 이때 상담자는 피상담자의 감정을 수용하고 명료화하여 허용한다"라고 조작적 정의(operational definition)를 내렸다.

이 밖에도 상담에 대한 다양한 정의가 있으나 이상적인 상담이란 올바른 적응을 하기 위해 조력을 필요로 하는 개인, 즉 피상담자(counselee, client)가 조력자로서 전문적 훈련을 받은 상담자(counselor)와 직접 면접을 통하여 이루어 가는 전인적 학습 과정을 말한다. 즉 상담은 성장·발달하는 잠재력을 가진 유기체로서의 개인을 중심으로 해서 파악, 조력하는 임상 과정이다. 따라서 상담은 발달된 심리학적인 기술과 도구를 사용함에 그치는 것이 아니라 한 개인의 혹은 집단의 가치, 사회 환경, 현실 문제 등을 폭넓게 다루는 대인 간 태도의 학문이라고 할 수 있다.

이와 같은 상담의 정의를 정리해 보면 다음과 같다.

첫째, 전문적이며 임상적인 활동이다. 상담은 어디까지나 상담자의 전문적인 자질을 필수적으로 수반하는 직업적 활동이다. 따라서 상담은 실험에 의해서 전해오는 과정이 아니라 상담자의 경험과 지식, 인품 등의 자질을 바탕으로 실제 상황에서 진행되는 임상적 활동이라고 할 수 있다.

둘째, 일대일 과정(one to one process) 또는 한 사람 대 한 사람의 관계(person-to-person process)이다. 상담은 도움을 주고자 하는 사람과 도움을 받고자 하는 사람의 개인 대 개인의 인간 관계에 의해 성립된다. 즉, 두 사람이 얼굴을 마주 대하는 대면 관계(face to face)인 것이다. 학생들의 문제들 중에는 집단적 활동을 통해서 보다 적절히 해결될 수 있는 것도 있겠지만, 가장 개인적이고 정서적인 문제들은 일대일의 관계인 상담자-피상담자의 관계를 통해서 해결될 수 있다고 본다. 또한 Boyd와 Pinel 등은 이러한 관계를 사람 속의 사람(person in person) 관계라는 말로 표시하여 서로 심리적으로 만나고 수용하는 관계를 강조하였다. Sulivan도 이러한 일대일의 두 사람의 관계를 tow-group이라는 독특한 표현을 사용하여 면접 과정에서 일대일 과정의 중요성을 강조하였다.

셋째, 언어를 매개로 하는 관계이다. 상담자와 피상담자가 직접 얼굴을 마주하고 대화하는 가운데 표정과 몸짓과 손짓을 곁들인 언어적 상호작용을 하는 관계이다.

넷째, 피상담자의 문제와 필요를 중심으로, 즉 피상담자인 학생을 중심으로 진행되는 활동이다.

다섯째, 상담자는 자기가 사용하는 심리학적 도구나 기술에 숙달되어야 하며, 이러한 숙달 과정은 상담자가 예측을 내릴 수 있는 능력에 많은 도움을 준다. 상담 과정은 상담자의 보다 정확한 예측에 기초를 두어야 하며, 이 정확한 예측에 의해 상담의 결과를 평가할 수 있다.

여섯째, 상담자와 피상담자 간에 비밀 보장, 그리고 인간적인 깊은 신뢰감이 성립되어야 한다. 비밀 유지는 상담자의 최고 윤리이기도 하다.

일곱째, 상담은 개인의 성장 발달에 초점을 맞추어 그의 잠재력을 최대한 발휘할 수 있도록 하는 학습 과정의 하나이다.

2) 상담의 목표

상담의 궁극적인 목표는 내담자의 성장과 발달을 촉진시키는 데 있다.

이런 목표는 일반적이고 추상적인 수준의 광의의 목표라고 할 수 있는데 실제 사례를 다룸에 있어서는 보다 구체적인 목표를 정리해 볼 필요가 있다. Shertzer Stone(1996)은 다음과 같은 목표를 제시하였다.

- 행동 변화: 상담은 개인이 좀 더 생산적이고 행복한 생활을 하는 데 도움되는 행동을 형성하거나 증가시키도록 한다.
- 정신 건강의 증진: 정신이 건강해야 개인은 성격적인 통합을 이루게 되고 잘 적응하여 건전한 인간 관계를 형성할 수 있다.
- 문제의 해결: 상담의 목표는 내담자가 가지고 오는 문제가 무엇이든지 이를 적극적으로 해결하려고 한다.
- 개인적 효율성의 향상: 내담자의 사고, 행동, 의사결정의 효율성 향상을 도모한다.
- 의사결정: 상담자가 어떤 결정을 내리지 않고 내담자 스스로가 의사결정을 내리도록 돕는다.

3) 상담자의 역할과 자질

(1) 상담자의 역할

상담에서는 상담자 자신이 경험을 통하여 개발해야 하는 전문가로서의 역량과 상담자의 타고난 성품 등이 무엇보다 중요하다. 즉, 상담에서는 '상담자가 어떠한 사람이냐'라는 문제가 무엇보다 강조된다.

Wrenn(1962)은 학교에서의 상담자 역할을 논할 때는 다음 사항을 참조해야 한다고 말하였다.

- 학교 상담자는 학교에서의 기능에 있어서는 일반 교사와 같으며, 상담자 각자의 특유한 개인적 자질과 그가 받은 전문 교육에 따라서 다를 수도 있으나, 한 가지 이상의 전문 분야를 가지는 전문가여야 한다.
- 피상담자는 학생뿐만 아니라 교사, 부모, 행정가도 포함된다.
- 상담자는 M.A. 과정 또는 그 이상의 특수한 전문적 훈련을 받은 교육자여야 한다.
- 상담자의 기술은 반드시 개인 상담에 필요할 뿐만 아니라 집단 지도, 집단 상담에 필요하게 된다.
- 상담자 자신의 전문 교육과 현장에서의 경험을 포함한 비교적 높은 수준의 심리학적 소양을 가지고 있어야 한다.
- 원칙적으로 학생의 정상적인 성장·발달의 필요(normal growth needs)에만 관여해야 하며, 긴급한 문제보다는 정상적인 성격 발달에 보다 관심을 두어야 한다.

Wrenn이 강조하고 있는 내용은 상담자를 우선 교육자로 또는 학교 생활 지도 담당자로서의 역할과 위치를 강조하고 있다. 또한 그의 연구에서는 상담자의 기능적인 역할을 종합하는 새로운 지침을 제시하였다.

- 학생의 자기 이해와 자기 수용을 도와주어야 한다.
- 학생의 자기 이해에 영향을 줄 문화적·사회적·세계적 변화에 민감하여야 한다.
- 학생이 현명한 교육적·직업적 선택을 하도록 도와주어야 한다.
- 학생을 위하여 집단 학습 경험을 제공한다. 이 집단 학습 경험을 사용함으로써 한 학생이 다른 학생으로부터 배우고 자기에 대한 그들의 반응 속에 비친 자신을 볼 기회가 있게 되기 때문에 대단히 가치 있는 활동이다.
- 학생의 자기 책임감을 높여 주어야 한다.
- 학생의 재능의 다양성을 수용하고 고무하여야 한다.

(2) 상담자의 자질

상담자는 상담 이론 및 기법뿐 아니라 심리학의 여러 연구 영역과 사회학적 전문 지식, 철학적 기초 등 다양한 전문적 자질을 갖추고 있어야 하며, 상담자의 최고 윤리라고 할 수 있는 비밀 보장 및 언행 일치, 지속적인 자기 평가에 대한 개인적 철학을 갖추고 있어야 한다. 또한 상담자는 내담자에 대한 성숙한 인간 모델로서의 인성적 자질을 갖추도록 노력해야 하는데, George와 Cristiani (1981)는 그들의 저서에서 유능한 상담자의 인성적 특징을 다음과 같이 정리하고 있다.

- 자신의 경험에 대해 개방적이고 수용적일 것
- 자신의 가치와 신념을 알고 있을 것
- 다른 사람과 온정적이고 깊은 관계를 발전시켜 나갈 수 있을 것
- 실제 있는 그대로 다른 사람을 볼 수 있도록 허용할 것
- 자신의 행동에 대한 개인적 책임을 수용할 것
- 현실적인 포부 수준을 발전시켜 나갈 것

2 상담 이론

1) 정신분석 상담 이론

(1) 정신분석 상담 개요

정신분석은 Freud에 의해 창시된 상담이론이다. 정신분석 상담이론에서는 인간의 마음이 원초아(id), 자아(ego), 초자아(super ego)로 구성되며, 이러한 심리적 세력 간의 정신역동에 의해 인간의 행동이 결정된다고 보았다. 인간의 본능적 충동만을 가진 상태로 유아는 어린 시절의 경험을 통해 성격구조가 형성되며 부모와의 상호작용 중 갈등 경험은 무의식 속에 축적되어 성장한 후에 발생하는 심리 문제의 근원을 이룬다.

정신분석 상담이론의 목적은 첫째, 무의식을 의식화하여 개인의 성격구조를 수정하고 행동의 무의식적 동기를 이해하여 보다 현실적으로 행동하도록 돕는 것이다. 무의식에 근거하고 있는 내담자의 문제행동에 대한 각성과 통찰을 도와 내담자의 내부 갈등을 해결하여 건강한 정신을 찾도록 도와준다. 둘째, 본능의 충동에 따르지 않고 현실에 맞게 행동하도록 자아를 더욱 강화하도록 돕는 것이다. 정신분석 상담은 개인의 본능이나 초자아의 기능을 조절하여 자아의 기능을 강화함으로써 성격구조의 조화로운 발달을 꾀하기 때문에 결국 성공적인 상담이 이루어지고 나면 개인의 성격이나 특성에 변화가 이루어진다(Corey, 2010).

(2) 상담과정

정신분석 상담과정은 상담자와 내담자의 상담과계를 형성하는 초기 단계, 내담자가 상담자에 대한 전이 감정을 느끼고 표현하는 전이 단계, 전이에 대한 분석이 이루어지는 통찰 단계, 통찰을 현실 생활 속에서 계속 유지하기 위해 노력하는 훈습 단계, 그리고 전이의 해결 단계(천성문 외, 2008; Aelow, 1995)로 이루어진다.

- 초기 단계: 상담자와 내담자가 신뢰관계를 형성하고 이를 바탕으로 자유연상, 꿈의 분석을 통하여 내담자의 심리적 문제에 대한 윤곽이 드러나면 상담자는 내담자와 치료 동맹을 맺는다.
- 전이 단계: 내담자가 과거 어릴 때 중요한 사람과의 관계에서 가졌던 유아기적 욕구와 감정을 상담자와의 관계에서 반복하려고 한다. 이때부터 상담자와 내담자는 비현실적인 관계가 되며, 내담자는 전이 욕구를 상담자로부터 충족시키려고 한다.
- 통찰 단계: 신뢰할 수 있는 분위기 속에서 내담자는 자신의 의존 욕구나 사랑 욕구의 좌절 때문에 생기는 적개심을 상담자에게 표현하는 모험을 하게 된다. 이러한 과정 속에서 내담자는 자신을 폭넓게 이해하고 내적 갈등과 대인관계, 현실 지각과의 관계를 바르게 인식하고 감정으로 체험하는 통찰이 이루어진다.

- 훈습 단계: 훈습은 내면의 문제를 인식하고 일상과 경험 속에서 자기를 변화시키려고 끊임없이 노력하는 과정이다. 전이 단계의 연속으로 내담자의 문제가 해결되는 것이 아니라 내담자가 통찰한 것을 실제 생활로 옮겨가는 과정이다.
- 전이의 해결 단계: 상담자에 의해 내담자의 무의식적이고 신경증적인 애착을 해결하는 단계로 전이가 해결된다. 상담 종결이 이루어지는 단계로 내담자의 저항을 다루거나 내담자가 독립적으로 기능하도록 준비시켜준다. 상담자와 내담자가 분석의 주요한 목적이 달성되고 전이가 충분히 해결되었다는 것을 받아들일 때 정신분석 상담은 종결된다.

(3) 상담기법

정신분석 상담기법은 내담자로 하여금 자신의 무의식적 갈등과 관련된 이야기를 그대로 이야기하거나 꿈의 분석 등을 통하여 상담자의 중립적인 태도로 대화에서 정화로, 정화에서 통찰로, 통찰을 통해 무의식 세계를 의식화하여 성격의 변화를 이끄는 지적·정서적인 이해를 하도록 한다(Corey, 2010). 내담자의 모든 반응에 고르게 주의를 기울이며 이루어지는 상담의 대표적 기법은 자유연상, 꿈의 분석, 저항과 전이의 분석, 해석, 통찰 등이 활용되고 있다(Arlow, 1995).

- 자유연상(free association)은 정신분석적 방법의 본질과 핵심으로 내담자가 마음속에 저절로 떠오르는 것은 무엇이든 말하게 하는 것이다. 자유연상을 통해 내담자는 과거를 회상하고 충격적인 상황 속에서 느꼈던 여러 가지 감정을 발산하게 된다.
- 꿈의 분석(analysis of dream)은 내담자의 무의식적 세계에 접근하는 방법으로 내담자로 하여금 해결되지 않은 문제에 대한 통찰력을 얻게 하는 절차이다. 꿈을 분석할 때는 꿈의 내용이 아니라 상징적으로 나타나 있는 동기상의 갈등에 초점을 맞춘다.
- 전이(transference)는 내담자가 과거에 중요한 타인에게 느꼈던 감정이나 환상을 무의식적으로 상담자에게 나타내는 것이다. 상담이 효과적으로 진행되려면 전이관계가 잘 형성되어야 하며, 전이분석을 통해 내담자의

무의식적 갈등과 방어기제가 자각될 수 있다.

- 저항(resistance)은 상담의 발전을 저해하고 현재 상태를 유지하려는 의식적 혹은 무의식적 생각, 태도, 감정, 행동을 의미한다. 상담자는 이러한 저항을 지적해 내야 하며 내담자는 갈등을 해결하려면 저항에 직면해야 한다.
- 해석(interpretation)은 자유연상이나 꿈, 저항, 전이 등을 분석하고 그 속에 담긴 행동의 의미를 상담자가 지적하고 설명하는 절차이다. 내담자의 생각과 감정을 구체화하고, 앞으로 탐색해야 할 부분에 내담자의 관심을 집중시키며, 잡다한 자료에서 핵심적인 주제를 가려내거나 이해가 더 잘 되도록 하기 위해 사용한다.

이렇게 정신분석적 접근은 내담자의 과저 경험을 너무 중요시한 나머지 거기에 얽매일 우려가 있지만, 치료 및 상담분야에서 이론적으로나 방법적으로 체계를 확립함으로써 현대의 상담 및 심리치료의 이론과 실제에 큰 공헌을 하였다.

2) 합리적 정서행동 상담

(1) 합리적 정서행동 상담 개요

Alert Ellis에 의해 발전된 합리적 정서행동 상담 이론(Rational Emotive Behavior Therapy, REBT)은 인간의 왜곡된 사고, 비합리적 신념, 행동을 합리적인 것으로 변화시킬 힘과 능력에 초점을 맞추고 있다. 인간의 비합리적인 신념을 인정하고, 이것이 우리 생활에 미치는 영향을 정확하게 알고 보다 더 합리적인 사고를 할 수 있도록 돕는 과정이다. 합리적 정서행동상담이론은 인간의 인지, 정서, 행동이 상호작용하는 과정에서 합리적 인지에 근거하여 부적응적인 정서와 행동이 개선될 수 있음을 주장하며, 비합리적 신념을 합리적인 신념으로 바꾸는 다양한 인지, 정서, 행동적 기법을 내담자에 맞게 적용한다.

(2) 합리적 정서행동 상담 과정

합리적 정서행동 상담은 A-B-C-D-E-F의 모형을 제시하고 있다(Ellis &

MacLaren, 1998). 상담의 실제에서 선행사건(A)에 대한 비합리적 신념(B)이 결과적으로 불안이나 두려움, 공포와 같은 정서적·행동적 결과(C)를 유발하는데, 이것은 비합리적인 신념체계(B)에 의해서 일어나므로 이를 합리적 신념체계로 바꾸기 위해서 논박(D)을 통하여 효율적인 것으로(E) 변화되고 그 결과 새로운 합리적 신념에서 비롯된 새로운 감정(F)이 나타나게 된다.

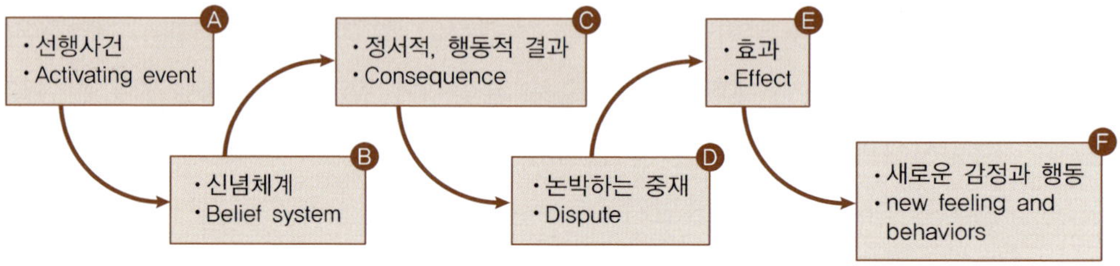

출처: Ellis & MacLaren(1998).

그림 11.1 ABCDEF모형

3) 행동주의 상담 이론

(1) 행동주의 상담 이론 개요

행동주의 상담 이론에서는 인간의 부적응 행동이 어떤 환경 요인에 의해서 학습되고 지속되며 강화되는지에 초점을 맞춘다. 이러한 이해의 바탕 위에 잘못된 학습에 의해 형성된 문제행동은 제거하고 치료적 학습을 통해 적응적 행동으로 대체함으로써 내담자의 적응을 개선하는 것이 행동주의 상담으로의 주된 목표이다. 행동주의 상담이론은 매우 구체적인 치료기법을 다양하게 제시하여 문제행동의 특성에 따라 선택하여 체계적으로 계획하고 사용하는 것이 장점이다.

(2) 상담기법

부적응행동을 제거하고 적응행동을 습득하기 위한 상담기법으로 행동조성, 역조건형성, 체계적 둔감법, 노출법 및 홍수법, 사회적 기술훈련 등과 같은 다양한 기법이 제시된다.

- 소거(extinction): 부적응 행동이 반복되어 나타나도록 강화하는 요인을 제거하는 것이다. 예를 들면, 수업 시간에 떠드는 학생은 교사가 계속 주의를 주면 강화될 수 있으므로 관심을 기울이지 않으면 서서히 그 행동이 줄어들 수 있다.
- 노출법(exposure): 내담자가 두려워하는 자극이나 상황에 반복적으로 노출하여 직면하게 함으로써 그러한 자극상황에 대한 불안은 감소하는 방법이다. 예를 들어, 반복적인 손 씻기 행동을 하는 강박장애 환자의 경우 더러운 자극에 노출하되 손 씻는 행동을 하지 못하게 한다. 환자는 처음에는 불안수준이 높아지지만, 시간이 지남에 따라 점차 완화된다.
- 체계적 둔감법(systematic desensitization): 공포증이나 불안과 같은 부적응 행동의 치료에 쓰인다. 불안을 일으키는 자극과 불안 유발 상황들에 대한 위계구성의 행동분석이 포함된다. 이어서 이완 절차를 배우고 상상하는 장면을 짝 지우는 절차를 진행하는 데 가장 덜 위협적인 상황에서 가장 위협적인 상황까지 순서대로 제시하면서 불안 반응과 이완을 반복하도록 함으로써 불안반응이 없어질 때까지 반복한다.
- 토큰 경제: 조작적 조건형성의 기법으로 토큰 또는 교환권과 같은 강화물을 사용하여 원하는 행동을 학습시키는 방법으로 내담자의 바람직한 행동을 강화하고 바람직하지 않은 행동을 감소시키는 것을 목적으로 만든 행동수정 기법이다.
- 행동조형: 복잡한 행동을 여러 단계의 하위단계로 나누어 설정한 목표행동에 접근할 때마다 적절한 보상을 줌으로써 목표행동을 학습하도록 하는 행동수정 기법이다.
- 모델링: 모델의 적응행동을 관찰하고 모방하게 함으로써 적응행동을 학습하게 하는 방법이다.

4) 인간주의 상담 이론

(1) 인간주의 상담 이론 개요

인간주의 상담 이론은 Rogers에 의해 발전되었으며, 상담에 있어서 상담자의 지식보다 태도와 인간적 특성이 중요함을 강조하였다. 즉, 상담자와 내담자의 성장촉진적 관계를 위해서 상담자가 지녀야 할 필수적인 세 가지 태도는 무조건적·긍정적 존중, 공감적 이해, 진솔함이다. 즉, 내담자는 자신의 모든 것을 수용하며 존중해 줄 뿐만 아니라 자신의 경험을 공감적으로 잘 이해해 주는 상담자와 진솔한 대화를 나눌 수 있을 때 그동안 왜곡하고 부인해 왔던 자신의 인정하는 모습을 자각하고 수용함으로써 자기 개념과의 통합을 이루게 된다. 따라서 상담자의 역할은 내담자가 열린 마음으로 자신의 특성을 탐색하여 자각하게 함으로써 스스로 자기의 모습을 더 잘 수용하고 존중할 수 있도록 성장촉진적인 분위기를 제공하는 것이다. 따라서 인간주의 상담 이론의 목표는 내담자가 '온전히 기능하는 사람'이 되도록 돕는 것이다. 내담자가 직면한 문제의 해결뿐만 아니라 내담자의 심리적 성장을 목표로 한다.

(2) 상담기법

- 진실하기: 상담자가 자신의 유능함을 과시하거나 호감을 얻기 위해 실제와 다른 모습을 보이는 것이 아니라 내담자를 돕고자 하는 진정한 관심을 전달할 수 있어야 한다.
- 적극적으로 경청하기: 상담자는 내담자의 내면세계를 이해하기 위해 그가 말하고 행동하는 것에 주의를 기울이며 경청하는 적극적인 태도가 필요하다. 내담자를 마주보고 몸을 기울이고 눈 맞춤을 하는 것, 내담자가 언급한 내용과 관련해서 적절한 얼굴표정이나 행동 반응의 경청기술이 필요하다.
- 공감적으로 반영하기: 상담자가 내담자의 내면세계에 대해서 이해한 바를 전달하는 것이다. 상담자가 내담자의 언어적 표현에 근거하여 가장 두드러진 생각과 감정을 반영해 준다. 상담자는 "제가 이해하기로는 당신이 ......하게 느끼는 것 같아요"와 같이 공감적 이해가 정확한지 탐색할 수도 있다.
- '지금-여기'의 즉시성: 상담에서 내담자의 과거 경험을 이해하는 것도 중요하지만, '지금-여기'에서 경험되는 생생한 체험을 다루는 즉시성이 효과적인 상담을 위해 필요하다. 예를 들어, 상담자는 "지금 어떤 느낌이

드나요?", " ...... 한 감정이 느껴지네요"와 같이 내담자의 경험을 즉각적으로 탐색하고 자신의 경험을 즉각적으로 전달할 수 있어야 한다.

3 상담유형

1) 개인 상담

(1) 개인 상담의 목표

상담은 일대일의 개인적인 관계에서 성립된다. 그러므로 상담의 본질을 말할 때는 개인 상담을 지칭하는 것이 일반적이다. 따라서 개인 상담은 상담의 핵심적이고 중요한 기능으로 이미 확립된 여러 상담 이론과 접근 방법에 의해 전문적인 시행이 활발하게 전개되고 있다.

개인 상담의 목표는 다음과 같이 요약할 수 있다.

- 피상담자의 자기 지도, 자기 실현, 자기 수용, 자기 이해를 촉진시킨다.
- 피상담자가 자기 방어를 이완시키도록 수용적이고 허용적인 분위기를 조성한다.
- 상담자가 피상담자의 감정을 명료화하고 자신의 언어에 반영하여 내용을 재진술하고 대화를 구조화하면서 그들을 수용하고 고무해 준다.
- 상담의 대상은 정상적으로 발달하는 학생들이므로 공통적인 욕구, 흥미, 일반적 경험 등의 관심사를 취급한다. 따라서 학생들의 재능 다양성을 수용하고 고무해 준다.
- 개인적인 여러 가지 자료를 사용하기 위하여 비밀이 지켜지고 신뢰가 유지되어야 한다.

개인 상담 방법으로는 상담자에 의한 진단을 중시하고 진단 결과에 대한 지시를 주안점으로 하는 '지시적 상담 방법'과 상담자는 조언자로서 피상담자의 자기 통찰을 향상시켜 스스로 문제해결에 도달할 수 있도록 하는 '비지시적 상담 방법'이 있다. 그리고 이들 방법의 장점을 사용하는 '절충적 상담 방법(eclectic counseling)'이 있다.

(2) 개인 상담의 기법

각 상담 이론마다 독특하게 발전시킨 상담 기법이 있으나 여기서는 가장 보편적으로 사용되고 있으며, 상담자와 피상담자 간의 관계 형성에 보다 초점을 둔 기법들을 중심으로 살펴보고자 한다.

① 수용

수용(acceptance)은 인간의 가치와 존엄에 대한 인식에서 출발된다. 아무런 위압감이나 의무감 없이 대화를 하려면 상담자는 피상담자를 무조건 이해하고 받아들여야 한다. 수용하는 기술을 상대방의 이야기를 이해하고 받아들였음을 말로 표시하면서 상대방의 사고의 흐름을 계속 방해하지 않는 것이다. 수용의 기초는 따뜻하고 친밀한 태도로 대하는 것이다. 또한 피상담자가 바람직한 발언을 했을 때 보상의 반응을 나타낼 수도 있고 중립적인 반응도 할 수 있다. 그러나 거절하거나 냉담한 태도를 보여서는 안 된다.

② 발언의 핵심에 대한 반응

피상담자가 편안한 마음으로 이야기를 계속하면 그 내용의 핵심을 파악해서 이에 적절하게 반응(response)해 주어야 한다.

③ 명료화

명료화(clarification)는 피상담자의 느낌이나 생각을 분명히 하는 일로서 상담 관계가 심화되고 난 다음에 대화를 계속하기 위해 상담자가 취하는 것이다. 이는 피상담자가 산만하고 막연하게 말한 내용을 비교적 분명하고 간결하게 정리하여 말해 주는 것이다. 명료화를 통하여 피상담자는 자기가 표현하고자 하는 것이 무엇인지 명확하게 깨닫는다.

④ 요약

요약(summary)은 명료화에 필요한 하나의 요령이라고도 볼 수 있으나 그 자체가 대화를 진행시키는 한 기술이 되기도 한다. 피상담자가 요령 없이 이것저것 늘어놓은 말을 간추려 주는 것이다.

⑤ 지도

지도(leading)는 피상담자가 이야기하고 있을 때 이를 촉진시키거나 더 계속하게 하거나, 화제를 바꾸게 할 때 활용되는 기술이다. 보통 '그것은 무슨 뜻이지?' '그것에 대하여 좀 더 말해 볼까?' '그래서 어떻게 되었지?' 등의 말로 지도하게 된다.

⑦ 직면화

직면화(confrontation)는 피상담자가 내면에 지니고 있는 자신에 대한 그릇된 감정, 특히 현실의 경험과 일치되지 않는 감정을 드러내어 스스로 인지하도록 한다. 직면화는 감정이입적 이해를 토대로 하여 상담 관계가 상당히 깊이 들어간 후에 라포(rapport)가 형성되면 그 효과가 훨씬 높아진다.

⑧ 해석

해석(interpretation)은 피상담자가 직접 진술하지 않은 내용이나 개념을 상담자가 그의 경험이나 진술을 토대로 추론해서 말하는 것이다. 피상담자의 행동이나 발언을 기초로 해서 그의 성장에 도움이 되는 새로운 개념이나 관계를 제시한다. 피상담자가 보다 분명하게 자신의 문제를 인식할 필요가 있을 때 제시하는 것이 바람직하며, 시기상 부적절한 해석은 피상담자를 위축되게 하거나 저항을 일으키므로 상담의 초기 단계에는 삼가해야 한다.

2) 집단 상담, 집단 지도, 집단 치료

(1) 집단 상담

집단 상담이란 '태도와 행동을 변화시키려는 의도에서 그들 스스로와 그들의 환경을 탐구, 조사하는 한 사람의 상담자와 몇 사람의 구성원들이 관련되는 대인 간의 과정이다'(Hansen, Warner & Smith, 1976).

이상의 정의에서와 같이 집단 상담은 한 명의 상담자와 여러 명의 피상담자가 동시에 상담 과정을 갖는다. 학생들은 집단 상담을 통해 마음의 부담이나 정서적인 압력, 위압감 없이 집단의 리더 역할을 수행해 보기도 하고 집단에 반항하는 대항자의 역할도 해 본다. 그리고 이 상담을 통해 학생들의 지위나 안전에의 욕구, 정서적 표현의 욕구를 충족시켜 주는 기회도 된다. 또한 이 상담은 그 구성원들로 하여금 위압감 없이 자기들의 문제를 비판·토의할 기회를 주어 개인으로 하여금 자기 문제를 통찰할 수 있는 능력을 갖게 하여 문제의 원인이나 감정의 실마리를 찾을 수 있게 한다.

이와 같이 집단 상담에서는 개인으로 하여금 객관적인 시각에서 타인을 이해함으로써 자신의 문제 역시 객관적으로 통찰하여 스스로 해결하는 힘을 기를 수 있고, 더 나아가 치료적 효과를 거둘 수 있는데 그 의의가 있다.

이형득(1979), George와 Cristiani(1981)의 견해를 종합하여 집단 상담의 장점과 제한점을 살펴보면 다음과 같다.

먼저 장점은 다음과 같다.

- 상담자와의 일대일의 관계보다 편안한 마음으로 여러 가지 문제를 더욱 용이하게 취급할 수 있다.
- 외적 비난이나 징벌에 대한 두려움 없이 새로운 행동에 대하여 현실 검증해 볼 수 있는 기회를 제공해 준다. 즉, 새로운 행동을 실험해 보도록 장려한다.
- 서로의 관심사, 감정을 터놓고 이야기하다 보면 소속감과 동료 의식을 발전시킬 수 있다.
- 다양한 성격의 소유자들과 접할 수 있는 기회를 부여해 준다. 즉, 개인 상담에서는 불가능한 학습 경험을 할 수 있다.
- 단 한 사람의 상담자뿐이지만, 집단 구성원 상호 간의 지지, 수용, 직면, 해석의 태도를 통해 구성원들 상호 간에 상담자의 역할을 감당하게 된다.
- 구성원 각자는 계속 참여하면서 다른 한편으로는 물러서서 관망할 수도 있다. 즉 참여하고, 물러서서 침묵, 관망할 수 있다.
- 집단 상담을 통해 개인 상담의 필요성을 느끼게 되고, 용기를 얻어 상담에 응하게 된다. 또 집단 상담을 통해 자기 문제를 의식하게 되며 그 문제를 해결하려는 의욕도 불어넣어 줄 수 있다.

제한점은 다음과 같다.

- 집단 상담은 행동 변화를 위한 만병통치약이 아니다.
- 간혹 집단 상담 경험에 매료되어 그 자체를 목적으로 삼는 경우가 있다. 즉, 계속 이 집단 저 집단으로 옮겨다니며 오히려 현실 도피의 기회가 될 우려가 있다.
- 모든 사람이 집단 상담에 적합하지는 않다. 예를 들면 의심증이 심한 사람, 지나친 적대 감정, 기타 심한 정서 장애를 경험하고 있는 사람들에게는 적합하지 않다.
- 지도력이 부족한 상담자가 집단 상담을 이끌 경우 자신이나 타인에게 해를 끼칠 가능성이 많다.
- 개인 생활에 균열 가능성이 있다. 집단 상담 경험을 통해 생활 양식, 가치관들에 변화가 초래되어 개인의 안정감을 상실할 가능성이 있다.

(2) 집단 지도

집단 지도는 집단 상담보다 비교적 많은 사람을 대상으로 하고, 주목적은 정보 제공이지만 생활 주변의 공통적 문제의 해결이나 공동 목표의 추구를 위해서 활용되기도 한다. 지도 내용이나 주책임은 교사나 지도자에 있다. 때때로 집단 지도는 생활 지도와의 관계에서 오해를 야기하고 있는데, 그 하나는 생활 지도와 개인 상담의 동일시이며, 이런 생각에서 집단 지도는 생활 지도가 아니고 관리적 또는 훈련적 입장에서의 집단의 처리로 간주된다. 이런 오해를 피하기 위해 집단 지도라는 용어 대신 '집단 장면에서의 생활 지도(guidance in group situation)' 등 새로운 호칭으로 부르기도 한다. 다른 하나는 집단 지도가 생활 지도의 일종이라는 것을 인정하면서도 개인 상담에 비하여 이차적인 것으로 여기는 사고 방식이다. 그러나 최근에는 생활 지도에 집단적 방법의 중요성이 특히 강조되고 있으며, 오히려 이 방법에 의하지 않고서는 불가능한 종류의 생활 지도가 있다는 것을 인정하게 되었다. 예컨대 개인의 사회성 지도 같은 것은 집단 생활을 통해서 가능한데, 그 이유는 어디까지나 집단의 장을 지도 수단으로 하고 있기 때문이다. 그 지도의 궁극적 목적은 개인의 사회성 발달에 있으므로 집단 지도 역시 개인적 발전에 의의가 있음을 강조할 수 있다(Margaret, 1995).

집단 지도에는 많은 장점이 포함되어 있다. 학생 개인은 서로 다른 문제를 가질 수도 있으나 공통된 문제도 많이 가지고 있다. 그들은 동일 연령, 학년, 지역 사회를 배경으로 하는 환경 속에서 비슷한 생활과 문제를 지니며 살고 있다. 이렇게 비슷한 조건의 학생들을 집단적으로 취급하여 학생이 자신들의 공통적인 문제가 무엇인가를 탐색하고 해결하도록 하는 집단 지도는 대단히 유용한 방법이 아닐 수 없다. 이렇게 함으로써 자신의 문제를 스스로 해결할 줄 아는 학생을 길러낼 것이며, 나아가 유능한 지도자 양성의 기회를 마련해 주기도 한다. 따라서 학생을 집단적으로 취급하여 문제해결의 자료나 토의의 기회를 부여하면 시간적으로나 경제적으로 유리한 결과를 가져온다.

Bennett(1963)는 집단 지도가 갖는 의의를 다음과 같이 설명한다.

- 통상적인 문제의 배경을 탐구하거나 통상적인 문제를 토의하는 데 수반되는 정서의 장애를 제거하거나 감소시킴으로써 개인 상담을 보다 더 효과적으로 수행하도록 한다.
- 개인 상담보다 더 효과를 올릴 수 있고 더 경제적으로 생활 지도의 목표를 달성시킬 수 있다.
- 교육적·직업적·개인적·사회적인 생활에 걸쳐서 자기 지도(self-direction)를 해나가기 위한 중요한 학습의 기회를 마련한다.
- 인간의 공통적인 문제를 탐구하는 과정에서 치료 효과를 얻을 수 있는 집단 절차를 마련한다.

집단 지도는 그 목표에 따라서 여러 가지 형태로 구성될 수 있다. 학습 목표를 위한 집단 지도로는 홈룸(home room), 교과 지도, 직업 또는 진학을 위한 특수 강좌, 집단 견학 혹은 참관 등이 있고, 학생 활동을 위한 집단 지도로는 그룹 활동, 도서관 이용, 기숙사 생활의 지도, 체육회 등을 들 수 있다.

집단 지도의 계획 실시를 보다 효과적으로 이루기 위해서는 다음과 같은 점에 유의하여야 한다.

- 집단의 분위기가 민주적이어야 하며, 집단 지도 운영의 주체인 학생 자신의 자주성을 최대한으로 고려해야 한다.
- 각 구성원이 자발적으로 참가해야 한다.
- 각 구성원 간에는 상호 의존성, 상호 보충성이 있어야 한다.
- 각 구성원 간에는 생산적인 상호작용이 있어야 하며, 과정의 자각(process awareness)이 있어야 한다.
- 모든 행동이 합의적·협력적이어야 한다.
- 집단이 그 목표를 설정(goal formulation)해야 한다.
- 집단의 각 구성원이 변화 작용자(change agent)이어야 한다.
- 집단의 사기가 우리 중심(we centered)이어야 한다.
- 리더십의 분배(distributive leadership)가 집단의 한 기능이어야 한다.

(3) 집단 치료

집단 치료(group therapy)는 같은 종류의 심각한 심리적 갈등이나 정신적 장애를 일으킨 사람, 즉 정상에서 이탈된 사람을 대상으로 한다. 두 명 이상의 구성원에 의해 형식화되지 않은 집단(encounter group)으로 만들어 집단 생활의 체험을 주어 치료의 효과를 올리려는 방법으로써, 부적응 행동을 없애고 적응 행동을 증대시키고 더 나아가서는 성격의 내부 구조를 재조직화 하려는 것을 그 목적으로 한 시도이다. 치료를 담당하는 사람은 전문적인 지식과 기술을 가진 전문가나 임상심리학자, 그리고 정신 과학자로서 집단 구성원에 대해 편견을 가지지 않고 항상 중립적인 태도로 그들을 있는 그대로를 완전히 받아들이는 수용적 태도를 갖는 데 익숙한 사람이어야 한다. 집단 치료 과정에는 다음과 같은 요인이 포함된다.

- 인간의 성장·발달과 행동의 특징에 대한 이해
- 정신 건강의 원리에 대한 이해
- 자기가 당면하고 있고 괴로워하는 문제가 자기에게만 특별히 있는 것이 아니라 다른 사람들도 그 같은 문제를 갖고 있다는 사실의 확인

- 자기가 지닌 불건전한 태도나 편견을 집단 내의 다른 사람 속에서 객관화하여 비판적으로 볼 수 있는 경험의 체득
- 민주적 이상에 입각한 조화적 인간 관계의 기능 습득
- 정서적 불만이나 갈등을 발산할 수 있는 기회의 이용
- 자기 자신에 대한 정확한 이해와 사회·환경적인 여러 가지 조건에 대한 정확한 이해
- 개인이 소속하고 있는 집단의 민주적 분위기와의 조화

집단 치료 시 구성원의 선택에는 여러 가지 요인이 고려되어야 한다. 예컨대 공격성이 심한 학생은 아주 공격성이 적고 안정성이 있는 집단에 넣는다. 그러면 그 공격적인 학생은 갈등 → 긴장 → 긴장의 해소 → 평형의 과정을 경험하게 된다. 그러면 집단 치료의 각 구성원은 집단 토의 과정에서 충동의 실행(acting out)이나 언어화(verbalization)를 통하여 갈등으로부터 긴장, 이어서 긴장의 해소를 경험하고 그 결과 평형 상태가 된다. 집단 치료는 집단의 역동적 과정을 통해 집단적으로 실시되나 개개인에게는 정서적 안정을 찾게 하고 정상적인 집단에 소속할 수 있게 만든다. 집단 치료의 적용 범위는 대단히 넓다. 이른바 부적응 행동, 문제 행동뿐만 아니라 성격이상이나 정신 신경증과 같이 심각한 증세를 나타내는 행동에도 적용되며, 또한 대인관계, 집단 간의 관계 등에서 나타나는 문제에 적용되고 있다.

Henry는 집단 치료에서 일반적으로 관리가 잘 된 집단 생활의 체험을 가지게 하면 다음과 같은 효과가 있다고 하였다.

- 자존심, 가치감, 소속감이 형성된다.
- 기쁨, 모험, 성공, 애정 생활 등의 요구를 만족시킨다.
- 자기 능력을 창조적이며 효과적으로 사용할 수 있다.
- 타인을 이해하고, 타인과 협조할 줄 알고, 예의 바르고 공평하게 취급할 수 있게 된다.
- 공격적 충동을 균형 있는 사회적 적응 방식으로 전환한다.
- 공동 생활의 기술을 습득한다.

- 책임을 분담하는 일과 사람들과 더불어 행동하는 데 대해 만족감을 갖는다(Traxler, 1954).

표 11.2 **집단 상담, 집단 지도, 집단 치료의 비교**

구분	집단 상담	집단 지도	집단 치료
정의	집단 구성원으로 하여금 자기 이해, 자기 수용, 본질적인 발달과업을 성취, 실현할 수 있도록 돕기 위한 과정이다.	개개인에게 필요한 객관적 정보를 제공하는 하나의 방법이며 절차이다(정보 제고의 직접적·인지적 과정).	임상적으로 훈련된 전문가가 정신적·성격적 장애를 지닌 피상담자들을 교정, 치료하기 위하여 노력하는 방법이며 절차이다.
목적	구성된 개개인의 실제적 행동의 변화	구성원들이 알아야 한다고 생각되는 교육적 내용을 제공함으로써 그들의 지적 영역의 발달을 꾀한다.	피상담자가 갖고 있는 심각한 문제의 교정과 장애의 치료
관심사	어떤 주제에 관심을 갖기보다는 구성원 개개인 자체에 관심을 갖는다.	정보 제공을 포함한 교육적 경험의 내용을 주제로 취급하여 관심을 갖는다.	피상담자가 갖고 있는 심각한 문제의 교정과 장애의 치료피상담자의 무의식적 동기에 더욱 관심을 갖는다.
목표	자이 이해와 자기 탐색의 추진, 문제해결 방안의 모색과 실천	다양한 정보의 제공과 지식의 증대, 의사결정에 대한 조언	성격·정서의 치료적 변화, 이상 행동의 수정과 치료
취급	정상인의 발달적 문제	교육적 정보	심각한 성격 정서 장애
집단 형성의 동기	자원 또는 타인의 소개나 의뢰	자원 또는 타인의 의사에 의해 선발	자원 또는 타인의 의뢰
집단의 규모(인원수)	10명 이내	20명 이내	5명 이내

이상에서 말한 집단 상담, 집단 지도, 집단 치료에서 사용하고 있는 여러 종류의 기술은 모두 집단 구성원의 성격적·사회적 적응을 지도하는 과정에서 각 구성원들로 하여금 생산적·협력적·자율적인 활동을 하도록 하며, 민주적 생활에의 신념과 공익을 위한 협동성을 배양하는 데 목적을 둔다.

또한 집단 구성원의 생산적·협력적·자발적인 활동 능력을 효과적으로 발전시켜 각 구성원들의 기본적인 욕구(basic needs)의 충족과 새로운 흥미의 발견과 상호 협력을 바탕으로 보다 나은 적응을 하도록 자기 실현과 자기 지향의 기회를 최대한으로 열어주는 데 집단 상담, 집단 지도, 집단 치료의 가치가 있다.

생각해 볼 문제

1 훌륭한 교사가 되기 위해서는 훌륭한 상담자의 자질을 갖추어야 한다고 한다. 이러한 주장에 대한 자신의 의견을 진술하시오.

2 P교사는 수업 중에 소란스럽게 수업을 방해하는 경철이 때문에 신경이 쓰인다. 교사는 다른 학생들의 학습에 방해가 되지 않는 범위 내에서 경철이의 문제행동에 개입하려고 한다. 어떤 방법을 활용하면 좋을지 논의하시오.

3 학생들의 생활을 둘러싸고 있는 직접적·간접적 환경과 아울러 그들의 문제해결에 관련된 여러 가지를 정확히 파악한다는 것은 학생들의 자율적 성장을 돕는 생활 지도에서 무엇보다 중요한 요소가 된다. 학생의 생활과 계획 수립에 도움이 되는 정보에는 어떤 것이 있는지 자세히 기술하시오.

4 상훈이는 상습적으로 다른 친구를 때리는 공격적 행동을 보인다. 이러한 문제행동을 해결하기 위해 적용할 상담 이론을 제시하고, 상담 이론 절차에 따른 상담을 실시해 보시오.

Chapter 12 평가

교육이 이루어지는 모든 장면에서는 교육의 목표를 달성했는지 확인하기 위한 평가활동이 이루어지고 있다. 유아교육기관과 학교 현장에서 다양한 형태의 평가활동이 수행되고 있다. 학생들을 대상으로 한 평가 결과는 학생의 성취도를 판단하고, 학습동기를 유발하며, 수업효과를 진단하기 위한 정보를 제공하는 등 다양한 기능을 수행한다. 이 장에서는 교육평가에 대해 구체적으로 살펴보고자 한다.

1 교육현장에서의 평가의 이해

평가(evaluation)는 교수(teaching)에 있어서 필수 과정의 하나이다. 평가는 사전적 의미에서는 어떤 사물이나 사물의 속성에 관한 가치판단을 내리는 과정을 의미한다. 교육에서 교육평가는 첫째, 학생들의 성취도에 관한 질적인 판단을 내리는 과정이자 둘째, 프로그램, 성과, 과정, 교육과정과 같은 교육현상의 가치를 판단하는 것으로 교육 활동에서 교육 목적이 얼마나 달성되었는가를 진단하고 교육 계획을 수립하는 데 도움이 되는 자료를 얻는 각종 활동이라고 정의할 수 있다. 따라서 교육 평가는 그 자체가 목적이 아니며 학습의 촉진, 교수의 개선, 교육적 정치에 활용하는 데 더 큰 의미가 있다고 할 수 있다. 흔히 평가라고 하면 시험을 생각하는 경향이 있으나 실제 교육 평가에는 그 이상의 의미가 포함되어 있다. 교육의 성과에 관한 측정 활동인 교육 평가에는 정보 수집의 과정으로서 검사(test)라는 도구와 검사 과정이 반드시 뒤따르게 된다.

측정(measurement)이란 일정한 법칙에 따라 사람 혹은 대상의 특정 속성에 수치를 부여하는 과정을 말한다. 예를 들어, 저울을 이용하여 몸무게를 재거나 자로 키를 재는 것과 같은 것이다. 흔히 측정과 평가를 혼동하는 경우가 많은데, 측정은 객관적·양적으로 기호화하는 좁은 의미에서의 평가 활동이며, 평가(evaluation)는 보다 넓은 의미의 주관적·질적인 평가 활동이다. 즉 학습자의 실제 능력을 객관적으로 파악하는 것은 측정이고, 교육의 전반적인 관점에서의 종합하고 관련시켜 파악함으로써 효과적인 교육을 시도하려는 가치 판단이 수반되는 과정이 평가이다. Moreno(1947)도 측정은 다만 학업 성취와 특별한 기술, 능력의 평가가 주목적임에 대해 평가는 보다 넓게 성격 변화와 교육 계획의 검토가 주목적이라고 하였다.

교사는 자신의 교육관에 입각하여 의도하는 바람직한 방향으로 학생을 이끌기 위해서 지도한다. 따라서 교사가 교재를 가지고 학생에게 교수 내용을 투입시켜 달성시키려고 의도하였던 행동의 변화를 교육 평가의 대상으로 삼는다. 이와 같이 교육 평가는 교사가 학생의 교육 목표의 달성 정도를 판단하는 과정이며 그 결과는 교육의 전 과정에서 반영되어야 한다.

이와 같이 교육 평가는 학생의 바람직한 행동 변화에 주된 관심을 두는 동시에 이 변화를 위해 투입된 교육과정, 교과목, 교사의 교수기법, 교수 재료 등에 대한 효과적 평가를 목적으로 삼는다. 그 이유는 행동 변화를 초래하는 환경원이 이들이라고 보기 때문이다. 교육 평가는 교육 목적이 어느 정도 달성되었는지를 판단하는 데 있다. 즉, 교육 목표에 의거한 판단을 가장 중요시한다. 따라서 그 교육 목적에 학습자가 도달할 수 있도록 도와주는 것이 교육이라면, 교육 목적을 향한 발전과 도달 정도를 확인하는 것은 당연히 교육 작용 속에 포함되어야 한다. 즉, 교육 평가에서 측정하려는 대상이 바로 이 교육 목적에 도달하려는 행동이다.

2 교육 평가의 기능

교육 평가는 그림 12.1과 같이 교육의 과정 속에서 일어나는 모든 활동과 관련된다. 교육 목표를 설정하고, 학습에 임하는 학생의 출발점 행동을 파악하며, 교수 방법과 절차를 결정하는 일에서부터 학생들의 성취도를 평가하는 일에 이르기까지 교육의 전 과정에 걸쳐 관련성을 지니고 있다.

Lindquist(1951)는 교육 평가의 기능을 첫째는 학습 촉진의 기능, 둘째는 학습 지도의 기능, 셋째는 생활 지도의 기능, 넷째는 교육 정치의 기능 등으로 나누었다.

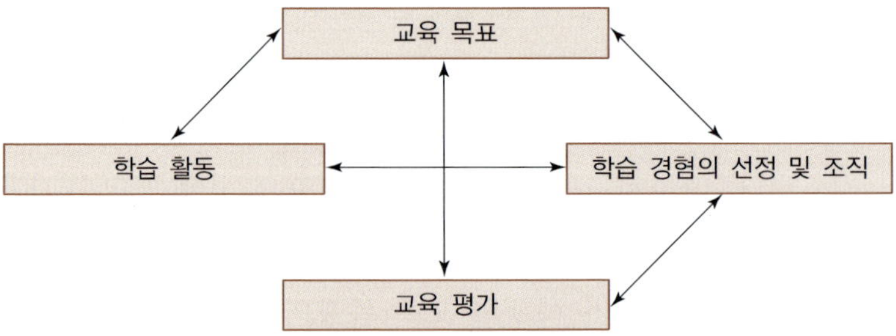

그림 12.1 교육의 과정

Remmers와 Gage(1955)는 교육 평가의 기능을 표준 유지, 선발, 동기화, 진단, 평가, 학습 등으로 나누었다. 또한 Anastasi는 교육 평가의 기능을 최저 성적 수준 도달 여부의 확인, 선발, 분류, 상담, 학년 결정, 치료적인 지도계획, 학습의 촉진, 평가 등으로 나누었다. 이들의 분류는 표현이 다르다 할지라도 거의 동일 개념의 분류이므로 여기서는 Lindquist의 분류에 준거하여 교육 평가의 기능을 살펴보기로 한다.

1) 학습 촉진의 기능

교사는 학력 평가를 통하여 학습자의 현재 학습된 상태를 파악한다. 교육 목적이 어느 정도 달성되었는가를 전체적·개별적으로 확인한다. 그리고 학습 결과에 따라 개인이나 학급 전체를 칭찬하거나 격려하는 일은 교육 현실에서 자주 볼 수 있는 일이다.

이러한 피드백(feed back)은 학급 전체에 대하여 학습 의욕을 일으켜 학습을 촉진시킨다. 학급 전체뿐만 아니라 학급 내의 그룹 또는 개개인 학생에게도 평가에서 나온 결과는 학습을 촉진시키는 동기를 준다. 즉, 평가를 통하여 학습 결과를 학습자에게 알려주는 일이 일반적으로 학습 의욕을 높이는 결과를 가져온다. 학업 성취의 결과를 제시해 줌으로써 자기에 대한 올바른 인식을 갖게 하고 그것으로 자기 평가를 가져오게 하는 것은 평가가 갖는 학습 촉진 기능이다.

2) 학습 지도의 기능

평가에 의하여 교육 목표가 달성되지 못한 것이 확인되었다면 목표 자체에 대한 재검토가 필요하다. 또한 목표나 학습 경험이 학습자의 지식, 능력, 흥미에 알맞다 할지라도 학습 지도 방법의 결함으로 목적 달성을 이루지 못했다면 학습 지도 방법의 재검토가 필요하다.

학습 지도의 개선이라는 견지에서 교육 평가는 교육 목표의 달성 여부에 의해 학습 지도의 유효성을 밝힐 뿐 아니라 어떠한 지도 방법이 유효한지를 검증함으로써 학습 지도의 개선에 공헌할 수 있다. 교사는 평가 결과를 기초로 보다 구체적으로 어디에 어떤 부족한 점이 있었는가를 분석적으로 고찰해야 하며, 그 같은 과정을 통하여 학습 지도는 개선되고 학습의 결과는 향상된다.

3) 생활 지도의 기능

생활 지도 활동은 학교 교육에 있어서 교과 지도에 못지않게 중요한 기능을 지닌다. 학교 교육은 교과 지도에 의한 학생들의 지적 발달만을 기대하지 않고 태도, 가치관의 성숙, 정서적 안정, 성격적인 조정 등 정의적인 발달도 기해야 하는데, 그 같은 발달은 적절한 생활 지도에 의해서 가능해진다. 따라서 생활 지도를 위한 지도 대책을 세우기 위해 학생에 대한 이해가 필요하다. 학생 각 개인의 정의적인 제반 특성에 관한 자료 및 학력의 측정과 평가 결과에 의하여 학생의 학력 상태가 이해되고, 각종 표준화 검사의 활용에 의해서 능력, 성격, 흥미 등이 파악된다. 이렇게 생활 지도를 위한 평가의 중요한 역할과 기능을 지니고 보여준다.

4) 교육 정치의 기능

교육 정치(educational placement)란 학생의 능력, 적성, 흥미 등에 알맞은 학급과 학년의 배치를 말한다. 입학 시험, 학년 진급, 무학년제, 능력별 학급 편성 등이 이에 관련된 문제이다. 초등학교 2학년에 재학 중인 학생의 능력이 월등하게 뛰어날 때 그 능력에 부합되는 학년으로 월반시키는 것을 교육 정치의 한 예로 들 수 있다.

교육 정치는 개인차를 고려한 학습 지도와 개별적 지도를 요구하는 교육 상황에서 더욱 요청된다. 동질 집단을 구성한다는 교육 정치의 문제는 단순하고 쉬운 일이 아니므로 신중을 기해야 한다. 따라서 광범위한 평가 자료가 요구되는 것임을 유의해야 한다. 즉, 개인차를 최대한으로 존중하여 개인적인 특성에 적합하도록 배치하는 일이 필요하다.

3 교육 평가의 유형

처음 의도했던 교육 목표를 얼마나 달성했는가를 재는 것이 평가라면 이것은 학습 과정과 가장 밀접한 관계가 있다. 교육 평가는 그 자체가 독립되어 있는 교수 활동이 아니라 학교 학습에 어떤 방법으로 기여하기 위해 존재하는 전체 과정 중의 하나이다. 교육 평가는 접근하는 시각에 따라 여러 유형으로 개념화시켜 볼 수 있다. 학교 학습의 모형에 비추어 보면 교수-학습 과정의 단계에 따라 다음과 같이 평가가 요구된다.

학습이 시작되기 이전, 즉 학생의 초기 상태의 진단을 위한 진단 평가, 교수-학습 과정에 관련해서 수업을 방해하지 않는 범위 내에서 수업이 교육 목표를 향해 나가고 있는지, 학습자들이 어느 정도 이해하고 있는지를 판단함으로써 학습 효과의 극대화를 목적으로 제공하는 형성 평가, 그리고 몇 개의 학습 과정 혹은 교과가 끝난 다음에 교육 목표를 어느 정도 성취했느냐를 판단하기 위해 제공하는 총합 평가이다.

최근 교육 평가의 이론과 실제에서 중요한 개념으로 다루어지며, 가장 큰 관심을 불러일으키고 있는 문제가 규준 지향 평가(상대 평가)와 목표 지향 평가(절대 평가)에 관련된 것이다. 이들을 중심으로 교육 평가의 유형을 살펴본다.

1) 진단·형성·총합 평가

(1) 진단 평가

진단 평가(diagnostic evaluation)는 교수가 시작되기 이전에 실시되는 평가 방법으로 수업받을 대상이 되는 목표 집단(target population) 학생의 특성, 선행 학습의 정도, 학습 결함의 유무, 심리적 특성, 즉 지능, 적성, 흥미, 동기 등 학습이 시작되기 이전의 초기 상태를 진단함으로써 교수의 효율화와 학습의 능률을 향상시키고 중요한 정보를 제공하는 역할을 한다. 다시 말해 진단 평가는 교수가 실시되는 초기에 학생의 적절한 배치와 학생이 학급에서 갖는 결함의 진단 등 두 형태로 개념화시킬 수 있다.

진단 평가의 첫째 형태는 교수가 시작되기 이전에 실시하고 학생이 학습을 시작하기 전에 그가 어떤 출발점 단계에 놓여 있는가를 결정한다. 이 목적을 위한 진단으로 첫째는 계획된 학습 단위의 목표를 성취하는 데 선행 조건이 된다고 추측되는 출발점 행동 및 기능을 학생이 소유하고 있는가 없는가를 판단하며, 둘째는 주어진 학습 단위 혹은 과정의 목표를 학생이 이미 도달했는지, 그러므로 보다 높은 수준의 학습 프로그램을 제공하는 것이 바람직한가를 결정하는 것이며, 셋째는 학생이 지니고 있는 어떤 특성, 예컨대 흥미, 성격, 직업, 적성, 기능, 선행 학습 정도 등에 비추어 분류하고 그에 따라 적절한 교수 방법의 대안을 제공하려는 목적으로 요약할 수 있다.

진단 평가의 둘째 형태는 교수를 진행하는 중에 실시되나 평가의 주된 기능은 학생이 학습에서 나타내는 계속적인 결함의 원인 및 그 밑에 놓여 있는 환경을 판단한다.

형성 평가도 물론 학습 도중의 학습 결함을 진단하는 기능을 갖고 있다. 그러나 형성 평가는 학습 목표에 관련해서 교수 방법 및 교재 자체를 개선함으로써 학습을 개선·증진시키지만, 진단 평가는 이 같은 개선으로 교정되지 않는 신체적·정서적·문화적인 환경 결함을 찾는다. 달리 표현하면 형성 평가는 표적 집단이 다른 결함이 없음을 가정하고 이 가정 위에서 교수 전략 및 교재를 개선하면 학생이 학습에서 성공할 수 있으리라는 예상이 밑받침되고 있고, 진단 평가는 이런 개선에 의해 교정되지 않는 보다 교수 외적인 결함을 진단한다.

지금까지 교수 이론이나 학교 학습 이론에서 밝혀진 중요한 결론은 모든 학생에게 좋은 성적을 보장하는 유일한 교수 방법은 존재하지 않는다는 것이다. 고정된 교육 목표를 유일한 교수 방법을 통해 성취하려는 낙관적 계획은 이미 실패로 돌아갔다는 사실에 주의를 환기시킬 필요가 있다. 여러 형태의 적절한 교수 방법을 학생에게 투입하는 과정에서 적절한 도전감과 동기를 불러일으키는 것이 진단 평가의 중요한 목적이다. 다시 말하면 교수 방법을 학생이 지닌 출발점 행동에 적절히 적용시킬 때 학생의 성적이 극대화될 가능성이 있다는 사실이 최근의 연구 결과에 의하여 지적되고 있음은 주목할 만한 사실이다.

(2) 형성 평가

형성 평가(formative evaluation)에 관한 개념의 구상은 Cronbach의 '교과 과정의 개선을 위한 평가'라는 논문에서 시사되었고, 수업이 진행되는 과정에서 그 수업이 주어진 수입 목표 달성을 향해 정상적인 진전을 보여주고 있는지를 계속적으로 점검해 나가는 평가 활동으로서 Scriven에 의하여 처음 사용된 용어이다. 그는 형성 평가란 교수와 학습이 진행되는 상태에서 학생에게 피드백을 주고 교과 과정 및 수업 방법을 개선하기 위해서 실시하는 평가로 규정하고 있다. 이 형성 평가의 방법을 구체적으로 개념화시켜 보면 다음과 같은 특징을 가진다.

첫째, 형성 평가는 학습 및 교수가 진행되고 있는 유동적인 상태에서 학생에게 피드백(feedback) 효과를 주고, 교육 과정의 개선과 더불어 학습 방법 및 교수 방법을 개선하기 위한 목적으로 실시한다. 이와 같은 형성 평가는 학생의 학습을 증진시키기 위한 목적뿐 아니라, 교수 방법을 개선하고 교육 과정 및 교재에 어떤 개선을 가져오게 하기 위해 실시하는 평가이다. 또한 수업이 진행되는 도중에 실시하는 평가이므로 학습 증진의 극대화를 초래하는 데도 목적이 있다. 즉, 형성 평가는 교수 및 학습의 진행 중에 실시하고 기대하는 교육 목표로 학습을 이끌어가기 위해서는 어떠한 개선이 필요한가 하는 의사결정을 위한 정보를 얻기 위한 평가 방법이다.

둘째, 형성 평가는 교수-학습 과정을 일차적으로 이끌어가고 개선해가야 할 교사에 의해 제작되어야 한다. 총합 평가나 진단 평가는 평가 전문가에 의해 제작되어 더 유용한 정보를 제공할 수 있지만, 형성 평가는 지금 진행 중인 프로그램에 관한 어떤 정보를 수집하고, 그 기초 위에서 교수 방법을 개선하기 때문에 그 목적에 부합되는 평가를 위해서는 그 상황에 가장 친숙한 교사가 직접 제작함을 원칙으로 한다.

셋째, 철저하게 교육 목표에 기초한 평가를 형성 평가의 주된 특징으로 지적할 수 있다. 즉, 목표 지향 평가(criterion-referenced evaluation)를 한다. 교육은 교육 과정이든 교과목의 내용이든, 학생이 성취해야 할 교육 목표를 위한 경험의 조직체이다. 형성 평가의 주된 목적은 이와 같이 설정된 교육 목표를 학생이 어느 정도 성취하고 있느냐를 측정하는 일이며, 성취하지 못하였을 때는 개선할 요소를 결정하는 데 필요한 정보를 제공한다. 이 목적을 위하여 형성 평가의 목표 진술에는 각 목표에 대하여 수긍할 수 있는 최저 성취 수준(minimum acceptable performance standards)의 설정이 요구된다. 또 목표에 도달하지 못한 학생을 위한 교수 대안이 강구되어야 한다는 점에서 형성 평가는 철저하게 목표 지향적 평가이다.

(3) 총합 평가

총합 평가(summative evaluation)는 계열화된 학습 과제 혹은 한 교과가 끝난 다음이나 기말, 연말에 의도했던 교육 목표를 학생이 어느 정도 성취했느냐를 총합적으로 판정하고 평점을 주기 위한 평가이다. 즉 총합 평가는 학생들의 교과에 대한 성취 수준을 판정하고 학생들의 분류와 선발이나 교육적 배치, 미래 성적을 예측할 수 있는 근거로서 없어서는 안 될 중요한 정보를 제공해 준다.

이와 같은 목적을 지닌 총합 평가의 특징은 형성 평가의 특징과 비교해 봄으로써 더욱 구체화시킬 수 있다. 총합 평가와 형성 평가의 가장 두드러진 차이점은 다음과 같이 요약될 수 있다.

첫째, 평가의 목적이 다르다. 형성 평가의 목적은 주어진 교육 목표의 성취 여부를 결정하고, 성취하지 못한 목표가 있으면 그것을 성취할 수 있도록 교수 방법을 개선하고 교수 대안을 적용시킴으로써 학생의 능력 및 성취 수준에 적응시키며 학습에 도움을 주는 것이다. 이에 반해 총합 평가는 교과목 전체나 혹은 그것의 중요한 부분에 대한 학생의 일반적 성취가 어느 정도인지를 판단하고, 그 결과에 의해 성적을 내고 평점을 주며 서열을 결정한다.

둘째, 형성 평가는 빈도가 잦은 평가인 반면, 총합 평가는 대개 한 교과의 중도에 한 번, 끝났을 때 한 번 정도가 보통이다. 즉, 형성 평가가 학습 진행 중에 실시되는 비교적 빈도가 잦은 평가임에 반해 총합 평가는 학습이 끝난 다음에 실시되는 비교적 빈도가 드문 평가라고 할 수 있다. 그러므로 현재 각급 학교에서 사용하고 있는 월말 고사, 중간 고사, 기말 고사, 연말 고사는 모두 총합 평가에 해당한다고 볼 수 있다,

셋째, 평가하는 교육 목표의 일반화 수준(level of generalization)이라는 기준

은 형성 평가와 총합 평가를 가장 예리하게 구별하는 특징이 될 수 있다. 형성 평가는 한 개의 학습 과제를 위계가 있는 작은 학습 단위로 세분화하고 각 단위를 교육 목표의 단위 및 평가의 단위로 보아 학생이 그것을 성취했느냐(mastery) 또는 성취를 못했느냐(nonmastery)에 관심을 두기 때문에 각 단위는 미시적 교육 목표이며 세분화, 계층화되어 있다. 이에 비해 총합 평가에서 대상으로 하는 교육 목표는 보다 일반화 가능성(generalizability) 혹은 전이 가능성이 있는 포괄적·일반적·거시적인 교육 목표이다.

넷째, 평가 문항의 성질에 차이가 있다. 총합 평가는 광범위하고 일반적인 교육 목표를 대상으로 하기 때문에 자연히 소단위의 모든 목표를 평가 대상으로 할 수 없다. 따라서 총합 평가를 위해서는 이 같은 교육 목표 전체를 모집단으로 하는 문항 모집단(item population)에서 이 모집단을 가장 적절히 대표할 수 있는 문항 표본(item sample)을 골고루 표집한다.

다섯째, 형성 평가가 철저하게 목표 지향적인 평가인 반면에 총합 평가는 규준 지향적 평가다. 총합 평가의 목적 및 기능은 학생의 성적을 판정하고 등급을 정하고 자격을 부여하며 분류하는 데 있다. 그러므로 자연히 평가의 결정 요인은 학생 성적의 상대적 위치이다. 학생 A가 B보다 성적이 높고, 학생 C가 D보다 성적이 낮다는 상대적 판단에 그 일차적 목적이 있다. 그러나 최근의 평가 경향은 여기에 덧붙여 총합 평가도 기대하는 목표에 어느 정도 도달했느냐를 판단하는 목표 지향적 성격을 갖도록 하려는 시도가 이루어지고 있다.

표 12.1 진단 평가, 형성 평가, 총합 평가의 비교

구분	진단 평가	형성 평가	총합 평가
기능	배치: 선행 기능의 보유상태 결정 • 학습 전 성취수준의 결정 • 교수방법의 대답에 관련된 특성에 따른 학생의 분류 • 계속되는 학습곤란의 원인 결정	• 학습단위에 관련된 학생의 진도상태를 교사, 학생에게 피드백 • 학습단위의 구조에 따라 오류를 확인함으로써 교정, 교수방법의 대안을 제시	학습단위, 학기, 학년의 종류에 학생성적의 판정 및 자격 부여

(계속)

구분	진단 평가	형성 평가	총합 평가
시간	• 학습시초, 학기, 학년의 시초에 배치를 위하여 • 정상수업으로는 학생이 계속해서 도움을 못 받을 때	수업 도중에	학습단위, 학기, 학년의 끝에
평가에서 강조점	• 지적 · 정의적 · 심리운동적 행동 • 신체적 · 환경적 · 심리적 요인	지적 행동	일반적으로 지적 행동, 교과에 따라 심리적 행동, 때때로 정의적 행동
검사도구의 형태	• 사전검사를 위해서 형성 및 총합 평가의 도구 • 표준화 학력검사 • 표준화 진단검사 • 교사제작의 평가 도구 관찰 및 체크리스트	학습목표에 맞게 특별히 고안된 형성평가 도구	종말 혹은 총합 평가 도구
교육목표의 표본방법	• 각 선행 기능 행동의 구체적 표본 • 비중을 둔 교과목표의 표본 • 특별한 교수형태에 관계있다고 생각되는 학생변인의 표본 • 신체적 · 정서적 · 환경적으로 관련된 변동의 표본	학습단위의 위계에 포함된 모든 관련 있는 과제의 구체적 표본	비중을 둔 교과목표의 표본
문항난이도	선행 기능 및 능력의 진다: 대부분 쉬운 문항. 65% 이상의 난이도	미리 구체화할 수 없음	평균 난이도가 35~70% 이고 대단히 쉬운 문항, 대단히 어려운 문항도 포함
채점	규준 지향 및 목표 지향 겸용	목표지향	일반적으로 규준 지향이나 목표지향도 사용
점수의 보고 방법	하위기능별의 개인 프로파일	학습위배에 포함된 각 과제에 대한 급락의 개인 점수 유형	목표에 비추어 본 총점 혹은 하위 점수

출처: 황정규(1998); 최명구 외(2006) 재인용.

2) 규준 지향 평가와 목표 지향 평가

수집 혹은 측정된 자료를 평가하는 방법은 준거(criterion) 자료에 따라 규준 지향 평가(상대 평가)와 목표 지향 평가(절대 평가)로 구분할 수 있다.

규준 지향 평가(norm-referenced evaluation)란 1950년대부터 실시되어 온 평가 방법으로서 주어진 집단을 대표하는 규준(norm), 즉 집단 속의 개인들이 나타내는 점수들의 평균치를 기준으로 각 개인의 점수가 평균치로부터 얼마나 이탈되어 있느냐에 따라 평가한다. 규준 지향이라는 용어는 Glaser가 고안한 프로그램 학습이나 완전 학습을 위한 검사와 구별하기 위한 검사 특성으로 이런 검사를 통해 어떤 결과를 얻고자 할 때 규준 지향 평가가 되며, 이는 상대 평가(relative evaluation)라고도 한다. 규준 지향 평가는 집단 안에서 극히 객관적인 평가가 될 수 있으며, 평가자의 주관에 의한 편견을 없앨 수 있다. 즉 개인의 점수에 대한 집단 내에서의 상대적 위치를 명확하게 알 수 있는 장점이 있으며, 제한된 인원을 선발할 때 효과적으로 활용된다.

한 교과에 대한 학생의 일반적인 성취 수준을 정확하게 측정해 주며, 탁월한 학습 성취에서부터 심한 학습 결함에 이르기까지 여러 성취 수준을 밝혀내는 데 그 목적이 있다. 또한 성공적인 학습의 일차적인 책임이 학습자 자신에게 있음을 시사해 준다. 또한 학습 목표와 평가 내용이 일치하지 않을 경우 잘못된 결론을 도출할 수 있으며, 일반적인 수준에서 평가 내용을 기술함으로써 교육 과정과 일치하지 않을 수도 있다.

규준 지향 평가에 대한 대부분의 비판은 이러한 평가 방법이 내재적으로 가지고 있는 학생들의 경쟁 의식 및 경쟁 윤리를 기초로 하고 있다는 데 있다. 이와 같은 관점에서 Bloom(1976)은 학교에서는 상대 평가 외에 보다 독립되고 타당한 학습이나 작업에 필요한 어떤 기준에서 이루어지는 평가는 매우 드물다고 한다. 그러나 전체적 집단이 우수한 성적을 나타낸 학생들임에도 상대적으로 일정 수 만큼은 낮은 평점 혹은 등급을 주어야 하는 단점이 있다. 또한 어떤 학생이 어떤 교과의 학습에서 실제로 무엇을 어느 정도로 성취하였는지를 밝혀 주지 못한다는 문제점도 있다.

목표 지향 평가(criterion referenced evaluation)란 교육을 통해 성취하려고 정해 놓은 목표에 얼마나 접근했는가를 알아보기 위해 평가하는 방법이다. 즉 상대적 비교를 통한 평가가 아니라 목표에 얼마만큼 도달했느냐, 학생이 무엇을 성취했느냐에 관심을 두고 평가하므로 이를 절대 평가(absolute evaluation)라고도 한다.

준거 지향 평가는 학습자가 무엇을 학습하고 무엇을 학습하지 못했는가에 관해 상세하고 구체적인 정보를 제공하며, 수업의 어떤 특정 문제를 집중적으로 추정해서 학생이 어떤 주요 교수 목표에 도달했는지에 관심을 갖는다. 또한 모든 사람에게 다 같은 하나의 성취 기준을 설정하기 때문에 학생들은 이 기준에 도달하거나 못할 수도 있다(Clarizio et al., 1988).

일반적으로 이 방법은 자격이나 면허 취득 시험 등에 사용되며, 평가의 기준 자체가 학습자의 교육 목표 도달 상태를 의미하므로 교육심리학이 지향하고 있는 궁극적인 평가(evaluation)의 의미와 매우 적합한 방법이라고 할 수 있다. 그러나 절대적인 평가 기준을 설정하기에는 많은 어려움이 있다.

표 12.2 규준 지향 평가와 준거 지향 평가 간의 목적과 특징의 차이

특징	규준 지향 평가	준거 지향 평가
주용도	조사검사	숙달검사
강조점	성취도의 개인차 측정	학생이 수행할 과제의 서술
결과 해석 방법	개인 간의 수행 비교	구체적 성취 영역의 수행 비교
내용의 법칙	광범위한 성취 영역	제한된 학습 과제
검사계획의 특징 문항 선택 절차	• 일반적인 세부 목표 사용 • 개인변별을 최대로 하는 문항(최대 점수 변량을 얻기 위해), 쉬운 문항 삭제	• 영역별로 세부 목표 사용 • 수행을 서술하는 데 적합한 모든 문항 선택, 문항 곤란도나 점수 변량 얻기 위해 쉬운 문항 삭제 안함
수행 표준	집단 내의 상대적 위치에 의해 수행 수준(예: 20명 중 5등)	절대 표준에 의해 정해진 수행 수준(문항의 90% 이상 성취를 숙달함으로 간주)

출처: Noman E. Gronlund(1993). How to Make Achievement Test and Assessments(5th Ed.)
강갑원 외(2004) 재인용.

4 교육 평가의 절차

교육 평가의 절차는 학자별로 다소의 차이가 있으나 일반적으로 다음과 같은 단계를 거친다(황정규, 1973).

1) 교육 목표의 확인

교육 평가를 실시하기 위해서는 교육 목표의 설정과 교육 목표의 세분화가 먼저 되어야 한다. 교육 목표의 달성 가능성, 목표의 적합성, 목표의 달성 기간, 목표에 따른 교수-학습 과정, 전이와 적용 한계, 목표에 따른 교수 순서 등 교육 목표에 관련된 여러 가지 문제는 평가의 결과에 의해서 판단된다.

교육 목표가 확인되면 이를 세분화시키고 측정이 가능한 상태로 나열하는데, 즉 교육 목표를 행동면과 내용면으로 이원 분류표를 작성하며 도달점 행동(terminal performance)이 관찰될 수 있도록 구체적인 행동적 언어(action verbs)가 관찰될 수 있도록 구체적인 행동적 언어로 진술되어야 한다.

2) 평가 장면의 선정

교육 목표가 확정되면 이를 평가하기에 적절한 검사 상황을 선정해야 한다. 평가 장면이란 측정하려는 교육 목표의 달성도가 표현되고 행동의 증거로 나타나는 장면을 말한다. 평가 장면은 교육 목표와 교육 내용에 따라 다양하게 달라질 수 있으나, 교육 평가에 있어서 대표적인 것으로는 지필 고사를 들 수 있다. 또한 관찰, 면접, 작품 분석, 사회성 측정, 체크리스트, 표준화 검사 등이 있다. 어느 장면을 사용할 것인가는 교육 목표에 따라 결정되어야 한다.

3) 평가 도구의 제작 또는 선정

교육 목표가 확인되고 평가 장면이 선정되면 목적에 맞는 평가 도구를 제작하거나 이미 만들어진 도구들 중 적합한 것을 선정해야 한다. 지필 검사 형식을 통해 학력을 평가한다면 세분화된 교육 목표에 준거하여 시험 문항을 작성하고, 문항 난이도와 변별도 등을 고려해야 한다. 표준화 검사의 선정에서 특히 유의할 점은 좋은 도구가 갖추어야 할 조건인 타당도, 신뢰도, 객관도, 실용도 등을 고루 갖추고 있는지, 목적에 맞는 도구인가를 살펴보아야 한다.

4) 평가의 실시 및 결과 처리

평가 도구의 제작 혹은 선정이 끝나면 그 다음 단계는 실제 평가의 실시 및 결과의 처리 단계이다. 평가의 실시 방법은 평가 도구의 종류 및 형태와 관련되나, 잘 통제된 장면에서 피검사자로 하여금 충분히 자기의 행동을 표현하도록 해야 한다. 아무리 훌륭한 평가 도구를 사용하더라도 제대로 통제가 이루어지지 못한 상태로 실시된다면 바람직한 결과를 얻기 어렵다. 실시가 끝나면 자료를 채점하여 통계 처리를 한다. 채점을 통해 얻어진 개개의 점수가 의미를 가지기 위해서는 통계적 조작의 기술, 통계치에 대한 이해, 양적 처리능력이 필요하다.

5) 결과의 해석 및 활용

통계적 방법에 의해 처리된 자료는 일정한 수치로 나타난다. 그러나 이러한 수치에 대한 해석이 없다면 단순한 수치 이상의 의미를 가질 수 없다. 결과의 해석은 이전에 얻었던 점수와 현재 점수와의 비교, 혹은 집단의 평균치와 개인 점수와의 비교를 통해 분석적·종합적 혹은 상대적·절대적 해석을 함으로써 이루어진다. 평가의 결과는 어디까지나 학습자가 검사를 통해서 보여준 능력의 일면에 지나지 않는다. 그러므로 이 같은 부분적인 결과만 가지고 전인격을 평가해서는 안 된다. 교육은 지식에만 치중하지 않고 전인 교육을 지향해 나가야 함에 더욱 유의해야 한다.

5 평가 도구의 조건

올바른 평가를 위해서는 무엇보다도 좋은 평가 도구를 사용해야 한다. 그러기 위해서 교사는 평가를 목적으로 사용되는 검사에 대하여 상당한 정도의 주의를 집중해야 한다. 학력의 평가에 있어서는 일반적으로 표준화 학력 검사와 교사 작성 학력 검사가 사용되고 있다.

표준화 검사인 경우에는 평가 도구로서의 조건이 갖추어져 있기 때문에 교사가 특별히 평가 도구의 조건에 대해 신경을 쓸 필요가 없다. 그러나 교사 작성 검사일 경우에는 교사 자신이 검사를 작성해야 하므로 그 검사가 좋은 평가 도구가 되기 위한 노력이 있어야 한다. 따라서 어떠한 목적으로, 또 어떤 평가 도구를 적용하든 모든 평가의 과정에서는 다음과 같은 기본적인 조건, 즉 타당도, 신뢰도, 객관도, 실용도가 보장되어야 한다.

이러한 조건은 평가 도구의 질적인 수준을 가려내는 가장 중요한 조건이므로 학력 측정, 능력 측정, 성격 측정 등 모든 종류의 측정은 이들 조건에 비추어 평가 도구의 가치가 판정된다. 그만큼 이 조건들은 평가 도구의 생명이다.

1) 타당도

타당도(validity)란 평가의 목적 달성을 위해 검사 혹은 평가 도구가 측정하는 목적을 어느 정도 적합하게 측정하고 있느냐에 관한 것이다. 평가 방법이 평가 목적을 얼마나 충실히 재고 있느냐가 문제이다. 즉, 무엇(what)을 측정하느냐의 문제이다. 측정에 약간의 오차가 생긴다 할지라도 국어 학력 검사는 국어 능력, 즉 어휘력, 독해력, 쓰기 능력 등을 측정해야 하는 것이다. 엉뚱하게 사회생활의 능력을 측정하고 있어서는 타당도가 있다고 할 수 없다.

타당도의 개념에는 반드시 준거의 개념이 수반된다. 준거란 검사의 내용이나 결과를 다른 어떤 근거에 비추어 검증할 때의 기준을 말한다. 즉, 무엇에 비추어 본 타당도라야 한다. 막연히 일반적인 용어로 타당도가 있다, 없다라고 말할 수는 없다. 타당도가 있다라는 주장 뒤에는 무엇에 비추어 보아서라는 진술이 반드시 수반되어야 한다.

(1) 내용 타당도

내용 타당도(content validity)는 안면 타당도(face validity), 교과 타당도(curricular validity), 논리적 타당도(logical validity)라고도 하며, 평가 도구가 제시하는 내용을 어느 정도로 평가하고 있는지를 이론적으로 분석하고 추출하는 타당도이다. 그러므로 평가 도구가 평가 내용을 얼마나 잘 대표하고 있느냐

하는 문제가 관련된다. 그리고 여기서 평가하려는 내용은 대개의 경우 교육 목표가 된다. 지능 검사의 경우에는 정의된 지능을 어느 정도 잘 측정하느냐 하는 것이 내용 타당도이다.

다시 말하면 내용 타당도는 주로 교수-학습 과정에서 설정하였던 교육 목표를 평가 도구가 얼마나 충실히 측정하고 있느냐를 결정할 때 쓰이는 타당도의 개념이다. 교수-학습 과정을 거친 다음 학생에게 실시하는 검사가 타당한 도구가 되기 위해서는 가르치려고 하였던 교육 목표를 충실히 측정하여야 한다.

(2) 예언 타당도

예언 타당도(predictive validity)는 어떤 평가 도구가 목적하는 준거를 어느 정도로 잘 예언해 주는가를 보는 방법이다. 다시 말해서 검사에 의해 학생의 미래 행동을 정확하고 완전하게 예언하려고 한다. 이때의 준거는 시간적으로 미래의 행동 특성이 된다. 이와 같은 예언성은 모든 평가 도구에 요구되는 성질이다. 이를테면 비행사 적성 검사의 경우에 이 검사에서 좋은 성적을 받으면 나중에 비행기의 조종, 적기의 추락수, 비행 기록 등에서도 좋은 성적을 올리는 결과가 나타나야 검사가 제구실을 할 수 있다. 학생들의 학업의 성취와 직업에서의 성공 그리고 개인적·사회적 적응의 정도를 예언하는 기능을 포함한다.

(3) 공인 타당도

공인 타당도(concurrent validity)는 지위 타당도(status validity)라고도 하며 여러 가지 점에서 예언 타당도와 비슷한 점이 있다. 공인 타당도는 평가 도구에 의해 밝혀진 학생의 행동 특성이 그 평가 도구 외에 기존하는 어떤 행동 준거와 어느 정도로 잘 일치하는가를 문제 삼는다. 예언 타당도는 행동의 준거가 미래에 있지만 공인 타당도는 현재에 있다. 예컨대 작문 검사의 성적과 현재 학생이 쓴 편지의 평가 결과의 상관을 내보거나, 흥미 검사를 실시한 다음 음악적 흥미에 점수가 높은 학생이 실제 음악 활동에 적극적이냐 아니냐를 비교해 보는 것 등이 공인 타당도에 해당된다.

(4) 구인 타당도

구인 타당도(construct validity)는 비교적 새로운 개념이며, 또한 평가 도구에 있어서 가장 과학적인 발전 가능성을 열어주는 타당도 검사 방법이다. 구인이란 보이지 않는 심리적 특성으로 이러한 특성을 얼마나 잘 평가 측정하느냐의 문제가 바로 구인 타당도와 관계된다. 구인 타당도는 검사에서 나온 원점수의 의미를 심리학적 개념(psychological concept)으로 분석한다. 즉, 복잡하고 모호한 성격을 띤 검사 결과로 나온 점수의 성격을 심리학적 개념에 따라 분석하고 의미를 부여한다. 그러므로 구인 타당도를 밝힌다면 심리학적 개념으로 정의하고 있는 이론의 타당성이 검증된 것과 마찬가지이며, 심리 측정의 개념과 과학적 이론의 개념을 통합시키는 방법이다.

2) 신뢰도

타당도가 무엇을 측정하고 있느냐, 또는 측정하려고 하는 속성을 어느 정도 충실하게 측정하고 있느냐의 문제임에 반해서, 신뢰도(reliability)는 평가의 목적 달성을 위한 평가 방법이 항상성이 있느냐에 관한 문제이다. 즉, 어떻게(how) 재고 있느냐의 문제에 관련된다. 환언하면 측정의 오차(error of measurement)가 얼마나 적으냐, 즉 얼마나 정확하게 얼마나 오차 없이 일관성 있게 측정하고 있느냐의 개념이다. 어떠한 종류의 평가이든 절대적인 엄밀성의 보장이란 없지만 동일한 대상에 대한 평가에도 일관성(consistency)이 있고, 측정의 오차가 얼마나 적으냐 하는 문제에 관련된 정확성(accuracy)이 있어야 한다.

타당도는 평가 도구에서 중요한 필수 조건이다. 신뢰도가 없으면 타당도는 자연히 낮아지기 마련이지만, 타당도가 없더라도 신뢰도는 높을 수 있다. 이렇게 본다면 신뢰도는 오히려 타당도의 선행 개념이라고 할 수 있다. 신뢰도를 검증하는 방법은 다음과 같다.

(1) 재검사 신뢰도

재검사 신뢰도(test-retest reliability)는 평가 도구 혹은 검사를 같은 집단에서 일정한 시간 간격을 두고 두 번 실시한 후에 그 전후 검사의 결과에서 상관 계수를 산출하는 방법이다. 이것은 전과 후의 점수 사이에 어느 정도 안정성이 있느냐를 보는 방법도 되기 때문에 안정성 계수(coefficient of stability)라고도 한다.

(2) 동형 검사 신뢰도

동형 검사 신뢰도(equivalent form reliability)는 미리 두 개의 동형 검사를 제작하여 그것을 같은 학생에게 실시해서 두 동형 검사에서 얻은 점수 사이의 상관 계수를 산출하는 방법이며, 대개의 동형 계수(coefficient of equivalence)라고도 한다. 이 동형 검사는 외형적인 내용은 서로 다르지만 그 문항이 여러 가지 측정 이론의 측면에서 보아 동질적이라고 할 수 있는 것으로 구성된다. 그리고 문항의 곤란도 및 난이도의 범위가 같거나 비슷하고 문항내용도 같게 구성된 검사이다.

(3) 반분 검사 신뢰도

반분 검사 신뢰도(split-half reliability)는 한 개의 평가 도구 혹은 검사를 한 학생 집단에 실시한 다음 그것을 적당한 방법에 의해 두 부분으로 나누고, 이 두 부분에 대해 독립된 검사로서의 가치를 부여하여 그 두 검사간의 상관 계수를 내는 방법이다. 이 방법은 재검사 신뢰도가 부적당하거나 동형 검사를 만들기 어려울 때 손쉽게 사용할 수 있는 방법으로 많이 사용되고 있다.

(4) 문항 내적 합치도

문항 내적 합치도(inter-item consistency)는 학생이 각 문항에 반응하는 일관성, 합치도에 기초한 신뢰도의 계산 방법이다. 반분 신뢰도가 나누어진 두 부분을 독립된 검사로 생각했듯이 여기에서는 각 문항을 독립된 한 개의 검사 단위로 생각하고, 그 사이의 합치성·동질성·일치성을 종합한다. 이것은 문항의 동질성(homogeneity)에 기초를 둔 신뢰도이므로 흔히 동질성 계수(coefficient of homogeneity)라고도 하고 그런 의미에서 동형 검사 신뢰도의 대체가 된다.

3) 객관도

평가 도구에서 타당도와 신뢰도는 가장 중요한 기준치이다. 좋은 평가 도구의 조건은 이 두 가지 기준으로 충분하다고 말할 수 있다. 그러나 교육, 심리 측정에서는 여러 가지 실제적 이유 때문에 객관도(objectivity)의 문제를 언급하지 않을 수 없다.

객관도란 측정의 결과에 대한 여러 검사자 혹은 채점자가 어느 정도로 신뢰롭고 일관성 있는 평가를 하느냐의 정도라고 정의할 수 있다. 즉, 평가 결과에 대한 검사자 혹은 채점자의 객관성에 관련된 문제이다. 여러 채점자가 자기의 편견, 의견, 감정을 완전히 떠나서 채점을 하면 남는 것은 객관성뿐이다. 그러나 객관도란 정도의 문제이며 완전히 객관적이거나 완전히 주관적인 검사는 거의 없다. 다만 완전히 객관적인 검사에 보다 가깝도록 만드는 것이 측정과 평가 연구의 과제인 것이다.

신뢰도가 측정 도구의 변덕에 의해 결정되는 것이라면, 객관도는 채점자의 변덕에 의해 발생되는 것이다. 그러므로 흔히 객관도를 검사자의 신뢰도(testers reliability)라고 한다. 같은 학생의 논문형 답안지를 채점하여 나온 결과는 검사자 사이에서 차이가 심할 수 있다. 특히 미술, 음악과 같은 작업검사나 정직성, 명랑성, 협동심과 같은 성격 특성의 평가에서는 이 같은 현상이 나타날 가능성이 높다.

따라서 평가 도구를 객관화하고, 가능하면 비객관적 평가 도구는 여러 사람이 공동으로 평가하여, 그 결과를 종합함으로써 객관성을 높여야 한다. 그것은 아무리 평가 소양이 높은 평가자라 하더라도 혼자서 평가할 때는 반드시 오차의 문제가 발생하기 때문이다. 교사는 평가내용에 대한 이해, 인간 행동에 대한 조작적 의미의 파악, 평가의 기술에 대한 훈련이 있어야 한다. 즉 검사자의 인상, 편견, 추측, 감정, 착오 등 주관적 요인을 최소한으로 줄이고, 객관적·구체적·실증적 자료를 기초로 해서 이성과 논리의 눈으로 평가하는 태도가 필요하다.

4) 실용도

타당도, 신뢰도, 객관도는 좋은 평가 도구가 갖추어야 할 이론적 조건이다. 그러나 이외에도 반드시 갖추어야 할 실제적 조건이 있는데, 바로 실용도(usability)라고 하는 것이다. 측정 도구의 실용도란 도구의 활용 시에 소요되는 경비, 시간, 소요 인원, 실시 방법상의 용이성 등을 말한다. 이론적 조건을 모두 훌륭히 갖춘 좋은 도구라고 하더라도 시간이 너무 많이 소요되거나 실시 방법, 채점, 해석 등이 복잡하고 번거롭거나, 소요 비용이 너무 많이 든다면 실제적 사용은 어렵다.

6 평가 문항의 유형

문항의 유형은 문항의 배열과 지시, 학생의 반응 기록에 따라 구분된다. 일반적으로 학생의 반응 형태에 따라 선택형(selection type), 서답형(supply type)으로, 채점 방법에 따라서 주관형(subjective type), 객관형(objective type)으로 또는 인지형(recognition type), 재생형(recall type), 논문형(essay type)으로 나누기도 한다.

이와 같은 분류 방법은 다만 필요에 의해 나눈 것뿐이며, 각 문항 형식은 평가의 목적과 기능, 또는 그 용도에 따라 다양하게 작성, 사용할 수 있다. 학생의 반응 형태에 따른 평가 문항의 유형을 살펴보면 다음과 같다.

1) 선택형

선택형은 인지형이라고도 하는데, 이는 주어진 대답 중에서 정답이라고 생각되는 것을 선택 혹은 인지하는 방법이다. 논문형 형식의 문항이 채점에 있어서 주관적인 의견의 개입을 배제할 수 없는 단점이 있기 때문에 채점상의 객관성과 용이성을 요구하는 검사는 대부분 선택형의 문항을 사용하고 있다. 선택형 문항은 출제 범위를 넓게 함으로 학생들의 능력을 포괄적으로 표집해서 다룰 수 있다는 점과 채점의 객관성과 신뢰성 그리고 통계적 분석의 용이성 등을 장점으로 꼽을 수 있다. 반면, 단점으로 첫째는 단순한 지식의 기억력을 테스트하는 검사가 되기 쉽고, 둘째는 추측 요인을 제거할 수 없는 점, 셋째는 표현력, 종합 능력, 창의력을 평가할 기회가 부족하다는 점 등을 들 수 있다.

2) 서답형

서답형은 학생이 대답에 필요한 정보를 단어, 문구, 숫자, 기타 기호로 표현하는 방식이다. 선택형은 선택, 인지의 능력을 요구하고 있으나 서답형은 재생, 상기의 능력을 요구한다. 따라서 서답형에서 채점의 객관성이 유지된다면 선택형의 결점을 보완하기 위하여 권장할 만한 형식이다. 특히, 서답형 중 논문형은 재생, 상기뿐 아니라 고도의 조직력, 구성력, 종합력, 사고력, 표현력이 요구되는 형식이다. 그리하여 많은 사람은 논문형을 별도로 분류해서 설명하기도 한다. 논문형 검사에서는 학생들이 답안을 작성하기 위해서 먼저 계획을 하고 자기 나름대로의 용어를 사용하여 글로 표현해야 한다. 따라서 이 검사를 통해 교사는 학생들의 다양한 능력을 평가할 수 있다.

또한 어떤 단편적인 지식이나 고립된 지식보다는 많은 지식과 더불어 이러한 지식을 효과적으로 종합하고 분석하는 능력을 길러 주기 때문에 학생들의 바람직한 학습태도를 형성하는 데 크게 도움을 준다(Zanden, 1980). 서답형은 반응의 자유도가 크므로 개괄, 요약 등의 종합 능력이나 고등 정신 능력을 측정하기 위해서 유용하며, 문항 작성이 쉽고 학습자의 학습 태도를 개선해 준다는 장점이 있다. 단점으로는 채점의 주관성, 비경제성, 문항 표집의 제한성 등을 들 수 있다.

선택형과 서답형의 문항 형식의 분류 및 그 제작에 관련된 문제는 다음과 같다(황정규, 1984).

선택형
- 진위형(true-false type)
- 배합형(matching type)
- 선다형(multiple-choice type)

서답형
- 단답형(short-answer type)
- 완결형(completion type)
- 논문형(essay type)

각 문항의 형태에 관한 예를 하나씩 들어보면 다음과 같다.

놀이하는 동안 보통 다른 아동들보다 더 많은 말을 한다.

• 진위형의 예

다음의 문항이 맞으면 D에, 틀리면 E에 표하라.

D E 1. 우리나라 실학은 중국의 주자학의 영향을 받아 발전했다.
D E 2. 기미년의 독립선언서는 미국 독립 선언에 기초해서 만들어졌다.
D E 3. 조선시대 영조는 탕평책을 사용했다.

• 배합형의 예

지시 : 아래의 5가지 법칙(A, B, C, D. E)이 있고, 그 아래 문장이 있다. 각 문장을 읽고 그 문장을 설명한 가장 유용한 법칙을 찾아 답안지를 표하라. 위의 법칙 중 아무것도 응용할 수 없으면 E에 표하라.

법칙 : A. 마찰은 어떤 두 물체가 접촉하면 생긴다.
B. 관성불변의 법칙
C. 에너지 불변의 법칙
D. 위의 어느 것도 아니다.

1) 벽돌에 실을 묶어 부드러운 평면 위에서 당길 수 있다. 만약 힘차게 당기면 실은 끊어질 것이다.
2) 문을 천천히 열면 힘이 조금 든다. 그러나 빨리 열면 힘이 많이 든다.
3) 곡선을 그리며 움직이는 물체의 속도는 일정하지 않다.

• 선다항의 예

다음에 있는 각 문항 중 옳은 답을 골라 답안지에 그 번호를 표시하라.

1) 도선과 자장의 상호 운동에 의해서 전류가 유도되었을 때, 유도 전류의 방향은 운동되는 자장의 반대를 이루게 된다. 이 원리를 설명할 수 있는 구체적인 예는?
① 못을 끌어당기는 자석
② 발전기
③ 나침반의 바늘구멍
④ 초인종
2) 전화수화기의 진동판을 진동시키는 원인은 무엇인가?
① 변압기에서 생긴 전압의 변화
② 전자석에 흐르는 전류의 강도의 변화
③ 진동판을 누르고 있는 탄소미립자의 위치와 변화
④ 축전지의 위치의 변화

- 단답형의 예

1) 산업혁명이 일어나기 전에 그에 영향을 미친 발명품은 무엇이며 누가 발명했는가?
   ① 발명품
   ② 발명한 사람
2) 르네상스 시대의 대표적 문학작가 세 사람을 들어라.
   ①
   ②
   ③

- 완성형의 예

1) 한 국가는 __________, __________, __________의 중요한 세 가지 기관으로 구성된다.
2) 우리 몸의 작은창자에서 흡수된 양분은 __________을 통해 __________에 저장된다.

- 논문형의 예

1) 해류가 산을 깎아 새로운 땅을 만드는 경우가 있다. 그 과정을 설명하고 우리나라에서 그와 같이 해서 생긴 대표적인 지명을 들어라.
2) 계절풍의 특징은 무엇이며, 그것이 농업에 미치는 영향을 두 가지만 들어 설명하라.

이상에서 제시한 선택형과 서답형은 문항 형식의 차이로 인해 측정하는 기능이 다르지만 그것이 유일하고 의의 있는 차이는 아니다. 보다 중요한 것은 한 검사 속에 담겨 있는 문항 하나하나가 교육 목표를 제대로 반영하여 그 기능을 발휘하느냐 못하느냐 하는 것이다. 그러므로 문항 제작자에게 요구되는 구비 조건은 일반적으로 측정하려는 교과목에 관한 충분한 이해가 선행되어야 하며, 합리적이고 바람직한 교육 목표를 지니고 있어야 한다. 또한 검사 대상자인 학생들을 심리적으로나 교육적으로 잘 이해하고 있어야 하며, 자신의 생각을 언어로 정확하게 표현할 수 있는 능력이 요구되고 문항 제작에 대한 특별한 지식, 기술, 기능의 소유자여야 한다.

생각해 볼 문제

1 교육현장에서 학생들을 평가하는 것이 왜 필요한지, 교육평가의 의미를 살펴보고, 이를 논의하시오.

2 준거 지향 평가와 규준 지향 평가를 비교해서 설명해 보고, 미래사회에 학교현장에서 필요한 평가방법은 무엇이어야 할지 자신의 의견과 이유를 진술하시오.

3 표준화 학력검사와 교사의 개별적인 검사 실시의 차이점은 무엇인가? 각 검사의 긍정적인 면과 부정적인 면을 논의하시오.

참 고 문 헌

강란혜(2008). **아동발달**. 경기: 창지사

강인숙(2005). 다중지능에 관한 최근 연구 동향 분석. 숭실대학교 교육대학원 석사학위 청구논문.

강정구(1996). **현대학습심리학**. 서울: 문음사

공인숙·최연실(1994). 양성적 부모의 양육행동과 아동의 자기 역량감에 관한 연구. 아동학회지, 한국아동학회, 제15권 제1호. 187-203.

곽기상(1996). **교육심리학**. 서울: 재동문화사.

구광현(1992). 인지발달과 학습에 관한 이론적 접근: 측정 및 교수방법에 대한 시사점. 논문집, 제12집, 대신대학교. 3-35.

권석만 외 9인(1996). **심리학개론**. 서울: 박영사.

권순명(1994). 지각된 양육경험과 자아정체감 및 통제된 인간의 관계분석. 전북대학교 대학원 박사학위논문.

권중돈(2005). **인간행동과 사회환경**. 서울: 학지사.

길임주(1996). 사회도덕적 사고에 있어서 청소년과 부모의 세대간 차이분석. 교육심리연구, 한국교육학회 교육심리연구회, 제10권 제1호, 105-123.

김경은·김숙령(2005). **어린이를 위한 유아 창의성 교육의 이론과 실제**. 서울: 교육아카데미.

김광웅·박성연 역(1995). 아버지 역할과 아동발달. 서울: 이화여자대학교출판부.

김기석(1975). **정신분석적 접근: 사회변화에 대응하는 생활지도**. 서울: 양남인쇄주식회사.

김덕건(1997). Scaffolding 유형과 집단형태가 유아의 ZPD 이행수준에 미치는 효과. 계명대학교 대학원 박사학위논문.

김덕순(2996). **부모의 이론과 실제**. 서울: 도서출판 출판부.

김명희·김영천(1998). 다중지능이론: 그 기본 전제와 시사점. 교육과정연구. 한국교육학회 교육과정연구회, 제16권 제1호, 299-330.

김민남 역(1985). **Kohlberg의 도덕발달이론**. 서울: 교육과학사.

김상윤(1988). 인지적 도덕발달이론에서 단계별 특성에 따른 도덕성발달 경향분석. 동아대학교 대학원 박사학위논문.

김순남(2000) 유치원 교사의 교사효능감에 따른 역할 수행에 관한 연구. 한국교원대학교 석사학위논문.

김순택(1978). **목표별수업**. 서울: 교육과학사.

김순혜(1997). 고등학생의 자아개념 및 대인관계 성향의 하위요인과 학업성취의 관계연구. 교육심리연구, 학국교육학회 교육심리연구회, 제11권 제2호, 21-44.

김아영·백화정·설인자·양혜영·이선자·정명숙 공역(2001). Anita E. Woolfork 저. **교육심리학**. 서울: 학문사.

김아영(1996). 목표설정이론과 자기효능감. 신업 및 죠직심리학회 춘계학술발표대회 논문집. 41-51.

김아영(1998). 동기이론의교육현장 적용 연구와 과제. 교육심리연구, 학국교육학회 교육심리연구회, 제12권 제21, 105-128.

김안중·박천환·신재철·조난심(1982). **한국아동의 도덕성 발달에 관한 연구**. 서울: 한국교육개발원.

김언주·구광현(2000). **신교육심리학**. 서울: 문음사.

김언주(1986b). 인지적 학습동기. 새교육, 통권 제384호, 대한교육연합회.

김영채 역(1979). **학습심리학**. 서울: 중앙적성연구소.

김영희(1996). 기질 및 양육행동과 아동의 적응과의 관계. 아동학회지. 한국아동학회, 제17권 제2호, 19-32.
김용래(2000). **교육심리학**. 서울: 문음사.
김인자 역(1982). **적응심리**. 경기: 정민사.
김재은·유기섭(1985). **심리검사의 활용**. 서울: 교육과학사.
김정휘·주영숙(1980). **교육심리학 탐구**. 서울: 형설출판사.
김제한(1999). **교육심리학**. 경기: 양서원.
김종서 외(1987). **교육과정과 교육평가**. 서울: 교육과학사.
김종철 외(1995). **최신교사론**. 서울: 교육과학사.
김진영·김정원·전선옥(2009). **영유아를 위한 부모교육**. 경기: 창지사
김진호·최철용·박혜경·강병재(2007). **실기·예비교사를 위한 교육방법론**. 서울: 동문사.
김충기(1991). **생활지도와 상담**. 서울: 교육과학사.
김학춘(1969). 창의적 사고력과 이에 관계되는 영역과의 비교연구. 경북대학교 논문집, 제3집.
김호권(1970). **완전학습의 원리**. 서울: 배영사.
김호권(1974). **완전학습의 원리**. 서울: 익문사.
김호권(1977). **현대교수이론**. 서울: 교육출판사.
김희진·이분려(1999). 유아 교사의 교사 효능감에 영향을 주는 교사 내·외적 요인에 대한 연구. 한국교사교육, 16(1).
나동진(1999). **교육심리학-인지적 접근**. 서울: 학지사.
노희관 외 역(1990). **교육심리학의 최근 동향**. 서울: 교육과학사.
노희상(1995). **센스 있는 아버지의 신세대 자녀교육**. 서울: 우리문학사.
대한교련(1971). 교직의 여성화 경향에 관한 연구. 정책연구, 제12집. 대학교육연합회.
라정(1982). 심리연구 동향분석-국내 석사학위논문을 중심으로. 교육개발. 한국교육개발원. 제4권 제2호. 48-51.
문미희(1991). 도덕판단력검사(DIT)의 문항적절성 분석연구. 서울대학교 석사학위논문.
문용린(1986). 인지발달론의 관점에서 본 도덕성발달연구의 문제와 전망. 교육이론. 제1권 1제1호, 55-83.
문은식·박선환·정미경(2007). **교육심리학**. 경기: 공동체.
민영순(1976). **발달심리학**. 서울: 교육출판사.
민영순(1995). **교육심리학**. 서울: 문음사.
박규훈(1982). 청년기학생의 욕구 저지와 공격기제에 관한 일연구. 경북대학교 대학원 석사학위논문.
박도순(1992). **교육연구방법론**. 서울: 문음사.
박동준·변영계(1988). 교육과정과 교육평가. 서울: 문음사.
박동준·허경조(1988). 대학생을 위한 창의력 개발 프로그램. 충북대학생활연구, 제12집, 15-48.
박성수(1986). **생활지도**. 경기: 정민사.
박성익(1986). **독자학습전략-자기지향평가방법의 교육적 의미**. 서울: 교육연구사.
박아청(1982a). **교육심리학의 접근방법**. 서울: 학문사.
박아청(1982b). **인간과 교육**. 서울: 배영사
박아청(1982c). **교육심리학**. 서울: 학문사.
박완희(1996). 대학의 수업환경 비교분석. 교육심리연구. 한국교육학회 교육심리연구회, 제10권 제12호, 197-233.

서울대학교 교육연구소(1994). **교육학 용어사전**. 서울: 도서출판 하우.

송길연·김수정·이지연·양돈규 공역(2000). **발달심리학**. 서울: 시그마프레스.

송길연 외(2013). **발달심리학**. 서울: 시그마플러스.

송명자(1995). **발달심리학**. 서울: 학지사.

송인섭·최명구 외(2006). **교육심리학**. 서울: 학지사.

송인섭(1989). **인간심리와 자아개념**. 경기: 양성원.

송인섭(1996). 한국의 표준화된 지능검사의 문제와 전망. 교육심리연구. 한국교육학회 교육심리연구회, 제10권 제3호, 113-133.

신세호 역(1980). **프로그램 수업**. 서울: 교육과학사.

신세호(1985). 영재교육의 세계적인 동향과 우리의 과제. 새교육, 통권 370호, 38-46.

심우엽(1997). 다중지능 이론과 학교교육의 개선에 관한 연구. 교육학연구. 한국교육학회, 제35권, 제3호, 83-96.

심우엽(2000). **교육심리학**. 서울: 교육과학사.

심우엽(2001). **교육심리학**. 서울: 교육과학사.

안귀덕(1997). 학습자의 정의적 특성에 관한 연구의 회고와 전망. 교육심리연구. 한국교육학회, 제11권 제1호, 33-48.

안범희·박선영 외(1998). **교육심리학**. 서울: 교육과학사.

안범희(1993). **학교 학습심리학**. 서울: 하우.

안영진(1997). **아동심리의 발달과 이해**. 서울: 도서출판 정일.

안영진(2001). **프로젝트 스펙트럼 2**. 경기: 창지사.

안영진(2003). **21세기 교사 양성을 위한 교육심리학**. 경기: 창지사.

안영진(2006). **21C 교사양성을 위한 아동발달**. 경기: 공동체.

여광응·전영길 외(1992). 교사를 위한 교육 심리학. 경기: 양서원.

윤길근·김성수·이영훈(2008). **교육심리학**. 서울: 신정.

윤현석·김언주(1996). 감정기능의 의미와 측정. 교육심리연구. 한국교육학회 교육심리연구, 제10권 제3호, 183-204.

이경섭(1994). 교육목표 설정에 있어서의 주요 쟁점. 교육학연구. 한국교육학회, 제32권 제5호, 1-20.

이성진·홍준표(1982). **행동수정의 원리**. 서울: 교육과학사.

이성진(1996). 교육심리학: 그 학문적 성격과 과제. 교육심리연구. 한국교육학회 교육심리연구, 제10권 제1호, 25-43.

이성진(1996). **교육심리학서설**. 서울: 교육과학사.

이신동(1996). 1990년대 교육심리학에 대한 새로운 시각. 교육심리연구회소식, 제1권 제1호, 한국곽육학회 교육심리연구회, 4-5.

이영석(1982). **발달심리기초**. 서울: 학문사.

이옥형(1985). 유동적 지능과 결정적 지능에 관한 연구. 고려대학교 대학원 박사학위논문.

이장호(1982). **상담심리학**. 서울: 배영사.

이재창(1988). **생활지도**. 서울: 문음사.

이종연(1986). 자료제시방법, 질문형식 및 창의력이 학업성취 수준에 주는 효과. 서울대학교 대학원 석사학위논문.

이형득(1979). **집단상담의 실제**. 서울: 중앙적성연구소.

이형득(1982). **인간관계 훈련의 실제**. 서울: 중앙적성연구소.

이훈구(1985). **현대심리학개론**. 경기: 정민사.
이희경(2005). **유아교육개론**. 서울: 태영출판사.
임규혁 · 임웅(2007). **교육심리학**. 서울: 학지사.
임규혁(1996). **교육심리학**. 서울: 학지사.
임선하(1999). **창의성에의 초대**. 서울: 교보문고.
장언효(1997). 학습자의 인지적 특성에 관한 최근의 연구동향과 현장적용의 문제점과 과제. 교육심리연구. 한국교육학회 교육심리연구, 제11권 제1호, 19-32.
장휘숙(1993). 자기효율성의 특성에 관한 관련연구의 개관. 학국심리학회지 발달, 한국심리학회, 제6권, 16-28.
전성연 · 백영균(1990). **교육과 컴퓨터**. 경기: 양서원.
전윤식 · 이영석(1984). **삐아제와 유아교육**. 서울: 형설출판사.
정명화 · 김신곤 · 권기 · 김준규 · 신경숙(2005). **예비교사를 위한 교육방법의 이론과 실제**. 서울: 학지사.
정미숙(1996). 정의적 변인들간 및 학업성적과의 관계분석. 교육학연구. 한국교육학회, 제34권 제1호, 131-148.
정원식 · 이상로 · 이성진(1987). **현대교육심리학**. 서울: 교육출판사.
정원식(1994). **인간과 교육**. 서울: 교육과학사.
정종진(1988). **교육평가신강**. 서울: 형설출판사.
정종진(1991). **동기와 학습**. 서울: 성원사.
진위교(1997). 교수이론과 적용에 관한 연구의 회고와 방향모색. 교육심리연구. 한국교육학회 교육심리연구, 제11권 제1호, 49-84.
천성문 외(2008). **상담심리학의 이론과 실제**. 서울: 학지사.
하대현(1996). EQ에 대한 단상. 교육심리연구회소식. 제1권 제3호, 3-7.
한국유아교육학회 편(1996). **유아교육용어사전**. 서울: 한국사전연구사.
한은숙(1996). Vygotsky의 의론에 의한 성인과 유아의 상호작용과 유아의 문제해결과의 관계. 중앙대학교 대학원 박사학위논문.
허경철(1991). Bandura의 자기효능감 발달이론과 자주성 함양을 위한 교수-학습방법. 한국교육, 한국교육개발원, 제18권 67-84.
홍성훈(1996). 감성지수(EQ)란 무엇이며 왜 주용한가? 한국어린이육영회 회보, 제88호, 한국어린이육영회, 16-18.
홍순정(1999). **지능과 창의성**. 경기: 양서원.
황응연 · 윤희준(1983). **현대생활지도론**. 서울: 교육출판사.
황정규(1997). 지능의 요인이론, 요소이론, 다지능이론의 비교. 교육심리연구. 한국교육학회 교육심리연구, 제11권 제1호, 191-219.
황정규(1998). 교육심리학의 교육현장 적용과 과제. 교육심리연구. 한국교육학회 교육심리연구, 제12권 제1호, 27-34.
(PDF) Adolescents' achievement goal orientations, goal appraisals, and subjective well-being: A person-centered approach. Available from: https://www.researchgate.net/publication/253341943_Adolescents%27_achievement_goal_orientations_goal_appraisals_and_subjective_well-being_A_person-centered_approach [accessed Aug 21 2018]. Stipek, D. J.(2002). *Motivation to Learn Integrating Theory and Practice.* Boston, MA Allyn & Bacon.

Accordino, D. B., Accordino, M. P., & Slaney, R. B.(2000). An investigation of perfectionism, mental health, achievement, and achievement motivation in adolescents. *Psychology in the Schools, 37*(6), 535-545.

Ackerman,P., Beier, M., & Boyle, M.(2005).Working memory and intelligence: The samw or different constructs? *Psychologicl Bulletin, 131*(1). 30-60.

Alberto. P. A. & Troutman, A. C.(2009). *Applied Behavior Analysis for Teachers*(8th ed). Upper Saddle River, NJ: Merrill.

Allen, J. D.(1986). Classroom management: Students' perspectives, goals, and strategies. *American Educational Research Journal*, 23, 437-459.

Allen, J., Clark, F., Gallagher, P., & Scofield, F.(1982). *Classroom strategies for accommodating exceptional learners*. Minneapolis: University of Minnesota, National Support System Project.

Anderson, J. R.(1987). Methodologies for studying human knowledge. *Behavioral and Brain Sciences*, 10, 467-505.

Anderson, J. R.(2005) *Cognitive psychology and its implications*(6th ed.). New York: Wiley.

Archer, S. L. & Waterman, A. S.(1990). Varieties of identity diffusions and foreclosures: An exploration of subcategories of the identity statuses. *Journal of Adolescent Research, 5*, 96-111.

Arlow, J.(1995) *Unconscious fantasy, in Psychoanalysis : The Major Concepts,* ed. Moore, B.E., Fine, B.R., New Haven:Yale University Press.

Ashcraft, M. H., & Radvansky, G.A.(Eds.).(2010). *Cognition*(5th ed).

Ashton, P. L.(1984) Teacher efficacy : A motivational paradigm for effective teacher education. Journal of Teacher Education, 35(5), p 29.

Atkinson JW.(1964). *An Introduction to Motivation*. Princeton, NJ: Van Nostrand.

Babad, E.(1993). Pygmalion-25 years after: Interpersonal expectancies in the classroom. In P. D. Blanks(Ed.), *Interpersonal expectations: Theory, research, and application*(pp. 125-153). Cambridge: University Press.

Baltes, P. B., & Staudinger, U.(2001). *Wisdom:The orchestration of mind and virtue.* Boston: Blackwell.

Bandura, A(1977). Self-efficacy: Toward a unified Theory of behavioral change. *Psychological review*, 84, 191-215.

Bandura, A(1977). *Social Learning Theory*. Englewoos Cliffs, New Jersey: Prentice-Hall.

Bandura, A.(1986). *Social foundations of thought and action: A social cognitive theory.* Englewood Cliffs, NJ: Prentice-Hall.

Baumrind, D.(1991) The influence of parenting style on adolescent competence and substance use. *Journal of Early Adolescence, 11,* 56-95.

Becker, M. C., Bngelmann, S., & Thomas, D. R.(1975). *Teaching 2: Cognitive learning and instruction*. Chicago, Science Research Associates.

Bee, H., & Boyd, d.(Eds).(2010). *The developing child*(12th ed.). Bston: Allyn & Bacon.

Berger, T. W., & Thompson, R. F.(1995). *The Developing Person Through Childhood and Adolescence.* Worth Publisher,

Berk L. E.(1991). *Child development*(2nd Ed.). Boston: Allyn & Bacon.

Berk L. E.(1994). *Child development*(3nd Ed.). Boston: Allyn & Bacon.

Berk L. E.(1996). *Infants, children, and adolescents*(2nd Ed.). Boston: Allyn & Bacon.

Berk, L. E., (Ed.).(2009). *Child development* (8th ed). Boston: Pearson.

Berkm L. E. & Winsler, A.(1995). *Scaffolding children's learning* : Vygotsky and early childhood education. Washington, D.C.: National Association for the Education of Young Children.

Bigge & Shermis,(2004). *Learning Theories for Teachers*(An Allyn & Bacon Classics Edition), 6th Edition. Boston: Pearson.

Black, J.(2003). Environment and development of the nervous system. In M., Gallagher & R. J. Nelson(Eds.)., *Handbook of psychology: Vol3. Biologival psychology*(pp.655-665). Hobbken, NJ: Wiley.

Blair., G. M., Jones, S. R., & Simpson, R. H.(1975). *Education psychology*(4th Ed.). New York: The macmillan Co.

Block(1973). Conceptions of sex role: Some cross-cultural and longitudinal perspectives. *American Psychologist*, 28(6), 512-526.

Bloom, B. S.(1956). *Taxonomy of Educational Objective*. Handbook I: The cognitive domain. New York. Daid Mckay.

Bloom, B. S.(1976). *Human characteristics and school learning*. New York. McGraw-Hill.

Blough, G, O. & Schwarz, J.(1990). *Elementary school science and how to teach it*(8th Ed.). New York. Holt, Rinehart & Winstion,.

Boom, J. , Brugman, D. , & Van der Heyden, P.G.M.(2001). Hierarchical structure of moral stages assessed by a sorting task . *Child Development, 72*, 535-548 .

Borich, G. D. & Tombari, M. L(1995). *Educational psychology*. Harper Collins College Publisher.

Boring., E. G.,(1950). *A history of experimental psychology,* New York: Appleton-Century-Crofts, Inc.,

Bower, Clark, Lesgold & Winzenz,(1969). Hierarchical Retrieval Schemes in Recall of Categorized Word Lists., *Journal of Verbal Learning and Verbal Behavior 8*(3). 323-343.

Bower, G. H., & Hilgard, E. R.(1981). *Theories of Learning.* Englewood Cliffs, N.J: Prentice Hall.

Bowlby, J(1969/1989). *Attachment and loss Vol l Attachment* London Pengum.

Bowlby, J.(1969). *Attachment and Loss*. New York. Hogarth Press.

Bronfenbrenner, U.(1960). Freudian Theories of identification and their derivatives. *Child Development*, 31, 15-40.

Brophy, J. E.(1993). Research on the self-fulfilling prophecy and teacher expectations. *Journal of Educational Psychology*, 75(5), 631-661.

Brophy, J.(2005). Goal theorists should move on from performance goals. *Educational Psychologist, 43*(3), 132-131.

Brownell, W. A. & Monser, H. E.(1949). *Meaningful vs. mechanical learning* : A study in grade Ⅲ subtraction, In Duke University research studies in education. No. 8. Durham. N. C. : Duke University Press.

Bruner, J. S.(1966). *Toward a theory of Instruction*. Cambridge, Mass. : Belknap Press.

Bruning . R. H., Schraw, G.J., Norby, M.M., & Ronning, R.R.(2004). *Cognitive Psychology and instruction*(4th ed.). Columbus, OH: Merrill.

Buhler, C., & Allen, M.(1972). *Introduction to Humanistic psychology*. Monterey, Calif.: Brooks/Cole.

Bymes, J. P.(1988). Formal operations: A systematic reformulation. *Developmental Review*, 8. 66-87.

C. Ames & J. Archer(1988)., "Achievement Goals in the Classroom" Journal of *Educational Psychology, 80,* p.61.

Carpenter, T. P.(1985). *Intellectual Development*. New York: Academic Press. Charles, C. M. & Mallian. I. M.(1980). *The special student*. St. Lois : the Mosby Co.

Carroll. J. B.(1963). *A model of schol learning*. Teachers College Record, 64. 723-733.

Cha(1963).

Clark, J. M., & Paivio, A.(1991). Dual coding theory and education. Educational *Psychology Review, 3*(3), 149-210.

Colby, A. & Kohlberg, L.(1987). *The measurement of moral judgement*(Vols. 1~2). New York : Cambridge University Press.

Colom, R., Flores-Mendoza, C., & Rebello, I.(2003). Working memory and intelligence. *Personality and Individual Differences, 34,* 33-39.

Cook, J. L., & Cook, G.(2007). *The world of children*. Boston: Allyn & Bacon.

Cooper, H. M. & Tom, D. Y. H.(1984). Teacher expectation research: A review with implications for classroom instruction. *The Elementary School Journal, 85*(5), 77-89.

Corey, G.(2010). *Creating your professional path: Lessons from my journey.* Alexandria, Va: American Counseling Association.

Craik, F. I. M. (2000). Memory: Coding process. In A.Kazdin(Ed.), *Encyclopedia of psychology.* Washington, DC: American Psychological Association.

Cronbach, L. J.(1963). Evaluation for course improvement. *Tearchers College Record*, 64, 671-683.

Cronbach, L. J.(1977). *Educational Psychology*. New York. Harcourt Brace Jovanovich, Inc.

Crutchfiled, R. S.(1966). *Sensitization and activation of cognitive skills*. In jerome S. Bruner(Ed.), Learning bout learning. Washington. D.C.: Department of Health, Education, and Welfare. U.S. Office of Education.

Csikszentmihalyi, M.(1996). *Creativity: Flow and the psychology of discovery and invention.* New York: Harper/Ccjllins (pp. 107- 126 plus Notes).

Cushman, S. A.,(2006). Effects of habitat loss and fragmentation on amphibians: A review and prospectus, *Biological Conservation Vol 128, Issue 2*, pp. 231-240

Daniels, H. (2001). *Vygotsky & pedagogy,* NewYork : Routledge.

Darling-Hammond, L. & Ifill-Lynch,(2006). If they'd only do their work!(Cover story). *Educational Leadership, 63*(5), 8-13.

Das, J. P., &Gindis, B.(Eds.)(1995). Lev S. Vygotsky and contemporary educational psychology(Special issue). *Educational Psychology*. 30(2).

Dasen. P. R.(Ed.)(1977). *Piagetian psychology: Piagitanpsychology: Cross-cultural contributions*. New York : Gardner Press. human behavior. New York: Plenum.

Dawson, T. L.(2002). New tools, new insights: Kohlberg's moral judgement stages revisited. *International Journal of Behavioral Development, 26*, 154-166.

Deci(1996).

Deci, E. L., & Ryan, R. M. (1995). Human autonomy: The basis for true selfesteem. In M. Kernis (Ed.), *Efficacy, agency, and self-esteem* (pp. 31-49). NewYork: Plenum.

Deci, E. L., & Ryan, R. M.(2000). The 'what' and 'why' of goal pursuits: Human needs and the self-determination of behaviour. *Psychological Inquiry*, 11, 227-268.

Deci, E. L., Koestner, R., & Ryan, R. M.(1999). A meta-analytic review of experiments examining the effects of extrinsic rewards on intrinsic motivation. *Psychological Bulletin, 125,* 627-668.

Deci, E. L., Vallerand,R. J., Pelletier, L. G., & Ryan, R, M.(1991). Motivation in education: The self-determination perspective. *Educational Psychologist, 26,* 325-345.

Deci, E.L., & Ryan, R, M.(1987), The support of autonomy and the control behavior. *Journal of Personality and Social Psychology, 53,* 1024-1037.

Deci, E.L., & Ryan, R, M.(2001).

Deci, E.L., & Ryan, R, M.(2006), Self-Regulation and the Problem of Human Autonomy: Does Psychology Need Choice, Self-Determination, and Will?, *Journal of Personality 74(*6), 1557-1586.

Dembo, M., Seli, H. (2013). *Motivation and Learning Strategies for College Success.* New York: Routledge.

DeVries, R.(2008). Piaget and Vygotsky: theory and practice in early education. In T.L.Good(Ed.), *21st century learning*(Vol1, pp185-193). Thousand effect: Implications for making a better reader. Memory & Cognition, 32(6), 945-955.

Dinnel, D. & Glover, J. A.(1985). Advance organizers: Encoding manipulations. *Journal of Education Psychology*. 7, 514-522.

Driscoll, M. P.(1994). *Psychology of learning for instruction.* Boston. : Allyn and Bacon.

Driscoll,, M. P.(2000). *Psychology of learning for instruction(2nd ed).* Boston: Allyn & Bacon.

Dusek, J. B. & Joseph, G.(1983). The bases of tearcher expectations: A metaanaysis. *Journal of Educational psychology*, 75(3), 327-346.

Dweck, C. S.(1986). Motivational processes affecting learning. American Psychologist, 41, 1040-1048. Dweck, C. S., & Wortman, C. B.(1982). Learned helplessness, anxiety, and achievement motivation: Neglected parallels in cognitive, affective, and coping responses. In H. W. Krohne & L. Laux (Eds.), Achievement, stress, and anxiety. (pp. 93-125). Washington: Hemisphere. Elliot, A. J. (1999). Approach and avoidance motivation and achievement goals. Educational Psychologist, 34, 169-189. Elliot, A. J., & Harackiewicz, J. M.(1996). Approach and avoidance achievement goals and intrinsic motivation: A mediational analysis. Journal of Personality and *Social Psychology, 70,* 461-475.

Eggen, & Kauchak,(2011). *Introduction to Teaching: Becoming a Professional.* Pearson Prentice Hall.

Eggen, P. and Kauchak, D.(2010). Cognitive Perspectives on Learning. Chapter 7: *Cognitive Views of Learning.* Pearson Education, Inc., Pearson Prentice Hall.

Eichenbaum, H.(2003). Memory systems. In M. Gallagher & R. J. Nelson(Eds.), Handbook of psychology: Vol. 3. Biological psychology (pp. 543-558). Hoboken, NJ: Wiley.

Ellis, A., & MacLaren,c(1998) *Rational Emotive Behavior Therapy: A Therapy: A therapist's Guide.* San Luis Obispo CA: Impact.

Engle, R. E., Nations, J. K., & Cantor, J.(1990). Is "working memory capaciry" just another name for word knowledge? *Journal of Educational Psychology, 82*(4), 799-804.

Engle. R.W,(2001). What is working memery capacity? In H. L. Rpediger, J. S. Nairne, I. Neath, & A. M. Suprenat(Eds.), *The nature of remembering: Essays in honor of Robert G. Crowder* (pp.297-314). washington, DC: American Psychological Association.

Eric P. Bettinger & Bridget Terry Long,(2005). Do Faculty Serve as Role Models? The Impact of Instructor Gender on Female Students, *American Economic Review, vol. 95*(2), pp. 152-157.

Erikson, E. H.(1963). *Chidhood and society*(2nd Ed.). New York : Norton.

Erikson, E. H.(1968). *Identity: Youth and crisks.* New York : Norton.

Erikson, E. H.(1980). *Identity and the life cycle*(2nd Ed.). New York : Norton.

Eva L. Essa(2003). *Early Childhood Education*(4th Ed.). Tomson.

Feldhusen, J.(1977). Issues in Teaching Undergraduate Education Psychology Courses. In Treftinger, D. J.(Ed.). *Handbook on Teaching Educational Psychology.* New York : Academic Press.

Feldman, R. S. & Prohasska, T.(1979). The students as Pygmalion: Effect of student expectation on the teacher. *Journal of Educational Psychology.* 71(4). 485-493.

Flanagan, J. C.(Ed.).(1978). *Perspectives on improving education.* New York. Praeger.

Flavell, J. H.(1985). *Cognitive development*(2nd Ed.). Englewood Cliffs, NJ: Prentice-Hall.

Frank, S.J., Pirsch, L.A., and Wright, V.C.(1990). Late adolescents' perceptions of their relationships with their parents: Relationships among deidealization, autonomy, relatedness, and insecurity and implications for adolescent adjustment and ego identity status. *Journal of Youth and Adolescence, 19,* 571-588.

Gagne, R. M. & Brown, L. T.(1961). Some facts in the programming of conceptual learning. *Journal of Experimental Psychology.*

Gagne, R. M. & Paeadise, N. E.(1961). Abilities and learning sets in knowledge adquistion. *Psychology Monographsm* 75(14).

Gagne, R. M.(1970). Some new views of learning and instruction. Phi Delta Kappan. 51, 468-472.

Gagne, R. M.(1977). *The conditions of Learnign*(3rd Ed.). New York : Holt, Rinehart and winston.

Gardner H.(1982). *Development psychology*(2nd Ed.). Boston. Little Brown.

Gardner H.(1983). *Frames of mind. The theory in practice.* New York : Basic Books.

Gardner H.(1993). *Multiple intelligence: The Theory in practice.* New York : Basic Books.

Gauvain, M.(2001). *The Guilford series on social and emotional. The social context of cognitive development.* New York, NY, US: Guilford Press.

Gibson, R. L. & Mitchell, M. H.(1981). *Introduction to guidance.* New York : Macmillan.

Glaser, R.(1962). Psychology and Instructional Technology. In R, Glaser(Ed.), *Training Research and Education.* New York : John Wiely & Sons, Inc.

Glaser. W. L.(1969). *Schools without failure*. New York : Macmillan Publishing Co.
Goetz, E. T., Alexander, P.A., & Ash, M. J.,(1992). *Educational psychology: a classroom perspective,* Maxwell Macmillan Canada Inc.
Goleman, D.(1995). *Emotional intelligence*. New York : Bantam Books.
Good, T. L. & Brophy, J.(1991). *Looking in classroom*(6th Ed.). New York : Harper & Row.
Graham Wallas(1926). Art of thought, the University of Michigan. Buter & Tanner.
Green, S.,& Gredler, M. E(2002), A Review and Analysis of Constructivism for School-Based Practice. *School psychology review* 31(1):53-70
Grotevant, H. D.(1998). Adolescent development in family contexts. In W. Damon & N. Eisenberg (Ed.), *Handbook of child psychology: Social, emotional, and personality development*(pp. 1097-1149). Hoboken, NJ, US: John Wiley & Sons Inc.
Grzegorek, J. L., Slaney, R. B., Franze, S., & Rice, K. G.(2004). Self-Criticism, Dependency, Self-Esteem, and Grade Point Average Satisfaction Among Clusters of Perfectionists and Nonperfectionists. *Journal of Counseling Psychology, 51*(2), 192-200.
Guilford, J. P.(1959). The three faces of intellect. *American Psychology*, 14, 469-479.
Guilford, J. P.(1967). *The Nature of human intelligence*. New York : Mcgraw-Hill
Guilford, J. P.(1982). Congnitive psychology's ambiguites. Some suggested remedies. *Psychology Review*, 89, 40-59.
Guilford, J. P.(1988). Some changes in the structure of the intellect model. *Educational and Psychologucal Measurement*, 48, 1-4.
Guthrie, L. F. & Hall, W. S.(1983). Continuity/discontinuity in the function and use of language. In E. W. Gordon(Ed.). Review of Research in Education. Vol. 10. Washington, D.C. : American Educational Research Association.
Hall J. P.(1976). *Classical conditioning and instrumental learning: A contemporary approach*. Philadelphia : Lippincott.
Hall, C. S. & Lindzey, G.(1978). *Theory of personality*. New York. John Wiely & Sons, Inc.
Hallahan, D. & Kauffman. J.(1991). *Exceptional Children*(4th Ed.). Englewood Cliffs, NJ : Prentice-Hall.
Hamilton, R. J.(1985). A framework for the evaluation of the effectiveness of adjunct questions and objectives. *Review of Educational Research*, 55, 47-86. New York : McKay.
Hannafin, M., Land, S., & Oliver, K.(1999). Open learning environments: Foundations, methods, and models. In C. Reigeluth(Ed.), Instructional design theories and models (Vol. 2, 115-140). Mahway, NJ: Erlbaum.
Harackiewicz, J. M., Barron, K. E., Tauer, J. M., Carter, S. M., & Elliot, A. J.(2000). Short-term and long-term consequences of achievement goals: Predicting interest and performance over time. *Journal of Educational Psychology, 92,* 316–330.
Harackiewicz, J. M.,(2005).
Havighurst, R. J.(1972). *Developmental Tasks and Education*(3rd Ed.). New York. : McKay.
Helwig, C. C.(2006). The development of personal autonomy throughout cultures. Cognitive Development, *Cognitive Development, 21*(4), 458-473.
Higgins, A., Power, C., & Kohlberg, L.(1984). The relationship of moral atmosphere to judgements of responsibility. In W, M. Kurtins & J. L.

Hilhard, E. R., & Bower, G. H.(1976). *Theories of learning*. New York. : Prentice-Hall.

Hines, C. V., Cruickshank, D. R., & Kennedy, J. j.(1985). Teacher clarity and its relation to student achievement and satisfaction. *American Educational Research Journal*, 22, 87-99.

Hoge, D. R., Smit, E. K., & Hanson, Sl. L.,(1990). School experiences predicting changes in selfesteem of sicth-and seventh-grade students. *Journal of Educational Psychology*, 82, 117-126.

Hopkins, K. D. & Bracht, G. H.(1975). Ten-year stability of verbal and nonverbal IQ scores. *American Educational Research Journal*, 12, 469-477.

Houlfort, R Koestner, M Joussemet, A Nantel-Vivier,& N Lekes,(2001). The impact of performance-contingent rewards on perceived autonomy and competence, *Motivation and Emotion 26* (4), 279-295.

Hsu, F. L. K.(1981). *Americans and Chines: Passage to difference*. Honolulu : The University of Hawaii Press.

Hurt H. T.,. Scott, M. D., & McCroskey, J. C.(1978). *Communication in the classroom*. Reading. Mass : Addison-Wesley.

Jaffee, S., & Hyde, J. S.(2000). Gender Differences in Moral Orientation: *A Meta-Analysis Psychological Bulletin* 126(5):703-26.

James, W. & Vander Zanden(1980). *Educational Psychology*. New York. : Random House.

Jensen, A. R.(1969). How much can we boost IQ and scholastic achivement. *Harvard Educational Review*, 9, 1-123.

Jetton, T. L, & Alexander , P. A.(2001). Interest assessment and the content area literacy environment: Challenges for research and practice. *Educational Psychology Review*, 13 (3), 303 – 318.

John W. Santrock(2004). *Educational Psychology*(2nd ed.). McGraw-Hill Higher Education.

Johns, J. L., & McNamara, L. P.(1980). The SQ3R study techique: A forgotten research target. *Journal of Rading*, 23, 705-708.

John-Steiner, V. & Tatter, P.(1983). An interactionist model language development. In B., Bain(Ed.). *The sociogenesis of language and human conduct*. New York. : Plenum.

John-Steiner, V.(1990). *A Vygotskian perspective on verbal thinking and writing*. In C. Hedley, J. Houtz, & A. Baratta(Eds.). Cognition, curriculum and literacy. Norwood, NJ : Ablex Publishing Corporation.

Jones. V. F., & Jones, L.S.(2007). *Comprehensive classroom management*(8th ed). Boston: Allyn & Bacon.

Jung, C. G.(1954). *The Development of Personality*. New York. : Pantheor.

K.J. Pugh, D.A. Bergin(2006). Motivational influences on transfer. *Educational Psychologist*, 41(3).

Kane, M. S., Hambrick, D. Z., & Conway, A. R. A.(2005). Working memery capacity and fluid intelligence are strongly related conceps: Comment on Ackerman, Beier, & Boyle(2005). *Psychologicl Bulletin, 131(1). 66-71.*

Kaplan. R. M. & Pasco, G. C.(1977). *Humorous lectures and humorous examples: Some effects upon comprehension and retentions*. Unpublished doctoral dissertation. University of Toronto.

Kazdin A. E.(2001). *Behavior modification in applied settings*. Belmont, CA: Wadsworth Thomson Learning.

Kim, O. J.(1986). *Child and parent attributions for school achievement as a function of cultural background and parent-child relations*. Unpublished doctoral dissertation. University of Toronto.

Kirk, S. A. & Gallagher, J.(1990). *Educating exceptional students*(5th Ed.). Boston : Houghton Mifflin.

Kogan, N.(1983). stylistic variation in childhood and adolescence: Creativity, metaphor, and cognitive style. In P. Mussen(Ed.), *Handbook of child psychology*(4th Ed.), 3, 630-706. New York. John Wiely & Sons, Inc.

Kohlberg, L, & Kramer, R.(1969). Continuities and discontinuities in childhood and adult moral development. *Human Development, 12*, 93-120.

Kohlberg, L.(1963). Moral development and identification. In H. W. Stevenson(Ed.), *Child psychology*. University of Chicago Press.

Kohlberg, L.(1975). The cognitive-development approach to moral education. *Phi Delta Kappan*, 56, 670-677.

Kohlberg, L.(1981). *The philosophy of moral development*. New York. Harper and Row.

Kohlberg, L.(1984). *Essays on moral development*. San Francisco. Harper and Row.

Kohlberg, L., Poewr, F. C., & Higgins, A.(1989). *Lawrence Kohlberg's approach to moral educatin*. New York. Columbia University Press.

Koo, H-H.(1991a). *The developmetn of similarity reasoning skills: An intercultural study with Korean and Canadian Children*. Unpublished doctoral dissertation. University of Toronto.

Kornell N, Castel A. D, Eich T. S, Bjork R. A.(2010). Spacing as the friend of both memory and induction in young and older adults. *Psychology and Aging. 25*, 498-503.

Kroger, J.(2000). *Identity development: Adolescence through adulthood.* Thousand Oaks, CA: Sage.

Kuhara-Kojima, K., & Hatano, G.(1991). Contribution of content knowledge and learning ability to the learning of facts. *Journal of Educational Psychology, 83(*3), 253-263.

Lamb, M. & Sternberg, K.(1992). Sociocultural perspectives on nonparental childcare. In M. Lamb, K. Sternberg, C. Hwang & A. Broberg (Eds.), *Childcare in context* (pp. 1-23). Hillsdale, NJ: Lawrence Erlbaum Associates.

Land, M. L.(1987). *Vagueness and clarity*. In M. Dunkin(Ed.), The international encyclopedia of teaching and teacher education(pp. 392-397). New York : Pergamon.

Lefrancois(2000). *Psychology for Teaching*(10th). Belmont., CA: Wadsworth/Thopson Learning.

Lepper, M. R., & Chabay, R. W.(1985). Intrinsic motivation and instruction: Conflicting views on the role of motivational processes in computer-based education. *Educational Psychologist, 20*, 217-230.

Lerner, J. W.(1989). *Learning disabilities*. Boston : Houghton Mifflin.

Locke, E. A., & Latham, G. P.(1990). *A theory of goal setting & task performance.* Englewood Cliffs, NJ, US: Prentice-Hall, Inc.

Luther, M. & Quarter, J.(1986). The *genie in the lamp: Intelligence testing reconsidered.* North York, ON : Captus Press.

M. Joussemet, R. Koestner(1999) Effects of expected rewards on children's creativity. *Creativity Research Journal, 12* (4), pp231-239.

M. Wetheimr(1959). *Productive Thinking*(enlarged ed., Michael Wertheimer, Ed.), New York: Harper.

Mahler, M. S.(1965). Mother-child interaction. during separation individuation. *Psychoanalysis Quaterly, 14*, 183.

Malott R.W.(2008). *Principles of behavior analysis*(6th ed.) Upper Saddle River, NJ: Prentice Hall.

March, H. W.(1990). Causal ordering of academic self-concept and academic achievement: A multiwave, longitudinal panel analysis. *Journal of Educational Psychology*, 82, 646-656.

Marcia, J. E.(1966). Development and validation of ego identity status. *Journal of personality and Social Psychology, 130*(6). 829-830.

Marcia, J. E.(1980), Identity in adolescence. In J. Adelson(Ed.), *Handbook of adolescent psychology*(pp.159-187). New York: Wiley.

Marcia, J. E.(1987).

Marcia, J. E.(1991). Identity and self-development. In R.M. Learner, A. C. Peterson, & J. Brooks-Gunn(Eds.), *Encyclopedia of adolescence.* New York: Garland.

Markus, H., & Kitayama, S.(1991). Culture and self: Implications for cognition, emotion, and motivation. *Psychology Review*, 98, 224-253.

Martella, R. C., Nelson, J. R., & Marchand-Martella, N. E.,(2003). *Managing disruptive behavior in the Bston,* MA: Allyn & Bacon.

Maslow. A. H.(1971). *The father reaches of human nature.* New York : Viking Press.

Mayer, J. & Salovey, P.(in press). *Emotional intelligence.* New York : Basic Books.

Mayer, R. E.(1983). Can you repeat that? Qualitative effects of repetition and advance organizers on learning from science prose. *Journal of Educational Psychology*, 75, 40-49.

Mayer, R. E.(2001). *Multimedia learning.* NewYork : Cambridge University Press.

Mayer, R. E.(2008). Applying the science of learning: Evidence-based principles for the design of multimedia instruction. *American Psychologist, 63*(8), 757-769.

Mayer, R. E.(2009). *Multimedia learning*(2nd ed). New York: Cambridge University Press.

Mayer. J., DiPaolo, M., & Salovey, P.(1990). Perceiving affective content in ambiguous visual stimuli: A componet of emotional intelligence. *Journal of Personality Assessment*, 53, 3-4, 772-781.

McCall, R. B.(1981). *Early predictors of later IQ*: The search continues, Intelligence, 5, 141-147.

McClelland, D.(1985). *Human Motivation.* Clenview. IL : Scott Joresman.

Melchenbaum, D.(1986). *Cognitive behavior modification.* In F. Kanfer & A. Goldstein(Eds.), Helping people change : *A textbook of methods*(3rd Ed.)(pp. 346-380). New York : Pergaman.

Miller, G. A., Galanter, E., & Pribram, K. H.(1960). *Plans and the Structure of Behavior.* New York: Holt.

Miller, G. A., Galanter, E., & Pribram, K. H.(1986). *Plans and the structure of behavior.* New York, US: Adams Bannister Cox.

Milternberger, R. G.(2001). *Behavior modification : Principles and procedures*(2nd ed)., Belmont, CA: Wadsworth,

Mischell, W., Shoda, Y., & Rodriguez, M. L.(1989). Delay of gratification in children. *Science, 244,* 933- 938.

Mitchell, J. V., Jr.(Ed.).(1983). Tests in print Ⅲ. Lincoln, Neb. The Buros Institute of Mental Measurements, The University of Nebraskak-Lincoln.

Moreno , I. G.(1947). Chronic eventrations and large hernias; preoperative treatment by progressive pneumoperitomeum; original procedure.

Murayama, K., & Elliot, A. J.(2009). The joint influence of personal achievement goals and classroom goal structures on achievement rele-vant-outcomes. *Journal of Educational Psychology, 101.*

Murdock, T. B., Hale, N. M., & Weber, M. J.(2001). Predictors of Cheating among Early Adolescents: Academic and Social Motivations. *Contemporary education psychology 26*(1). 96-115.

Murphy, P. K., & Alexander, P.(2000). A motivated exploration of motivation terminology. *Contemporary Educational Psychology, 25,* 3-53.

Newman, B. M. & Newman, P. R.(1990). *Development through Life.* A Psychology Approach. Homewood, Illinois : The Dorsey Press.

Newsweek 한국판(2009, 개정증보판). 귀여운 우리아기. 중앙일보시사미디어.

Nitko, A. J.(1983). *Educational tests and measurement: An introduction.* New York : Harcourt Brace Jovanovich.

Noddings, N.(2008). All our students thinking. *Educational Leadership, 65*(5). 8-13.

Norman, D. A.(1980). Cognitive engineering and education. In D. T. Tuma & F. Rief(Eds.), Problem solving and education: Issues in teaching and learning. Hillsdale, NJ : Erlbaum.

Nucci, L. P.(2009). *Nice is not enough : Facilitating moral development.* Columbus, OH: Merrill Pearson.

Nurmi, J-E.(2004). Socialization and self-development In Lerner, R and Steinberg, L(Eds) *Handbook of adolescent psychology*(2nd ed). Wiley. New York.

Osborn, A. F.(1963). *Applied imagination: priciples and procedures of creative problem solving*. New York : Scribner.

Overton, W. F.(1984),. *World views and their influence on psychological theory and research.* in H. W. Reese(Ed.). Advances in child development and behavior. New York : Academic Press.

Paivio, A.(1986). *Mental representations: A dualcoding approach.* New York : Oxford University Press.

Penuel, W. R., & Wertsch, J. V.(1995). Vygotsky and identity formation: A sociocultural approach. *Educational Psychologist, 30*(2), 83-92.

Piaget, J. & Inhelder. B.(1956). *The child's conception of space.* London : Rutledge & Regan Paul. (F. J. Langdon & J. L. Lunzer. trans. original French edition).

Piaget, J.(1932). *The moral judgement of the child.* London : Rutledge & Kegan Paul.

Piaget, J.(1970). *Genetic epistemology*. New York : Norton.

Piaget, J.(1970). *Piaget's Theory*. In P. H. Mussen(Ed.). Carmecahll's manual of child psychology(3rd Ed.). pp. 703-732. New York : Wiley.

Pintrich, P. R.(2000) A Motivational Science Perspective on the Role of Student Motivation in Learning and Teaching Contexts. *Journal of Educational Psychology, Vol. 95,* No. 4, 667-686.

Pintrich, P. R.(2003) A Motivational Science Perspective on the Role of Student Motivation in Learning and Teaching Contexts. *Journal of Educational Psychology*, 95, 667-686.

pintrich, P. R., & Schunk, D. H.(1995). *Motivation in education: Theory, research, and application*. Englewoos Cliffs, NJ : Printice Hall.

Platow, J. A.(1984). A handbook for identifying the gifted and talented, Bentura, California : Ventura country Superintendent of School Office.

Price, G. G.(1982). Cognitive learning in early childhood eduction : Mathematics, science, and social studies. In B. Spodek(Ed.), Handbook of research in early childgood edocation, 264-294. New York : The Free Press.

Reeve, J., Deci, E. L., & Ryan, R. M.(2004). Self-determination theory: A dialectical framework for understanding the sociocultural influences on student motivation. In D. McInerney., & S. Van Etten(Eds.), *Research on sociocultural influences on motivation and learning: Big theories revisited*(pp. 31-60). Greenwich: Information Age Press.

Rober, Strernberg, Wendy, Williams(2010). *Educational Psychology*.(2nd Ed.) Pearson Education Inc.

Robert. E. Slavin(2012). *Educaional Psychology: Theory and Practrice.*(10th Ed.), Pearson Education, Inc.

Robinson, F. P.(1970). *Effective study*. Adaptation of "steps in the SQ3R Method" from Effective Study(4th Ed.), New York : Harper & Row.

Rogers, C.(1957). The necessary and sufficient conditions of herapeutic personality change. *Journal of Consulting Psychology*.

Rogers, C.(1959). Significant learning: in Therapy and education. *Educational Leadership*, 16, 232-242.

Rogers, C.(1969). *Freedom to learn. Columbus*. Ohio : Charles E. Merrill.

Rogoff, B., & Moreiji, G.(1989). Perspectives on children's development from cultural psychology. *American Psychologist*, 44, 343-348.

Roth, Wolf-Michael & Lee, Yew J.(2007). "Vygotsky's neglected legacy": Cultural-historical activity theory. *Review of Educational Research, 77,* 186-232.

Rubinstein. M. F.(1975). *Patterns of problem-solving*. Englewood Cliffs. NJ : Prentice-Hall.

Russell, M. L.(1988). *Stress management for chronic disease*. New York : Pergamon Press.

Ryan, R. M. & Gronlnick, W. S.(1986). Origins and pawns in the classroom: Self-report and projective assessments of individual differences in the children's perceptions. Journal of *Personality and Social Psychology*, 50, 550-558.

Ryan, R. M., & Deci, E. L.(2000). Self-determination theory and the facilitation of intrinsic motivation, social development, and well-being. *American Psychologist, 55,* 68-78.

Salovey, P. & Mayer, J.(1990). Emotional intelligence. Imagination, Cognition and Personality, 9(3), 185-221.

Santrock ,J. W.(2008). *Educational psychology*. America McGraw-hill.

Santrock, J. W.(2003). *Child Development*, IL: Mc Graw Hill.

Santrock, J. W.(2006). *Educational Psychology*(2nd ed.). IL: Mc Graw Hill.

Schunk, D. H. 2000). *Learning theories*(3rd, ed.). Upper Saddle River, NJ: Merrill Prentice Hall.

Schunk, D. H.(1991). *Learning theories : An educational perspective*. New York : Merrill.

Schunk, D. H.(2005). Commentary on self-regulation in school contexts. *Learning and Instruction, 15,* 173-177.

Schunk, D. H., & Pajares, F.(2004). Self-efficacy in education revisited: Empirical and applied evidence. In D. M. McInerney & S. Van Etten(Eds.), *Big theories revisited* (pp. 115-138). Greenwich, CT: Information Age.

Senko, C., & Miles, K. M.(2008). Pursuing their own learning agenda: How mastery-oriented students jeopardize their class performance. *Contemporary Educational Psychology*, 33, 561–583.

Shaffer, D., Kipp, K.(2013). *Developmental psychology: Childhood and adolescence.* Cengage Learning.

Shertzer, B. & Stones, S. C.(1976/1981). *Fundamentals of guidance*. Boston : Houghton Miffilin.

Sieger, R. S.(1978). *The origins of scientific reasoning*. In R. S. Siegler(Ed.). Children's thinking : What develops? hillsdale, NJ : Erlbaum.

Simon, H. A.(1980). *Problem solving and education*. In d. T. Tuma & F. Rief(Eds.). Problem solving and education : Issues in teaching and learning. Hillsdale, NJ : Erlbaum.

Singiey, K. & Anderson, J. R.(1989). *The transfer of cognitive skill*. Cambridge, MA : Harvard University Press.

Sins, P. H., van Joolingen, W. R., Savelsbergh, E. R., & Van Hout-Wolters, B.(2008). Motivation and Performance within a Collaborative Computer-Based Modeling Task: Relations between Students' Achievement Goal Orientation, Self-Efficacy, Cognitive Processing, and Achievement. Contemporary *Educational Psychology, 33,* 58-77.

Skinner. B. F.(1971). *Beyond freedom and dignity*. New York : Knopf.

Slavin, R. E.(1978). Student teams and comparison among equals: Effects on academic performance and student attitudes. *Journal of Educational Psychology*, 70, 532-538.

Slavin, R. E.(1997). *Educational Psychology. Theory and Practice*(5th Ed.). Boston, New York : Allan & bacon.

Slavin, R. E.(2003). A reader's guide to scientifically based research. *Educational Leadership, 60*(5), 12-16.

Slavin, R. E.(2009). Cooperative learning. In G. McCulloch & D.Crook(Eds.), *International encyclopedia of education.* Abington, UK: Routledge.

Solso Robert L,(2001), *Cognitive Psychology*(6th ed, 2001). Boston : Allyn and Bacon.

Sperman, C. E.(1923). *The nature of "intelligence" and the principle of cognition.* London : Macmillan.

Sperman, C. E.(1927). *The abilities of man*. New York : Macmillan.

Sroufe LA, Egeland B, Carlson E.(1999). One social world: The integrated development of parent-child and peer relationships. In: Collins WA, Laursen B, editors. *Relationships as developmental context: The 30th Minnesota symposium on child psychology.* Hillsdale, NJ: Erlbaum.

Ssttler, J. M.(1988). *Assessment of children.* San Diege, CA : Jerome M. Sattler, Publisher.

Sternberg, R. J.(1982). *Reasoning, Problem solving, and intelligence.* In R. J. Stenberg(Ed.), Handbook of human intelligence. New York : Cambridge University Press.

Sternberg, R. J.(1984). What should intelligence tests test? Implications of a triarchic theory of intelligence for intelligence testing. *Educational Researcher*, 13(1), 5-15.

Sternberg, R. J.(1985). *Beyond IQ: A triarchic theory of human intelligence.* New York : Cambridge University Press.

Sternberg, R. J.(1986). *Intelligence applied: Understanding and increasing your intellectual skills.* San Diego, CA: Harcourt Brace Jovanoich.

Sternberg, R. J.(1992). Ability tests, measurement, and markets. *Journal of Educational Psychology*, 84(2), 130-140.

Sternberg, R. J.(1994). Thinking styles: Theory and assessment at the interface between intelligence and personality. In R. J. Sternberg and P. Ruzgis (Eds.), *Personality and intelligence*(pp. 105–127). New York: Cambridge University Press.

Sternberg, R. J.(1996). Successful intelligence.

Sternberg, R. J.(1996). *The triarchic mind: A new theory of human intelligence.* New York : Veking.

Sternberg, R. J.(1999). Intelligence as developing expertise. *Contemporary Educational Psychology, 24,* 359-375.

Stipek, D.(2006). No child left behind comes to preschool. *Elementary School Journal, 106(5),* 455-465.

Sweller, J., van Merrienboer, J. J. G., & Paas, F. G. W. C.(1998). Cognitive architecture and instructional design. *Educational Psychology Review, 10(*3), 251-296.

T.K. DeBacker, R.M. Nelson(1999). Variations on an expectancy-value model of motivation in science. *Contemporary Educational Psychology, 24*, pp. 71-94

Tangney JP.(2002). *Dearing R. Shame and Guilt.* New York: Guilford; 2002.

Tayler. C. W.(1961). Finding he creative. *Scientific Research*, 38, 6-11.

Terman. L. M.(1916). *The measure of intelligence.* Boston : Houghton Mifflin Comapny.

Terman. L. M.(1925). *Mental and Physical traits of a thousand gifted children*(Vol. 1). Stanford, California : Stanford University Press.

Tharp, R. G. & Gallimore, R.(1988). *Rousing minds to life. Teaching, learning, and schooling in social context.* Cambridge: Cambridge University Press.

Thoma, S. J. & Rest, J. R.(1999). The relationship between moral decision making and patterns of consolidation and transition in moral judgement development. *Developmental Psychology, 35*(2). 323-334.

Thomas, R. M.(1985). *Comparing Theories of child development.* Belmont, CA: Wadsworth Publishing Co.

Thompson, S. F.(2000). Memory: Brain systems. In A. E. Kazdin(Ed.), *Encylopedia of psychology*(Vol. 5, pp.175-178).

Thorndike, R. L.(1986). *Technical manual, Stanford-Binet intelligence Scale*(4th Eds.). Chicago, IL : The Riverside Publishing.

Thorndike, R. L., Hagen, E. P., & Sattler, J. M.(1985). *Examiner's manual for the Stanford-Binet intelligence Scale*(4th Eds.). Chicago, IL : The Riverside Publishing.

Thurstone, L. L.(1938). Primary mental abilities. *Psychology Monograph*. No. 1.

Tobin, K.(1987). Tho role of wait tiem in higher cognitive learning. *Review of Educationnal Research*, 56, 69-95.

Tulving, E, Craik, F. I. M.(2000) *The Oxford handbook of memory*. New York, US: Oxford University Press.

Turiel, E.(1973). *Stage transition in moral development*. In R. Travers (Ed.), Second handbook of research on teaching(pp. 732-758). Chicago: Rand McNally.

Turiel, E.(1998). The development of morality. In W. Damon (Series Ed.) & N. Eisenberg (Volume Ed.), *Handbook of child psychology: Vol. 3. Social, emotional, and personality development*(5th ed., pp. 863-932). New York: Wiley.

Turiel. E.(2006). The development of morality. In N. Eisenberg(Ed,), *Handbook of Child Psychology*, Vol3(6th., pp. 789-857). Hoboken, NJ: Wiley.

Tyler, R. W.(1934). *Constructing achievements tests*. Columbus: Ohio State University.

Unsworth, N., & Engle, r.(2007). On the division of short-term and working memory: An examination of simple and complex span and their relation to higher order abilities. *Psychological Bulletin*, 133(6), 1038-1066.

Urdan, T., & Mestas, M.(2006). The goals behind performance goals. *Journal of Educational Psychology, 98(*2), 354-365.

Usher, E. L., & Pajares, F.(2008). Self-efficacy for self-regulated learning: A validation study. *Educational and Psychological Measurement*, 68(3), 443-463.

Usher, E. L., & Pajares, F.(2009). Sources of Self-Efficacy in Mathematics: A Validation Study. *Contemporary Educational Psychology, 34*(1), 89-101.

Utley, R.(1986). Ther Effects of Self-esteem and Locus of Control on Academic. Achievement. Unpublished Doctoral Dissertation, South Carolina State College.

Vansteenkiste, M., Lens, W., & Deci, E. L.(2006). Intrinsic versus Extrinsic Goal-Contents in Self-Determination Theory: Another Look at the Quality of Academic Motivation. *Educational Psychologist, 41,* 19-31.

Vygotsk, L, S.(1934/1978). *Mind and society: The development of higher psychological processes*. Cambridge. MA : Harvard University Press.

Vygotsk, L, S.(1962/1986). *Thought and Language*. Cambridge, MA : The MIT Press.

Vygotsk, L, S.(1987). The collected works : Volume 1. Problems of general psychology, including the volume "Thinking and speech." New York : Plenum Press.

Wadswoth, B.(2004). *Piaget theory of cognitive and affective development*(5th ed.). Boston: Pearson.

Walberg, H., & Haertal, G. D(1992) Educational psychology's first century. *Journal of Educational Psychology, 84*, 6-19.

Walker, L. J. & Taylor, J. H.(1991). Family interactions and development of moral reasoning. *Child Development*, 62, 264-283.

Walker, J. E., Shea, T.M., & Bauer, A. M.(2004). *Behavior Management: A Practical Approach for Educators*(9th Ed). Upper Saddle River, NJ: Pearson Education.

Walker, L. J.(2004). Progress and prospects in the psychology of moral development. *Merril-Palmer Quarterly, 50,* 546-557.

Wang, M. C.(1983). Development and consequences of students sense of personal control. In J. Levien & M. C. Wang(Eds.), Teacher and student perceptions: Implications for learning Hillsdale, NJ : Lawrence Erlbaum.

Webb, N. M.(2008). Learning in small groups. In T.L. Goood(Eds.), *21st century learning* (Vol.1, pp.203-211). Thousand Oaks, CA:Sage.

Wechsler, D.(1944). *The measurement of adult intelligence*. Baltimore : Williams & Wilkins.

Weinberger, E. & McCombs, B. L.(2001). The impact of learner-centered practices on thea cademic and non-academic outcomes of upper elementary and middle school students. *Paper presented at the Annual Meeting of the American Educational Research Association,* Seattle, WA.

Weiner, B.(1984). Principles for a theory of student motivation and their application within and attributional framework. In R. Ames & C. Ames(Eds.), Research on motivation and their analysis of motivation in education. New York : Academic Press, Inc.

Weinstein, C. E., & Mayer, D. K.(1991). Cognitive learning strategies and college teaching. In R. J. Menges and M.D. Svinicki(Eds.). *College teaching: from theory to practice, New directions for teaching and learning*(No 45, pp.15-26) SanFrancisco, CA: Jossey-Bass Publishers.

White, R. W.(1959). Motivation reconsidered: The concept of competence. *Psychological Review, 66*, 297-333.

Wigfield & Eccles,(2000). Expectancy-Value Theory of Achievement Motivation, *Contemporary Educational Psychology 25(1)*: 68-81.

Wigfield(1994). Expectancy-value theory of achievement motivation: a developmental perspective. *Education. Psychol. Review. vol* 6, pp.49-78.

Wigfield, A. & Harold, R. D.(1992). Teacher beliefs and Children's achievement self-perspective. In D. H. Schunk, & J. L. Meece(Eds.), Student perceptions in the classroom. NJ : LEA. 95-121.

Willis, J. D.(1985). Student *Affective Characteristics and Academic Achievement.* Unpublished Doctoral Dissertation, University of Geogia.

Winne, P.(1995). Inherent details in self-regulated learning. *Educational Psychologist*, *30*(4), 173-187.

Wittrock, M. C.(1992). An empowering conception of educational psychology. *Educational Psychology*, 27, 129-141.

Woolfork, A. E.(1995). *Educational Psychology*. Boston, New York : Allyn & Bacon.

Wyra, Lawson, Hungi,(2007). The mnemonic keyword method: The effects of bidirectional retrieval training and of ability to image on foreign language vocabulary recall, *Learning and Instruction, 17*(3) pp. 360-371.

Yilmaz(2008). Relationship Between Organizational Trust and Organizational Commitment in Turkish Primary Schools, *Journal of Applied Sciences, Vol 8*(12). 2293-2299.

Yu, A. B. & Yang, K. S.(1994). The nature of achievement motivation in collectivistic societies. In U, Kim, H. C. Triandis, C. Kagitcibasi, S. C. Choi & G. Yoon(Eds.), Individualism and collectivism : Theory, method, and application. (pp.239-50). Thousand Oaks, CA : Sage.

Zimmerman, B. J. & Blonter, R.(1979). Effects of model persistence and success on children's problem solving. *Journal of Educational Psychology*, 71, 508-513.

Zimmerman, B. J.(2000). Attainment of self-regulation: A social cognitive perspective. In M. Boekaerts, P.R. Pintrich, & M. Zeidner (Eds.), *Handbook of self-regulation* (pp. 13-39). San Diego, CA: Academic Press.

Zimmerman, B. J., & Schunk, D. H.(2003). *Educational psychology: A century of contributions.* Mahwah, NJ: Erlbum.

Zmuda, A.(2008). Springing into active learning. *Educational Leadership, 66*(3), 38-43.

http://www.vtaide.com/png/ERIK3.htm

INDEX

ㄴ

ㄷ

ㄹ

ㅁ

ㅇ

ㅈ

ㅊ

ㅋ

ㅌ

ㅍ

ㅎ

기타

저자소개

안영진(安榮珍)

현 한양여자대학교 유아교육과 교수

- 교육학 박사(유아교육 전공)
- 한양여자대학교 유아교육과 초대 학과장
- 한양여자대학교 아동심리 교육센터 초대 교육 센터장
- 교육부 연구(프로젝트 스펙트럼–유아의 사회적 능력 발달 교육활동 자료)
- 건국대학교 박사 우수 논문상 수상
- 한양여자대학교 우수 저술상
- 전문대학협의회 "교수–학습 프로그램" 연구–개발: 한국 직업능력 원장상 수상
- 교육부장관상 수상
- (AP)부모교육 전문가
- 한국 영유아보육행정학회 부회장 역임
- 서울대학교, 숙명여자대학교, 경희대학교 등 대학원 강의
- 한국몬테소리연구학회 이사
- 한국 영유아보육행정학회 이사, 여성심리학회 이사, 한국심리학회 회원
- 서울·경기 스펙트럼 연구회 수십 기관 교육 자문위원
- 한국 프로젝트 스펙트럼 연구회 회장
- 몬테소리·미술 치료사 전문가
- 북부 유치원 장학지도 역임
- 광진구 보육정보센터 자문위원, 성동구 보육정보센터 자문위원
- 아동심리전문가·청소년 상담 연구원(교육부 산하 한국교육연수원)
- 우리들은 1학년 교과부 심의위원 및 정책자문
- 한국 프로젝트 스펙트럼 제2저작권 소유(다중지능에 의한 아동 연구교육 프로그램 Ⅰ, Ⅱ, Ⅲ) : 〈하버드 대학연구〉
- Building on Children's Strengths : Project Spectrum(1)
  (다중지능에 의한 아동의 다양한 능력 개발 프로젝트, 창지사)
- Project Spectrum : Early Learning Activities(Project Spectrum2)
  (다중지능에 의한 아동의 다양한 능력 개발을 위한 프로그램, 창지사)
- Project Spectrum : Preschool Assessment Handbook(Project Spectrum 3)
  (다중지능에 의한 아동의 다양한 능력 개발을 위한 평가, 창지사)

■ 저서

교육학개론. 동문사. 2018.
유아발달. 정민사. 2015.
부모교육. 나경. 2014.
아동발달. 나경. 2014.

누리과정에 따른 새 유아 사회교육. 교육과학사. 2013.
누리과정에 따른 생활 지도 및 상담. 창지사. 2013.
교육학개론. 창지사. 2012.
다중지능에 의한 유아교육프로그램 평가: 한국적 스펙트럼 프로젝트의 활동과 평가 2. 창지사. 2011.
다중지능에 의한 유아교육프로그램 평가: 한국적 스펙트럼 프로젝트의 이론과 활동편. 창지사. 2010.
인성교육. 장지사. 2010.
신 교육심리학. 정민사. 2010.
가치로운 삶을 위한 리더십. 정민사. 2009.
교육심리. 정민사. 2009.
21세기 적응하는 부모교육. 양서원. 2008.
새로운 유아교육과정에 따른 유아사회교육. 2008.
현대인의 정신건강. 창지사. 2007.
아동발달. 공동체. 2006.
아동상담. 동문사. 2006.
다중지능에 의한 아동의 다양한 능력 개발을 위한 평가. 창지사. 2005.
다중지능에 의한 아동의 다양한 능력개발 프로젝트. 창지사 2004.
아동심리와 부모교육. 꾸벅. 2002.
새 아동발달 연구. 꾸벅. 2002.
다중지능에 의한 아동의 다양한 능력 개발을 위한 프로그램. 창지사. 2001.
교육심리학. 창지사. 2001.
아동상담. 동문사. 2001.
유아의 사회적 능력 발달 교육활동자료. 교육인적자원부. 2000.
유아생활지도. 삼광출판사. 1998.
아동 심리의 발달과 이해. 정일. 1997.
특수 아동 교육. 정일. 1997.
新 영. 유아 발달 총서. 정일. 1997.
부모교육 총론. 정일. 1996.
특수아동지도. 길안사. 1996.
新 아동발달 심리. 길안사. 1996.

■ 논문

누리과정에 기초한 인성교육활동을 통한 유아 인성 행동변화와 친사회성 행동변화와의 관계. 2015.07.03.
유보통합에 대비한 사립유치원의 바람직한 운영 모델안 연구. 2015.03.07.

유보통합에 대비한 사립유치원의 정보공시 방법론적 제안. 2015.03.07.
사례분석활동이 유아교사의 지식변화에 미치는 영향: '유아생활지도' 개념도를 중심으로. 한국영유아교원교육학회. 2011.
다중지능 강점영역과 유아의 정서지능과의 상관관계분석. PECERA. 2010.
프로젝트 스펙트럼 사회적 이해활동이 유아의 자아효능감과 친사회성에 미치는 영향. 2009.
전문대학 혁신 프로그램: 교수-학습 개선지원 사업 자료집. 2008.
다중지능에 기초한 프로젝트 스펙트럼에 따른 유아의 강점 확인과 과정 고찰. 2007.
다중지능에 기초한 프로젝트 스펙트럼에 따른 유아의 강점 구체화와 부모인식 변화과정 고찰. 한국유아교육보육정보학회. 2007.
A Study on the day care prog ram to emhance the social and emotional development of Children. PECERA. 2006.
종일제 유아교육 프로그램 모형개발–프로젝트 스펙트럼 프로그램을 중심으로. 한국유아교육보육행정학회. 2006.
다중지능에 의한 프로젝트 스펙트럼 바람 활동을 통한 유아의 자연탐구과정 조망. 한양여대 논문집. 2006.
다중지능에 의한 스펙트럼 연구–'그림자' 프로젝트 & '거북선' 프로젝트. 서울초등다중지능교육연구회. 2005.
Multiple Intelligence by Project Spectrum Activities: Prospect of assembly activities process. PECERA. 2005.
다중지능 적용수업의 이론과 실제. 한국영유아보육행정학회. 2004.
유아교육의 새로운 방향제시 및 평가 방법 모색. 한국영유아보육행정학회. 2004.
한일 예비교사의 다중지능과 친사회적 행동의 관계연구. 한국영유아보육행정학회. 2004.
프로젝트 스펙트럼에 의한 영역별 교육 연구 프로그램. 한국 영유아보육행정학회. 2003.
프로젝트 스펙트럼에 의한 유아의 사회적 능력 발달 프로그램. 교육인적자원부. 200.
유아의 사회적 능력발달 프로그램 연구. 교육부. 2000.
다증지능 이론에 의한 프로젝트 스펙트럼 활동 유아의 사회적 능력발달 교육활동자료. 교육인적자원부. 2000.
갈등상황 토론학습이 아동의 추론 능력과 조망수용능력에 미치는 효과. 1998.
프로젝트스펙트럼에 의한 사회성 능력발달 프로그램이 유아의 정서지능에 미치는 효과. 한양여대 논문집 2002.
아동의 딜레마 토론 프로그램이 도덕추론과 조망수용 능력에 미치는 영향 연구
다중지능이론에 의한 프로젝트 스펙트럼 활동 유아의 사회적 능력발달 교육활동자료, 교육인적자원부 2000.

장희선(張熙善)

현 한국교육개발원 연구원

- 서울대학교 교육학 박사(교육심리 전공)
- The University of Sydney, Visiting Scholar(Post-doctoral Research fellow)
- 서울대학교 교육연구소 객원연구원
- 교육부 연구(공공의식 배양교육의 제도적 방안연구: 학생생활규정 제·개정 및 운영방안을 중심으로, 교육과학기술부정부정책 연구보고서)
- 국민권익위원회 연구(유·초등 청렴교육 매뉴얼 개발 연구 외 다수)
- 서울특별시 교육청 연구

■ 저서 및 논문

학교폭력 예방 및 학생의 이해. 도서출판 공감플러스. 2018.

영유아교사의 영유아 권리침해 인식차이와 그 근거에 관한 혼합연구, 아동교육 26(3), 한국아동교육학회. 2017.

인성과 행복의 통합 교육프로그램 수강과 실행을 통한 영유아교사의 인식 질적 연구, 한국영유아보육학. 제103집, 한국영유아보육학회. 2017.

영유아교사의 정서지능과 의사소통능력이 행복감에 미치는 영향: 의사소통능력의 매개효과, 열린유아교육연구 22(1) 한국열린유아교육학회. 2017.

영유아 권리침해 정도에 대한 영유아 교사의 인식 개념도 분석, 아동교육 26(1), 한국아동교육학회. 2017.

초등학생의 인성과 행복감의 관계에서 생애목표(내재적 목표, 외재적 목표)의 매개효과, 교육심리연구, 제30권 제2호. 2016.

An investigation of Korean children's prejudicial attitudes toward a national tragedy in Japan, Journal of Moral Education, 43(2). 2014. (SSCI)

교육심리학

초판 1쇄 인쇄 / 2018년 8월 25일
초판 1쇄 발행 / 2018년 8월 30일

•

공저자 / 안영진 · 장희선
발행인 / 이 중 수
발행처 / **동 문 사**

•

서울특별시 서대문구 홍제원 1길 12
(홍제동 137-8)
Tel : 02)736-3718(대), 736-3710, 3720
Fax : 02)736-3719
등록번호 : 제9-17호
가격 : 19,000원

•

ISBN : 979-11-6328-015-6 (93370)
E-mail : dong736@naver.com
www.dongmunsa.com